METÁFORAS DO NOSSO TEMPO

MÁRIO VILELA

METÁFORAS
DO NOSSO TEMPO

ALMEDINA

TÍTULO:	METÁFORAS DO NOSSO TEMPO
AUTOR	MÁRIO VILELA
EDITOR:	LIVRARIA ALMEDINA – COIMBRA www.almedina.net
LIVRARIAS:	LIVRARIA ALMEDINA ARCO DE ALMEDINA, 15 TELEF. 239851900 FAX 239851901 3004-509 COIMBRA – PORTUGAL livraria@almedina.net LIVRARIA ALMEDINA – PORTO R. DE CEUTA, 79 TELEF. 222059773 FAX 222039497 4050-191 PORTO – PORTUGAL porto@almedina.net EDIÇÕES GLOBO, LDA. R. S. FILIPE NERY, 37-A (AO RATO) TELEF. 213857619 FAX 213844661 1250-225 LISBOA – PORTUGAL globo@almedina.net LIVRARIA ALMEDINA ATRIUM SALDANHA LOJAS 71 A 74 PRAÇA DUQUE DE SALDANHA, 1 TELEF. 213712690 atrium@almedina.net LIVRARIA ALMEDINA – BRAGA CAMPUS DE GUALTAR UNIVERSIDADE DO MINHO 4700-320 BRAGA TELEF. 253678822 braga@almedina.net
EXECUÇÃO GRÁFICA:	G.C. – GRÁFICA DE COIMBRA, LDA. PALHEIRA – ASSAFARGE 3001-453 COIMBRA E-mail: producao@graficadecoimbra.pt AGOSTO, 2002
DEPÓSITO LEGAL:	182836/02
	Toda a reprodução desta obra, por fotocópia ou outro qualquer processo, sem prévia autorização escrita do Editor, é ilícita e passível de procedimento judicial contra o infractor.

Homenagem aos Mestres de todos nós:

MANUEL DE PAIVA BOLÉO
JOSÉ G. HERCULANO DE CARVALHO
LUÍS DE LINDLEY CINTRA

PALAVRAS INTRODUTÓRIAS

Os catorze pequenos estudos aqui apresentados representam alguns dos trabalhos resultantes da minha colaboração na Unidade de Investigação do CLUP (Centro de Linguística da Universidade do Porto). Ao reler, hoje, textos escritos em português, como os de Paiva Boléo (1933), de Herculano de Carvalho (1984) e mesmo de Vilela (1973), sou forçado a reconhecer a verdade das palavras de Almada Negreiros:

«Nós não somos do século de inventar palavras. As palavras já foram inventadas. Nós somos do século de inventar outra vez as palavras que já foram inventadas.» (Almada Negreiros 1993: 20)

Mas não desisto de continuar a ler o que mesmo autor acrescenta logo a seguir:

«Cada palavra é um pedaço do universo. Um pedaço que faz falta ao universo. Todas as palavras juntas formam o Universo». (Almada Negreiros 1993: 20)

Joga-se com a palavra como se joga com coisas concretas, ocupam espaço e tempo: *damos / tiramos / pedimos a palavra a alguém*, *damos uma palavrinha a alguém, mantemos a palavra, faltamos à palavra, temos / damos a última palavra*. Tenhamos presente que «a palavra, só por si, é onde o homem começa e o animal acaba: no princípio era o Verbo, e o Verbo estava com Deus e o Verbo era Deus. A palavra na origem de tudo. A Palavra é Deus, segundo o Evangelho de João. Sem Verbo nem mesmo haveria Deus» (Cintra Torres 2001).

Se as palavras-chave dos estudos aqui publicados são **metáfora, metonímia, estereótipo, análise semântica, mudança semântica, expressões idiomáticas, provérbios**, mas há uma que as compendia a todas: metáfora. Compreende-se o porquê da importância da metáfora: o jogo entre concreto e abstracto envolve quase tudo. O mundo sensível serve de ponto de partida para a abstracção: é maior o número das coisas que não vemos e não palpamos, do que aquelas que tocamos com a vista ou com o corpo:

> «A maior imperfeição de que sofre o nosso espírito é a incapacidade de abstrair absolutamente, isto é, de extrair um conceito, de conceber uma ideia para além de qualquer contacto com a realidade concreta» (Charles Bally; Traité de Stylistique, pg. 187, in: Le Guern 1973: 105)

e o inverso também é verdadeiro: «Embora a maior parte das palavras abstractas tenham passado previamente por uma fase concreta (recordar que até "pensar" significou primeiro "pesar"), não faltam casos em que se verifica o fenómeno inverso: a concretização das abstracções, já aplicando a estas nomes de objectos, tais como "paciência" (rede de pescar em Trás-os-Montes – *Rev. Lus.*, XIII, 113), "preguiça" (aparelho para descansar ou encostar uma barra de ferro em que se trabalha – *Cand. Fig.*)...» (Paiva Boléo 1935: 22). É aqui que funciona a metáfora, em sentido amplo. As palavras atravessam-se no caminho de outras palavras: há mudanças. E «o processo mais frequente [de mudança] não é a mudança de significação de uma palavra isolada, mas a lexicalização de um grupo de palavras ...» (Le Guern 1973: 133), sejam elas fraseolgias ou fórmulas proverbiais. Surge depois a segunda palavra-chave: estereótipo: «Ser humano significa ser capaz de se sentir em casa algures, com os seus semelhantes» (Azevedo 2000: 168), ter sentimentos grupais (incluindo e excluindo), em que na categorização social originária está um instrumento cognitivo básico que permite aos indivíduos estruturar o meio social e definir o seu lugar nele (vide Azevedo 2000: 168). A mobilização dessa pertença á comunidade faz-se por meio do recurso aos «scripts» culturais, à difusão de uma narrativa colectiva: temos aí portanto a segunda palavra--chave estereótipo. Este é feito de expressões que são expressão das rotinas mentais, das experiências incorporadas em moldes linguísticos rotinados e fixados na memória colectiva. Temos plena consciência de que «As palavras têm moda. Quando acaba a moda para umas começa a moda para outras. As que se vão embora voltam depois. Voltam sempre, e mudadas de cada vez. De cada vez mais viajadas.» (Almada Negreiros 1993: 19). A maior parte das expressões que representam e contêm os nossos estereótipos são, por assim dizer, eternas e indecomponíveis: actuam em bloco. Trata-se de expressões em que se aplicam as palavras de Hemingway:

«Uma risca a menos não altera a pele do tigre, mas uma palavra a mais mata qualquer história» (Sepúlveda 2001: 105). Podem ser arrastadas para os mais diversos sentidos (vide Anscombre 2001), mas sempre a partir de uma base de apoio: a expressão como ela é entendida na e pela comunidade linguística.

No primeiro estudo **semântica do "lugar comum"** procuramos encontrar os termos que ocupam o espaço conceptual da lexia *lugar comum*, tais como *estereótipo, cliché, chavão, protótipo, chapa quatro, nariz de cera*, entre outros. Após a apresentação da definição dos dicionários, enquadramos a definição na teoria geral chamada «linguística cognitiva». Há na base da maior parte dos termos – portanto lexicalizações – que estudámos, um objecto físico, materialmente bem delimitado: *chave, estereótipo, cliché, luga*r, mesmo *protótipo*. É a partir de um objecto concreto, corporizado (embodied), que se constróem depois as extensões e expansões metafóricas ou metonímicas dos mesmos termos.

Por outro lado, o denominador comum – o mecanismo que subjaz a todos estes conceitos – de *lugar comum, estereótipo, cliché, chavão*, é o factor "repetição". O valor positivo ou negativo que se atribui ao traço "repetição", na graduação da pejoração ou majoração, distingue os vários termos. Em *lugar comum* acentua-se uma certa desvalorização pelo uso excessivo e aproveitamento desmesurado, em *cliché* acentua-se a usura, o esvaziamento de conteúdo por força do uso, em *estereótipo* acentua-se a representação congelada do referente também por força do uso, e em *chavão, chapa quatro, nariz de cera*, etc., além dos traços presentes em *cliché* (esvaziamento, psitacismo, esclerose conteudística), há um reforço do valor depreciativo.

Fazemos depois o confronto – no interior de *lugar comum* – entre *estereótipo* e *protótipo*. Tanto num como noutro procura-se dar a ideia do modo como o homem selecciona determinados traços significantes da realidade para os representar e instaurar as categorias da sua designação na língua: designações e categorias deduzidas do uso e para de elas se fazer uso.

No segundo estudo **limites e «performances» da semântica cognitiva**, procuramos demonstrar que na análise semântica é necessário conjugar o ponto de vista semasiológico e onomasiológico, se se quiser superar as falhas na análise léxica como ela feita, quer no estruturalismo europeu (lexemática), quer na semântica de matriz cognitiva. Partimos do exemplo «pé», chegaremos a três conclusões: (i) temos necessidade, ao nível do designado, da noção de prototipicalidade para pôr as relações de contiguidade entre conceitos correspondendo a categorias distintas, mas pertencendo ao mesmo *frame* conceptual; (ii) um tal *frame* existe independentemente das soluções lexicais que nos oferecem as diferentes línguas (*pied*, *pé*, *Fussende*); (iii) um *frame* conceptual constitui uma *gestalt* susceptível de efeitos figura-fundo, que explicam as metonímias: desde que no *frame* PESSOA DEITADA NO SEU LEITO, o fundo PARTE OPOSTA À CABECEIRA passa ao estatuto de fundo, é possível conceber a metonímia – pé *da cama*.

Fazemos o mesmo percurso para o *frame* MEDIDA, em que PÉ = figura > fundo e UNIDADE DE MEDIDA = fundo > figura, o que nos leva à metonímia *pé* «unidade de medida». O tratamento da metáfora será idêntico para o essencial, com a diferença de que é preciso partir não das relações de contiguidade, mas de relações de similaridade.

No terceiro estudo – **a metáfora na instauração da linguagem: teoria e prática** – há três grandes linhas: «retorno à concepção da metáfora aristotélica» (1.), «metáfora na teoria cognitiva» (2.) e «a metáfora no domínio da "economia"» (3.).

Em «retorno à concepção da metáfora aristotélica» (1.) procura-se fazer a reposição do conceito de metáfora na teoria da "transferência", ultrapassando o que se tinha como meramente lexical. Isto é, acompanha-se a reflexão da "nova crítica norte-americana" e do "formalismo russo" sobre o distanciamento relativamente ao conceito de metáfora como era apresentado na Retórica(1.1.). Seguidamente traçam-se as linhas gerais do "paradigma estruturalista" (= semiótica da metáfora) através da releitura da "teoria dos eixos" de Roman Jakobson (1.2.). Esta primeira parte acaba com a reflexão sobre o "paradigma hermenêutico" da metáfora (1.3.).

Na segunda parte – «metáfora na teoria cognitiva» (2.) – situa-se um dos pontos fortes do trabalho: a consideração da metáfora como força criadora da linguagem em geral e não apenas como simples desvio na linguagem poética. A metáfora é interpretada como algo estruturado e generalizado na língua (2.1.), é confrontada na sua relação com a metonímia (2.2.) e com as "contra-metáforas" (2.3.). Tenta-se ainda fazer a fundamentação da conceptualização metafórica (2.4.).

Na terceira parte – «a metáfora no domínio da economia» – faz-se a aplicação dos princípios norteadores da concepção da metáfora, considerando a linguagem dos "media"(3.1.) e sobretudo a linguagem do domínio específico da "economia" (3.2.), nomeadamente as "metáforas ontológicas", as "metáforas estruturais e estruturantes". Compara-se finalmente a linguagem da "economia" e a linguagem "comum (3. 3.).

Na conclusão procura-se dar o «seu a seu dono»: o que é devido á teoria cognitiva na nova interpretação da metáfora e o que se deve atribuir aos paradigmas do «new criticism», da "semiótica" e da hermenêutica.

No quarto trabalho – **ter metáforas à flor da pele ou outra forma de ter nervos** – partimos da verificação de que as expressões de «emoção» que têm como origem (veículo) o «corpo humano» são muito abundantes. É que o vocabulário do corpo serve para reestruturar conceptual e linguisticamente outros domínios. A nossa experiência quotidiana, as nossas acções, a manipulação dos objectos que nos rodeiam, a grupalidade, a ritualidade, a etnicidade, a convivência com pessoas e coisas, são os primeiros domínios a serem detectados e representados e como tais servem depois de ponto de partida para a nossa interpretação e leitura do mundo. A nossa reacção perante o mundo, a luta pela vida, a procura do «pão nosso de cada dia», a necessidade de complementaridade entre as pessoas, a resistência da natureza aos nossos movimentos, as decepções que a vida nos traz continuamente, são os primeiros domínios a serem conceptualizados e estruturados linguisticamante. E o nosso corpo, o nosso primeiro escudo e arma, instrumento e seu envólucro, morada e companhia, lá estão sempre à mão para servirem de suporte à nossa representação do mundo e categorização lexicalizada.

A explicação da linguística cognitiva e da linguística estrutural não se opõem: completam-se. Uma das perspectivações analisa o saber linguístico sistemático já lexicalizado: a estruturalista; a outra descreve o modo como a língua conceptualiza, categoriza e reestrutura a linguagem: a perspectivação cognitivista.

No quinto estudo – **a metáfora ou a força categorizadora da língua** –, a base da reflexão aqui exposta é a de que a semântica apenas é limitada pela nossa capacidade de significar, de conhecer, o que é muito mais ampla do que a nossa capacidade física para produzir sons. Por outro lado, a mudança semântica não se dá apenas na transferência de ... para.., ou no acrescentamento ou perda de um traço: teremos de ver isso num conjunto, é que o homem agrupa (faz a transferência de um domínio para outro). Damos, entre outros exemplos, o da passagem do "ver físico" para a "percepção intelectual": é que (o órgão de) a visão apreende à distância os aspectos mais salientes, tratando-se portanto de uma capacidade mais poderosa do que as outras.

Pretendemos mostrar que há uma ligação constante entre o corpo e as sensações de um lado e as acções físicas ou sensações e reacções físicas provocadas no corpo por outro lado. A metáfora, como fonte conceptual, é capital para a explicação da análise semântica, tanto no ponto de vista sincrónico como diacrónico.

No sexto estudo – **do «campo lexical» à explicação cognitiva: RISCO e PERIGO** – partimos da noção de que os homens descrevem o mundo em termos de protótipos paradigmáticos formando categorias em termos de semelhanças de famílias. Com tais propostas tem-se vindo a ressuscitar a velha retórica. E aqui têm papel relevante a metáfora. As metáforas, consideradas internamente, operam como processos cognitivos produzindo novas perspectivações ou configurações e hipóteses acerca da realidade, e, consideradas externamente, operam como mediadores entre o espírito humano e a cultura. Alteram a língua comum e os modos como percebemos o mundo. As metáforas dependem tanto das analogias como das desanalogias: exprimem e sugerem.

Efectivamente, a analogia entre *risco* e *perigo* faz com que seja transportado para o tropo uma nova imagem ao aproximar dois referentes bem distantes. Mas a desanalogia também acentua a distância, a quebra: o *risco*, no sentido de traço, é também transportando, parecendo atribuir a *perigo* o valor de "linha": é já o *perigo*, ao passo que *risco* é apenas "risco de se chegar ao perigo / à linha". É assim que as metáforas, justapondo referentes, realizam a função cognitiva, levam o conhecimento até ao desconhecido, fazem com que a língua não estagne. Suprimindo semas, elidindo traços sémicos, transformando determinados traços significativos, enriquecem a memória semântica na memória de longo prazo numa comunidade linguística.

No sétimo trabalho – **as expressões idiomáticas na língua e no discurso** –, consideramos que a fraseologia, como disciplina linguística, compreende um conjunto de formas caracterizadas pela fixidez, polilexicalidade, idiomaticidade, fraseologização ou lexicalização e abrange um leque de expressões que vão desde o frasema (ou fraseologismo) típico até formas mais amplas, o equivalente a frases ou sentenças (e porventura, a pequenos textos: os provérbios). No frasema típico há uma escala que vai daquele em que todos os elementos componentes da expressão perdem a sua autonomia e conteúdo em favor da fusão (em que as expressões contêm elementos que só ocorrem no frasema: *nem chus nem bus, nem funfas nem funetas*) e prolonga-se até ao frasema em que os elementos têm um uso externo (fora da expressão idiomática) e um uso interno (próprio do idiomatismo).

Por outro lado, a fixidez é (quase) sempre relativa: pode haver adequação ao contexto e ao co-texto (flexão, variação estrutural, etc.) e sobretudo uma capacidade de integração no texto / discurso por força da fixidez memorizada na comunidade linguística, permitindo desmotivações e remotivações e, pelo seu potencial comunicativo, dar azo à desocultação (por meio de implícitos, pressupostos e inferências) da atitude do falante. O modelo em que se inscreve a fraseologia dá possibilidade ao falante / / escrevente de dizer muito mais do que aquilo que as palavras dizem e ao ouvinte / leitor de entender muito mais do que a materialidade fónica afirma.

Num autor concreto, vimos a importância das fraseologias na construção do texto: os narizes de cera, as rotinas mentais, os estereótipos do autor (e da comunidade linguística em que ele se insere) são facilmente detectados: neste caso, é mesmo o meio mais fácil de surpreender a atitude do autor perante a vida. A fraseologia é o modo normal de ser e de estar perante a língua e o mundo.

No oitavo trabalho – **estereótipo e os estereótipos na língua portuguesa actual** –, depois de se tentar definir «estereótipo» em diferentes perspectivas, faz-se o enquadramento desse conceito como ele é entendido na chamada escola francesa (J. C. Anscombre). Procedemos, em seguida, ao levantamento de alguns tipos de expressões como o «locus» típico dos «narizes de cera» do nosso tempo através da língua portuguesa. Começa-se pelo uso da própria palavra estereótipo (como ela ocorre nos «media») para depois chegarmos à interrogação dos provérbios como classe homogénea, como juízo colectivo, como denominação e como ponto de partida para aproveitamentos discursivos (desproverbialização). Passamos finalmente às expressões idiomáticas como portadoras privilegiadas de congelamento de juízos e de tópicos maiores dos nossos vícios e virtudes.

Em **o seguro morreu de velho e Dona Prudência foi-lhe ao enterro: contributo para uma abordagem cognitiva**, socorrendo-nos de exemplares típicos construídos a partir de **seguro**, como palavra intransitiva (*algo/alguém está seguro, algo está no seguro*), como palavra de relação transitiva (*alguém está seguro de si, seguro contra todos os riscos*), apelando para determinados modelos mentais como representativos de estereótipos, de ideais, de sub-modelos, de exemplares salientes neste domínio, pretendemos dar resposta à leitura de fórmulas proverbiais.

A ideia de *seguro* será colocada em **scripts** para possibilitar uma aproximação de "scenarios" adequados. Estes "scripts" poderão estar próximos da nossa experiência quotidiana: afinal, quem nunca esteve inseguro na vida, por motivos de saúde, de perigo de vida, em riscos de toda a ordem? Os cenários de "seguro" serão facilmente corporizáveis e reconhecíveis. Há coberturas do seguro (*o seguro cobre uns riscos e exclui outros*), há *caminhos seguros, carros seguros, tempo seguro, chave segura, pessoas seguras.*

E desde logo verificaremos que cada palavra representa uma fonte complexa de conhecimentos, tanto no domínio da língua como no domínio do mundo real e a compreensão da linguagem resulta da coordenação de intercâmbios entre as palavras, que são semelhantes a actores "experts", capazes de determinar o seu próprio comportamento num contexto linguístico e conceptual. Palavras como *seguro, risco, perigo, sinistro, acidente, desastre, catástrofe,* etc., situam-se no mesmo cenário. Estamos perante metáforas quentes, aliás já presentes na etimologia da palavra seguro: SINE CURA, "sem cuidado", "sem preocupação".

Em **corrupção, clientelismo, cabritismo, boy(sismo) ou alguns dos estereótipos do nosso tempo**, centramo-nos sobretudo no domínio da língua (e do léxico) da **corrupção**. Com este estudo, queremos sobretudo mostrar, de modo sólido, como é verdadeiro o pressuposto de que as metáforas são os meios indicados para compreendermos os domínios abstractos e assim ampliarmos os nossos conhecimentos muito para além do que os nossos sentidos são capazes de atingir. O termo *corrupção*, ligado inicialmente a "putrefacção", passa depois a ser mais usado (ou quase só usado) em domínios em que o "apodrecimento" se situa no domínio abstracto – corromper os factos é raramente usado – com principal incidência na "compra / venda da consciência" (corrupção activa e corrupção passiva): longe ficou o sentido de "romper" algo material. Com forte manipulação do metafórico aparece *ainda cunha* – na sequência *meter uma cunha* – , onde o valor inicial (o valor imagético) surge claro: 'levantar algo para sobressair', 'dar mais valor do que aquele que efectivamente se tem'. O mesmo se pode dizer de *branqueamento, desvio de fundos, tráfico de influências, luvas, padrinho*. Há palavras que mereciam mais atenção, como *porreirismo nacional, cinzentismo nacional*: mas surgem aqui apenas marginalmente. Por seu lado, os provérbios – embora indiquem o modo mais fácil de 'subir na vida' (por exemplo, *quem tem padrinhos não morre na cadeia*) ou apontem para uma literalidade clara (*o cabrito come junto da árvore onde está amarrado, a melhor cunha é a* *do mesmo pau*), deixam antever, por debaixo do literal, a interpretação ligada à CORRUPÇÃO.

Por outro lado, a análise sémica permite chegar à medula do conteúdo das palavras. *Corromper pessoas* pode substituir *comprar* e *vender*: mas a sua peculiaridade é marcada. Por outro lado, as formas, as características, os actores de cada uma das propriedades envolvidas nas diferentes palavras são bem diferentes. Os dicionários do passado e os de hoje incidem no mesmo tópico, só que hoje, os políticos, os homens do futebol, juntam-se aos advogados no ponto de mira da CORRUPÇÃO.

Em **o ensino da língua na encruzilhada das normas** pretendemos demonstrar que ensinar uma língua é ensinar o modo como a língua categoriza o mundo extralinguístico, como a língua organiza a realidade em categorias de conceitos. E o princípio mais elementar manda que nos sirvamos dos figurinos, dos «scripts» que os falantes têm ao seu dispor: coisas e relações entre as coisas. As palavras têm atrás delas os instrumentos que as explicam: elas guiam-nos no percurso através das errâncias do seu significado. Coisas e conteúdos interagem, desde que as coisas sejam usadas através das palavras adequadas. Cada palavra tem um uso típico, mais saliente e outros usos mais genéricos ou mais específicos. Integrar a palavra no seu uso mais saliente é assim o primeiro caminho. A língua dispõe de modelos de formação verbal: a preferência por afixos, por neologismos lexicais, por empréstimos semânticos, por palavras importadas de outras línguas. Ensinar a língua é colocar o aluno perante esses roteiros mentais materializados na língua. Os modelos mentais de representação tanto se situam na imitação como na criação. Enfrentar a realidade através da língua é o primeiro passo para ter acesso à língua e à realidade.

A linguagem é fruto de convenções e uma das convenções mais salientes é o que designamos como «figuração» ou linguagem figurada. Esta vertente da língua não é apenas uma criação de poetas: faz parte da própria língua. No ensino, nos manuais, não se reconhece esse papel da «metáfora» na instauração da língua. Não ensinamos esse modo novo e original de categorizar o mundo, que aliás atravessa todo o discurso quotidiano, seja ele oral ou escrito.

O universo do que designávamos como «partículas», hoje desdobrado em partículas modais, partículas conversacionais, conectores discursivos e textuais, anáforas associativas, etc., é outro dos tópicos impostos pela língua. Logo na «gramática da palavra» há que dar lugar a esses elementos mínimos, mas que dão sabor ao nosso discurso quotidiano.

Finalmente, língua escrita, língua oral, não estão tão distantes como pensávamos há alguns anos antes: há apenas recorrências mais frequentes de um ou outro elemento na língua oral, mas a estrutura essencial mantém--se. Haverá razões de fundo para a gramática, os manuais se aterem apenas ao padrão «standard» ignorando completamente os outros padrões?

Em **dicionário e ensino da língua materna: léxico e texto** mostramos como a língua coloca ao dispor dos falantes um dicionário que é ao mesmo tempo complexo e simples, diassistemático e sistemático, polissémico e não-ambíguo. O falante pode, com esse dicionário, construir textos, fabricar discursos, exprimir os meandros do pensamento e sentimento, esmiuçar os matizes da realidade. Com base num texto concreto, verificamos que:

- o polícia pode *prender* mesmo sem *agarrar*, pode *agarrar* mesmo sem *prender*;
- o ladrão pode *fugir* sem ser *escapulindo-se*, pode *escapulir-se* sem *fugir*;
- o ladrão *põe-se á coca espiando* e pode *espiar sem se pôr á coca*;
- o *ladrão* pode ser ou não ser *bandido*, ser ou não ser *meliante* e vice-versa;
- um cidadão pode *avisar* sem *denunciar*, mas não pode *denunciar* sem deixar de *avisar*;
- o cidadão pode *topar* alguma coisa ou alguém sem *encontrar* e vice-versa;
- o grupo de vigilância local pode *perseguir* sem conseguir *apanhar*, mas não pode *apanhar*, neste contexto, sem *perseguir*.

A proximidade de conteúdos dos lexemas não cria problemas no texto: o contexto imediato ou mediato descontrói as ambiguidades, construindo a univocidade do texto.

Em **a tradução como mediadora dos estereótipos** procuramos mostrar como nas diferentes línguas, a nível de sistema, há convergências e divergências:

a nível de palavras, em *conhecer / saber* (ptg.), *savoir / connaître* (fr.) e *to know* (ingl.);
a nível de fórmulas típicas (estereotípicas) ou sequências fixas (séquences figées) do género de *Kein Eingang* (al.) em que as fór-

mulas equivalentes, por via de regra, se distanciam (como em *entrada proibida* (ptg.), *vietato entrare* (it.) e *défense d' entrer* (fr.).

Se, nestes casos, um bom dicionário pode ajudar, já nas estereotipias mais marcadas, como fraseologias (expressões idiomáticas) e fórmulas proverbiais, a tradução (ou procura de equivalências) é mais complicada. As divergências podem ir da diferente ordenação dos elementos (*sûr et certain* e *certo e seguro*: fr. e ptg.) a um distanciamento formal quase total e com equivalência apenas pragmática (*quien va a Sevillha pierde la silla* (cast.), *quem vai ao mar perde o lugar* (ptg.) e *qui va à la chasse perd la place* (fr.) ou contar *com o ovo no cu da galinha* (ptg.) ou *il ne faut pas vendre la peau de l'ours avant de le prendre* (fr.) e até haver uma equivalência formal e pragmática (*apporter de l'eau à son moulin* (fr.) e *levar a água ao seu moinho* (ptg.). O fundo greco-latino serve de suporte a muitas equivalências.

Mas no discurso (quer se trate de textos literários ou não) há que prestar atenção às implicaturas, distinguindo o convencional e o conversacional: o valor das expressões a nível de língua e o seu valor em determinado contexto muito preciso. Isto é, distinguir entre a fórmula como construção e a sua descontrução e subsequente reconstrução.

Finalmente, em **a tradução da multiculturalidade** procura-se mostrar como a tradução se insere nos processos normais de uso e aprendizagem da língua. Os falantes de uma língua praticam diariamente uma "espécie de tradução" na conversação diária, quando tentam explicar coisas por meio da língua. O tradutor é primariamente um mediador num processo comunicativo e apenas secundariamente um "reprodutor" de qualquer conteúdo original. A língua não é apenas o conhecimento de um conjunto específico de palavras e de estruturas, mas também e ainda o conhecimento que nos permite transformar estes termos e estruturas num instrumento de interacção com o mundo, instrumento que existe primordialmente para o homem actuar sobre o homem e sobre a realidade social. O homem passa vida em sociedade: conversa, dialoga, manda, dá ordens, intromete-se na vida de todos. A interacção comunicativa vai socorrer-se das expressões modais, das pressuposições, dos verbos mais directamente afectados pela elocução, dos processos deícticos, das fórmulas correntes de controle comunicativo. As intertextualidades – ou referências a outros textos, textos congelados – verificam-se também na tradução conversacional e oral, como acontece nos textos escritos. Foi para esse «outro texto» – o intertextual, o texto implicado mais do que explicado – que procuramos apelar e que tentamos fragmentariamente descrever.

Bibliografia:

ALMADA NEGREIROS – *A invenção do dia claro*, 2.ª ed., Sintra: Colares Editora, 1993.
ANSCOMBRE, J.-C. – «Le rôle du lexique dans la théorie des stétérotypes», in: *Langages* 142 (2001): 56-76.
AZEVEDO, José – «Culturas: a construção das identidades», in: *Africana Studia (International Journal of African Studies)*, n.º 3 (2000): 165-180.
CINTRA TORRES, E. – «Livros e palavras escritas», in: (Revista do) *Expresso*, 2001. 5. 12.
HERCULANO DE CARVALHO, José G. «Símbolo e conhecimento simbólico», in: Id. – *Estudos Linguísticos*; Coimbra: Coimbra Editora, 1973: 247-262.
Le Guern, Michel – *Semântica da metáfora e da metonímia*, Porto: Telos (trad. do fr. por Graciete Vilela, com pref. de Mário Vilela) 1973.
MATTOSO, J. – *A identidade nacional*, Lisboa: Gradiva, 1998.
PAIVA BOLÉO, Manuel de – *A metáfora da Língua Portuguesa Corrente*, Coimbra: Coimbra Editora, 1935.
SEPÚLVEDA, Luís – *As rosas de Atacama*, 3.ª ed., Porto: Asa, 2001.
VILELA, Mário – «Introdução», in: Le Guern. Michel 1973: 5-21.

SEMÂNTICA DO "LUGAR COMUM"[1]

0. É frequente encontrarmos referências a expressões que apontam para um certo sentido de "estereótipo", como o de 'padrão', de 'padronização' e 'modelo': veja-se por exemplo a sequência «estereótipo da mulher em Portugal e sua relação com a discriminação sexual no trabalho»[2]. Basta vermos os termos passíveis de surgirem como sinónimos de *estereótipo*, que são, por um lado, *cliché, lugar comum, bom tom, chavão, chapa quatro*, ou mesmo *cassete, rotina, ritual, disco (vira o disco e toca o mesmo), frase feita*, etc., ou, por outro lado, *padrão social, género, modelo (instituído), à la page, in, (estar na) moda*, etc., para ficarmos com uma ideia de como é fluido o "sentido" que se prende com esta palavra e de como é difícil delimitar as fronteiras entre termos que frequentemente se substituem e se equivalem. Centrar-nos-emos sobretudo em termos que actualmente estão "na moda": *protótipo, estereótipo, lugar comum, cliché, chavão, chapa, slogan* e de outros que, ou por arrastamento, ou por causa da proximidade, com eles, se relacionam, tais como *provérbio, ditado, frases feitas (ou fraseologias)*. O que há de comum, nestes termos, é o traço "repetição".

Vamos, partindo de algumas definições dos dicionários, tentar construir e delimitar a área de sentido de alguns dos termos que recobrem este domínio de conteúdo: afinal, as palavras com "ar de família" com "estereótipo". Devemos salientar desde já que o denominador comum dos valores activados com estes termos é o que se pode exprimir por "repetição (intensiva e continuada)".

---

[1] Este estudo, agora apresentado com algumas modificações, foi publicado em «Sentido que a vida faz. Estudos para Oscar Lopes», Porto: Campo das Letras, 1997.

[2] Cfr. *Expresso* 1. Fevereiro 97 (Rosa, Pedroso Lima – «Os estereótipos dos portugueses»).

Trataremos primeiramente "lugar comum", por ser o de mais fácil explicação e por conter os traços de conteúdo comuns aos demais termos. "Protótipo" merecer-nos-á uma atenção especial, quer pela importância que lhe é dada actualmente, quer pela dificuldade que há em atribuir-lhe um valor bem delimitado. A explicação de "estereótipo" decorre, em parte, da compreensão / explicação do termo anterior. Virão depois os restantes termos: os valores veiculados pelos diferentes lexemas acentuam aspectos valorativos ou depreciativos do que consideramos o traço invariante, 'repetição (esperada ou não prevista/ inesperada').

1. Lugar comum

A expressão (= lexia) *lugar comum* é apresentada no *Aurélio*[3] como entrada autónoma e percorre a maior parte dos valores detectáveis no seu uso mais corrente, ou seja:

«1. Fonte de onde se podem tirar argumentos, provas, etc., para quaisquer assuntos. 2. *Por ext*. Fórmula, argumento ou ideia muito conhecida e repetida. ... 4. Coisa trivial, trivialidade[4] ...»

acrescentando, a esta última definição, os sinónimos «*chapa, chavão* e *cliché*.»

A tradição dá a "lugar comum", de um modo geral, o valor de "filtro social", mediatizando deste modo a nossa ligação com o mundo. Esta mediatização, ou serve de ponto de referência que orienta o falante / interpretante na configuração / leitura do mundo, sobretudo relativamente ao que é inacessível à observação directa, ou, consubstanciando o geralmente aceite (= *consensus omnium*), o colectivo, o banalizado, ou representa a forma cómoda da construção já feita, do "déjà vu" e reboca-nos para uma compreensão tida como colectiva[5] e normalizada. Isto é, o seu valor de "repetição", ou serve para indicar que se trata do "meio caminho andado" feito pela comunidade, portanto, um atalho para as soluções dos problemas

---

[3] Sirvo-me de Aurélio 1986.

[4] O *Dicionario General Ilustrado de la Lengua Española* (Barcelona: Vox, 1990), embora apresente "lugar comum" como variante e quase no final da "micro-estrutura" respectiva, dá, para esta expressão o mesmo valor («verdad general de que se sacan pruebas y argumentos; expresión trivial o ya muy empleada en casos análogos.»).

[5] Cfr. Peter I. von Moos 1993, pp. 4-16 e Jürgen Habermas, 1985: 141-166.

do nosso quotidiano[6], ou se trata da "esclerose" e do "psitacismo" dos hábitos linguísticos (ou outros), equivalendo à fórmula banal e banalizada.

Podemos ainda aproximar "lugar comum" do domínio da probabilidade de uso ou da probabilidade do esquema de representação: não se esqueça que "provável" é literalmente 'aquilo que se pode provar'. Ou, numa outra perspectiva, podemos aproximar esta noção do que corresponde à expectativa do utente da língua e em que o seu não uso causaria surpresa, representando as rotinas (a rotinização de usos) e rituais do nosso dia a dia, como, por exemplo, na conversação diária, espera-se, à falta de assunto, que se fale do tempo, da saúde, da indagação acerca da família, etc.

2. Protótipo[7]

A palavra **protótipo** conheceu grande importância nas duas últimas décadas, a partir da utilização primeiramente na psicologia e depois na linguística, tendo sempre como pano de fundo a explicação da aquisição e da organização do conhecimento. Esta valorização do termo resvalou para a língua comum.

Embora não se apoie de modo directo na ideia de "repetição", liga-se contudo a **estereótipo** e daí o seu vínculo com os termos que estamos a tratar. A problemática activada por "protótipo" prende-se directamente com a categorização do mundo extralinguístico, com o modo como os falantes das comunidades linguísticas configuram e classificam os objectos que povoam o seu universo. O dicionário *Aurélio* define "protótipo" do seguinte modo:

> «**Protótipo**... 1. Primeiro tipo ou exemplar original, modelo: "Permanecem, lá durante um mês, o Cid e Baiano, protótipos da bravura e da altivez, e poderiam ser atrelados, cabisbaixos e mansos, ao carro do sultão Murad" (Humberto de Campos, Memórias, pp. 371-2)»

---

[6] É neste sentido que insere, por exemplo, o "topos" de Anscombre (Anscombre 1995), a revisitação dos lugares comuns aristotélicos, a propósito da argumentação. Esse "topos" (ou lugar comum, no sentido positivo) deverá vir acompanhado de determinadas propriedades, tais como: merecer o consenso no seio da comunidade e ter uma validade geral.

[7] Cfr. D. G. Brassart 1989: 173-186.

O *Dicionario General* insiste nos mesmos tópicos:

«***Protótipo****....*1. Original ejemplar o primer molde en que se fabrica una figura u otra cosa. 2. fig. «el más perfecto ejemplar de una virtud, vicio u cualidad.»

2.1. *Protótipo na psicologia (E. Rosch)*

O termo "protótipo", como veiculador da noção vinculada às ciências cognitivas, na psicologia e na linguística, nasceu na década de 70 com Rosch[8] e insere-se na área dos processos de categorização dentro do quadro das estruturas do conhecimento. Trata-se, no fundo, de confrontar as categorias naturais (ou reais) com os conceitos ligados às (ou designados pelas) palavras. Vinha-se pôr em questão as concepções clássicas da tradição filosófica e lógica sobre as estruturas dos conceitos e do conhecimento. As categorias, afirma-se nestas teorias, não estão codificadas na memória dos falantes, nem em termos de listas de todos os membros individuais da categoria "x" ou "y", nem podem ser interpretados por meio de uma lista de critérios formais necessários e suficientes para definir a pertença a uma dada categoria, mas estão inscritos sob a forma de um "protótipo", de um membro característico e típico da categoria. Mas, neste campo de estudo e nesta perspectiva teórica, foi sobretudo a "escalaridade" – o carácter escalar, ou "tipicidade" o carácter do que é típico –, que dirigiram os estudos empíricos neste domínio.

Chegou-se a conclusões sobre a estrutura gradual da organização categorial, sobre a frequência[9] de citação por parte dos falantes, sobre o tempo de resposta e de identificação[10], sobre os juízos subjectivos da representatividade por meio dos enunciados propostos, etc. Sobretudo fez-se crer que a tipicidade / a prototipicidade eram um dado empírico. Questionou-se a imanência psicológica das taxinomias e o predomínio das condições necessárias e suficientes da organização categorial e o predomínio da explicação logicista do conhecimento.

No entanto, nunca foi dada uma definição positiva de "protótipo", e, como explicação dessa noção, falou-se sempre em graus de tipicidade, em

---
[8] Cfr. Eleanor Rosch 1973: 328-350.

[9] Os exemplares mais frequentes na resposta a um termo categorial estão mais próximos do protótipo.

[10] Os exemplares mais típicos da categoria são reconhecidos mais rapidamente.

graus de saliência, em melhores exemplares de uma categoria, em ausência de fronteiras entre as categorias. É o domínio do ponto de vista naturalista e objectivista; do domínio do experimentado (pelo homem), do dado, do natural[11], do perceptivamente saliente. O protótipo foi tomado como o organizador do conhecimento humano. Mas esta ideia não é mais do que o pressuposto de que o conhecimento é a descrição ou cópia da realidade.

É aí que o protótipo se torna "estereótipo", um dado universal: o mundo real. A noção de "protótipo" começou por ser o oposto – por força da insistência no "natural" – do artificial, o mundo dos lógicos e dos matemáticos, mas depois passou também a ser o oposto do "cultural", por força do seu carácter universal. Mas, com esta teoria, ter-se-á libertado o conhecimento e a língua das nomenclaturas? É que a negação do cultural faz-se em nome do culturalmente aceite.

2.2. Protótipo na linguística

Mas os linguistas – os semanticistas – começaram por estabelecer a equivalência entre a noção de categoria e a de palavra. Na teoria da categorização recolocou-se a questão de denominação: as unidades lexicais são denominações, são "nomes/ names". A relação entre as palavras e as coisas é permanentemente suposta: as palavras nomeiam, representam, denotam, invocam, evocam, referem-se a, reportam-se a, apontam para, etc. É a tradição clássica a repetir-se. É o regresso à discussão do *Crátilo*: à semântica referencial. A única diferença consiste na "corporização" dos nomes: os nomes são descritos como encarnados(= *embodied*), construídos a partir da experiência humana – melhor dito, da experiência orgânica humana –, da percepção, dos movimentos físicos (do corpo humano) e sociais. A ideia do protótipo leva a uma interpretação unificada e unificadora dos fenómenos linguísticos e, sobretudo, dos fenómenos lexicais: semas e classemas, classes lexicais e conteúdo lexical são unitariamente descritos. Mas, em vez da aplicação da noção de "prototipicidade", desenvolveu-se a de "tipicidade": a noção de graduabilidade e da desigualdade dos valores dos diferentes exemplares no interior das classes paradigmáticas, onde as fronteiras se esvaem.

---

[11] As categorias semânticas são categorias naturais.

O grande mérito da teoria – a chamada teoria "standard" (Kleiber) – foi ter posto em causa a teoria das condições necessárias e suficientes e ter definido psicológica e filosoficamente as condições de pertença a uma classe, e, no campo linguístico, a organização das classes lexicais. Mas efectivamente trouxe pouco, de novo, à análise lexical: continuamos no mundo da referência ou da semântica referencial. No plano do conteúdo lexical, ao propor-se o abandono das condições necessárias e suficientes em proveito de um descrição em termos de propriedades pertinentes, salientes e típicas, deu-se o enriquecimento da descrição das palavras: preservando a genericidade e flexibilizando, de certo modo, a aplicabilidade referencial.

A chamada teoria linguística expandida (Kleiber[12]) dos protótipos – formada a partir de meados da década de 70 (com Lakoff/ Johnson[13]) – substitui a concepção extensional do protótipo, como melhor representante da categoria e construído com base numa experiência sensitiva (perceptiva) e determinadora dos objectos e seus respectivos nomes que entram na categoria – e portanto das classes lexicais –, por uma concepção intensional do protótipo, a entidade abstracta construída com base nas propriedades típicas[14]. Depois houve a aplicação da teoria a outras categorias linguísticas, à gramática[15], à anáfora associativa (memória semântica). Dá-se assim o deslize do conceito de protótipo para estereótipo, tornando-se os dois termos equivalentes: o protótipo, marcadamente inserido no domínio psicológico, o estereótipo aponta para o aspecto social, como se fosse um protótipo "socializado". Aliás o conceito de *estereótipo* proposto na filosofia da linguagem por Putnam[16], e as noções afins de representação estabilizadas e fixadas em memória artificial, nomeadas por *frames*[17], *scripts*[18] e *schemata*[19], são conceitos importados e integrados por

---

[12] Georges Kleiber 1990.
[13] Lakoff 1980.
[14] Esta nova perspectivação permite uma nova explicação dos factos linguísticos, nomeadamente, da metáfora.
[15] R. Langacker (1987) remete a interpretação do elemento linguístico para uma "imagem" («les images fixées par convention, incarnées par les unités symboliques d'une langue à la fois lexicalement et grammaticalement , sont cruciales pour la valeur sémantique de ces dernières» in: Langacker 1991 «Noms e verbes», in: *Communications*, 53 (1991), pg. 107.
[16] H. Putnam 1975.
[17] M. Minsky 1975.
[18] R. C. Schank / R. P. Abelson 1977.
[19] D. Rumelhart 1975.

Lakoff[20]. É o deslize do domínio psicológico individual para a norma social, deslize imposto pela língua: um conhecimento comum, congelado acerca do mundo.

2.3. Protótipo como organizador do conhecimento

Perde-se a noção do protótipo como simples organizador da classificação das classes lexicais e das variações do conteúdo lexical (metáfora, polissemia), ganhando a noção de protótipo uma outra dimensão: a de explicador de fenómenos mais gerais, com a valorização do "popular", do "folclore", dos conteúdos partilhados pelos falantes. Isto tem como consequência a valorização do "social". Por exemplo, o conteúdo linguístico (como o sema) não reenvia exclusivamente para o referencial, mas também para o diferencial[21], recuperando-se assim aspectos vinculados ao estruturalismo (a noção do "valeur" saussureano).

As construções cognitivas (psicológicas) ou representações referenciais "armazenadas na memória" constituem os protótipos, na nova versão. Substitui-se uma teoria erudita – formal e logicista – por uma teoria "popular" do conhecimento e uso das palavras: a norma do senso comum. A interpretação passou a ser a recuperação das informações armazenadas na memória dos falantes, uma memória fixa, mais ou menos congelada.

O problema da categorização, sob o ponto de vista teórico, no fundo, pode ser colocado sob dois ângulos: a dificuldade na categorização[22] do real situa-se no facto de a realidade não ser "discreta", com limites imprecisos e a rigidez da linguagem não se adapta a esta fluidez, ou no facto de a rigidez da realidade não se tornar acessível à imprecisão e à fluidez da linguagem? Os próprios semas (=traços mínimos de conteúdo, ou predicados) ligam-se a uma interpretação colectiva baseada em dados perceptivos

---

[20] G. Lakoff 1987.
[21] Cfr. F. Rastier 1991.
[22] A propósito de "categorização" devo acrescentar aqui a noção de "codibilidade". Aceito aqui a definição feita por Pacheco de Moura 1996, embora prefira ao termo por ela proposto – codabilidade, por se aproximar de "codability" – e por sugestão de Manuel Gomes da Torre, codibilidade: «... processo que recobre dados relativos não só ao locutor, mas também ao alocutário, tendo em conta as características inerentes ao conceito que está a ser veiculado.» (pg. 3) ou, melhor ainda, abrange os três aspectos seguintes «a eficácia comunicativa que o locutor revelou, as características que o item possui e finalmente a forma como foi reconhecido e identificado pelo alocutário» (Ibid.).

partilhados pelos falantes – do género de {+ 'em direcção ao espaço deíctico do eu' } presente em *vir* e { + 'em direcção ao espaço deíctico do tu'} presente em *ir* – ou em traços não observáveis como, por exemplo, em *mentir*, a suposição de que o falante está na posse da verdade, ou traços de natureza social, como a "função" de um dado denotado – como { + 'para se sentar'}, presente em *cadeira* –, ou os traços são de natureza subjectiva e avaliativa, do género "bem"/"mal", "bom"/ "mau", como em *criticar* e *julgar*: em ambos os casos há julgamento, mas em *criticar* pressupõe-se que há algo errado, e, em *julgar*, não há necessariamente esse pressuposto.

2.4. Protótipo na língua comum

Falámos até aqui da história da noção "protótipo" nas últimas duas décadas. Mas a palavra, na língua comum, o que significa, quando dizemos «que há uma corrida de protótipos no Estoril», ou «que se faz um protótipo de um dicionário multimédia» para se apresentar aos interessados no mercado, ou «que alguém é o protótipo do político sério e dedicado à "coisa pública"»?

A resposta está dada no *Aurélio* ou no *Dicionário General:* "exemplar original", "modelo", "o exemplar mais perfeito de uma qualidade".

Vemos que, afinal, a psicologia, a filosofia da linguagem, a linguística, vêm dar razão aos dicionários: os "lugares comuns", as fórmulas aceites pelos falantes, individual e colectivamente, numa dada comunidade.

3. Estereótipo[23]

Normalmente, em **estereótipo**, a primeira definição dos dicionários aponta para o domínio da "tipografia". É este sentido "concreto" do termo que serve de base – o "locus objectivus" – para as expansões metafóricas: e são esses os valores que iremos analisar.

O dicionário *Aurélio*, dá, para **estereótipo**, apenas uma definição por meio de sinónimos:

«2. *Fig*. Lugar como (2) {=lugar comum}, cliché, chavão.»,

---

[23] Cfr. R. Amossy 1991.

para **estereotipado**

«2. *Fig.* que é sempre o mesmo, que não varia; insensível, fixo, inalterável: *frase estereotipada; sorriso estereotipado.*»,

para **estereotipar,**

«5. Tornar fixo, inalterável: De tão repetida, a frase estereotipou-se.»

e para **estereotipia**

«3. *Med.* Repetição de gestos amaneirados», etc..

O *Dicionario General* apresenta toda a família etimológica de **estereótipo** e uma gama mais rica de definições. Assim, em *estereotipado*, informa:

«2. { gesto, fórmula, expresión, etc. } Que se repite sin variación o se emplea de manera formularia.»

em *estereotipar*, após a definição própria do termo e relativo à tipografia, afirma:

«3. fig. Fijar y repetir indefinidamente{ un gesto, una frase, una fórmula de estilo, un procedimiento artístico, etc.»,

em **esterotipia**:

«4. *fig.* Repetición involuntária y intempestiva de un gesto, como ocurre esp. en los dementes.»

e, finalmente, em **estereótipo** e como primeira acepção:

«1. Modelo fijo de cualidades o conducta.».

As enciclopédias dão já uma definição mais técnica. Apenas um exemplo[24]:

«*Estereótipo. Psic. Soc.* Imagem rígida e simplificada (geralmente verbalizada) de pessoas, grupos ou instituições, conduzindo a atitudes socs. ou a reacções grupais ligadas a descargas emocionais mais ou menos intensas. O termo foi introduzido no vocabulário das ciências socs. por W. Lippman (1922).» e «*Estereotipia- Med. (Neur.)* Tipo de automatismo caracterizado pela fixação prolongada de uma atitude ou gesto, pela repetição incessante de certos movimentos sem finalidade determinada, ou ainda pela repor. constante das mesmas frases ou frases.».

---

[24] *Verbo / Enciclopédia Luso-Brasileira de Cultura*, Lisboa: Edit. Verbo, 1968.

3.1. *Estereótipo e protótipo*

Parece dever distinguir-se, no domínio lexical, entre "sentido lógico", o que é próprio dos "experts", obedecendo a critérios estritos, e o "sentido linguístico"[25], o que se baseia nas crenças dos locutores, sujeito a variações culturais ou outras, que equivale ao "estereótipo" de Putnam: o equivalente "social" de protótipo, como vimos anteriormente.

Os estereótipos verbais incluem as figuras gastas como as expressões idiomáticas, as locuções, as fraseologias, as frases feitas: isto é, qualquer associação verbal já instalada na língua. No fundo, estereótipo confunde-se com a própria língua: pela estereotipia verbal o falante tem ao seu dispor memorizações pré-fabricadas da língua, e essas memorizações comandam o falante na sua actividade comunicativa dentro da comunidade em que se integra.

O estereótipo[26], e estamos a repetir o que dissemos a propósito de "lugar comum", ora é concebido como um esquema cognitivo que leva à construção – à "codibilidade"[27] – das significações e dos saberes, ora é concebido como uma opinião, uma representação congelada que entrava a verdadeira (re)construção, sendo, assim, merecedora de uma rejeição. E aqui, o conceito de "protótipo", surgiria como representando apenas o lado bom de estereótipo, como o que define os valores, os tipos. E os estereótipos constituiriam a competência cultural (mais) partilhada, o denominador comum aos membros de uma sociedade: seriam «os caminhos já andados» pela língua.

3.2. *Estereótipos nos "media": exemplificação*

Teremos exemplos de "estereótipos", já banalizados, os que se depreendem de expressões como o «canto do cisne», a «mulher fatal» do romantismo, a «vamp» da época mais recente, o «núcleo duro» (de uma questão), o «último grito» (da moda), etc., ou as "muletas" discursivas do nosso tempo, como «economia sustentada», «paradigma», «vertente» (de um problema), «proposta suportada», «despoletar»[28] (uma questão), «pos-

---

[25] Cfr. H. J. Eikmeyer e H. Rieser 1981: 133-150.
[26] Cfr. R. Amossy 1989: 29-46 e J.- M. Touratier 1979.
[27] Cfr. nota 17.
[28] "Despoletar" significa precisamente o contrário do que os utentes habituais da palavra pretendem: «despoletar» é fazer com que uma "granada", por exemplo, não possa ser activada.

tura[29]» (de um deputado), etc. Encontramos na língua exemplos constantes destes produtos congelados, sempre disponíveis, como «(tratar os problemas político-diplomáticos) *com punhos de renda*» (a propósito das afirmações do diplomata brasileiro em Itália)[30], «(obrigar os deputados a) *pôr o preto no branco*» (a propósito do euro), etc.

Estes exemplos são encontráveis nos nossos jornais. Aliás, são frequentes os exemplos de referência à própria palavra "estereótipo". Assim, a propósito de "estudos" sobre os problemas do nosso tempo, surgiu o tema "O fado Cigano" (Revista do Expresso, 8.2. 97), onde se informava que os «estereótipos dos ciganos mudaram», e se fazia referência a alguns desses tópicos, nomeadamente, o uso do "léxico romani", ao facto de serem comerciantes de cestos, muares, tecidos, utensílios de metal; mencionava-se a prática do nomadismo, da vagabundagem, o desenraizamento, os casamentos com festas exuberantes, a submissão absoluta da mulher ao marido e as marcas da sua descendência ("serás vagabundo e fugitivo sobre a Terra" (relato do castigo divino a Caim). A que se acrescentam agora as marcas de "traficantes de droga". E conclui o autor da reportagem: «os estereótipos que se foram acumulando sobre os ciganos» (pg. 25), com Oleiros, Francelos, milícias populares, etc., de permeio.

Na semana anterior (ainda num dos suplementos do *Expresso*, 1.2.97) fazia-se referência a «Os estereótipos dos portugueses» (pg. 6), explicitando em subtítulo o sentido que davam à palavra: «Os padrões sociais que caracterizam mulheres e homens estão em mudança», destacando como estereótipos / padrões das mulheres,

"maternidade", "dona de casa", "carinho", "amizade", "capacidade de trabalho", "inteligência", "sensibilidade", "beleza", "força física", "submissão", "chefe de família", e, para o homem, "por ordem de importância na opinião dos inquiridos:trabalhador", "inteligência", "amizade", "chefe de família", "carinho", "força física", "sensibilidade", "capacidade de chefia"(chefe de família), "beleza", "masculinidade" (machão), "dona de casa".

---

[29] Esta palavra "postura", desde que um jornalista desportivo a utilizou, teve uma grande fortuna: passou a ser usada a torto e a direito. Confunde-se "postura" e "posicionamento".

[30] «É certo que as grandes questões político-diplomáticas são tratadas normalmente com punhos de renda.» *Expresso, Economia*, Luís Marques – Dúvida estratégica, 15.2.97, 16 (afirmações de Luís Filipe Lampreia, em Itália).

Perderam terreno – afirma-se ainda – os traços de " a fada do lar", "a mãe extremosa", e ganhavam importância a "presença no mundo laboral". E a conclusão aponta para uma definição de "estereótipo": «A noção de estereótipo é um terreno movediço, falar dele não quer dizer traçar um quadro real, mas detectar quais as noções presentes numa sociedade sobre um tema determinado ou uma ideia estabelecida».

4. Cliché[31], chavão, chapa

Cliché, chavão, chapa, cassete, nariz de cera, lugar comum, etc., são termos em que o traço comum é o facto de haver "repetição" e o consequente desgaste das expressões e respectivos conteúdos provocados pelos factores "uso" e "abuso". M. Rodrigues Lapa (1965) aproxima "grupos fraseológicos", "idiotismos", "frases feitas", "locuções estereotipadas" de **clichés, chavões** e de **chapa (consagrada)**, que caracteriza como «séries usuais, pretensamente literárias, safadas pelo muito uso.» (pg.66), «estafadas e triviais» (68). Se a aproximação que se faz destes termos e respectivas noções é, por um lado, verdadeira, por outro lado, encobre diferenças fundamentais. Comecemos por consultar alguns dicionários.

Para "cliché" o Dicionário <u>Aurélio</u> dá apenas a explicação relativa a tipografia. O *Dicionario General..* fornece a seguinte informação:

> «*Cliché* s. m. Cliché de imprensa. 2. Imagen fotográfica negativa obtenida mediante cámara obscura. 3. fig. Lugar común, idea o expresión demasiado repetida o formularia».

O *Dicionário da Língua Portuguesa* (Porto Editora) explica o termo do seguinte modo:

> «**cliché** ...folha estereotipada: prova negativa, reprodução de exemplares de tipografia; (*fig.*) imagem ou ideia muito repetida, estereotipada».

Relativamente a **chavão,** o Dicionário <u>Aurélio</u> define-o como segue:

> «*Chavão* s. m. 1. Chave grande, 2. Fôrma ou molde para bolos e massas. 3. Modelo, padrão. 4. Sentença ou provérbio muito batido pelo uso».

---

[31] Para uma perspectivação pormenorizada vide R. Amossy 1982 e J. I. Dufays 1991: 27-35 e M. Mcluhan 1973.

O Dicionário da Língua Portuguesa explica assim:

«**chavão** .. aumentativo de chave; chave grande; molde para bolos; estribilho; autor ou obra de grande autoridade; muito sabedor»

Relativamente a **chapa** temos:

«*Chapa*. s. f. 1. .... 8. V. Lugar comum.» (Aurélio)

e, no Dicionário da Língua Portuguesa, no meio das acepções colocadas mais ou menos indiscriminadamente:

«**chapa** ....; palavra ou frase muito repetida; ...»

Em **nariz de cera** temos igualmente o mesmo tópico:

«frase ou exórdio que se traz estudado e se aplica a qualquer discurso; lugar comum; frase feita»

Se qualquer dos termos (ou expressões) parece guardar uma ligação evidente ao conteúdo "objectivo" – os objectos para que o termo foi criado –, quer chavão, quer cliché, têm já absoluta autonomia: a sua instauração na língua é total. Os traços "repetição", "desgaste" e "esvaziamento", estão presentes em todos estes termos, mas em **chapa**, a rejeição é mais forte, em que as ideias de "repetição" e "desgaste" são intensificadas, equivalendo aqui a "cassete": como quando se atribui a um dado partido político a ideia de "todos os militantes dizerem o mesmo e só isso e no mesmo tom" e que "eles engoliram a cassete". Em **chavão**, os traços do termo anterior não têm a mesma força de rejeição e acrescentam-se-lhe outros traços, entre os quais o de uma "certa autoridade / força", mas em que a "criatividade" sai diminuída e a sua eficácia é diminuta, em que se trata de simples "jogo para a plateia". Não devemos esquecer que **chavão** e **palavra-chave** transportam valores próximos, embora com marcas opostas: "palavra-chave" refere-se a palavras que denotam valores marcantes para uma dada época, para uma dada cultura, como os valores detectáveis actualmente em termos como *qualidade de vida*, *ecologia*, *biodiversidade*, etc. Trata-se de valores emblemáticos do nosso tempo, normalmente no sentido positivo.

Teremos dificuldade em distinguir entre chavões e palavras-chave, precisamente por causa do jogo das aparências.Termos como *mundialização da economia*, *globalização dos problemas*, *revolução informática*, *estradas da informação*, *cinzentismo* (de certas pessoas), *flexibilização*, *desregulamentação*, *mobilidade do estudantes/ professores*, *menus*, *homens do aparelho* (de um partido), os *job for boys*, etc., são os nossos «novos chavões»[32] (ou palavras-chave?). O objecto físico *chave*, cujo significado não oferece qualquer dúvida, dá origem a uma série de variantes, visíveis em expressões, como *chave do problema, chave falsa, chave- -mestre*, etc. Também *chavão* significava originariamente "chave grande".

O **cliché** arrasta consigo os mesmos traços, excluindo o da "autoridade" – os clichés perderam todo o peso –, excluindo em absoluto a "criatividade" e, ao contrário do chavão, que, apesar de tudo, pode ter certa actualidade, o cliché não é "actual", é simples "lugar comum".

5. Slogan

O Dicionário Aurélio não regista a palavra **slogan**. O *Dicionario General*.. apresenta a seguinte explicação:

«*eslogan* (ingl. slogan) m. Frase publicitaria lo más breve y expresiva que sea posible. 2. Consigna, lema.».

O *Dicionário da Língua Portuguesa*[33] dá uma definição mais explícita:

«**slogan** .. palavra inglesa usada internacionalmente como fórmula concisa frequentemente repetida com fim publicitário ou propagandístico (comercial, político, etc.)»

O "slogan" é algo que é válido apenas numa dada época: como criação e como produto, como língua nomeadora e como objecto de consumo, como pergunta e como resposta aos anseios de uma classe, como "lugar comum" onde se refugia a mentalidade de um grupo: grupo que pode ser mais ou menos amplo. São "lemas" e bandeiras, quando aplicados a anseios ou soluções para problemas sociais; são "bens tangíveis", quando aplicados a produtos: são linguagens das coisas e as próprias coisas. Embora sejam, por vezes, verdades lapalissianas, apresentam-se sempre como um "valor acrescentado".

Vejamos apenas os temas da publicidade, que reflectem (ou pretendem reflectir) um dado "estereótipo" do nosso tempo, que indicam a

---

[32] É assim que no *Público* (16.2.97 «Um mundo sem heróis») são designadas algumas destas expressões.
[33] *Dicionário da Língua Portuguesa*, 6.ª ed., Porto: Porto Editora, s. d.

orientação dos seus apelos. Apela-se para valores considerados adquiridos, tais como

– a amizade, o amor:

Foi neste banco que tudo começou. Gostaríamos que fosse no nosso Banco que tudo pudesse continuar (BCP),

– a felicidade conjugal, a fidelidade:

Você é uma maria vai com as outras ou é fiel à sua Mariazinha? (Bolachas Triunfo)
Para os homens que amam as mulheres que amam os homens (Azzaro 9)

– a tradição, o artesanal, os bons velhos tempos, o autêntico, o lazer[34]:

Vá de férias com muita frequência (Rádio FM). Vá para fora cá dentro,

– a beleza feminina:

É fácil tornar-se mais bela com a passagem dos anos (Juvena). O tempo torna-se aliado da sua beleza (Juvena),

– a disponibilização do espaço físico, a velocidade num mundo em constante movimento

Um pequeno passo para Portugal, um grande passo para o mundo (Expo 98)
Depressa e Bem? Já há quem (Kodak Express)
Depressa vamos longe (EMS Correio urgente),

– o desejo de paz entre as etnias e classes, como forma de debelar as crises latentes:

Todos diferentes, todos iguais
O sol quando nasce é para todos,

– o reconhecimento das injustiças sociais:

Somos todos iguais, mas uns são mais iguais do que os outros

---

[34] Exemplos abundantes de slogans publicitários (e respectivo enquadramento discursivo) são encontráveis na Dissertação de Mestrado (Porto, 1996) de Maria Alexandra de Araújo Guedes Pinto *(Publicidade: Um Discurso de Sedução).*

6. Provérbio[35], ditado, fraseologia

Também resultado da "reprodução" são o provérbio, o ditado, as fraseologias, as máximas, os adágios. Estes termos veiculam conteúdos que representam fases da longa caminhada do homem para o conhecimento, para a categorização do mundo, de modo mais ou menos próximo.

O **provérbio**[36] é o discurso do dever / fazer, um sistema fechado, autónomo, em que o autor é a própria comunidade[37]. São autênticos textos – textos institucionalizados –, funcionam em bloco, reportam-se a um saber antigo, diremos mesmo arcaico – **anexim** representa mesmo, em relação ao provérbio, um maior distanciamento no tempo –, com aspectos formais predominantes, como o presente atemporal, estrutura binária, o ritmo e a assonância, e se entram num outro texto, entram intactos com todo o seu conteúdo. Apenas alguns exemplos:

Gordura é formosura
O sol quando nasce é para todos
Águas passadas não movem engenhos / moinhos
Amor com amor se paga
Devagar se vai ao longe
Sic transit gloria mundi
In vino veritas
Tudo como dantes, no quartel-general de Abrantes

O provérbio distingue-se das **máximas**, estas têm autor conhecido(por exemplo: *por mares nunca dantes navegados*), dos **apotegmas** ou sentenças (que têm fundamento científico ou filosófico). Há ainda o dito popular, o **ditado**, que é essencialmente denotativo e fundado na experiência, e pretende corrigir ou ensinar.

A **fraseologia**[38] implica um leque de traços definidores, tais como a idiomaticidade – o seu significado global não é o equivalente à soma dos conteúdos dos seus elementos –, invariabilidade (relativa), carácter marcadamente figurado, etc., como se pode verificar por sequências como:

mexer os cordelinhos, estar em maus lençóis, deitar achas para a fogueira, ficar a ver navios, etc.

---
[35] A. J. Greimas 1960: 41-61.
[36] Ana Cristina Macário Lopes, 1992.
[37] Quando se quer citar o autor, os falantes apresentam: «lá diz o povo, como diz o povo / o outro, já dizia a minha avó, ...».
[38] Cfr. Christine Hundt 1994.

O provérbio, os ditados, mesmo as máximas, as fraseologias, os "slogans", representam os estereótipos, as crenças, os mitos, a moral – o deve e o haver – de uma comunidade, de grupos sociais. A distinção dos conceitos veiculados por estes termos baseia-se, ou na sua antiguidade, na autoridade moral, ou em traços formais. Tudo se pode tornar cliché.

A interrelação destes elementos verifica-se no modo como os "slogans" – essencialmente epocais – refazem as fraseologias, provérbios, servindo-se do seu fundo de autoridade, para dar peso ao seu conteúdo. Este tópico detecta-se de um modo evidente na publicidade:

(1) A Madeira é um óptimo lugar para *passar uma noite em claro*
(2) À noite nem todos os gatos são pardos (Preservativos Rendells)
(3) Mudam-se os tempos, *mantêm-se* as vontades (Café Delta)
(4) *Tanto* vale só *como* bem acompanhado (Pizza Hut)
(5) Por detrás de um grande homem há sempre uma *grande cerveja* (Super Bock)

Dá-se a integração da fraseolgia num enunciado mais amplo (1), conserva-se o provérbio na sua totalidade e orientando o seu conteúdo noutra direcção (2), altera-se a forma da máxima mantendo-se no entanto a força do sentido original (3, 5), modifica-se a forma do provérbio, mas o conteúdo fica ainda mais valorizado (4).

Em conclusão, provérbios[39], lugares comuns, máximas, fraseologias, slogans, etc., representam, em grande medida, os "estereótipos" de uma sociedade, do seu imaginário e do seu conteúdo imagético: os "fatos feitos por medida" categorizados pela língua.

7. Mitos, paradigmas, referências, sistema ...

Também os termos mito, paradigma, referência, sistema, e muitos outros, em alguns dos seus usos, comportam valores próximos dos que escorrem dos termos que temos vindo a analisar. E estes termos comutam entre si em sequências normais, sem que com isso se altere o sentido dos enunciados, estabelecem sim relações textuais[40] no discurso.

---

[39] A aproximação entre provérbios, etc., e lugares comuns, não é apenas baseada na repetição (cfr. Fernando Ribeiro de Mello 1974).

[40] A que se costuma chamar "anáfora associativa".

O **mito**[41], como interveniente na área que aqui nos interessa, tem duas valências: uma, a dos "experts", que serve como modelo de explicação das coisas do mundo, a outra, a do público em geral, transformando esses modelos em estereótipos. São os estereótipos – que se tornam frequentemente crenças – que são manipulados e com que se manipulam as pessoas.

O **paradigma**, como modelo, competência partilhada, enciclopédia e molde de saberes, equivale, no melhor sentido, a "protótipo", a "estereótipo", e no pior sentido a "chavão". Temos exemplo do primeiro valor, em exemplos como:

«paradigma científico», «paradigma da ciência moderna», «novo paradigma»[42]

«... os paradigmas não permitem transições graduais de aceitação: ou se aceita ou não, sem meio termo possível que, eventualmente, a lógica aconselhasse ou a experiência caucionasse. O processo de adesão a um novo paradigma é, assim, próximo da conversão»[43]

Referência, **sistema**, etc., são termos próximos, em muitos dos seus usos, do conteúdos dos anteriormente considerados:

«... alguns dos males que corroem o nosso *sistema de ensino*.... eles ameaçam a nossa cultura cívica, as nossas maneiras, *os padrões* e *as referências* que servem de alicerce à civilização liberal» J. Carlos Espada, Público, 17.02.97 (o itál. é nosso).

Expressões correntes, como *ser / estar contra o sistema*, *estar fora do sistema*, *remar contra o sistema*, documentam a nossa afirmação.

É fácil verificarmos, pelos chavões actuais, pelos paradigmas e referências, pelos sistemas e padrões por que nos pautamos, quais são os nossos estereótipos, o nosso protótipo de bem-estar, etc. Eis alguns dos parâmetros que abrem a porta chave dos nossos chavões, dos nossos estereótipos, dos nossos padrões e paradigmas, das nossas referências.

---

[41] Cfr. Lamria Chetouani et Maurice Tournier – «La catastrophe, mythe scientiphique d'aujourd'hui. Remarques de vocabulaire (1984-1990)», in: Christian Plantin (ed.) – Ibid., pg. 219-230.
[42] Cfr. Boaventura Sousa Santos, 1989.
[43] Manuel Maria Carrilho 1989, 124s.

Pelo chamado **melhorismo** criado pelo bem-estar do grupo dominante, vemos as coisas pelo lado óptimo. E embora haja exemplos em muitas áreas, daremos apenas os seguintes como documentação: o *enriquecimento ilícito* passou a *branqueamento de dinheiro*, os *trabalhadores* de uma empresa passaram a ser colaboradores, os *patrões* e *capitalistas* passaram a ser *empresários*, os *sindicatos* e *patrões são parceiros sociais*, os *aumentos salariais* são *reposição do poder de compra*, a *guerra de audiências* tornara-se *programas pimba*, etc.

Estamos no tempo do *descartável*, em que tudo é *provisório*: é este o modo de a sociedade se aliviar de qualquer peso de consciência *ou do hora a hora Deus melhora*. A tentativa de suavizar[44] o desequilíbrio entre as pessoas, entre o luxo e a miséria. Tudo é uma questão de *engenharia*[45] do *sistema* ou do *paradigma*.

É também a época do chamado pessimismo / catastrofismo – o «**crisismo**» da progressão / regressão –, em que criamos uma atmosfera onde predomina a violência: é a *guerra* de audiências / de preços, os gabinetes de *crise*, os *ghettos*, a *invasão* de produtos estrangeiros, o *flagelo* da droga, o *risco* da contaminação, o *perigo* do aquecimento do planeta, a *ameaça* do efeito de estufa, a *iminência* da irradiação nuclear. Os termos são negros: *holocausto, ameaça, risco, perigo, iminência, guerra, risco, perigo, desastre, calamidade, tragédia, cataclismo, apocalipse, crise, ruptura, ameaça, chuvas ácidas, flagelo, desastre ecológico*, etc.

8. Conclusão

Há, como vimos, na base da maior parte dos termos que estudámos, um objecto físico, materialmente bem delimitado: *chave, estereótipo, cliché, luga*r, mesmo *protótipo*. É a partir de um objecto concreto, corporizado (embodied) que se constroem depois as extensões e expansões metafóricas ou metonímicas dos mesmos termos.

Por outro lado, o denominador comum – o mecanismo que subjaz a todos estes conceitos, *lugar comum, estereótipo, cliché, chavão,* é o factor "repetição". O valor positivo ou negativo que se atribui ao traço "repetição", na graduação da pejoração ou majoração, distingue os vários

---

[44] Torcato Sepúlveda («A novilíngua e o espírito do capitalismo», in: *Público*, 20.1.97) tenta encontrar explicação para alguns destes termos.

termos. Em *lugar comum* acentua-se uma certa desvalorização pelo uso excessivo e aproveitamento desmesurado, em *cliché* acentua-se a usura, o esvaziamento de conteúdo por força do uso, em *estereótipo* acentua-se a representação congelada do referente também por força do uso, e em *chavão, chapa quatro, nariz de cera*, etc., além dos traços presentes em *cliché* (esvaziamento, psitacismo, esclerose conteudística), há um reforço do valor depreciativo.

Além disso, *lugar comum, estereótipo, cliché* mergulham as suas raízes no domínio da análise do discurso, do pragmático, do vivencial ou experiencial, ao passo que *protótipo* incide normalmente no estudo lexical e puramente referencial. A noção de "protótipo" provém da psicologia cognitiva e tem dado origem a pesquisas teóricas e experimentais para modelizar as categorizações do real por meio da língua; o estereótipo, retomado pela psicologia social, incidiu na análise do discurso para dar conta dos "efeitos de sentido". O protótipo situa-se na "langue", o estereótipo, na "parole". A sua separação pode parecer abusiva: entram nestes dois conceitos, os mesmo ingredientes: a percepção do mundo, os conhecimentos adquiridos pela experiência, o contexto social e comunicativo, a dialéctica interaccional, a intencionalidade. Um e outro procuram dar a ideia do modo como o homem selecciona determinados traços significantes da realidade para os representar e instaurar as categorias da sua designação na língua: designações e categorias deduzidas do uso e para delas se fazer uso.

A teoria cognitivista tem arrastado consigo noções importantes para a análise semântica, a partir do conceito de estereótipo[46], mostrando a existência de relações muito profundas no léxico: o que é mais uma achega importante para comprovar a estruturação do léxico e a importância do léxico na instauração / instituição da língua. A existência no léxico de

---

[45] A palavra *engenharia* é outro dos chavões do nosso tempo. Eis um exemplo: «.. a nova equação (da reforma educativa): CFD = (7 CIF + 3E): 10). A CIF (avaliação interna feita pelo docente na turma) passava a ter mais peso na CFD (classificação final) do que a nota dos E (exames). Esta *engenharia* era, dias depois, apresentada pela secretária de estado da Educação e Inovação ... à imprensa.» (Filomena Mónica – Paixão pela educação?, in: *Independente*, *Vida*, 14.2.97, p.13).

[46] Por exemplo a chamada "anáfora associativa", exemplificada com ocorrências do género de:
Nous arrivâmes dans un village. L´église était située sur une hauteur.
Cfr. Kleiber 1993:. 355- 371.

associações estereotípicas[47] é um reflexo das nossas próprias representações. E as associações criadas pelo discurso são ainda derivações de relacionações pré-existentes também no léxico.

Bibliografia:

AMOSSY, R. – *Les idées reçues. Sémiotique du stéréotype*. Paris: Nathan, 1991.
AMOSSY, R. – «La notion de stéréotype dans la réflection contemporaine», in: *Littérature*, 73 (1989): 29-46.
AMOSSY, R. – *Les discours du cliché*, Paris: Seuil, 1982.
ANSCOMBRE, J.- C. – *Théorie des Topoi*, Paris: Edit. Kimé, 1995.
Aurélio Buarque de Holanda Ferreira – *Novo Dicionário da Língua Portuguesa*, 2.ª ed., Rio de Janeiro: ed. Nova Fronteira, 1986.
ARAÚJO GUEDES PINTO, Maria Alexandra de – *Publicidade: Um Discurso de Sedução*, Dissertação de Mestrado (Porto, 1996).
BRASSART, D. G. – «Stéréotype / Prototype / Modèle», in: *Recherches*, 10 (*Stéréotypes*), 1989: 173-186.
CARRILHO, Manuel Maria – *Itinerários da racionalidade*, Lisboa: Dom Quixote, 1989.
CHAROLLES, M. – «L'anaphore associative. Problèmes de délimitation», in: *Verbum* 13, 3 (1990): 119-148.
CHETOUANI, Lamria et TOURNIER, Maurice – «La catastrophe, mythe scientiphique d'aujourd'hui. Remarques de vocabulaire (1984-1990)», in: Christian Plantin (ed.) – Ibid., pg. 219-230.
Dicionario General Ilustrado de la Lengua Española, Barcelona: Vox, 1990.
Dicionário da Língua Portuguesa, 6.ª ed., Porto: Porto Editora, s. d.
DUFAYS, J. I – «Dictionaires, clichés et doxa: voyage en stéréotypie», in: *Le Français aujourd'hui*, 94 (1991): 27-35.
EIKMEYER, H. J. e Rieser, H. – «Meanings, intensions and stereotypes», in: Id. (eds.) – *Words, worlds and contexts*, Berlin: De Gruyter, 1981: 133-150.
GREIMAS, A. J. – «Idiotismes, proverbes, dictons», in: *Cahiers de lexicologie*, 2 (1960): 41-61.
FRADIN, B. – «Anaphorisation et stéréotypes nominaux», in: *Lingua*, 64 (1984): 325-369.
HABERMAS, Jürgen – *Die neue Unübersichtlichkeit*, Franckfürt: Suhrkamp, 1985: 141-166.

---

[47] Para uma explicação de "anáfora associativa" e sua relação com os estereótipos cfr. M. Charolles 1990: 119-148, B. Fradin 1984: 325-369.

HUNDT, Christine – *Untersuchungen zur portugiesischen Phraseologie*, Wilhelmsfeld: Egert, 1994 (Pro lingua: Bd. 18).
KLEIBER, Georges – *La sémantique du prototype*, Paris: PUF, 1990.
KLEIBER, Georges – «L'anaphore associative roule-t-elle ou non sur des stéréotypes?», in: Christian Plantin – *Lieux communs, topoi, stéréotypes, clichés*, Paris: Edit. Kimé, 1993: 355- 371.
LAKOFF, G. – *Women, fire and dangerous things*, Chicago: University of Chicago Press, 1987.
LAKOFF, G./ Johnson, M. – *Metaphors we live by*, Chicago: University of Chicago Press, 1980.
LAPA, Manuel R. – *Estilística da Língua Portuguesa*, 4.ª ed., Rio de Janeiro: Livr. Acadêmica, 1965.
LANGACKER, R. – *Foundations of cognitive Grammar*, Stanford, Chicago UP, 1987.
LANGACKER, R. – «Noms et verbes», in: *Communications*, 53 (1991).
MACÁRIO LOPES, Ana Cristina – *Texto proverbial. Elementos para uma análise semântica e pragmática,* Dissertação de Doutoramento, Coimbra, 1992.
MCLUHAN, M. – *Du cliché à l'archétype. La foire du sens*, Paris: Hurtebise et Mame, 1973.
MARQUES, Luís – «Dúvida estratégica», in: *Expresso, Economia*,15.2. 97.
MINSKY, M. – «A framework for representing knowledge», in: P. H. Winston (ed.) – *The psychology of computer vision*, New York: McGrow Hill, 1975.
MÓNICA, Filomena – Paixão pela educação?, in: *Independente, Vida*, 14.2.97
MOOS, Peter I. von – «Introduction à une histoire de l'endoxon», in: Christian Plantin – *Lieux communs, topoi, stéréotypes, clichés*, Paris: Edit. Kimé, 1993, pp. 4-16.
PEDROSO LIMA, Rosa – «Os estereótipos dos portugueses», in: *Expresso* 1. Fevereiro 97.
PACHECO DE MOURA, Maria João – *Da Verbalização de conceitos à sua identificação. Contributos para o estudo da codabilidade num contexto criança- -adulto*, Dissertação de Mestrado, Porto, 1996.
PUTNAM, H. – «Mind, language and reality», in: *Philosophical papers* Vol. 2 (1975), Cambridge: Cambridge UP.
RASTIER, F. – *Sémantique et recherches cognitives*, Paris: PUF, 1991.
RIBEIRO DE MELLO, Fernando – *Nova recolha de provérbios e outros lugares comuns portugueses*, Lisboa: Afrodite, 1974 .
ROSCH, Eleanor – «Natural categories», in: *Cognitive Psychology*, 4, 3 (1973): 328-350.
RUMELHART, D. – «Notes on a schema for stories», in: D. G. Bobrow / A. M. Collins (eds.) – *Representation and understanding: Studies in cognitive science*, New York: Academic Press, 1975.

Schank, R. C. / Abelson, R. P. – *Script, plans, goals and understanding*, Hillsdale: L. Erlbaum, 1977.
Sepúlveda, Torcato – «A novilíngua e o espírito do capitalismo», in: *Público*, 20.1.97.
Sousa Santos, Boaventura – *Introdução a uma ciência pós-moderna*, Porto: Afrontamento, 1989.
Touratier, J.- M. – *Le Stéréotype*, Paris: Galilée (= Débats), 1979.
Verbo / Enciclopédia Luso-Brasileira de Cultura, Lisboa: Edit. Verbo, 1968.

LIMITES E «PERFORMANCES» DA SEMÂNTICA COGNITIVA[1]

0. Tendo em conta que «a Linguística Cognitiva já é entre nós mais do que uma criança»[2] e dada a minha já não curta convivência com a designada semântica estrutural de matriz europeia, ninguém me leva a mal que pretenda fazer uma ponte entre essa semântica e a que nas últimas duas épocas se constituiu como promessa de ultrapassagem do imanentismo subjacente às semânticas anteriores no domínio da semântica lexical[3]. A semântica cognitiva é acima de tudo uma semântica do conceptual, do conceito[4] – designado –, distinguindo-se de uma semântica apenas do significado (linguístico) como foi praticada na semântica estruturalista europeia. Há, contudo, na perspectiva cognitiva, um reducionismo semiótico relativo ao significado, o que traz consigo ambiguidades no atinente à própria noção de protótipo. Se tomarmos em conta alguns dos tópicos da semântica, como é o caso da polissemia, uma noção de protótipo de base estritamente semasiológica (um significante – uma categoria conceptual) leva ao apagamento da distinção entre designado e significado, o que comporta o aparecimento dos problemas suscitados por certas abordagens estruturalistas. Uma noção

---

[1] A primeira versão deste trabalho surgiu in: Soares da Silva 2001.
[2] Silva 1999: 527.
[3] Apoio-me, no meu raciocínio e exemplificação, de modo especial nos trabalhos de Koch e Geeraerts.
[4] Este aspecto é sublinhado como essencial na recepção de Ronald Langacker nos seguidores da Linguística Cognitiva em Portugal: «[as] imagens convencionais... são inerentes, não apenas às entidades lexicais, como também às classes e construções gramaticais ... [e isto será] porventura o aspecto mais interessante e mais inovador da concepção "conceptualista" e "subjectivista" do significado, defendida por Langacker» (Silva 1995: 91). A mesma leitura é feita por Pinto de Lima: «Nestas abordagens [refere-se directamente à noção de protótipo decorrente de Eleanor Rosch e aplicado à linguística nos Modelos Cognitivos Idealizados de Lakoff e nas Cenas ou "Frames" de Fillmore] os protótipos são concebidos, ou como sendo mentais, ou como reflectindo a organização do processo mental humano» (Pinto de Lima 1999: 51).

de protótipo de base onomasiológica permitir-nos-á analisar de forma mais adequada o fenómeno da polissemia, mas mesmo aqui é necessário que se respeite o nível autónomo do significado linguístico[5].

1. Premissas semióticas da semântica lexical

Em primeiro lugar, a própria noção de prototipicalidade tem sido aplicada a situações bem diversificadas do ponto de vista semiótico. Por outro lado, no domínio da semântica, há termos que estavam envolvidos em alguma ambiguidade, e ainda não saíram dessa zona sombra: reporto-me a termos linguísticos (filosóficos, psicológicos) como significação, significado, conceito, designação, etc. Precisamente, por isso, pretendo contribuir para a clarificação do estatuto semiótico dos factos a estudar. O triângulo semiótico de Ogden / Richards não é suficientemente abrangente para abarcar a complexidade do fenómeno semântico. Apoiando-me na adaptação do modelo pentagonal de Raible (1983: 35) feito por Koch, distingo o «virtual» e o «actual». Seguindo esse modelo de modo simplificado a distribuição seria a seguinte:

	domínio linguístico	domínio extralinguístico
plano virtual	signo significante-significado	designado (conceito)
plano actual	nomen	nominandum
		referente
		denotatum

FIGURA 1

---

[5] A noção de «protótipo», por força da sua origem na psicologia cognitiva, trouxe-nos uma mais valia fornecendo-nos um modelo mais realista das representações mentais, libertando assim a semântica linguística do imanentismo das abordagens estruturalista e gerativista. No nível semântico, estas representações mentais correspondem em grande medida a categorias cognitivas que:
• têm como suporte o saber extralinguístico (conceptual, mesmo perceptivo);
• não são nem homogéneas nem estanques, possuindo pelo contrário uma estruturação interna organizada segundo o princípio «centro-periferia»;
• não se organizam à maneira de taxonomias lógicas: os diferentes níveis taxonómicos não são equivalentes, o que implica a existência de um nível de base (preferencial) oposto aos níveis superordenado e subordinado.

Do esquema resulta que consideramos o signo (e portanto significante e significado) como entidades linguísticas, o designado (o conceito) e o referente como entidades do domínio extralinguístico. Esta distinção parece-nos ser importante para a semântica. Devo mencionar ainda a distinção entre semasiologia – a abordagem que parte do significante para o significado – e onomasiologia, a abordagem que parte do designado (conceito) para o significante.

1.1. *A polissemia do termo prototipicalidade*

Distinguimos várias aplicações de prototipicalidades[6]. Podemos falar da prototipicalidade de certos referentes relativamente a uma dada categoria conceptual ao nível do designado.

a) Imaginemos várias representações de uma figura geométrica, umas mais imperfeitas do que outras, numa escala que vai do perfeito ao cada vez mais imperfeito. Temos assim, por exemplo, um RECTÂNGULO cada vez menos prototípico (de modo análogo procedeu Labov a propósito do conceito de dados recipientes e Geeraerts na explicação das variações lexicais).

FIGURA 2

b) Por outro lado, podemos falar da prototipicalidade de certas subcategorias em relação a uma categoria conceptual superordenada. Na categoria MÓVEL o conceito de SOFÁ está mais próximo do protótipo do que o conceito de SECRETÁRIA, e este está mais próximo do que o conceito de PIANO (Taylor 1989: 44, 57). Ao

---

[6] Vamos distinguir dois sentidos de «prototípico»:
(i) os membros centrais duma dada categoria são prototípicos (prototípico1) e
(ii) a categoria enquanto tal é prototípica (prototípico2) na medida em que ela está organizada à volta de um protótipo. Koch designa esta segunda acepção como «prototipical».

contrário do que aconteceu em **a)**, aqui ficamos inteiramente ao nível dos designados[7].

c) Fala-se igualmente de um «efeito prototípico» produzido relativamente às diferentes acepções de um lexema polissémico. Assim em *comprido* e *longo* a acepção espacial é mais prototípica do que a acepção temporal. Ou a acepção de *fechar* em *fechar a porta* é mais prototípica do que a de *fechar* em *fechar os olhos*. O que aqui está em jogo são as relações entre significante, significado(s) e/ou designado(s).

d) De qualquer maneira, a noção de prototipicalidade considerada em **a)** e **c)** diz respeito à relação entre quaisquer conceitos (como CÍRCULO, RECTÂNGULO, MÓVEL, LONGO, COMPRIDO) e as realidades extra-linguísticas. Trata-se de uma prototipicalidade psicológica, também importante para a semântica linguística.

Ora, tem-se também aplicado a noção de prototipicalidade a relações do mais variado género, mesmo no domínio das metalinguagens: como as próprias designações de «nome» / «verbo», «sujeito», «diglossia», e até a noção de «prototipicalidade». Trata-se aqui de uma prototipicalidade terminológica, que interessa à epistemologia da linguística. Tendo-se em conta as distinções feitas de **a)** – **d)**, perguntamo-nos se o termo prototipicalidade que se tornou tão polivalente é ainda operatório nestas circunstâncias. Vamos ater-nos apenas às acepções ditas psicológicas.

1.2. *Semântica do significado e semântica do designado*

Sabemos que a noção de prototipicalidade provém da psicologia cognitiva, o que nos traz vantagens e riscos. Vantagens porque uma noção como esta vem enriquecer-nos no conhecimento das representações mentais implicadas na semiose. Por outro lado, a psicologia cognitiva nem sempre se interroga sobre o papel que desempenha a língua nas suas experiências e na sua teorização. A *cue word* intervém como significante dum signo linguístico provido de um significado ou serve antes de etiqueta destinada a evocar a representação de uma categoria conceptual? Vejamos

---

[7] Não podemos confundir o protótipo «melhor exemplar» e o protótipo de atributos típicos (protótipo vs. estereótipo).

um simples exemplo: a propósito da definição de *Stiefmutter* («madrasta») em Wahrig como «Zweite Frau des Vaters» («segunda mulher do pai»), afirma Pinto de Lima: «[trata-se de] uma definição onde um protótipo é introduzido, e uma cena no sentido de Fillmore é evocada»[8]. Qual é o protótipo e o que se entende aqui por protótipo? Estamos na semântica das «condições necessárias e suficientes»?

Quando os partidários da semântica do protótipo criticam uma semântica das «condições necessárias e suficientes», nem de perto nem de longe têm presente os traços pertinentes (semas) da semântica estrutural europeia, mas apenas os «semantic features» da linguística americana (a chamada «análise componencial»). E aqui está uma diferença essencial, pois na perspectiva do modelo semiótico que seguimos, os semas situam-se no nível do significado, pois os semas decorrem por definição duma análise diferencial dos lexemas de uma língua particular, ao passo que os traços semânticos dos linguistas norte-americanos, de inspiração referencial, situam-se numa zona cinzenta entre o significado e o designado (o conceito). Insistindo no carácter conceptual e enciclopédico do protótipo, a semântica cognitiva volta-se de modo claro para o designado. A crítica que aí se faz à semântica pré-cognitiva (americana) apenas diz respeito ao estatuto (psico)lógico dos traços semânticos, mas não tem em vista o seu estatuto semiótico. Mas é nossa convicção de que uma semântica do significado é tão indispensável como uma semântica do designado e ainda que uma semântica apenas do significado é tão incompleta como uma semântica apenas (e só) do designado.

Vejamos apenas alguns exemplos em que alguns factos semânticos relevam decididamente do domínio do significado linguístico:

(i) a inventariação dos semas e dos sememas em cada língua: fr. *poisson*, ptg. *peixe* e esp. *pez* [«ser vivo»] vs. *pescado* [+ alimento][9], al. *Tee*, ptg. *chá*, fr. *thé* [+ à base de folhas de chá] vs. *infusion* [+ à base de camomilha, mentol], ptg. *nadar* [«flutuar mas movendo intencionalmente determinadas partes do corpo»] vs. *flutuar* [«estar apenas a superfície da água e ao sabor do movimento da água»] e al. *schwimmen* [para as duas noções][10];

---

[8] José Pinto de Lima – Ibid., 58.

[9] Em português, *pescada* é a designação de uma espécie de peixe (esp.: *merlusa*), que não é o mesmo que o *pescado* (esp.), nem *pesca (hoje a pesca correu mal)*.

[10] O significado compreende sobretudo o semema como é definido no interior de um campo lexical de uma língua histórica. Há lexicalizações numa língua que não

(ii) os factos variacionais no léxico duma língua particular: *carro* [de bois (marca diatópica) e automóvel], *viatura* [(marca diafásica: militar, marca terminológica: código da estrada];

(iii) os factos derivacionais, composicionais a fraseológicos ratificados e socializados numa dada língua histórica: fr. *forgeron* «- *forger, forge* e ptg. *ferreiro* «- *ferro*[11], esp. *herrero* «- *hierro*, fr. *mettre qn au pied du mur* e al. *jdn in die Enge treiben*, ptg. *colocar alguém entre a espada e a parede*[12];

(iv) as motivações polissémicas como elas estão ratificadas e socializadas numa língua histórica. As diferentes acepções do ptg. *pé* não correspondem às acepções equivalentes do al. *Fuss*, (pé «parte do corpo», al. *Fuss*, «unidade de medida», al. *Fuss*, ptg. *pé*; fr. *pied* ; *pé/sopé da montanha, pied de la montagne*, al. *Fuss eines Berges;* fr. *pied de la table*, ptg. *pé da mesa*, al. *Tischbein; pied d'un lit*, ptg. *pé da cama*, al. *Fussende eines Bettes).*

A semântica estrutural apenas é capaz de dar conta das realizações referidas em (i) e de alguns (poucos) factos enumerados nas restantes alíneas. Uma semântica do significado linguístico engloba assim o estudo do semema e respectivos semas e alguns factos acima apontados. Pelo contrário, uma semântica do designado não é capaz, por definição, de recolocar os problemas postos de (i) – (iv), pois não são as especificidades duma língua histórica (uma língua particular) que constituem o seu domínio de descrição, visto ocupar-se das qualidades conceptuais – mesmo perceptivas, ou até universais – dos designados (potenciais).

---

há noutra: *cheveux / poil* (fr.), *cabelo / pelo* (ptg.), *capello / pelo* (it.), em alemão temos apenas *Haar*.

[11] Há uma outra motivação bem diferente, por exemplo, em: *ferro -» ferrar -» ferradura*.

[12] O significado como está lexicalizado nas línguas particulares releva da motivação. Em primeiro lugar nas palavras transparentes (motivadas por força da sua estrutura derivacional ou composicional), temos uma motivação que não é apenas morfológica, mas também semântica: *carnicero* (esp.), *macellaio* (it.), *talhante* (ptg.). *Carnicero* reenvia de «carne» (estrutura derivacional) para o objecto da actividade, *macellaio* reenvia de «macello» (matadouro) para a actividade, *talhante* reenvia de «talhar» («cortar») para a actividade. Trata-se de um problema conceptual, mas também de um facto linguístico, na medida em que o ponto de partida da motivação é lexicalizado de modo diferente nas três línguas. Neste aspecto, os significados de *carnicero, macellaio, talhante*, recobrem-se apenas parcialmente. A motivação derivacional destes lexemas liga-se a elementos diferentes, mas pertencentes a um mesmo «frame» conceptual genérico, que existe independentemente dessas lexicalizações e independentemente das línguas em questão: «o modelo de actividade».

Por outro lado é evidente que a semântica do significado não resolve todos os problemas que se põem em semântica e alguns dos exemplos que demos anteriormente demonstram-no. Reformulado um dos princípios que antes formulamos (iii):

> (iii') A semântica do significado apenas pode identificar as motivações derivacionais, composicionais e fraseológicas, como elas são verificáveis numa língua histórica. Mas não é capaz de mostrar as bases cognitivas destes dados linguísticos. Para o conseguir, será necessário ir além das línguas particulares e recorrer ao nível conceptual dos designados.

Tomemos, a título de exemplo, *vendedor ambulante* [br. *camelô*], fr. *camelot*, al. *Strassenhandler*, em que temos de partir de um *frame* que contenha os seguintes elementos: (1) «pessoa», (2) «que actua», (3) «vendendo», (4) «coisas a baixo preço», (5) «enquanto anda», (6) «na rua». O ptg. para designar esta «pessoa» (1) recorre a contiguidade entre os elementos (3) («que vende»), (4) («enquanto anda»), (5) («na rua»), escolhendo como protótipo (4) («enquanto anda»), ao passo que o al. escolhe a contiguidade entre (1) «pessoa», (2) «que actua», (5) «na rua», seleccionando como protótipo o superordenado (2) «que actua» em vez de (3).

É o nosso saber extralinguístico que nos permite reduzir as diferenças ao nível dos significados a uma base cognitiva comum no plano dos designados. Vejamos quais as possibilidades da semântica do significado no atinente a (iv):

> (iv') Quanto à polissemia, a explicação deve ser formulada de maneira (quase) análoga. A semântica do significado pode em princípio detectar as motivações polissémicas encontráveis numa língua histórica. Mas é necessário observar que a polissemia é o resultado de uma mudança semântica. Como certas mudanças semânticas são, por sua vez, tributárias das relações associativas ao nível do designado, é preciso ter em conta este nível para ter acesso às bases cognitivas dos factos polissémicos correspondentes[13].

---

[13] A polissemia é um fenómeno evidente de motivação lexical. Se observarmos *agudo* nas ocorrências *bico agudo, som agudo, dor aguda, bico agudo (aguçado), apendicite aguda, olhar agudo, espírito agudo,* os domínios intelectual, óptico, patológico, nervoso, auditivo, táctil, visual intervêm de modo muito marcado. A motivação terá de ter em conta os semamas de *agudo* (questão de significado) e os vários domínios em que surge a palavra (como designado / conceito). Aqui surgem esquemas de similaridades (sobretudo

Retomemos o ex. de *pé*. As acepções «unidade de medida» e «parte oposta à da cabeceira» são de natureza metonímica e repousam sobre relações de contiguidade ao nível dos designados (PÉ (do homem) – MEDIDA; PÉ(S) – PARTE OPOSTA (À DA CABECEIRA). As acepções do tipo «pé da montanha», «pé de uma coluna», «pé da mesa» (fr. «pied d'une montagne», «pied de la table») são de natureza metafórica e repousam nas relações de similaridade ao nível dos designados (PÉ – PARTE INFERIOR; PÉ – PARTE SERVINDO DE SUPORTE).

Para podermos ilustrar a linha de partilha entre a linguística do significado e a linguística do designado, sirvamo-nos dos exemplos ptg. *pé (da cama)* e al. *Fussende, vendedor ambulante* e *Strassenhandler*. Ao nível dos designados, para o primeiro caso, os dois equivalentes apoiam-se no mesmo *frame* conceptual: PESSOA DEITADA NO SEU LEITO. Ao nível dos significados, bem pelo contrário, o *frame* é explorado de modo muito diferente: através de uma motivação polissémica em ptg. *pé* e através de uma motivação composicional em al. *Fuss + Ende*. Em *Strassenhandler* e *vendedor ambulante,* o «frame» do designado é mais ou menos o mesmo, mas a nível do designado é diferente: «que actua na rua, que actua andando» *(Strassenhandler)* e «que vende andando» em *vendedor ambulante*.

É indispensável reconhecer a necessidade e os limites da semântica do significado e *a fortiori* da semântica estrutural, que representa uma semântica do significado muito estreita, como temos vindo a ver.

Para poder concentrar as suas energias no estudo dos semernas linguísticos, a semântica estrutural pratica em geral um relativismo semiótico apertado no referente ao designado. E é por isso que o estruturalismo tem grande dificuldade em integrar o fenómeno da polissemia, que repousa em grande parte sobre as relações cognitivas ao nível do designado. No quadro duma análise estritamente sé(mé)mica há apenas três estratégias possíveis no que concerne a este problema.

- maximiza-se o fenómeno da homonímia. Ora, se o limite entre homonímia e polissemia é de difícil identificação, esta estratégia produz frequentemente soluções contrárias às da nossa intuição. Por maiores que sejam as diferenças sé(mé)micas que existam entre

---

sinestésicas) e a semântica do significado não é capaz de dar conta desse mecanismo metafórico: não encontramos traços suficientes para abranger a descrição de «agudo». Há saltos de um conceito para outro e isso só pode ser explicado pelo recurso ao extralinguístico.

pé «parte do corpo» e *pé (da cama)*, não será nunca de aceitar que os consideremos como homónimos, uma vez que a segunda acepção resulta de uma mudança semântica clara em relação à primeira.
- maximiza-se o fenómeno da monossemia colocando-se um «signifié de puissance», isto é, um denominador semântico comum, suficientemente abstracto para englobar todas as acepções do lexema. Esta proposta leva-nos necessariamente a um impasse relativamente a todas as relações de contiguidade. O lado semântico que existe entre *pé* «parte do corpo» e *pé (da cama)* não passa por qualquer denominador comum que ponha em relevância – por meio da abstracção – as semelhanças entre as duas acepções, mas é o *frame* PESSOA DEITADA NA SUA CAMA que implica uma contiguidade conceptual PÉ – PARTE OPOSTA À CABECEIRA ao nível dos designados. Mas mesmo para os casos que implicam uma relação de similaridade, deparamos com um problema fundamental: o «signifié de puissance» que deve englobar em princípio todos os «effets de sens» possíveis, é demasiado «puissant» (demasiado abstracto) para ser sensível às semânticas efectivas.
- tenta-se reconstruir a polissemia com a ajuda de operações lógicas aplicadas a conjuntos de semas. Esta estratégia é capaz de descrever a polissemia hip(er)onímica *(homem* {[+humano]} < {[+ humano] ^ [+ masculino]}: esta estratégia parece também apta – aparentemente – a descrever a polissemia metafórica com base nas intercepções sé(mé)micas (se construirmos, por exemplo, um sema comum [inferior] para os semenas *pé* «parte do corpo» e *pé (do vinho na vasilha)*. Mas as primeiras dúvidas surgem logo quando for necessário atribuir, por ex., um sema [+suporte] ao semena *pé* «parte do corpo» para assegurar a intersepção com o sema *pé da mesa*. E qual o sema (no sentido estrito do termo!) a inventar para dar conta da metáfora sinestésica que subjaz a uma polissemia como a do adjectivo *claro (cor clara* e *voz clara)*? E torna-se ainda mais complicado no caso da polissemia metonímica que não assenta de modo nenhum em intercepções ou identidades semémicas, mas sobre a contiguidade entre elementos de um *frame* (veja-se: *pé* e *pé da cama).*

Tendo em conta que a metáfora e a metonímica decorrem do nosso saber extralinguístico, arriscamo-nos a desmentir o próprio projecto da semântica estrutural chamando «sema» a qualquer aspecto de um designado, quando for necessário compreender a polissemia metafórica ou metonímica. Vale mais reservar a noção de «sema» para os traços pertinentes que funcionam no sistema lexical de uma língua particular e recorrer directamente a uma semântica do designado para poder estudar as bases das mudanças metafóricas e metonímicas (e das polissemias que daí resultam).

2. Reducionismo semiótico relativo ao significado

A semântica cognitiva, como semântica do designado, resolverá os problemas não resolvidos pela semântica (exclusivamente) do significado? A semântica do protótipo, fiel às necessidades da psicologia cognitiva e à tradição da semântica (componencial) norte-americana, reduz o saber semântico ao saber enciclopédico: «...the distinction between semantic and encyclopedic information fades away»[14]. É o que se pode designar como reducionismo semiótico relativo ao significado. Se a semântica estrutural se desviou de uma semântica do designado, isto não quer dizer que ela negue a existência do designado ou referente, com a designação de «linguistique des choses». Se pelo contrário, a semântica cognitiva põe de lado o nível do significado, nega a sua existência, pois não postula a instância intermediária entre o significante e o designado. Não está assim em condições de destrinçar os problemas enumerados anteriormente.

Por força deste reducionismo do significado explica-se a proliferação da noção de prototipicalidade que mencionámos anteriormente. Para começar, na perspectiva da linguística cognitiva, a diferença entre as situações descritas em **a)** e **b)**[15] reduz-se praticamente à distinção entre o «membro» de uma categoria e «subcategoria» de uma categoria superior. Deste modo, o lado semântico do problema fica totalmente fora da língua,

---

[14] Geeraerts 1992: 190.
[15] Para garantirmos a leitura, vamos repetir o que dissemos anteriormente:
   a) Imaginemos várias representações de uma figura geométrica, umas mais imperfeitas do que outras, numa escala que vai do perfeito ao cada vez mais imperfeito. Temos assim, por exemplo, um CÍRCULO, ou um RECTÂNGULO cada vez menos prototípico ...
   b) Por outro lado, podemos falar da prototipicalidade de certas subcategorias em relação a uma categoria conceptual superordenada. Na categoria MÓVEL o conceito de SOFÁ esta mais próximo do protótipo do que o conceito de SECRETÁRIA, e este está mais próximo do que o conceito de PIANO.

o que leva a identificar as duas situações fazendo abstracção das diferenças ao nível inferior. Ou seja, **a)** referente concreto prototípico e **b)** designado conceptual prototípico.

Do ponto de vista de uma semântica integrando o significado – e por conseguinte o signo linguístico com duas faces –, a diferença surge como bem profunda. Na situação **b)**, as línguas históricas oferecem-nos, para o nível «inferior», lexemas cujos semas se organizam num campo lexical (*sofá, secretária, piano,* etc.). No nível «superior», encontramos eventualmente um hiperónimo/arquilexema (*móvel*). Na situação **a)**, pelo contrário, é no nível superior que se situa o lexema (*rectângulo* na ocorrência), enquanto o nível inferior não merece esse nome: não se trata nunca nestes casos de entidades linguísticas (hiponímicas), mas de referentes que têm um estatuto semiótico completamente diferente.

3. Noção de protótipo com base semasiológica

O reducionismo do significado obriga a semântica cognitiva a ligar directamente o designado conceptual a um significante linguístico. Como o conceito (prototípico2) é, segundo esta abordagem, a base de toda a categorização, estabelece-se, pelo menos em semântica linguística, um laço muito estreito entre significante linguístico e categoria cognitiva. O que facilita esta «démarche» é uma hipótese bem sedutora: «Linguistic categories are kinds of cognitive categories» (Lakoff 1987: 57). Daí a considerar o significante como expressão directa de uma categoria semântica (linguística ou cognitiva – pouco importa), é apenas um passo (cfr. Rastier 1991: 104s.). Graças ao reducionismo do significado, chegamos a uma correspondência do tipo:

um significante – uma categoria cognitiva – um protótipo

Uma vez aqui, a categorização à volta do protótipo não diz mais respeito apenas ao designado, mas está ancorado, pelo viés semasiológico, ao nível do significante linguístico. Trata-se de uma **noção de protótipo de base semasiológica**. Uma tal noção de protótipo levanta inevitavelmente o problema de se saber se as palavras polissémicas, também elas, não corresponderão a uma só categoria cognitiva e a um só protótipo («L'unité lexicale est-elle toujours un indicateur fiable de l'existence d'une et une seule categorie?» (Kleiber 1990: 17)). A «version étendue» da semântica do protótipo, que responde a essa pergunta pela afirmativa, defende que diferentes acepções de um lexema polissémico constituem as subcategorias de uma categoria «radial» em que se produzem os «effets prototypiques» (Geeraerts 1995: 11s. a 73 n.10) – e eis-nos diante da terceira aplicação de noção de prototipicalidade vista anteriormente (em c).

Para ilustrar o que acabámos de dizer tomemos o exemplo de *pé*, nas suas várias acepções. Para conceber PÉ COMO UMA CATEGORIA RADIAL ORGANIZADA à volta da subcategoria central PÉ = PARTE DO CORPO, é necessário socorrermo-nos das semelhanças de família de Wittgenstein (1953: 66-71). As subcategorias correspondendo às outras acepções do lexema *pé* ligam-se por intercepções (muitas vezes em cadeia) ao centro da categoria. Deste modo, poder-se-ia mesmo reconstruir as polissemias metonímicas e metafóricas com base nos «idealized cognitive models (ICMs)» que Lakoff (1987: 68) apresenta como *gestalts*.

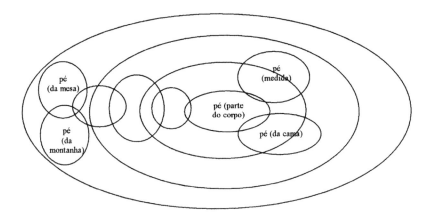

Figura 3

Ainda que seja sedutora, à primeira vista, uma tal solução, este género de análise leva a noção de protótipo ao extremo, delimitando as categorias cognitivas exclusivamente a partir do significante. Um tal protótipo-significante (isto é, definido a partir do significante) é inadmissível. Não podemos nunca confundir *categoria de referentes* (a) e *categoria de acepções* (c). É apenas a categoria de referentes que forma uma verdadeira categoria conceptual de protótipo único, como a de RECTÂNGULO. Neste caso, põe-se o problema de se saber por que é que se integra o referente particular *x* na categoria RECTÂNGULO. Pelo contrário, uma «categoria» de acepções como a de *pé*, corresponde a várias categorias de referentes em que cada uma tem o seu próprio protótipo. Podemos interrogar-nos por que é que, por ex., tal ou tal acepção de *pé* está disposta na categoria das acepções desta palavra.

Mas aqui já não se trata propriamente de um problema de *categorização*, mas de um problema de *motivação*. Como vimos anteriormente, podemos descrever muito simplesmente a motivação polissémica tal qual ela foi ratificada, usualizada e socializada numa dada comunidade (e é aí que entram em jogo os significantes e os significados de uma língua particular); por outro lado, é preciso explicar esta motivação a partir das suas bases cognitivas (e está aí apenas um problema puramente conceptual que se põe ao nível dos designados potenciais). A relação «protótipo-significante» reverte completamente esta lógica: delimitam-se as categorias conceptuais em função dos significantes linguísticos que os designam, em vez de explicar a gama de designações (polissémicas) de um significante em função das motivações conceptuais subjacentes. A categorização domina a motivação.

Ainda que sob teorias diferentes, a história da semântica repete-se. Encontramos quase os mesmos problemas que a semântica estrutural encontrou diante da polissemia. A semântica do protótipo de base semasiológica recorre ela também ao artifício da intercepção (overlapping). Mas que a explicação se faça mediante as intercepções sé(mé)micas ou as «semelhanças de família» conceptuais, os problemas que se levantam são análogos.

Retomemos o nosso exemplo de *pé* que pode designar não apenas a «parte inferior da perna humana, com cinco dedos», mas também «a parte inferior da pata» de muitos animais, «um pé humano de quatro dedos» ou o pé de um marciano. Tudo isto se explica com base nas similaridades em relação ao protótipo PÉ, podendo representar-se por intercepções. Mas desde que se trate de uma metáfora (como em *pé da mesa, pé de uma coluna, pé da montanha),* a situação é totalmente diferente. A metáfora é efectivamente também provocada por similaridades, mas as similaridades resultam da projecção de um dado *frame* conceptual (CORPO HUMANO) sobre *frames* conceptuais distantes (tais como MÓVEL, MONTANHA, COLUNA). Os falantes efectuam, neste caso, um salto conceptual que não pode ser representado por intercepções, mesmo quando estas sejam em cadeia.

Quanto à metonímia (*pé* (da cama), *pé* «unidade de medida»), não parece lógico aplicar a este fenómeno motivado pela contiguidade um modelo da categorização em termos de similaridade. As contiguidades que se estabelecem no interior de um *frame* conceptual não têm nada em comum com as semelhanças de família e as intercepções.

Uma vez mais são os fenómenos da metáfora e da metonímia que nos revelam os pontes fracos duma teoria semântica. Se a teoria do protótipo ultrapassa a semântica estrutural no domínio da categorização, ela não o faz no domínio da motivação polissémica, pelo menos na sua versão «alargada».

A noção de protótipo de base semasiológica (assim como a de «idealized cognitive model», que é muito fluida) nivela as diferenças essenciais do ponto de vista cognitivo reduzindo todas as relações consideradas a intercepções. Em termos de «semelhanças de família», reproduzem-se assim, ao nível do designado, os problemas que se punham, ao nível do significado, na semântica estrutural[16].

4. Noção de protótipo com base onomasiológica

Lakoff apresenta o modelo semasiológico na análise da preposição inglesa *over* (1987: 418-22, 428, 433s.) trabalhando com as seguintes acepções (entre outras) à volta do centro categorial:

a) The plane flew over
b) Sam lives over the hill
c) The gards were posted all over the hill
d) Don't overextend yourself
e) Do it over

Esta análise radicalmente semasiológica estende-se às acepções metonímicas **b)** e **c)**, e às acepções metafóricas **d)** e **e)**[17]. Apresenta tam-

---

[16] Parece que Lakoff localiza as relações metonímicas no interior de um só e mesmo ICM (Lakoff 1987: 68, 288). Quanto às relações metafóricas, parece haver alguma ambiguidade. Por um lado, estas relações parecem constituir o laço entre um ICM fonte e um ICM alvo distintos: «... a *metaphor* can be viewed as an experientially based mapping from an ICM in *one* domain to an ICM in *another* domain)» (417) os sublinhados são meus. Por outro lado, tem-se a impressão de que as relações metafóricas contribuem para dar a um único ICM a sua estrutura interna: «Each ICM is a complex structured whole, a gestalt, which uses four kinds of structuring principles: prepositional structure, ...image-schematic structure, ...metaphoric mappings, ...metonymic mappings..» (68). Por vezes parece que as próprias relações metafóricas sejam ICM: «...such [sc: radial] categories can be characterized using cognitive models ... Metaphorical models are mappings from a prepositional or image-schematic model in one domain to a corresponding structure in another domain» (113s). Seja como for, podemos constatar que esta proposta é inadequada desde que se feche o processo metafórico no interior de uma só e mesma categoria.

[17] Embora numa perspectiva diferente também Rosch praticou esta análise, através da palavra estímulo (cue): «This study has to do with what we have in mind when we

bém uma proposta de análise onomasiológica, ao elaborar o modelo cognitivo prototípico de CÓLERA (ANGER), fornecendo um conjunto de expressões metonímicas e metafóricas que se encontram em relação com CÓLERA. Eis alguns dos exemplos (1987: 382s., 390):

a) Don't get hot under the collar
b) She was scarlet with rage
c) She was blind with rage
d) I had reached the boiling point
e) He went out of his mind

Do ponto de vista semiótico, a abordagem é totalmente oposta à que Lakoff adoptou para *over*. No caso de CÓLERA parte de um dado conceito que ele põe em relação com outros conceitos para depois passar às expressões linguísticas. Esta abordagem onomasiológica permite a Lakoff estabelecer um «scenario» prototípico de CÓLERA (1987: 397ss.).

A perspectiva onomasiológica comporta muito mais elementos em matéria de prototipicalidade. Imaginemos a situação (*frame ou scenario*) de uma pessoa deitada na sua cama: os seus pés encontram-se do lado oposto ao da cabeceira. No interior deste *frame,* verificamos uma relação de contiguidade entre os pés da pessoa e a parte oposta à da cabeceira. Esta relação de contiguidade é de natureza prototípica: é possível que a pessoa se deite atravessada ou que ponha os pés do lado da cabeceira, mas o nosso saber extralinguístico diz-nos qual a posição mais *saliente*: os pés do lado oposto ao da cabeceira. Partindo deste protótipo, estabelece-se, por efeito de «généralisation inductive», uma relação estável de contiguidade entre PÉ e PARTE OPOSTA À DA CABECEIRA, base da metonímia aqui representada:

---

use words which refer to categories. Let's take the word *red* as an exemple. Close your eyes and imagine a true red. [...] some reds are redder than others. [...] Think of dogs. You all have some notion of what a *real dog*, a *doggy dog* is» (Rosch 1973: 131).

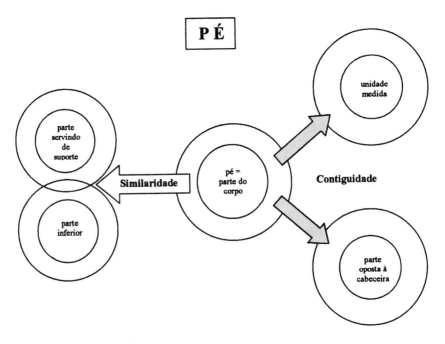

5. Em jeito de conclusão

Por mais banal que seja o exemplo supra-citado, patenteia-nos três coisas. Em primeiro lugar, temos necessidade, ao nível do designado, da noção de prototipicalidade para pôr as relações de contiguidade entre conceitos correspondendo a categorias distintas, mas pertencendo ao mesmo *frame* conceptual. Depois, um tal *frame* existe independentemente das soluções lexicais que nos oferecem as diferentes línguas (*pied, pé, Fussende*). Em terceiro lugar, um *frame* conceptual constitui uma *gestalt* susceptível de efeitos figura-fundo, que explicam as metonímias: desde que no *frame* PESSOA DEITADA NO SEU LEITO, o fundo PARTE OPOSTA À CABECEIRA passe ao estatuto de fundo, é possível conceber a metonímia: pé *da cama*.

Acontece o mesmo para um *frame* MEDIDA, em que PÉ = figura > fundo e UNIDADE DE MEDIDA = fundo > figura, o que nos leva à metonímia *pé* «unidade de medida».

O tratamento da metáfora será idêntico para o essencial, com a diferença de que é preciso partir não das relações de contiguidade, mas de relações de similaridade. No caso prototípico (a saber, o de uma pessoa que está de *pé*), o *pé* é visto como parte inferior do corpo humano, que lhe serve de suporte. Eis o que convida os falantes a projectar o conceito de PÉ sobre dois conceitos vistos como similares: de um lado o da PARTE INFERIOR de um objecto (animado), por outro lado sobre o de PARTE (de um objecto inanimado) SERVINDO DE SUPORTE.

Uma vez mais temos necessidade do nível do designado, da noção de prototipicalidade para colocar as relações de similaridade, mas de similaridade entre conceitos correspondendo a categorias distintas, pertencendo a *frames* conceptuais distantes. Os conceitos implicados numa metáfora constituem *gestalts* similares, susceptíveis de um efeito de «abalo (semiótico)» que nos fez passar de um conceito fonte (PÉ na ocorrência) a um conceito alvo como PARTE INFERIOR ou PARTE SERVINDO DE SUPORTE.

Reconhecendo o carácter estanque das categorias conceptuais em questão, podemos aproveitar a noção de prototipicalidade para assegurar a motivação cognitiva das mudanças metonímicas e metafóricas e das polissemias que daí resultam. Mas para o conseguir é indispensável adoptar a noção de protótipo com base onomasiológica, à *priori,* independentemente de um dado significante linguístico.

É evidente que é ao nível duma língua particular que certos conceitos prototípicos (protótipo 2), ligados entre si por contiguidades e similaridades extralinguísticas, se organizam como acepções de um lexema polissémico como *pé*. Mas como a motivação cognitiva de uma tal polissemia se situa exclusivamente no nível do designado, temos necessidade de um protótipo-designado (com base onomasiológica) que, contrariamente ao protótipo-significante (com base puramente semasiológica), nos permite distinguir os três aspectos seguintes:

- a categorização em que haja um protótipo-designado por categoria de referentes;
- as relações cognitivas (similaridade, contiguidade) entre protótipos-designados, distintos sob o aspecto categorial;
- a lexicalização, ao nível dos significados linguísticos, de uma polissemia motivada a partir dos semas realmente existentes.

Estes três aspectos arriscam a confundir-se na perspectiva de um protótipo-significante com base puramente semasiológica. Vimos que o conceito de PÉ é central em relação aos outros conceitos implicados na polissemia de PÉ; mas centro motivacional não quer dizer «protótipo categorial». Cada uma das cinco acepções de *pé* corresponde a um designado prototípico (protótipo 2) e por isso mesmo a uma categoria de referentes distinta.

Bibliografia:

DUBOIS, Danièle (1991) – *Semantique et cognition. Catégories, prototypes», typicalité*, Paris: CNRS.
GEERAERTS, Dirk (1992) – «Prototypicality Effects in Diachronic Semantics», in: G. Kellermann / M. D. Morrissey (eds) – *Diachrony within Synchrony: Language History and Cognition*, Frankfurt / M.: Lang, pp. 183-203.
GEERAERTS, Dirk (1995) – *Diachronic Prototype Semantics. A Contribution to Historical Lexicology*, Oxford: Oxford University Press.
GEERAERTS, Dirk (1999 – «Hundred Years of Lexical Semantics», in: Vilela, Mário / Silva, Fátima (orgs.) (1999): *Actas do 1º Encontro International de Linguística Cognitiva*, Porto (Faculdade de Letras), 123-154.
KOCH, Peter (1996a) – «Le prototype entre signifié, désigné et référent», in: Dupuy-Engelhardt, Hiltraud (org.) 1996: *Questions de méthode et de délimitation en sémantique lexicale*. Actes EUROSEM 1994, Reims: Presses Universitaires de Reims, 223-240.
KOCH, Peter (1996b) – «La sémantique du prototype: sémasiologie ou onomasiologie?», in: *Zeitschrift für französische Sprache und Literatur*, Bd CVI, Heft 3 (1996), 223-240.
KOCH, Peter (1997a) – «D'où viennent les substantifs spatio-locaux?», in: *L'organisation lexicale et cognitive des dimensions spatiale et temporelle*, Actes d'EUROSEM 1996, publiés par Hiltraud Dupuy-Engelhardt et Marie-Jeanne Montibus, Presses Universitaires de Reims (Separata).
KOCH, Peter (1997b) – «La diacronia quale cameo empirico della semantica cognitiva», in: *Atti del XXVIII Congresso della Socità di Linguistica Italiana* (SLI), 37, 225-246.
KOCH, Peter (1998) – «Prototypikalität: Konzeptuel, grammatisch und linguistisch», in: *Grammatische Strukturen und grammatischer Wandel im Französischen*, Festschrift f/ Klaus Hunnius, Bonn: romanistischer Verlag, pp. 281-308.
KOCH, Peter (1999) – «Frame and Contiguity: on the cognitive bases of metonymy and certain types of word formation», in: Panther, Klaus-Uwe / Radden, Giinther (2000) (eds.) – *Metonymy in Language and Thought*, Amsterdam / / Philadelphia: Benjamins, 139-167.
LAKOFF, George (1987) – *Women, Fire, and Dangerous Things. What categories Reveal about the Mind*, Chicago / London: Univ. of Chicago Press.
LAKOFF, George / Johnson, Mark – (1980) *Metaphors we live by*, Chicago: University of Chicago Press.
PINTO DE LIMA, José – (1999) «Uma nova abordagem dos protótipos: a perspectiva pragmática», in: *Revista Portuguesa de Humanidades*, Vol. 3°, 1-2, 51-61.
RAIBLE, Wolfgang – (1983) «Zur Einleitung», in: H. Stimm / Id. (eds.) – *Zur Semantik des Franzosischen*, Wiesbaden: Steiner, pp. 1-24.

RASTIER, François (1991) – *Sémantique et recherches cognitives*, Paris: PUF.
Rosch, Eleanor / Loyd, B. B. (eds.).
RASTIER, François (1978) – *Cognition and Categorization*, Hillsdale (N. J.): Erlbaum.
SILVA, Augusto Soares da – (1999) «[Recensão a] Actas do 1° Encontro International de Linguística Cognitiva», in: *Revista Portuguesa de Humanidades, vol.* 3, 1-2, pp. 524-527.
SILVA, Augusto Soares da – (1995) «A gramática cognitiva. Apresentação e uma breve aplicação», in: *Diacritica* 10, 83-116.
SILVA, Augusto Soares (2001) – *Linguagem e Cognição. A perspectiva da linguística cognitiva*, Braga: UCP.
TAYLOR, John R. (1989) – *Linguistic Categorization. Prototypes in Linguistic Theory,* Oxford: Clarendon.

A METÁFORA NA INSTAURAÇÃO DA LINGUAGEM: TEORIA E APLICAÇÃO[1]

1. Retorno à concepção da metáfora aristotélica[2]?

1.0.1. Têm sido vários os termos usados para caracterizar a metáfora: "comparação" (comparação abreviada), "contraste", "analogia", "similaridade", "identidade", "fusão", etc. A metáfora está a ser ultimamente interpretada como um fenómeno abrangente, afectando não apenas a linguagem, mas o próprio sistema de pensamento e de categorização do real, e mesmo a acção humana. Por outro lado, continua a falar-se de "metáforas novas" e "metáforas velhas", de "metáforas de invenção" e metáforas de uso", de metáforas "originais" e "cristalizadas", de "metáforas como produto" e "metáforas como processo"[3], como o resultado da aproximação de dois termos ("teor" e "veículo") de que emerge uma nova significação[4], etc. Faz-se ainda a distinção entre "metáforas *in praesentia*" e "metáforas *in absentia*"[5], e incluem-se também as metáforas em "imagem", "figura", etc. Mas no meio deste emaranhado de expressões e conceitos, há pontos, desde há muito, bem assentes. Quero precisamente iniciar a minha reflexão sobre o conceito de "metáfora" em alguns autores tidos por clássicos.

---

[1] A elaboração deste estudo data de 1996: foi publicado na «Revista da Faculdade de Letras da Universidade do Porto: Línguas e Literaturas» (n.º 13). Actualizamos apenas em alguns pormenores.

[2] Cfr. Pontes 1990.

[3] Tendo em consideração a metáfora como "processo", Pascoal (1990) problematiza o papel do contexto, do texto e do leitor na construção do significado metafórico

[4] "Teor" e "veículo" foram dois termos criados por Richard 1936/1983. Para uma visão bem documentada da noção de "metáfora" vide Haverkamp 1983: 31-52.

[5] A metáfora *in praesentia* é aquela em que "teor" e "veículo" estão ambos presentes no enunciado (em que o "teor" é a metáfora e o veículo é o termo comparado), a metáfora *in absentia* é aquela em que o veículo está presente e o teor está ausente.

1.0.2. A metáfora apareceu a dado momento como uma designação qualificada da linguagem poética. Era o momento da ligação da concepção da poesia como estilo e ontologia, como universo recriado e moldura que continha esse universo, como combinação entre simbolismo e realismo, ou entre conteúdo e configuração.E a metáfora aparecia aqui como o processo através do qual a imagética literária "acontecia". Foi então que surgiu a investida do "formalismo russo" e da "nova crítica norte-americana" propondo em vez do conceito de "imagem" e da "figura" o da técnica da transferência, o que equivalia à valorização do valor e dinamismo comunicativos do texto literário. E é nesse enquadramento que a metáfora ganha novo peso.

Isto é, a integração da metáfora na poética, a redução da metáfora ao meramente lexical, que, do ponto de vista diacrónico, mais não era do que a mudança de significado e, do ponto de vista sincrónico, era o domínio da polissemia, caindo assim sob a alçada da estilística, nascendo deste modo os conceitos de "metáforas vivas" e "metáforas mortas". E a metáfora refugiou-se mais na "retórica" do que na linguística: nesta área permaneceu sempre marginal. A reflexão da retórica sobre a teoria da "transferência" levou a caminhos que passaram a interessar a linguística. Passou-se da retórica para a semiótica e para a hermenêutica. E o confronto da semiótica e da hermenêutica ou semântica levou às noções de metáfora "viva"[6] e a uma análise linguística mais aprofundada, deixando-se de lado o conceito de metáfora lexical ou frásica, passando-se para um conceito discursivo de metáfora.

A "nova crítica norte-americana" levou a metáfora para uma semântica pragmática, o paradigma estruturalista conduziu-a à taxonomia semiológica e a hermenêutica arrastou-a para uma pragmática histórica. Isto é, estamos uma vez mais perante o convencionalismo das regras semânticas, das estruturas semiológicas e dos tipos históricos que dinamizaram a metáfora.

1.1. *Distanciação relativamente à "metáfora" perspectivada pela "retórica": a "nova crítica"*

Há aqui um distanciamento do conceito de "metáfora" como simples "ornamento" e a afirmação da "metáfora" como elemento essencial da

---
[6] Ricoeur 1975.

própria língua[7]: a metáfora é «the omnipresent principle of language». A confusão entre "imagem" e "figura" é clarificada pela distinção entre "teor" e "veículo": a metáfora instancia simultaneamente teor e veículo, ou só veículo[8], tratando-se, no fundo, da interacção entre os conteúdos presentes no (con)texto e conteúdos presentes em outros (con)textos. Quando a retórica ou a poética falam de "imagem" ou "figura" apenas acentuam um dos lados da metáfora: o "veículo", quando realmente há cooperação entre os dois aspectos[9]. Por isso se torna bem claro que a metáfora só é válida no discurso e que a base constitutiva da metáfora pode tanto ser a "similitude" entre duas coisas como a "disparidade" entre elas[10].

E entramos assim na "semântica" da metáfora[11]: a metáfora tem o seu foco numa palavra ou numa frase, mas o seu enquadramento (= frame) situa-se na semântica. A "teoria da substituição" relativa à metáfora[12] com base na "semelhança" ou na "analogia" das respectivas designações, como se dissesse uma coisa e se pensasse outra, equivale a dizer que o leitor ou ouvinte, ao interpretar a metáfora, faria o mesmo jogo como se estivesse a resolver uma "enigma" ou uma "charada". Por outro lado há a "teoria da comparação" na metáfora[13], "comparação elíptica / abreviada" (= elliptical simile), "comparação abreviada", que mais não é do que um caso especial da "teoria da substituição". E a similitude ou analogia são valores escalares, muito diferenciáveis: e não será muito mais pertinente procurar saber se a similitude entre "teor" e "veículo" é maior ou menor, ou antes averiguar[14] se a similitude foi ou não criada pela metáfora e em que

---

[7] «In der Geschichte der Rhetorik wurde die Metapher durchwegs als eine Art fröhliche Wortspielerei behandelt...», «Metapher gilt als eine Verschönerung, ein Ornament oder eine zusätzliche Macht der Sprache, nicht als ihre konstituve Form.» e «Dass die Metapher das allgegenwärtige Prinzip der Sprache ist, kann anhand blosser Beobachtung nachgewiesen werden.» (Richards 1983: 32-33.

[8] Cfr. Id., Ibid., pgs. 37ss.

[9] Cfr. Id., Ibid., pgs. 37-38 e 43-44.

[10] «Die Auffassunf, die Metapher sei in der Rede allgegenwärtig, lässt sich theoretisch begründen.» e «Wir dürfen nicht in Uebereinstimmung mit dem 18. Jahrhundert annehmen, dass die Interaktionen von Tenor und Vehikel an ihre Aehnlichkeit (= resemblance) gebunden sein müssen. Es gibt auch Wirkung durch Disparität.» (Id., Ibid., pg. 34 e 50).

[11] Vou apoiar-me num dos muitos autores possíveis neste domínio (Black 1954 / / 1983: 54-79.

[12] «a substitution view of metaphor» (Black 1983: 61).

[13] «a comparison view of metaphor» (Black 1983: 66).

[14] «Es wäre in einigen dieser Fälle auflussreicher zu sagen, die Metapher schafft

medida isso acontece? Propõe este autor uma teoria alternativa: a "teoria da interacção" (= interaction view of metaphor). Esta interacção verifica-se entre os dinamismos cooperantes dos significados das expressões representadas (a do "objecto principal" e a do "objecto subordinado"): a expressão ausente e a presente, e a cooperação entre escrevente e leitor. E a metáfora selecciona, acentua, organiza e reorganiza determinados traços do "objecto principal" (ou "expressão principal"), traços que lhe são atribuídos por pertencerem de modo normal ao "objecto subordinado" (ou "expressão subordinada").

É também num enquadramento semântico que se situa Paul Henle[15]: que se propõe caracterizar semanticamente a metáfora, nomeadamente o alargamento da língua para descrever novos estados de coisas e assim dar à lingua maiores possibilidades de colorações bem mais matizadas[16]. Por outro lado, a metáfora distingue-se das demais figuras que se apoiam também na analogia, pelo seu valor icónico, o que serve de suporte á ligação entre o sentido literal e o sentido figurado (ou transferido). E uma das tónicas da teoria da metáfora na "gramática cognitiva" – como veremos – é a das chamadas "metáforas ontológicas": a necessidade que o homem tem de "entificar" as coisas para assim as poder identificar, quantificar, referenciar. É também nesse sentido que se orienta a "nova crítica norte-americana", mas nos dois sentidos:

> «Es kann also kein Zweifel darüber bestehen, dass die Metapher für die Entwicklung konkreter und abstrakter Begriffe eine bedeutsame Rolle spielt ...» (P. Henle, Op. Cit., pg. 98)

1.2. *O paradigma estruturalista: semiótica da metáfora*

O paradigma estruturalista dos termos da retórica mergulham na teoria dos dois "eixos" de Jakobson e aqui a metáfora e a metonímia não são certamente os pontos de partida da teoria, mas antes a sua ilustração

---

Aehnlichkeit (similarity), statt zu sagen, sie formulieren eine bereits vorher existierende Aehnlichkeit» (Black 1983: 68).

[15] Henle 1958 / 1983.

[16] Normalmente, estes autores partem da definição aristotélica de metáfora («Metaphor consists in giving the thing a name that belongs to something else» (cfr. Id., Ibid., pg. 80, n. 1) ou ainda «Metaphor (*metaphora*) is the transference (*epiphora*) of a name (from that which it usually denotes) to some other object» (Wheelwright 1983: 112, n. 1).

poética. A distinção linguística entre o eixo paradigmático e o eixo sintagmático é o resultado da selecção e da combinação, distinção que Jakobson retirou dos princípios da similaridade e da contiguidade da psicologia associativa e que considerou exemplificados nas figuras da metáfora e da metonímia. Esta dedução baseia-se em última instância na oposição entre língua poética e língua prática, distinção que atravessou o formalismo russo na alternativa entre o simbolismo e o realismo: a associação entre som e conteúdo (como automização) e dissociação poética do som e conteúdo (des-automização). "Contextura", solidariedades lexicais, isotopias do discurso, "desvios", etc., são designações de conceitos que irromperam dentro do paradigma estruturalista da metáfora[17]. Em Jakobsom, ao conceito do "desvio" sintagmático contrapõe-se a compensação paradigmática na regularização da polissemia[18].

Dentro do paradigma estruturalista, J. Lacan considera que a metáfora nasce na "condensação", na sobreposição dos significantes e a conexão metonímica resulta do fluir do discurso, conexão entre o presente e o ausente[19]. Trata-se, no fundo, de uma parte, do retorno à teoria da substituição, e, por outra parte, da retoma da teoria da interacção de Black. Mas o paradigma estruturalista proposto por Jakobson manteve-se nas suas coordenadas principais[20]. No entanto, a tendência para um dimensionamento generalizado da metáfora para compreender todas as outras figuras que tenham a ver com substituição e analogia mantém-se e acentua-se nos últimos tempos do estruturalismo ou pós-estruturalismo.

---

[17] Cfr. Coseriu 1967, Greimas 1966 e Rastier 1972.
[18] Cfr. Jakobson 1983.
[19] «La Verdichtung, la condensation c'est la structure de surimposition des signifiants où prend son champ la métaphore, ..» e «L' étincelle créatrice de la métaphore ... jaillit entre deux signifiants dont l'un s'est substitué à l'autre en prenant sa place dans la chaîne signifiante, le signifiant occulté restant présent de sa connexion (métonymique) au reste de la chaîne.» (Lacan 1966: 890).
[20] «La définition du paradigme est, structurellement, identique à celle de la métaphore: au point qu'il est loisible de considérer cette dernière comme um paradigme déployé en syntagme.» (Dubois et al. 1970: 116). Este grupo (chamado o grupo da "retórica geral") atribui à sinédoque um papel fundamental, sendo a metáfora e a metonímia "figuras compostas" resultantes de diferentes combinações de vários tipos de sinédoque (cfr., a este propósito, Ruwet 1975 e Todorov 1970).

1.3. *O paradigma hermenéutico ou hermenéutica da metáfora*

Com Blumenberg[21] o estudo da metáfora encaminhou-se para um paradigma essencialmente hermenéutico, isto é, não se segue o caminho que levou à conceptualização do "mythos" por meio do "logos", mas o que nos leva à descoberta dos meandros do pensamento. A descoberta dos "topoi", da língua como "museu" onde a língua deposita na polissemia os ganhos e as perdas das mudanças de significado das palavras. A analogia entre o paradigma linguístico e o tópico retórico foi descoberto por H. Weinrich no "campo imagético" e transferido para o "campo lexical", para o contexto e para outras metáforas[22].

Na tradição de "Europäische Literatur und lateinisches Mittelater" de Curtius (Berna. 1948), à *"translatio"* chama-se metáfora. A história da estrutura do pensamento está organizada em estruturas, implicando, em dados momentos, a metafórica de um paradigma. A metáfora absoluta é relativizada em paradigmas metaforológicos que vão enriquecendo o universo dos conceitos[23]. A metáfora surge assim como um potencial criativo e cognitivo. E assim se transpõe a reflexão para as condições contextuais do discurso filosófico, ou para a hermenéutica do texto filosófico. A tradição filosófica, na medida em que está ligada à língua, pressupõe a retórica, mas não analisa a conceptualidade e conceptualização dos textos, mas antes a sua "não-conceptualização" na medida em que a metáfora intervém. Estamos assim perante a análise da metafórica do texto e não do discurso. É no fundo a lisibilidade do mundo que está em causa. A procura do texto absoluto na pluralidade dos textos, a procura da palavra que está por debaixo das palavras: e a metáfora é uma das portas de acesso, por ser o outro lado da "medalha", a "metáfora absoluta" na pluralidade das metáforas. Afinal a metáfora absoluta torna-se regra de reflexão e de conceptualização[24]. É precisamente a partir da relação entre a metaforologia e a

---

[21] Blumenberg 1960 / 1983.
[22] Weinrich 1963 / 1983. Tenhamos presente apenas a sua definição de "metáfora": «Eine Metapher, und das ist im Grunde die einzig mögliche Metarpherndefinition, ist ein Wort in einem Kontext, durch den es so determiniert wird, dass es etwas anderes meint, als es bedeutet.» (pg. 334). Acentua mais adiante que não é apenas o contexto que determina e torna a metáfora transparente ou opaca, mas é ainda a sua ligação com outras metáforas.
[23] Blumenberg 1983: 287ss.
[24] «Die Metapher ist deutlich charakterisiert als Modell in pragmatischer Funktion, an dem eine "Regel der Reflexion" gewonnen werden soll, ...» e «Die Aufgabe einer metaphorologischen *Paradigmatik* ist freilich nur die einer Vorarbeit zu jener noch

história dos conceitos que se chega à estrutura do pensamento. E ao tentar-se elaborar uma tipologia da história das metáforas, o problema é situado na dualidade "mythos" e "metafórica", em que a metáfora é a zona de transição entre o "mythos" e o "logos" e, afinal, o "mito" é a propria metáfora absoluta[25].

A definição de metáfora está assim a ser sujeita a uma reaproximação da definição aristotélica e das dos seus comentaristas mais fiéis. Metaphorá ou trópos, metaphorá como translatio ou mutatio ou transferência, metaphorá como similitudo e analogia, a metáfora contextualizada (actualizada em textos) ou metáfora em relação à língua, são as dimensões questionadas[26].

No esforço de explicação da metáfora chega-se á conclusão de que a teoria da metáfora e a teoria do texto têm uma base comum: o discurso[27], é que não há metáfora sem contexto, mesmo que a instanciação da transferência (= o foco) incida na palavra, e ainda que este foco exija um enquadramento (= frame) frásico. O discurso nas suas componentes envolve um acontecimento enunciativo e significado, identificação precisa e predicação generalizada, acto proposicional e acto ilocucionário, sentido e significado, referência configuradora e auto-referência. E a metáfora instaura-se como uma alteração contextual do significado. Devemos lembrar que uma metáfora "morta" já não é uma metáfora, mas sim uma expressão como qualquer outra de que já não há qualquer uso metafórico[28]: o caso de *músculo*, por exemplo, quem recorda a metáfora que já foi? Ou quem é que, ao falar, refaz o caminho percorrido por *pé de meia*, (um) *ver se te avias*, (ser um) *unhas de fome*, etc. Há metáforas já extintas, outras ainda activas, conservando toda a sua ressonância.

---

obliegenden "tieferten Untersuchung". Sie sucht Felder abzugrenzen, innerhalb deren Feststellung zu erproben. Dass diese Metaphern absolut genannt werden, bedeutet nur, ..., dass nicht eine Metapher durch eine andere ersetzt bzw. vertreten oder durch eine genauere korrigiert werden kann. Auch absolute Metaphern haben daher *Geschichte*.» (Blumenberg 1983: 289).

[25] Cfr. Blumenberg 1983: 291 ss.
[26] Para uma breve leitura destes aspectos vide Lieb 1983: 341-349.
[27] «Unsere erste Aufgabe wird darin bestehen, eine gemeinsame Grundlage für die Texttheorie und die Metapherntheorie zu finden. Diese gemeinsame Grundlage hat bereits einen Namen: Diskurs..» (Ricoeur 1983: 357).
[28] Cfr. Black 1977/1983: 379-413. Max Black usa algumas das estratégias explicativas das metáforas estruturais utilizadas depois por Lakoff / Johnson (cfr. pg. 394).

2. Metáfora na "teoria cognitiva"

2.0. Os cognitivistas não pretendem fazer grandes incursões na história da metáfora ou estabelecer os caminhos percorridos pelos estudiosos da metáfora, mas tão somente definir de modo muito linear a metáfora, quer em si mesma, quer em relação à metonímia e sinédoque, e sobretudo mostrar como estas três figuras são fundamentais na construção da linguagem, quer como criações novas, quer como enriquecimento dos processos de configuração da realidade circundante: a existente e a emergente.

Nós iremos fazer a aplicação de alguns princípios cognitivistas à linguagem no domínio da economia.

Do ponto de vista teórico pretendemos sobretudo testar as propostas de George Lakoff e Mark Johnson[29] e as discussões centradas na teoria cognitivista, nomeadamente, no papel da metáfora. É que, se sempre houve publicações abundantes à volta desta temática, a teoria cognitiva fez acordar ainda mais o interesse por estas figuras. Não se esqueça que a semântica dos "frames" de Fillmore, as noções de "script" de Roger Schank, de "linguistic gestalts" e "experiential gestalts" de George Lakoff e Mark Johnson, da "semelhança de famílias" de Ludwig Wittgenstein, do "protótipo" e "estereótipo" de Eleanor Rosch e Putnam, entre outras influências também marcantes, deram à metáfora um papel ainda mais relevante do que aquele que até então lhe tinha sido dado[30].

2.0.1. Sem aprofundarmos o enquadramento da linguística cognitiva[31], devemos no entanto avançar alguns dados que reputamos essenciais. Muitos dos dados propostos pela teoria não são novos, nova é a configuração apresentada dos elementos intervenientes. Eis alguns desses elementos, em que a novidade está mais no seu dimensionamento integrado do que na sua inventariação. Senão vejamos: as línguas naturais fazem parte da cognição humana e como tal ligam-se a outros domínios, e isto aponta desde logo para a necessidade de uma investigação interdisci-

---

[29] Utilizo tanto a versão original (1980) como a tradução para língua francesa (1985).

[30] Para uma visão mais abrangente da noção de "metáfora", no "antes" e no "depois" da teoria cognitiva vide Haverkamp 1983 (edit.).

[31] Lembro apenas que, entre outros suportes, a linguística cognitiva conta já com uma associação («International Cognitive Linguistics Association»), criada em 1990, uma revista «Cognitive Linguistics» e uma série «Cognitive Linguistics Research».

plinar. Por outro lado, as estruturas linguísticas dependem da conceptualização e, por sua vez, as mesmas estruturas afectam essa conceptualização, de que resulta necessariamente o condicionamento, tanto para as estruturas cognitivas como para a conceptualização, pela nossa experiência pessoal, pelo mundo circundante e pelas relações existentes entre nós próprios e o mundo. As estruturas ou unidades linguísticas fazem parte da categorização e influenciam-na, e a sua organização está feita em protótipos, estereótipos e semelhanças de famílias. Já não é a pragmática que superordena o conjunto da comunicação, mas sim a semântica, que faz com que o todo comunicativo tenha conteúdo. Há uma continuidade e uma conexão entre a linguagem e as demais capacidades cognitivas: conceptualização, categorização, memória, atenção, etc. A competência linguística (e também a competência gramatical) é um aspecto da capacidade da inteligência humana. Tudo é motivado semanticamente, inclusive a sintaxe. O significado é tido como enciclopédico.

As construções linguísticas correspondem a determinados esquemas construccionais, quer se trate de léxico ou de gramática, de morfemas derivativos ou flexionais. A noção de prototipicidade começou a aplicar-se sobretudo a nomes, mas depois foi levado para outros elementos, quer morfemas, quer construções mais amplas. O protótipo é a representação mental do exemplar típico de uma dada categoria, tendo em linha de conta outros exemplares mais ou menos próximos do exemplar tido como prototípico, de que podem ser "extensões" (ou "figurações")[32]. Isto é, as estruturas linguísticas são esquemas de dadas estruturas abstractas, em que existem, além do esquema, as extensões metafóricas ou metonímicas de um dado protótipo construídas com base nesse esquema abstracto[33].

2.0.2. O escopo da nossa reflexão, a partir de agora, como já referimos, é a aplicação e discussão do conceito de metáfora e os esquemas de

---

[32] Assim, por exemplo, um nome contável será "uma região delimitada num dado domínio" e um nome massivo é "uma região não delimitada num domínio"(região = "um conjunto de entidades interligadas").

[33] É interessante ver de modo rápido como estes autores interpretam as classes gramaticais tradicionais. Langacker divide as categorias gramaticais em expressões nominais e expressões relacionais, ou seja, em coisas e relações. Uma **coisa** obedece ao seguinte esquema: é uma região em algum domínio. Uma **relação** é um conjunto de conexões entre entidades. Em "coisa" inserem-se as classes tradicionais do nome, do pronome, do sintagma nominal. Nas "relações" situam-se o verbo, o adjectivo, o advérbio, a preposição, o particípio, o infinitivo, a cláusula ou frase.

imagem de Lakoff e Johnson[34] (1980) e a tentativa de aplicação a um domínio da língua. O significado é interpretado como "conceptualização", como um processo cognitivo ou o seu resultado. E qualquer categoria linguística é essencialmente polissémica e a semântica é do domínio do enciclopédico, envolvendo tudo aquilo que contribui para o seu conteúdo. Não pode haver distinção entre primitivos semânticos e outros traços sémicos, ficando excluída a possibilidade de representação por feixes de traços distintivos, mas deve ser feita com base em domínios cognitivos, sejam eles os domínios cognitivos idealizados de Lakoff, os "frames" de Fillmore, ou as "scenes" ou "scenarios", os "scripts", modelos mentais ou espaços mentais de diferentes autores. E esses domínios ou são básicos, como os domínios de tempo, de espaço, ou são complexos, os que envolvem vários domínios, em que uns são mais centrais do que outros. A própria forma como esse conteúdo é construído tem importância: um mesmo conteúdo pode apresentar diferentes construções (com base nas imagens convencionais de Langacker), ou, em termos lakoffianos, através das percepções corporais e das "gestatllt" experienciais, e ainda através do papel da metáfora e da metonímia na cognição e categorização humanas. Algumas das imagens convencionais de Langacker são a especificidade, o «background» (as suposições, as perspectivas, as pressuposições, etc.), o âmbito, a perspectiva (posição do locutor ou do alocutário, orientação, a subjectividade, a objectividade, etc.) e a saliência (o perfil ou foco de atenção, o trajector, a base ou o marco (que localiza o trajector)). Enfim, trata-se de dados verificados e verificáveis pela experiência humana. Deixemos a construção gramatical (= construção compósita) para um outro estudo. Retomemos os pressupostos e propostas de Lakoff e Johnson.

2.1. Definição do conceito de "metáfora"[35]

A metáfora não é apenas nem sobretudo um produto da imaginação poética ou ornato retórico, assim como não é um simples uso extra-

---

[34] Cfr. Para uma breve resenha e algum levantamento bibliográfico cfr. Silva 1995 e Almeida 1995.

[35] Estamos a apresentar a teoria da metáfora como ela é considerada por Lakoff / / Johnson. Apenas tentaremos não trair o pensamento dos autores e aplicar o "instrumentário" a alguns domínios da língua portuguesa. Fizemos já, no primeiro capítulo, uma releitura das propostas de alguns autores tidos como clássicos e mais representativos de escolas e interpretações da herança aristotélica, nomeadamente, os da "nova crítica norte-

ordinário da língua ou algo apenas ligado a palavras, mas sim algo que é típico da língua e da sua construção[36]:

> «Primarilly on the basis of linguistic evidence, we have found that most of our ordinary conceptual system is metaphorical in nature» (Lakoff/ Johnson 1980: 4).

Como já afirmámos, esta perspectivação da metáfora não é nova: a metáfora foi sempre (ou quase sempre) vista como enriquecedora da linguagem, na medida em que a disponibilizava para configurar a realidade de modo diferente e mais matizado[37]. O que é novo foi o inquérito feito por vários meios e a um universo razoável de pessoas pelos autores para testar, ampliar os exemplos e, sobretudo, a sistematização teórica dos resultados assim obtidos.

2.1.1. Metáforas estruturadas

As definições de metáfora tinham insistido na figura como a compreensão de alguma coisa em termos de outra coisa, apontando sobretudo para a metáfora de palavras. Lakoff / Johnson não vêem a metáfora tanto nas palavras como acima de tudo no próprio conteúdo e na conceptualização e esse conteúdo metafórico torna-se mesmo o sentido literal das palavras[38] e a própria compreensão das metáforas por parte dos falantes dá-se porque nós nos situamos nesse ambiente. O nosso sistema conceptual é essencialmente metafórico[39] e a conceptualização metafórica é feita de modo sistemático. Por exemplo, o velho princípio «time is money» ou

---

-americana", e vimos como muitos dos vectores explicativos da metáfora de Lakoff / / Johnson já aí estavam presentes.

[36] «We have found, ..., that metaphor is pervasive in everyday life, not just in language but in thought and action. Our ordinary conceptual system, in terms of which we both think and act, is fundamentally metaphorical in nature» (Lakoff / Johnson 1980: 3).

[37] Vejamos apenas um autor – Paul Henle – que toma como pontos da sua reflexão esses mesmos parâmetros:
 «Hauptsächlich werden uns zwei Funktionen bechäftigen: die Erweiterung der Sprache, um neue Sachverhalte zu beschreiben, und die poetische Funktion, der Sprache Färbung und Nuancierung zu geben.» (Henle 1983: 80).

[38] «The essence of metaphor is understanding and experiencing one kind in terms of another» (Id., Ibid., pg. 5).

[39] «Metahpors as linguistic expressions are possible precisely because there are metaphors in a person's conceptual system» (Id., Ibid., pg. 6).

«o tempo é dinheiro» desdobra-se em o tempo é mercadoria, o tempo pode ser quantificado, objectivizado: pagamos à hora a mulher a dias, vendemos o nosso trabalho ao mês / ao ano, o tempo perde-se ou ganha-se:

> Os guarda-redes só sabem *queimar tempo* quando o seu clube está a ganhar

o tempo gere-se, economiza-se, é gasto bem ou mal, é bem ou mal investido:

> *Não temos tempo a perder*
> *Gastamos tempo com ninharias*
> *Procuramos ganhar tempo quando as coisas não correm a nosso favor,*
> etc.[40].

Os conceitos estão interligados de modo sistemático formando um todo coerente. Por outro lado, se a sistematicidade estabelecida pela conceptualização metafórica – a rede metafórica – nos permite compreender a vertente de um dado conceito em termos de outro conceito, essa sistematicidade oculta uma outra vertente do mesmo conceito, como se vê pela metáfora do "conduit", exemplificada em:

> *As ideias ou os significados são objectos*

As expressões linguísticas são "contentores":

> *Comunicar é fazer chegar algo a alguém*[41]

O que nos abre todo um leque de exemplos, em que o locutor põe o conteúdo (as ideias ou os objectos) nas palavras (nos "contentores": containers) e transmite-os por meio de um trajector (ou "conduit") a um ouvinte, que, por sua vez, tira as ideias / objectos dos contentores, tais como:

> Fui eu quem te *deu esta ideia*
> Não é nada fácil dizer o que *penso em palavras*
> Procure *armazenar o máximo de ideias no mínimo de palavras*
> *O significado fica escondido nas palavras* (que usas)
> As *tuas palavras têm muito pouco conteúdo / sumo*
> *Sobrecarregas a frase com demasiadas ideias*
> *As tuas palavras soam a falso/ a vazio*

---

[40] Cfr. Id, Ibid., pg. 8 e ss.
[41] «Ideas (or meanings) are objects», «Linguistic expressions are containers» «Communications is sending» (Lakoff / Johnson 1980: 10).

*A frase é totalmente vazia de sentido
Afogas as tuas ideias num montão de palavras*[42]

A metáfora aqui apresentada – a metáfora do "conduit" – oculta alguns aspectos do que pretendemos configurar.

Chamam a este género de metáforas **metáforas estruturadas** – *structural metaphors* – em que um conceito se encontra metaforicamente estruturado em termos de outro conceito. Há ainda as metáforas orientacionais.

2.1.2. Metáforas orientacionais[43]

Já não se trata da estruturação metafórica de um conceito em termos de outro, mas antes de toda uma organização a envolver o próprio sistema de conceitos transportando esse sistema para outro sistema. A designação de **metáforas orientacionais** explica-se pelo facto de terem a ver, em grande medida, com relações espaciais, do género: *em cima* vs. *em baixo*, *dentro* vs. *fora*, *à frente* vs. *atrás*, *central* vs. *periférico*, *profundo* vs. *superficial*, etc. Torna-se evidente que estamos perante um reflexo do corpo humano, em que a configuração do universo escorre do homem como ser falante*:*

O atleta está agora no pico da forma vs.
O atleta está em baixo / fora de forma

E temos um número não pequeno de expressões que patenteiam este tipo de metáforas, a partir do próprio homem, em que "em cima" está o bem e "em baixo" o mal:

Este resultado no concurso *levantou-me o moral*
Hoje estou mesmo *na fossa / em baixo*
Ele está agora *em queda livre*
Ela *caiu em depressão*
Ela está muito *por baixo*
Ela anda *sobre nuvens*
Ele está no *sétimo céu* (desde que ganhou o totoloto)

A partir do elemento físico da metáfora orientacional, nasce uma série de transferências e aplicações a outros domínios: a consciência, a

---

[42] Fiz a tradução ou adaptação de alguns exemplos de Lakoff / Johnson 1980: 11.
[43] Cfr. Lakoff / Johnson 1980: 14 ss.

saúde, o poder, a riqueza, o bom, estão "em cima" e a inconsciência, a doença, a subordinação, a pobreza, o mal, etc., estão "em baixo":

> Ele *caíu de cama* / ele *sucumbiu à doença* vs. Ele conseguiu *superar a doença*
> Ele *caiu em depressão* vs. Ele já *ultrapassou a depressão*
> Ele *caiu em coma* vs. Ele *despertou do coma*[44]
> Ele *mergulhou num sono profundo* vs. Ele *acordou dum sono profundo*
> Ele está *sob hipnose* vs. Ele *libertou-se da hipnose*
> A saúde está *a declinar* vs. A sua condição física *continua a subir*
> Ele está *sob* o meu domínio vs. Ele está no degrau *mais baixo da escala*
> A sua *ascensão social* foi rápida vs. O seu poder *entrou em declínio*
> Os meus rendimentos *cresceram* vs. A inflação faz *baixar* os meus rendimentos
> Ele é de *alta estirpe* vs. Ela é de *baixa condição*
> Ele fez um trabalho de *alto nível* vs. As coisas estão a *descer ao nível mais baixo de sempre*
> Ele é um cidadão *acima de toda a suspeita* vs. Ele *desceu ao mais baixo* da degradação

A conclusão parece tornar-se evidente: uma boa parte dos nossos conceitos fundamentais organiza-se em torno de metáforas que têm a ver com a "orientação" e isto verifica-se de um modo sistemático, em que a nossa experiência se encontra envolvida até ao âmago[45]. E os dados culturais são peças importantes na construção do nosso sistema de conceptualizações. Mas pode haver pequenas ilhas onde ocorram fugas à generalidade, como certos conceitos de valor negativo que contrariam a oposição "em cima" vs. "em baixo", como por exemplo, «a inflação está a crescer», «a criminalidade está em crescendo», etc. e não se trata de coisas boas.

---

[44] «O *despertar do estado do coma* está repleto de surpresas» («Público» 28. 4. 96).

[45] «.. we feel that no metaphor can ever be comprehended or even adequately represented independently of its experiential basis» (Id., Ibid., pg. 19).

2.1.3. Metáforas ontológicas[46]

2.1.3.1. Definição de metáforas ontológicas

As metáforas estruturais e orientacionais não são suficientes para a categorização da nossa experiência: necessitamos de agrupar, identificar, quantificar, racionalizar os dados que vamos experienciando. É que muitos dos dados da nossa experiência quotidiana não são objectos concretos: a inflação (*A inflação vai corroendo as nossas poupanças*), o medo (*O medo guarda a vinha que não o vinhateiro*), a honra (*A honra é um bem prestes a desaparecer*), a paciência *(Precisamos de muita paciência para aturarmos os nossos homens públicos)*, o poder político *(Uns têm todo o poder político e outros não têm nenhum)*, etc. Isto é, quantificamos (com *muito / / pouco, algum/ nenhum*), identificamos (com o uso dos determinantes), perspectivamos determinados aspectos *(O lado sinistro da personalidade das pessoas)*, motivamos as nossas acções *(A procura da honra e da fortuna, A soluçao dos nossos problemas*, etc.), etc. As **metáforas ontológicas** permitem-nos lidar com conceitos e abstracções como se de entidades manipuláveis se tratasse: referenciamo-las, quantificamo-las, delimitamo-las, etc.

A objectivização das abstracções é o processo normal de podermos referenciar, delimitar, identificar os nossos mitos ou criações:

O meu raciocínio / a minha capacidade de reflexão encravou
Hoje *estou enferrujado* de todo
A regionalização nem ata nem desata / nem aquenta nem arrefenta
Ele ficou *em fanicos* com a morte dos pais
Ela foi-se *abaixo das canetas* com os *percalços da vida*

2.1.3.2. Metáfora do "contentor": as zonas territoriais[47]

O homem toma consciência de si como um ser fisicamente delimitado em relação ao resto do mundo, que considera como algo fora de si. E

---

[46] Cfr. Lakoff / Johnson 1980: 26 e ss.

[47] «We are physical beings, bounded and set off from the rest of the world by the surface of our skins, and we experience the rest of the world as outside us. Each of us is a container with a bounding surface and an in-out orientation. We project our own in-out orientation onto other physical objects that are bounded by surfaces. Thus we also vew

projectamos todos os objectos com um "dentro" e um "fora": entramos e saímos de espaços, entramos e saímos de uma floresta, de uma banheira, de um país, de um campo de futebol, de uma cidade, etc. Mesmo objectos sólidos têm um dentro e um fora, até nomes massivos (*entramos e saímos da água, entramos e saímos da crise, entramos e saímos da depressão*, etc.). A própria conceptualização do que vemos é feita em termos de **campo visual** e portanto de **contentor**:

> «We conceptualize our visual field as a container and conceptualize what we see as being inside it.» (Lakoff / Johnson 1980: 30)

Quando vemos uma dada massa atribuímos-lhe uma superfície: o que vemos e o que não vemos. Neste domínio os exemplos abundam:

Navegar à vista / Ele só agora entrou no meu *campo de visão*
Aquela casa estragou-me o *campo de visão*: não posso identificar o que se passa do outro lado

2.1.3.3. Objectivização de acontecimentos, acções e estados

O que Lyons[48] designava como entidades de segunda ordem – acontecimentos, acções, actividades e estados – entram também no domínio das **metáforas ontológicas**[49]. As "acções" e os "eventos" são entendidos como objectos, as "actividades" como substâncias e os "estados" como "contentores". Assim, no exemplo de Lakoff / Johnson, a "corrida" é entendida como uma entidade discreta, como um "acontecimento", envolvendo um "contentor" (contentor-objecto):

Alguém está *fora da corrida*

ou como simples objecto:

Vi, no domingo, a corrida

---

them as containers with an inside and an outside.» (Lakoff / Johnson 1980: 29) (= Nós somos seres físicos, limitados e separados do resto do mundo pela superfície da nossa pele, e fazemos a experiência do mundo como estando fora de nós. Cada um de nós é um contentor possuindo uma superfície-limite e uma orientação dentro-fora. Projectamos esta orientação dentro-fora noutros objectos físicos que também são limitados por superfícies e consideramo-los como contentores providos de um dentro e um fora.).

[48] Cfr. Lyons 1977: 438-452.
[49] Cfr. Lakoff / Johnson 1980: 30ss.

ou a "chegada" é entendida como um "acontecimento" no interior de um "Objecto-Contentor":

A chegada da corrida foi impressionante

ou os "bons momentos" são considerados como uma "substância" num Contentor:

Houve *bons momentos na corrida*

ou ainda considerar como Objecto "muitos sprints";

Houve *muitos sprints* no final

Actividades e estados são considerados como contentores, de que emergem ou em que estão contidos acções ou "estados" (objectos):

Investi muita energia na elaboração deste artigo
Ela está *em boa forma*
Ela entrou *numa fase de euforia*
etc.

As chamadas personificações[50] são igualmente exemplo de metáforas ontológicas, em que propriedades ou entidades não humanas são aproximadas de actividades humanas, ou pela sua motivação, ou por algo que tem a ver com o homem, ou que se considera como o próprio homem com suas qualidades e defeitos:

Esta / a sua teoria fez-nos compreender como se pode sair desta meada
A vida ensina-nos coisas que os livros nunca ensinam
A inflação entra-nos nos bolsos em cada dia que passa
A inflação destrói-nos por dentro

---

[50] A personificação não só "personifica" propriedades ou entidades não-humanas, como ainda perspectiva aspectos diferentes das mesmas entidades de acordo com o modo como apresentamos as coisas («The point here is that personification is general category that covers a very wide range of metaphors, each picking out different aspects of a person or ways of looking at a person. What they all have in common is that they are extensions of ontological metaphors and that they allow us to make sense of phenomena in the world in human terms-terms that we can understand on the basis of our own motivations, goals, actions, and characteristics.» (Lakoff / Johnson 1980: 34).

2.2. *Metáfora e metonímia*

A metáfora e a metoníma representam processos diferentes de conceptualização: na metáfora, pela transferência, usamos a designação de uma entidade para nos referirmos a outra, concebemos uma coisa em termos de outra, enriquecendo sobretudo a compreensão. Na metonímia joga-se essencialmente com a função referencial[51]. Aqui uma entidade toma o lugar de uma outra. Se a função referencial predomina, não quer dizer que se oblitere a compreensão. Assim, por exemplo, ao designarmos "alguém" por uma "boa cabeça" ou um "bom cérebro", não se introduz apenas uma nova designação ou referência, mas também se salienta a propriedade para qual apontamos: a cabeça, o cérebro como sedes da inteligência. Há assim também um reforço da compreensão e, evidentemente, do cognitivo.

Como acontecia na metáfora, também na metonímia não existe apenas, nem sobretudo, o poético ou o retórico: corresponde ao nosso modo normal de pensar, de representar as nossas experiências:

> Ela é uma *cara linda*
> Precisamos de *caras novas* na nossa empresa
> As *caras sujas* são as que mais aparecem em público
> Gosto de ler *o Cardoso Pires*
> Comprei *um Peugeot*
> *Os autocarros* estão de greve
> A *Casa Branca* ainda não se pronunciou sobre o assunto
> O *Palácio das Necessidades* apresentou um protesto contra o desvio do Guadiana
> *Lisboa* está à espera de resposta de *Jacarta*

O lugar pela instituição, a instituição pelo responsável, o responsável pelos executantes, o produtor pelo produto, o objecto utilizado pelas pessoas que utilizam, etc., são alguns dos processos sistemáticos com que representamos as nossas vivências e experiências e lidamos com a realidade. E há aqui a intervenção de todo o mundo de símbolos e mitos, hábitos e explicações culturais, etc.: a "pomba" é o símbolo da paz, o

---

[51] Ao falarmos de metonímia, incluímos também a sinédoque – a figura em que vale a parte pelo todo:
  Precisamos de *braços fortes* (= homens fortes) para levar por diante esta tarefa
  Está a chegar *sangue novo* (= pessoas novas) à minha Faculdade
  Nós temos *boas cabeças/ bons cérebros* (= pessoas inteligentes) mas que nada produzem.

"corvo" o símbolo do oculto, a "coruja" o símbolo da morte, a "foice e o martelo" o símbolo da revolução, o "leão" o símbolo da força, o "boi" o símbolo da força e da mansidão, o "cavalo" o símbolo da nobreza e da distinção, etc.

2.3. *Metáforas e contra-metáforas*

Se a metáfora e a metonímia se revelam como processos normais de conceptualização e representação, e ainda se apresentam como processos sistemáticos e sistematizados, há factos aparentemente contraditórios. Assim, por exemplo, o tempo é concebido como um objecto em movimento: o futuro fica à nossa frente, o passado fica atrás, o futuro vem ao nosso encontro, o passado vai ficando cada vez mais longe:

> Tempo *virá* em que andaremos todos de "shuttle"
> *Longe vai* o tempo dos carros de bois
> O tempo *não anda, voa diante de nós*
> Vamos fazer *face ao futuro* com optimismo
> A semana *que vem*, vamos a Lisboa
> No ano que *se segue vai haver* eleições autárquicas

É evidente que pode haver alteração neste "fuir" do tempo: é possível o "futuro" configurar já não o 'futuro', mas, por força da "dúvida" instalada nesse domínio de tempo, configurar, no presente, um conteúdo de "incerteza":

> Onde *andará* ele neste momento / agora?

Surge também uma metáfora ao avesso: o tempo é imóvel e somos nós quem se move no tempo:

> Como nós *avançamos* nos anos!
> À medida que *vamos entrando* no segundo milénio crescem os temores e os tremores!

Mas há ainda outras metáforas que envolvem o tempo, o tempo como se fosse um "caminho" ou uma "viagem":

> *Chegamos a um ponto* em que podemos rever-nos no já feito e no que temos para fazer
> Estamos *num impasse* e não *vamos para parte nenhuma*
> Foi um *caminho demasiado longo e tortuoso o que fizemos* até agora[52]

---

[52] Cfr. Lakoff / Johnson 1980: 41 ss.

E não resisto à tentação de citar um texto em que o "tempo" é "viagem", "percurso", em que nos movemos, e o "veículo" somos simultaneamente nós e o tempo:

«O sentido é único e obrigatório. A inversão de marcha e a paragem a meio do percurso absolutamente interditas. À medida que se avança, o terreno torna-se acidentado, cheio de curvas de fraca visibilidade. A partir de certa altura, a marcha só se faz no sentido descendente. Primeiro a inclinação é ligeira, depois mais acentuada, finalmente a pique. Perante a irreversibilidade de um caminho que um dia chega ao fim, a questão é saber percorrê-la com cautela. Envelhecendo, mas devagar.»[53]

Mas a sistematização das metáforas mostra-se não apenas na abundância de exemplares dessas figuras, como ainda na sua estruturação coerente. Assim, as teorias são construções:

Os *fundamentos* da sua teoria não são *sólidos*
A sua *argumentação* não tem *solidez*
A sua argumentação *está a esboroar-se*

ou as ideias e as palavras são tidas como produtos alimentares ou outros produtos sujeitos a alterações como acontece com quaisquer produtos:

As tuas palavras estão *envinagradas*
As suas ideias estão *requentadas*
As suas ideias são coisas que outros já *mastigaram*
As suas ideias *cheiram a bafio*
Não sou capaz de *digerir* o que estás a dizer-me

ou organismos vivos:

Ele é o *pai* da física moderna
A teoria cognitiva está ainda na *primeira infância*
Esta ideia morreu *á nascença*
As ideias já *amadureceram* (agora resta aplicá-las)
A medicina será um *rebento* da biologia?
Esta é uma teoria *florescente*
Ele fez *germinar* no nosso espírito as concepções mais mirabolantes

ou produtos e mercadorias:

A sua *produção intelectual* é enorme
Ele *produz* ideias como um vulcão

---

[53] Carvalho 1996: 64.

Ele está sempre a *forjar* novas ideias
Esta ideia não vai ter *venda*
Nós *trocámos* algumas palavras / ideias
Não te dou nem um *tostão furado* pela tua ideia

ou coisificamos, vendo o que não se pode ver mas apenas compreender:

Estou *a ver* o que quer dizer
A minha *perspectiva* sobre o teu projecto é muito optimista
Fizeste uma observação *brilhante*
Ideia muito *obscura*
Ele tem um raciocínio *claro/ transparente*

E o "amor" serve de ponto de partida para todo um leque de metáforas: o amor é um força *(Senti uma atração irrestível por ela)*, uma doença *(O amor por ela já é um cadáver, estão fatigados um do outro)*, uma loucura *(Ele perdeu a cabeça por ela)*, magia *(Ela hipnotizou-o)*, uma luta *(Ele é conhecido pelas suas conquistas: é um bendito entre as mulheres)*. Ou os olhos são contentores *(Os seus olhos estão cheios de ódio, Vê-se a paixão nos seus olhos)*, a vida é um jogo *(Ele é uma carta fora do baralho, Ele arriscou e perdeu, Ele jogou forte e perdeu)*[54].

Embora haja, como se torna claro, nestes exemplos, frases feitas, expressões idiomáticas, colocações ou combinações mais ou menos já lexicalizadas, o que temos é uma forma coerente de conceptualização e representação dos dados da experiência: a metaforização[55]. Mas as metáforas são sempre perspectivações parcelares da realidade: ninguém vai dizer que as "ideias" são "construções" e portanto esperar que tenha divisões, quartos, travejamentos, janelas, etc., ou que o "tempo" é um "caminho sem retrocesso" e vá à procura de "atalhos", "desvios", "cruzamentos", etc.

E se a maior parte das metáforas se enquadram em sistemas, há casos mais ou menos isolados, como *a boca de um incêndio, a garganta de um desfiladeiro, os braços de uma cadeira, os pés de uma mesa, as costas de um sofá, coisas sem pés nem cabeça*, etc. Destas últimas não se poderá dizer que são sistemáticas. Muitas das "metáforas mortas" situar-se-ão no sector das metáforas já desenquadradas de qualquer sistema.

---

[54] Cfr. Lakoff / Johnson 1980: 46ss.
[55] «They are "alive" in the most fundamental sense: they are metaphors we live by.» (Id., Ibid., pg. 55).

2.4. Fundamentação da conceptualização metafórica

2.4.1. Põe-se o problema de se saber até que ponto a metáfora envolve, total ou parcialmente, a categorização que as línguas fazem da nossa experiência e do modo como é feita essa categorização. Torna-se claro que aqui funciona a nossa própria experiência como seres ocupando um dado espaço, sendo o homem o próprio centro de perspectivação, emergindo da nossa própria vivência, com *dentro-fora*, um *alto-baixo*, um *frente-trás*, um *perto-longe*, e mesmo este espaço é preenchido de acordo com os nossos mitos e crenças, com um *quente-frio*, um *luminoso--sombrio*, um *macho-fêmea*, etc., mesmo aquilo que não se torne tão evidente. Depois é só expandir certas dimensões, como a "felicidade" *está em cima*, a infelicidade *em baixo*, o progresso *vai adiante*, o retrocesso *fica atrás*, colocamos as coisas dentro do "nosso campo visual" (um contentor), mesmo as coisas abstractas têm uma substância, o tempo é um contentor.

As noções abstractas, como a causalidade derivam de uma "manipulação directa" das coisas, o protótipo da causalidade em sentido genérico ou os prolongamentos da causalidade prototípica, e assim sucessivamente. Há assim uma experiência directa de alguma coisa – o que é designado como categorização prototípica e depois vêm os prolongamentos dessa categorização, em termos mais ou menos próximos da centralidade ou da periferia. E a expansão destas categorias pode abranger diversos domínios e diversos objectivos.

2.4.2. Mas em que medida estamos perante a metáfora (em sentido amplo) ou perante a conceptualização literal, perante o protótipo / estereótipo ou "semelhança de família" parece ser um dos pontos menos claros e mais difíceis de destrinçar. E aqui podem funcionar processos de identificação da categoria prototípica e das categorias mais periféricas – as tais aproximações – relativamente á categorização central[56], como, por exemplo, os chamados advérbios delimitadores ("hedges") que servem para seleccionar o protótipo de uma categoria e os exemplares que representam "semelhanças de família" (aproximações). Trata-se de expressões como *por excelência*, expressão directamente ligada ao protótipo: *o pardal é um pássaro por excelência*, o que não se poderá dizer de *frango, avestruz, pinguim*, etc.

Há expressões que não indicam o exemplar prototípico, mas seguramente apontam para exemplares que pertencem a uma dada categoria,

---

[56] Cfr. Lakoff / Johnson 1980: 116 e ss.

como *estritamente falando*. Assim, *estritamente falando, frangos, avestruzes, pinguins são pássaros*, mas não são membros prototípicos. Ou expressões como *aproximativamente* que apontam para objectos que não pertencem originariamente à categoria por lhes faltar uma propriedade central, mas possuem bastantes propriedades típicas da categoria em questão, para que seja possível, em certos casos, considerá-los como membros da categoria. Assim, *uma baleia, estritamente falando, não é um peixe, mas de uma maneira aproximativa podemos considerar que a baleia é peixe em certos contextos*.

O advérbio *tecnicamente* define uma dada categoria em função de uma necessidade técnica. Isto é, que um objecto seja ou não incluído tecnicamente numa dada categoria depende do objectivo da classificação. Outros advérbios ou expressões adverbiais, como *essencialmente, para todos os fins úteis, um + nome normal, um verdadeiro + nome, na medida em que ..., para certos efeitos*, etc. permitem-nos ordenar objectos, acontecimentos, experiências numa gama de categorizações que vão do membro mais ou menos próximo do protótipo ao membro muito afastado mas enquadrado numa numa dada categoria para certos objectivos. A tal "transferência de sentido" situar-se-á algures a partir do centro para a periferia ou vice-versa.

3. A metáfora no domínio da "economia"

3.1. *A metáfora na linguagem dos "media"*

A linguagem dos "meios de comunicação social", ao retirar o seu vocabulário, a sua gramática e o seu discurso da linguagem normal e quotidiana, faz, desde logo, uma apropriação em certa direcção filtrando os sentidos que pretende dar aos seus enunciados. Aliás esta sensação temo-la ao abrirmos qualquer discurso em que se faz a reportagem jornalística de acontecimentos do nosso dia a dia. Assim, se tomarmos como ponto de referência a viagem do Primeiro Ministro ao Brasil, vemos que a linguagem metafórica surge não como ornamento, mas como conceptualização e "nuancização" configuradoras das experiências pessoais do jornalista:

«Durante uma semana, Guterres desdobrou-se para *"vender"* a imagem de Portugal» e «a *peça mais importante do jogo* foi a capacidade de convencimento de Guterres: havia mesmo quem o apontasse como o *"melhor produto"*» o que equivale a dizer a política é um "grande mercado", ou

«a *Operação Brasil* chegou ao fim» e «esta visita assumiu os contornos de uma gigantesca *operação de charme*»,

querendo dizer que a vida política implica uma estratégia (termo inicialmente da linguagem militar), ou ainda

«Guterres *arriscou* todos os registos do discurso político»

a vida política é um risco, ou

«(Guterres) foi afectivo ao recordar os *laços* comuns, a história que se cruza e a língua que une como um *elo* mais forte»

a vida é um espaço / um lugar, ou

«o discurso político foi evidente na vontade de marcar um *novo rumo*»,

a vida é uma viagem, e a objectivização do abstracto como entidade delimitável e manuseável, patente no comentário de um dos acompanhantes de Guterres ao ver os empresários a rir a bom rir

«Com *o capital* tão bem disposto, como estará *o trabalho*?» ou «*Comitiva de peso*: o peso dos empresários na comitiva era considerável. Não só pelo número, mas muito particularmente pelo dinheiro que representavam.»[57], ou ainda «Foi um *"virar de página"* no relacionamento entre os dois países»[58].

Isto é, a linguagem figurada – neste caso, a linguagem metafórica – é não só frequente mas constitui sobretudo o modo normal de configuração e representação do nosso quotidiano. Não se trata apenas de metáforas lexicalizadas ou metáforas mortas, mas antes de um modo totalmente normal de representação, diria mesmo, um modo privilegiado. Quem se lembra do sentido literal se, numa questão mais ou menos secreta, falarmos de «*levantar o véu*» ou, numa questão melindrosa, como a "derrapagem na economia", dissermos «*dar o sinal de alarme*», ou, relativamente a um sector de uma empresa, dissermos que é a «*menina dos olhos* do patrão», ou que os assessores de um ministro «(trazem) *o trabalho de casa feito*»? Ou se classificarmos uma dada orientação num partido como a «*linha dura*», ou lamentarmos a «*desertificação demográfica* (do inte-

---

[57] Todas estas citações foram tiradas do jornal *Público* (21.4.96).
[58] *Público* 22.4.96.

rior)», falarmos de «*infraestruturas*», de «*esvaziamaento das aldeias*», quem pensa que estamos a construir o nosso discurso configurando as nossas realidades e experências como se tudo fosse "espaço" e "lugares", que são afinal o valor literal dessas expressões.

Os jornais e televisões criam novas relações semânticas, como, por exemplo: «*turismo de qualidade*» vs. «*turismo de massas*», ou expandem o fundo comum da língua a domínios que são extensões dos domínios a que foram inicialmente aplicados:

«*Ter luz verde* do Governo para ...»,
«(Alguém / alguma coisa está no *fio da navalha*»,
«Alguém / alguma coisa *está enredado numa teia burocrática*»,
«(Um trabalho / um programa) é uma *manta de retalhos*»,
«Guardar a *sete chaves* (um programa / uma ideia)»,
«(A televisão) vai ter um *novo figurino*»,
«(o Governo mais não faz do que) *apagar fogos* (nas empresas)»...

3.2. A metáfora na linguagem da economia

3.2.0. Mas as metáforas – consideramos sempre as metáforas em sentido amplo – constituem, como já explicámos, um sistema estruturado no interior das próprias línguas. Se tomarmos como exemplo, a linguagem da economia, ficaremos surpreendidos não apenas pelo recurso á chamada metáfora, como ainda pela amplitude e sistematicidade assumidas por esse método de construção linguística. Os economistas, além de usarem os termos já postos a circular noutras áreas[59], sentem esse peso da criação de sentidos novos numa dada direcção, ao servirem-se de designações como "*mão invisível*", "*teoria da borboleta*", "*elasticidade arco*", "*elasticidade ponto*", «*tecto salarial*», «*mão de obra* indiferenciada mas hiperbarata»[60], etc. O próprio texto da linguagem da economia dá-se conta dos meandros em que se envolvem. Explicam, por exemplo, a "teoria da borboleta" nos seguintes termos:

«Os acontecimentos alimentam-se do *efeito borboleta* (a *imagem* é

---

[59] Como, por exemplo, «A capacidade de adaptação ... poderá ser um dos "*trunfos*" na conquista de um novo emprego» e «o que importa é não '*baixar os braços*'» (*Expresso / Emprego* 20. 4. 96).

[60] Cfr. Pimenta / Saturnino 1996. Trata-se de termos normais nesta disciplina. A linguagem dos jornais não é idêntica à dos "compêndios". Uso sobretudo os grandes jornais de informação (diária ou semanal).

esta: um simples agitar de asas num ponto do globo pode desencadear uma tempestade noutro) e do princípio de que uma fagulha sem importância pode incendiar uma enorme pradaria....»[61]

E os termos novos abundam: «*ciberfuturo*», «*dinheiro electrónico*», «*nanotecnologia*» (= miniaturização da tecnologia), «*tutores electrónicos*», etc. Há mesmo o apelo para uma expressão tida como veículo de uma "teoria de ponta": a teoria cognitiva. É assim que se apresenta uma das palavras-chave do nosso tempo:

«O "Livro Branco "ENSINAR É APRENDER: A SOCIEDADE COGNITIVA apresentado este fim de semana em Veneza, pela Comissão Europeia pretende construir os pilares de uma sociedade cognitiva ("learning society") onde a aprendizagem ao longo da vida activa do trabalhador é factor determinante»[62]

3.2.1. *Metáforas ontológicas: abstracto-» concreto*

Basta lermos a introdução de um "Relatório e Contas" de uma instituição bancária para nos apercebermos de como a linguagem aí usada é toda ela concebida em termos tais que não sabemos se estamos perante "metáforas" ou se é a própria metáfora que configura quase todo o universo deste domínio da experiência.

«A crise financeira mexicana, as repercussões do sismo de Kobe, o colapso do dólar nos mercados cambiais internacionais, a instabilidade política e o espectro de conflitualidade social em áreas da orla mediterrânica europeia e os sinais de abrandamento inesperado da actividade nos países mais desenvolvidos, que dominaram o início de 1995, justificaram a implementação, ..., de programas de assistência financeira, de intervenção coordenada nos mercados cambiais e monetários, de correcção a longo prazo dos desiquilíbrios orçamentais que, pela sua oportunidade e eficácia, proporcionaram a progressiva restauração da confiança dos investidores e da estabilidade dos mercados financeiros, criando condições propiciadoras de uma expansão moderada da actividade produtiva, de forma mais sincronizada e não inflacionária»[63]

---

[61] *Expresso* / Gestão e Estratégia 17.2.96.
[62] Livro Branco Europeu, *Expresso* / *Economia* 3.2.96, pg. 3.
[63] Uma palavra do presidente, in: *Relatório e Contas 1995*: *Banco Comercial Português*.

Ou seja, este domínio da experiência humana surge como algo objectivizado, onde as entidades abstractas são apresentadas como entidades identificadas e identificáveis, concretas:

«a *crise* (financeira mexicana)», «as *repercussões* (do sismo de Kobe)», «o *colapso* do dólar (nos mercados cambiais)», «a *instabilidade* política e o espectro de *conflitualidade* social..», etc.

E este processo é totalmente normal, como se vê por exemplos de outros textos:

«O capitalismo industrial não consegue *queimar etapas*»[64]
«Indústria: *volume de vendas e emprego* em queda»[65]
«... *a aquisição de uma participação* maioritária no Banco Portugês do Atlântico, permitiu atingir *a dimensão almejada* para reduzir a sua *sensibilidade e vulnerabilidade* aos processos de concentração...»[66]
«*congelar medidas*», «*erosão do emprego*», «*tecido empresarial*», «*meio empresarial*»
«Garantir *uma fasquia mínima de qualidade*»[67]
«... *mão invisível*...», «... *teoria do caos*..»
«*a des-ruralização* do país...»[68]
«.. as mulheres são maioritárias na '*função pública*', assim como entre os estudantes do ensino superior»[69]
«*fundos públicos*», «*consumo público*», «*função social* do Estado»[70]
«*mundo do trabalho*», «*recibo verde*» (= trabalhadores contra-tados»[71]
«O Governo estabelece como objectivo principal desagravar *os rendimentos do trabalho* e despenalizar *o capital investido*»[72]
«*pacote de medidas*», «*programa-quadro*», «*o poder de compra* recupera»
«foi *uma gracinha* do ministro» «o programa inclui *vários tópicos*»

Há uma objectivização (ou ontologicização) apelando-se para lugares (*fundos, tópicos, quadro, volume, congelar*), ou para objectos visíveis e mensuráveis (*fasquia, pacote, recibo, mão, tecido, erosão, etapa*, etc.). Veja-se o caso da utilização tão diferenciada de "publico":

---

[64] Ernani Lopes, *Expresso / Economia* 3.2.96.
[65] *Expresso / Economia* 3.2.96.
[66] *Expresso / Economia* 3.2.96.
[67] *Público / Economia* 25.3.96.
[68] Barreto / Preto 1996: 25.
[69] Id., Ibid., pg. 26.
[70] Barreto / Preto 1996: 60.
[71] Barreto / Preto 1996: 61.
[72] *Expresso/ Economia* 3.2.96.

função pública (= classe profissional), *consumo público, fundos públicos* (= dinheiros públicos), ou ainda *função social* (do Estado); ou ainda *o mundo do trabalho* (= classe profissional), *os rendimentos do trabalho* ou os diversos usos de *capital*, mas sempre objectivizadamente. Atente-se ainda na transferência do valor de "capital" do domínio da economia para outros domínios:

> «.. os portugueses continuam a emprestar ao primeiro-ministro e ao PS um *elevado capital de confiança*»[73]

Não estou a fazer a distinção entre metáfora e metoníma, como é evidente em «os recibos verdes» (trabalhadores por conta d'outrem), «função pública», «o capital», «o mundo do trabalho», etc., que são exemplos de metonímias. Por vezes temos dúvidas acerca da interpretação da orientação "concreto" – "abstracto" ou vice-versa, como em:

> «os portugueses valorizam o carisma de Guterres e a sua postura dialogante. O *"estado de graça"* parece assim prolongar-se»[74]
> «Jorge Coelho é um ministro *todo-o-terreno*.»[75]
> «em Guterres a *palavra-chave* "diálogo" continua a ter sentido...» e «*as grandes linhas* da política externa» e «o ministro ... *marcou pontos* ao *correr o risco* de escolher uma personalidade independente ...»[76]

Isto é, "linha", "risco", "ponto", "palavra-chave" ou "chave" são concretos e tornam-se abstractos, mas um abstracto objectivizado, identificado e identificável. Mas "estado de graça", "clima de confiança" (que também ocorre neste contexto), mostram como a interrogação se mantém. E aqui há que verificar se estamos a contas com "mitos", crenças ou configurações experienciais.

3.2.2. Metáforas estruturais: a economia é a guerra mais ou menos aberta

Uma das forças motrizes da vida é a "luta pela vida / pelo pão de cada dia", o que equivale a dizer que "este vale de lágrimas" se cumpre na procura incessante da segurança em todos os domínios. E a economia é

---

[73] *Público* 28.4.96.
[74] *Público* 28.4.96.
[75] *Público* 28.4. 96.
[76] *Público* 28.4.96.

mesmo o domínio onde essa luta se acentua. E como não podia deixar de ser a linguagem não só reflecte como sobretudo conceptualiza – categoriza – essa conflitualidade.

Assim, as moedas nacionais ganham e perdem, recuperam e caem:

«O *escudo ganha contra o marco*»[77]
«Durante a última semana, *o dólar recuperou algum terreno contra o marco*»[78]

E os termos próprios de um conflito entram em jogo, como as próprias palavras "conflito" e "guerra":

«A União Europeia lança um projecto dirigido às PME que querem *ganhar a "guerra"* da Qualidade»[79] e «*conflito de interesses*»

e em que entram "lutas", "invasões", "intervenções", "combates", "desafios", "tareias", "caças", "bombas", "minagens", "pactos", "pirataria", "tirar a ferros" e, finalmente, "campos de batalha" e "disparos":

«*luta* contra o desemprego», «*intervenção* no mercado» e
«*combate* ao desemprego» [80]
«Nos supermercados, os consumidores têm a sensação de que a *invasão* dos produtos estrangeiros está a afastar os nacionais ..»[81]
«Um dos *campos de batalha* (do governo) é o das privatizações...»[82]
«No outro lado do ciberespaço espreitará sempre o *crime*, e a *geografia dos conflitos* pode vir a listar mais um, de novo tipo, *a guerra* em torno da *pirataria da propriedade* intelectual. *Novas fracturas sociais* podem emergir, que pouco terão a ver com as dos últimos cem anos.»[83]

«.. *enfrentar uma crise*..», «*responder aos desafios* do mercado com a simplificação»
«*caça* aos cérebros jovens», «(Vamos) *enfrentar uma crise*»
«Emprego: Santer *propõe um pacto*» , «o desemprego *põe em perigo* a coesão da nossa sociedade e *mina* a confiança nos políticos»[84]

---

[77] *Expresso / Economia* 3.2.96.
[78] *Público / Economia* 25.3.96.
[79] *Expresso / Economia* 3.2.96.
[80] *Público / Economia* 5.2.96 e 12.2. 96.
[81] *Público / Economia* 26.2.96.
[82] *Público / Economia* 15.4.96.
[83] *Expresso / Gestão e Estratégia* 17.2.96.
[84] *Expresso / Economia* 3.2.96.

«poupanças *tiradas a ferros* aos aforradores»[85]
«Os investidores estão a *apanhar tareia*»[86]
«Corrupção *mina* jovens democracias latino-americanas»[87] e
«O Público ousou meter-se *no terreno altamente minado* dos custos da regionalização.»[88]
«Segurança social: *bomba ao retardador*»[89]
«A *revolução* das regiões» (regionalização) e
«Pelo lado negro, (a questão das vacas loucas) pode ser *uma das maiores revoluções* alimentares na história da humanidade»[90]
«Em Portugal, *a inflação pode disparar*, devido ao aumento do preço de outras carnes»[91]
«Do lado do Governo, para já, é dada uma maior atenção *às investidas* dos sociais-democratas»[92]
«Mas espera-se pelo desfecho do *braço-de-ferro* em volta do referendo à regionalização»[93]

3.2.3. *A Economia é uma viagem e uma viagem acidentada*

A "economia" é uma viagem sinuosa, acidentada, uma viagem com "choques", que podem ser "amortecidos", com "abrandamentos", com "sinais vermelhos", com "acelerações" e "desacelerações", com "travagens", com "passos mal dados", com "turbulências" e "derrapagens", com "arrefecimentos" e "pontos quentes", com "metas" e "etapas", "colagens" e "redescolagens", com "caminhos maus":

«Os "*choques*" financeiros do final de 1994 e de 1995 foram "*amortecidos*" apesar de terem sido dos mais dramáticos desde a crise da dívida do Terceiro Mundo, em 1982»[94]
«*Abrandamento* da economia europeia»
«Os resultados estão quase a *entrar no vermelho*»[95]

---
[85] *Público / Economia* 15.4.96.
[86] *Expresso / Economia* 16.3.96.
[87] *Público / Economia* 5.2.96.
[88] *Público / Economia* 29.4.96.
[89] *Público / Economia* 1.4.96.
[90] *Público* 26.4.96.
[91] *Público* 26.4.96.
[92] *Público* 28.4.96.
[93] *Público* 28.4.96.
[94] *Expresso / Economia*, 3.2.96.
[95] *Público / Economia* 12.2.96 e 4.3.96.

A METÁFORA NA INSTAURAÇÃO DA LINGUAGEM: TEORIA... 93

«Preços de produção *desaceleram*...» e «Negócios *abrandam* na indústria»[96]
«a *desaceleração* da inflação» e «a *desaceleração* dos preços»[97]
«Há uma desaceleração económica acentuada na Europa»
«Vai haver *turbulência* na vida económica mundial»
«A *travagem* na desvalorizaçãpo do escudo»
«... 'um passo mal dado' poderá ter consequências menos positivas para a empresa»[98]
«*derrapagem* económica e financeira»
«Entre 1974 e 1976, (a população) aumentou fortemente, por causa do regresso dos residentes em África e da *travagem* da emigração»[99]
«Novos exportadores atenuam *desaceleração*» e «*Abrandamento* da procura *arrefece* a actividade (Vestuário)»[100]
«cumprimento das *metas* de convergência (económica e monetária»[101]
«A economia francesa está num processo de *redescolagem* suave..»[102]
«Baixa (do Porto) no *mau caminho*»[103]

Afinal, a categorização dos nossos universos em termos de "viagem" é constante.por exemplo, a "recuperação" do "coma" é tido como um regresso:

«As surpresas do coma. O *regresso* do lado de lá»[104]

3.2.4. *A Economia é um Organismo*

A "economia" é um "organismo" que tem um determinado "comportamento":

«*comportamento temporal* das taxas de juro("yield curve"[105]»

---

[96] *Público / Economia* 8.4.96.
[97] *Público / Economia* 26.2.96 e *Público* 19.2.96.
[98] *Expresso / Rmprego* 20.4.96.
[99] Barreto / Preto 1996: 23.
[100] *Expresso / Economia* 9.3.96.
[101] *Público / Economia* , 24.04.96.
[102] *Público / Economia*, 25.4.96.
[103] *Público* 28.4.96.
[104] *Público* 28.4.96. Aqui surge mesmo uma expansão deste modo da conceptualização:
«Alguns ficam a *meio da viagem, sem mapa, nem rotas, nem técnicas de navegação, o caminho de volta ao mundo dos vivos pode nunca voltar a ser trilhado*» (Ibid.).
[105] *Expresso / Economia* 3.2.96, pg. 9.

«O *comportamento muito instável* da moeda norte americana»[106]

que "aquece" ou "arrefece".

«A educação e o entretenimento poderão ser os dois sectores mais *"quentes"* em termos de negócios.»[107]

"respira", "sufoca", "abranda" e "estagna":

«O *último fôlego* da economia» «O terceiro *fôlego* do BCI»
«Os custos começam a *sufocar* a instituição»
«.. o *abrandamento* do ritmo de *crescimento* do crédito às empresas com a finalidade de investimento...», «o mercado *estagnou*»[108]
«Mercado nas obras públicas *arrefece*. O mercado nas obras públicas continua *a evoluir positivamente* embora a níveis menores que os registados no segundo semestre de 1995.»[109]

que "cresce", "engorda", que tem "embrião" e "desperta":

«*crescimento incontrolado* da economia»
«BPC (= Bento Pedroso Construções) *'engordam'* facturação»
«O *despertar* da Internet»[110]
«O *embrião* do programa de saneamento das empresas já está elaborado»[111]
«O Bundesbabnk apelou onten aos Governos europeus para reduzirem *as "gorduras"* nas finanças públicas...»[112]

que necessita de "hormonas" e pode ser "estrangulado":

«administração de *hormonas* fiscais»[113]
«*estrangulamentos financeiros* podem deitar por terra anos e anos de dedicação dos investidores»[114]

---

[106] *Público / Economia* 8.4.96.
[107] *Expresso / Gestão e Estratégia* 17.2.96.
[108] *Público / Economia* 4.3.96.
[109] *Expresso / Privado* 30.3.96.
[110] *Expresso / Privado* 20.4.86.
[111] *Público / Economia* 22.4.96.
[112] *Público /Economia* 25.4.96.
[113] *Público / Economia* 15.4.96.
[114] *Público*, 24.4.96.

3.2.5. *A Economia é um espaço*

A "economia" é um "espaço" (um "contentor"), com "margens", "patamares", com "estradas" e caminhos "paralelos" ou "subterrâneos", com "cenários" e com "fundos":

«As *margens de lucro*...» «A *margens de comercialização*»
«As *margens intermédias* de flutuação, a acordar entre o Banco Central Europeu e os Estados membros, podem não ser divulgadas.»[115]
«As *estradas da informação*»
«... para que a moeda portuguesa se sustente no *patamar* das moedas internacionais, o Banco de Portugal ...»[116]
«economia *paralela*», «economia *subterrânea*» «economia à *margem dos circuitos* comerciais»[117]
«Três *cenário*s para uma decisão (acerca do futuro do Alqueva)»[118]
«O investimento global, ..., é financiado pelo Estado. O restante ... vem de *fundos* comunitários e de *outras fontes* ...»[119]

Esse "espaço" "desertifica-se", tem um "centro" e uma "periferia", um "dentro" e um "fora":

«*desertificação* do mercado de acções português»
«*descentralizar*» «o programa inclui vários *tópicos*»
«Estudo do Deutsche Bank *coloca países do Sul fora da* União Económica e Monetária»[120] «economia *aberta*» e «economia *fechada*»

Nele "coabitam" entidades:

«*Coabitação* monetária depois de 1999»[121]

---

[115] *Expresso / Economia* 20.4.96.
[116] *Público / Economia* 8.4.96.
[117] *Público / Economia* 15.4.96.
[118] *Expresso / Privado* 20.4.96.
[119] *Expresso / Economia* 3.2.96.
[120] *Público / Economia* 24.4.96.
[121] *Expresso / Economia* 20.4.96. E esse "espaço" pode resumir-se a espaços menores, como "cabaz de compras": «cabaz de compras composto por bens e serviços sociais» (J. Silva Lopes – *Políticas Económicas*, «Cadernos de O Público», 1996).

3.2.6. A Economia é uma doença

A "economia" é apresentada como susceptível de ser "contaminada", ter "estados patológicos", com "agravamentos" e "melhorias", com "curas de emagrecimento", com "dores" e "crises", com "loucuras", com "gorduras" excessivas, com necessidade de injecções de "adrenalina", de "reabilitação", etc.:

«... *contaminação* da economia..» e «economia *contaminada*»[122]
«O ciberentretinimento poderá criar um *estado patológico* de vida em permanente ficção»[123]
«Vacas poderão *"enlouquecer" a inflação*»[124]
«Ligeira *melhoria* do investimento das empresas públicas»
«O *agravamento* da inflação nos anos posteriores a 1973 ...»[125]
«É agora a vez do Estado e dos alemães terem, com as devidas adaptações, a sua *cura de emagrecimento*... ou seja, de *apertarem o cinto*.»[126]
«A saúde privada em Portugal é uma verdadeira *dor de cabeça*»[127]
«*crise* económica»
«a difícil *reabilitação do bife*»[128]
«dar à inflação *um tratamento de choque*» e «*surto inflacionário*»
«Um oásis chamado BCP. Não fosse a *"adrenalina"* de Jardim Gonçalves e o mercado *morria de tédio*»[129]

3.2.7. A Economia é uma corrida

A "economia" surge ainda como uma "corrida", com "pelotões da frente", com "paragens" e "avanços", com "paragens mal medidas", com "metas", com "incursões", etc.

«Cinco países no *pelotão da frente*»[130]

---

[122] *Público / Economia* 8.4.96.
[123] *Expresso / Gestão e Estratégia* 17.2.96.
[124] *Público* 26.4.96.
[125] Lopes 1996.
[126] *Expresso / Economia* 20.4.96.
[127] *Expresso / Economia* 1.4.96.
[128] *Público* 24.04.96.
[129] *Expresso / Privado* 27.4.96.
[130] *Expresso/ Privado* 30.3.96.

«O Executivo socialista não herdou só uma tendência desinflacionista que coloca Portugal no *pelotão da frente da UE..*»[131]
«O escudo *ganhou terreno* contra o marco e contra o o franco francês, estabilizando face à peseta e à lira e *perdendo* contras o dólar e contra a libra»[132]
«... muitos países viveram em "*stop and go*", com fortes expansões seguidas de significativas *contracções* orçamentais.»[133]
«crédito *malparado*»[134]
«cumprimento das *metas* de convergênbcia»[135]
«.. *fazer incursões* noutras áreas para além da economia»[136]
«*inflação galopante*»

3.2.8. A Economia é um corpo

A "economia" pressupõe "ampliações" e "reduções", "quadros" e "enquadramentos", "cortes", "pirâmides", "arrefecimentos" e "aquecimentos", o que aponta para a "encorpação" dos factores económicos:

«O Governo vai *reduzir* as taxas do IVA para alguns produtos alimentares. Nos restaurantes propõe-se "*reenquadrar*" a tributação, o que pode corresponder à criação de uma nova taxa que fique entre a normal e a reduzida»
«A redução duradoura dos desiquilíbrios orçamentais exige *cortes* nos programas sociais e no emprego público»
«Os dois economistas verificaram que os paises que conseguiram reduzir o défice público com sucesso *cortaram nas despesas* em transferências e nos salários da função pública»[137]
«.. pirâmide etária / salarial / de preços...»
«Os mercados estão *em arrefecimento / em aquecimento...*»
«dinheiro *fresco*», «*branqueamento* de dinheiro»

---

[131] *Público / Economia* 4.3.96.
[132] *Público / Economia* 25.3.96.
[133] *Expresso / Economia* 3.2.96.
[134] *Expresso / Economia* 20.4.96.
[135] *Público / Economia* 24.4.96.
[136] *Público / Economia* 25.3.96.
[137] *Expresso / Economia* 3.2.96.

3.2.9. *A Economia é uma máquina e uma construção*

A "economia" tem "motores", "máquinas" (que funcionam ou não), "forjas", pressupõe "modelos", etc.

> «O *motor* da Europa (Alemanha) desacelera»[138]
> «A Alemanha *motor* da moeda única»[139]
> «Projectos por aprovar (nas pescas) há um ano e incapacidade do secretário de estado, ..., *em pôr a máquina a funcionar* são algumas das razões para *uma crise difícil de sanar*»[140]
> «... toda a lógica da *construção europeia estava assente* num *modelo de relações internacionais que desapareceu subitamente*...»[141]
> «.. *está na forja* mais um pacote de apoios às empresas em dificuldade»[142]

Além disso, a "economia" tem "mecanismos" que funionam ou não funcionam:

> «(este governo) quer pôr a funcionar os mecanismos da economia»
> «.. *pôr a funcionar os mecanismos* do controle de apagamento de impostos»[143]

A "economia" é ainda um "jogo", que inclui "apostas", "peças de puzzle", "cartas", etc.

> «Macau deve *apostar* tudo na sua posição»
> «O "milagre" resume-se, no fundo, à forma suave como os Quinze foram *juntando as peças de "puzzle"*» (Expresso / Economia 20. 4. 96)
> «Macau se tem *cartas a jogar*, deve *jogá-las*»[144]

As chamadas metáforas "orientacionais" marcam toda a linguagem da "economia", partindo sobretudo da ideia de "em cima" está o progresso, o bem, o que é melhor, o poder, o bem-estar, e, "em baixo" está precisamente o inverso:

> «*Informação em alta*»

---
[138] *Público* 19.2.96.
[139] *Expresso / Economia* 16.3.96.
[140] *Público / Economia* 26.4.96.
[141] *Expresso / Economia* 3.2.96.
[142] *Público / Economia* 22.4.96.
[143] "Noticiários" das Rádios (30.4.96).
[144] *Expresso / Economia* 20.4.96.

«*Crescimento revisto em baixa acentuada*»[145]
«Juros continuam *a cair*»[146])
«Investimento *em queda*»
«Os cargos *do topo*»[147]
«na *crista da onda*»
«máquinas de *topo de gama*»
etc.

3.2.10. Inflação

A "inflação" desempenha aqui um papel fundamental. A "inflação" sobe, desce, agrava-se, piora, melhora, estagna, abranda, acelera e desacelera, "dispara", "enlouquece", etc. Por outro lado, as palavras derivadas de "inflação" – as possíveis derivações – são activadas, com *desinflacção* e *desinflacionar*, *deflação*, *inflacionista*, etc.:

> «O processo de *desinflação* tem sido suportado por uma *melhoria* de produtividade»[148]
> «A *desinflação* em Portugal está a superar todas as expectativas mais optimistas»
> «A *descida* da inflação», «A *desaceleração* da inflação», «*inflação galopante*»
> «tendência *desinflacionista*»[149]
> «O a*gravamento* da inflação nos anos posteriores a 1973»[150]
> «*trajectória francamente favorável* da economia portuguesa..»[151]
> «Gaba-se o Governo da *baixa continuada da inflação*. Mas será que o Governo socialista, ..., pretende ignorar que o preço da *deflação* é a subida do desemprego e a estagnação do consumo das famílias, em suma, do arrastamento da crise económica e social»[152]
> «A queda simultânea dos preços de matérias primas e do dólar e o abrandamento da procura interna, criaram um ambiente de geral *desinflação* em toda a União Europeia»[153]

---
[145] *Expresso / Economia* 20.4.96.
[146] *Público / Economia* 5.2.96.
[147] *Público / Economia* 12.2.96 e 26.2.96.
[148] *Público* 19.2.96.
[149] *Público / Economia* 26.2.96 e 4.3.96.
[150] J. da Silva Lopes – *Políticas Económicas*, «Cadernos de O Público», 1960-1995.
[151] *Público / Economia* 15.4.96.
[152] *Diário de Notícias* 19.2.96.
[153] *Expresso / Economia* 9.3.96.

«Em Portugal, *a inflação pode disparar*, devido ao aumento do preço das outras carnes»[154]
«Vacas poderão *"enlouquecer" a inflação*»[155]
«espiral inflacionista»[156]
«Começa a ganhar algum peso a ideia de que a inflação teria deixado de ser um problema, de que a *inflação morreu*»[157]

Chamei já a atenção para o facto de poder haver um sub-sistema metafórico que se situe fora da sistematização geral. Dissemos que "para cima", "em cima", estava o "bem", o "crescimento", e vice-versa. E aqui verificam-se amplificações ao contrário: a "inflação" cresce" e é um "mal".

3.2.11. Outros usos metafóricos

Se muitas das expressões que antes apresentámos são comuns à linguagem da "economia" e a outras linguagens técnicas ou não técnicas, há ainda todo um estendal não pequeno de expressões e construções que são comuns á linguagem quotidiana, mas que arrastam categorizações mais ou menos próprias ao serem usadas na linguagerm da economia, tais como:

«*balança* de pagamentos», «balança comercial», etc.
«*batalha* da alfabetização», «batalha da modernização", «batalha da harmonização social»
«*década de ouro* de crescimento económico»
«*abrir o caminho* à democracia», «abrir o caminho à corrupção e à economia paralela»
«*choques* do petróleo»
«*a prata da casa*», «*tecido* económico», «*tecido* empresarial»
«para contrair crédito é preciso *pagar couro e cabelo*»[158]
«*estancamento da emigração* para o estrangeiro» e «regresso *maciço* de África..»[159]
«Hospitais particulares *em maus lençóis*»[160]

---

[154] *Público* 26.4.96.
[155] *Público* 26.4.96.
[156] *Expresso / Economia* 27.4.96.
[157] *Expresso / Economia* 27.4.96.
[158] *Público / Economia* 8.4.96.
[159] Barreto / Preto 1996: 22. Esta publicação contém exemplos abundantes da categorização metafórica na linguagem que podemos designar como "leitura sociológica da sociedade portuguesa".
[160] *Expresso / Economia* 1.4. 96.

«*guerra suja contra ETA*[161]» e «guerra *limpa*», «jogo *sujo*» e «jogo *limpo*»
«*questão de fundo*»[162]
«*ramo de indústria*»

3.3. A linguagem da "economia" e a língua "comum"

Seria agora interessante analisar os "focos" da linguagem metafórica no domínio da economia e os seus enquadramentos frásicos e contextuais (= frames), acompanhar os sentidos ou significações que as expressões foram arquivando ao longo da sua vida na língua portuguesa. Ver, por exemplo, a longa história da palavra inflação, desde a *inflatione* latina até à inflação actual ou os seus derivados como *deflação, desinflação*, etc., ou *abrandamento, arrefecimento, derrapagem, travagem, agravamento, gordura, emagrecimento*, etc.

Teria todo o interesse analisar semasiologicamente a distribuição actual dos sentidos das expressões, atingir o sentido verdadeiro (etimológico) dessas expressões, tendo em vista verificar se continuariam a ser esses sentidos os valores sémicos prototípicos e daí partir para a chamada polissemia, ou "espectro" das acepções actuais das palavras e respectivas construções. Mas o estudo já vai longo e esse aspecto poderá ficar para outra análise posterior.

4. Conclusão

4.1. Embora possamos discordar da "materialidade" subjacente à teoria de G. Lakoff e M. Johnson e do "subjectivismo" mascarado de "objectivismo" da sua interpretação da metáfora como "instauradora" da linguagem e da acção dos "humanos", somos forçados a aceitar muito da sua "verdade": tanto a língua comum como as línguas de especialidade "navegam" nas "mutações", nas "alusões", nas "ausências" presentes no eixo sintagmático. No estudo feito sobre "a metáfora" na economia podemos comprovar que os esquemas ou experiências mentais apresentados por Lakoff se adequam à explicação de certos aspectos desse ramo da nossa vida quotidiana.

---

[161] *Público* 26.4.96.
[162] *Público* 26.4.96 («... Jorge Sampaio .. voltou ao tema para pedir que o debate se centre na "*questão de fundo*": as vantagens ou não da "reforma administrativa"».

4.2. Não é nova a afirmação sobre a importância da metáfora, e no sentido indicado por Lakoff, nem a sua centralização no discurso, nem a proposta de corporização dos principais caminhos que levam à explicação da lingugagem e da acção: a nova crítica norte-americana elaborou esses mesmos princípios como elementos primários das suas reflexões. Nem mesmo a importância dada à metáfora como mobilizadora da acção é algo novo: sempre me soou aos ouvidos que "são as grandes ideias quem governa o mundo"[163].

4.3. A própria explicação aristotélica da metáfora aponta para o facto de a capacidade de elaboração de boas metáforas residir na capacidade de elaboração de boas semelhanças, colocando à "frente dos olhos" o sentido por elas desenvolvido: ao fim e ao cabo trata-se da função pictórica da linguagem. Quando a retórica tradicional fala, a propósito de metáfora e de outros tropos, de "figura de linguagem", quer dizer que o discurso assume o formato de um "corpo", com formas e traços humanos (= a *figura* ou face do homem), com uma "corporização" humanizada. É a valorização da linguagem por ela mesma – a função poética de Jakobson – ou a visualização legível do discurso. Se sintagmaticamente há um "desvio" é a desinteriorização da linguagem. E o "desvio" não é uma simples denominação – quando muito esse papel será apenas o da metonímia –, uma vez que o desvio na metáfora é atribuir a uma coisa uma palavra ou expressão emprestada em vez da usual. E a metáfora não é uma "simples substituição", pois o fio condutor da metáfora é a frase (= frame), ou mesmo o discurso. A substituição de uma palavra por outra deixa-nos na metonímia, a metáfora situa-se na interacção entre um sujeito e um predicado: a metáfora actua na própria estrutura predicativa. Não se dá uma alteração de denominação, mas sim a alteração de predicação, na pertinência semântica da predicação. A metáfora surge precisamente não apenas de um "choque" semântico, mas antes de um significado novo surgido do "colapso" do significado literal. Essa interacção entre "teor" e "veículo", entre dois campos, opera a transição da incongruência literal para a congruência metafórica. A *epiphora* da metafora aristotélica (= transferência do significado) consiste precisamente na aproximação lógica do que antes era afastado.

4.4. Como se pode facilmente observar, há uma clara distinção entre a metáfora poética e metáfora da língua comum. Existe agora uma deslo-

---

[163] Para uma explicação mais pormenorizada de alguns pontos cfr. Sacks 1978 / 79.

cação do campo de explicação da metáfora: a metáfora deixou de se situar (ou de se situar exclusivamente) na "emoção" e passou a ser vista na sua condição cognitiva. Nós fazemos da nossa capacidade de compreensão a "medida" da realidade. O "nosso" mundo não compreende a totalidade do mundo, mas o "mundo" que pintamos com a linguagem e a metáfora mostra a tendência do homem em projectar-se nas coisas em vez de as representar ou descrever. E aqui se insere a explicação cognitiva da metáfora: explicação ligada ao passado e ainda explicação inovadora em relação à tradição.

Bibliografia:

ALMEIDA, Clotilde 1995 – *Transitividade e trajectória nas concepções de abrir e de cortar em português e alemão: análise prototípico – analogista*, Dissertação de Doutoramento, Lisboa: Fac. de Letras.
BLACK, Max 1983 – «Mehr über die Metapher», in: Haverkamp 1983: 379-413 (publicado em 1977 – «More about metaphor», in: *Dialectica* 31: 431-457).
BLACK, Max 1983 – «Die Metapher», in: Haverkamp 1983: 54-79 (a primeira versão «Metaphor» foi publicada in: *Proceedings of the Aristotelian Society* 55 (1954), 273-294).
BARRETO, António / Preto, Carla Valadas 1996 – *Portugal 1960/1995: Indicadores Sociais*, «Cadernos do Público».
BLUMENBERG, Hans 1983 – «Paradigmen zu einer Metaphorologie»in: Haverkamp 285-315 (publicado pela primeira vez em 1960, Bonn: Bouvier).
CAZRVALHO, Ana Margarida 1996 – «O medo de envelhecer», in: *Visão*, n.º 155, 7-13 de Março.
COSERIU, Eugenio 1967 – «Lexikalische Solidaritäten», in: *Poetica* 1 (1967), 293- -303.
DUBOIS, J., Edeline, F., Klinkenberg, M., Minguet, P., Pire, F., Trinon, H. 1970 – *Rhétorique générale*, Paris, 1970.
GREIMAS, A. J. 1966 – *La sématique structurale*, Paris, 1966.
GREIMAS, A. J. (Org.) 1972 – *Essais de sémiotique poétique*, Paris.
HAVERKAMP, Anselm (Org.) 1983 – *Theorie der Metapher*, Darmstadt: Wissenschaft Buchgesellschaft.
HENLE, Paul 1983 – «Die Metapher», in: Haverkamp 1983: 80-105 («Metaphor» foi publicada pela primeira vez in: *Language, Thought, and Culture*, Ann Arbor 1958, 173-195).
JAKOBSON, Roman 1983 – «Der Doppelcharakter der Sprache und die Polarität zwischen Metaphorik und Metonymik», in: Haverkamp1983: 163-174.
LACAN, J. 1966 – «L' instance de la lettre dans l'inconscient ou la raison depuis Freud», in: *Ecrits*, Paris, 1966, 493-528 e «La métaphore du sujet», in: *Écrits, Appendice II*, 1966, 889-892.

LAKOFF, Georges / JOHNSON, Mark 1980 – *Metaphors we live by*, The University of Chicago Press, Chicago and London (Sirvo-me ainda da tradução para língua francesa – *Les métaphores dans la vie quotidienne*, trad. do ingl. por Michel Defornel em colaboração com Jean-Jacques Lecercle, Paris: Minuit, 1985).

LIEB, Heinrich 1983 – «Was bezeichnet der herkömmliche Begriff 'Metapher'?», in: Haverkamp 1983: 341-349.

LOPES, J. Silva 1996 – *Políticas Económicas*, «Cadernos de O Público».

LYONS, John 1977 – *Semantics*, Vol. II, Cambridge Univ. Press, London....

PASCHOAL, Sofia Zanotto 1990 – «Em busca da Elucidação do Processo de Compreensão da Metáfora», in E. Pontes (1990): 115-130.

PIMENTA, Carlo, SATURNINO, Maria Teresa (1996) – *Economia*, 11.º Ano, Porto, Porto Editora.

PONTES, Eunice 1990 (Org.) – *A metáfora*, Campinas, SP: Editora Unicamp.

RASTIER, F. 1972 – «Systématique des isotopies», in Greimas 1972: 80-105.

PONTES, Eunice (Org.) – *A metáfora*, Campinas – SP: Editora da Unicamp, 1990.

RICHARD, Ivor Amstrong 1936 – *The Philosophy of rhetoric*, New York, 1936 (com nova edição em 1964, Oxford University Press.). Cito esta obra partir de Richard 1983).

RICHARD, Ivor Amstrong 1983 – «Die Metapher», in: Haverkamp1983: 31-52.

RICOEUR, Paul 1975 – *La métaphore vivante*, Paris.

RICOEUR, Paul 1983 – «Die Metapher und das Hauptproblem der hemmeneutik» in: Haverkamp 1983: 356-378 (publicado pela primeira vez «La métaphore et le problème central de l'herméneutique» in: *Revue philosophique de Louvain* 70 (1975) 93-112).

RUWET, Nicolas 1975 – «Synecdoques et métonymies», in: *Poétique* 6 (1975): 371-388.

SACKS, Sheldon (org.) 1978 / 79 – *On metaphor*, Chicago / Ilinois: Univ. of Chicago Press, 1978 / 79. Há uma tradução portuguesa: *Da Metáfora*, trad. por Leila Cristina M. Darin et Al., São Paulo: EDUC / Pontes, 1992. Contém "comunicações" de Ted Cohen, Paul de Man, Donald Davidson, Wayne C. Booth, Karsten Harries, David Tracy, Richard Shiff, Paul Ricoeur, entre outros.

SILVA, A. Soares da 1995 – «A gramática cognitiva. Apresentação e uma breve aplicação», in: *Diacrítica*, 10 (1995), 85-116.j103

TODOROV, Tzvetan 1970 – «Synecdoques», in: *Communications* 16 (1970): 26-35.

WHEELWRIGHT, Philip – «Semantik und Ontologie», in: Haverkamp1983: 106-119 (Trata-se da versão alemã de: «Semantics and Ontology», in: *Metaphor and Symbol,* ed. Lionel C. Knights /Basil Cottle, Londres, 1960).

WEINRICH, Harald 1983 – «Semantik der kühnen Metapher», in: Haverkamp 1983: 316-339 (publicado pela primeira vez in: *Sprache in Texten*, Stuttgart: Klett-Kotta, 1976, 295-316).

TER METÁFORAS À FLOR DA PELE
(OU OUTRA FORMA DE "TER NERVOS")

> «As metáforas que escolhemos condicionam o modo como falamos do mundo e da sociedade e o modo como nela intervimos» (Nunes 1997: 33)

0. Observações preliminares

O alvo do nosso estudo é mostrar como a linguagem das emoções humanas são fruto do meio cultural, das condições em que o homem vive e convive. Baseio-me essencialmente nas expressões socializadas e habitualizadas, tais como *estou num farrapo, ela está um vidrinho, estou em baixo, ela ficou por terra* (depois de saber a notícia), *não há quem o aguente / suporte, são sempre os mesmos a pagar a factura,* (ser uma) *pessoa distante, águas mortas, dinheiro vivo, morrer de riso, não caber em si de contente.* Estas expressões mostram como a língua, na categorização e representação da realidade, se serve de domínios mais recorrentes e mais acessíveis para explicar outros domínios. Veremos como o "corpo" humano serve de domínio chave nessa categorização e conceptualização.

0.1. Poderemos analisar tais expressões a partir da semântica designada por "estruturalista" com base exclusiva no semema, ou tomando como orientação a chamada corrente cognitivista, que tem como alvo o saber conceptual extralinguístico. A primeira – a estruturalista – analisa o **saber linguístico semémico** duma língua particular, o saber de um falante de uma determinada língua que é relevante, o saber linguístico nuclear, através do qual o falante distingue uma palavra de outras palavras (ou de outra palavra). Esta parte do significado é actualmente designado como **semema**, ou seja, o fenómeno genuinamente linguístico numa língua particular e que se compõe dos traços relevantes para a estrutura dessa língua.

E se este fosse apenas o nosso objectivo de análise, tomaríamos as expressões *vidrinho, farrapo, águas mortas, dinheiro vivo,* fazendo a sua análise em termos de semas, classemas, numa perspectiva paradigmática e sintagmática[1]. A segunda perspectiva – a cognitivista –, analisa o **saber extralinguístico**, o saber que uma palavra provoca em nós relativamente a um objecto, estado de coisas, processo, acção, etc., palavra como "designação de" ou "categorização / conceptualização de". Trata-se de um saber acerca das coisas, saber acerca do mundo, uma experiência do mundo ('Welterfahrung')[2], os *atributos* que encontramos em exemplares próximos dos que consideramos prototípicos[3].

0.2. O saber sobre estes planos (ou níveis: quer o semémico, quer o extralinguístico) de saber está armazenado na memória, no "léxico mental" do falante. Estes planos semanticamente relevantes do saber são assim contemplados de diferente modo pelas várias correntes linguísticas. Pode-se pôr a questão de se saber qual a relação entre semema e referente. Ou, por outras palavras, quais os traços que são obrigatórios, definitórios e em que medida exemplares individuais (referentes) devem mostrar determinados traços para que sejam reconhecidos como realizações de um semema. Por exemplo, se uma *chávena* tiver a asa partida é ainda uma chávena? Se *vidrinho* não incluir "vidro" entre os seus traços ainda é *vidro*? Haverá apenas necessidade de conceito estereotípico ou prototípico para combinar com as relações semânticas? Mas tenha-se em consideração que na teoria do protótipo se joga com representantes típicos (protótitpos) e não (em primeira linha) com referentes individuais. A semântica estrutural trata da significação e não dos problemas singulares da designação de referentes individuais (trata da *langue* e não da *parole*). Os semas e sememas são

---
[1] Tratava-se da decomposição léxica em semas, classemas, dimensões arquilexemáticas (Coseriu 1986 e Blank 1997).
[2] Cfr A. Blank 1997: 54 e s.
[3] A linguística estruturalista defende que a língua particular como tal não está envolvida nesse saber, mas considerando o **saber lexical de uma língua particular**, como uma 'coisa' (Ding) da realidade, o estruturalismo vê no signo linguístico também informação, que embora sendo própria de uma língua particular, não faz parte do semema. Trata-se de um saber acerca da palavra, acerca do seu lugar no léxico, das regras do seu uso no discurso, que é também um saber semântico. Será isto a pragmática do léxico. A linguística cognitivista faz essa decomposição em termos de "moléculas léxicas" como postulados de significado (Miller e Johnson-Laird 1976), de configuração relativizada de primitivos semânticos em guiões prototípicos (Wierzbicka 1996) ou resultantes da associação de redes de conhecimento com conceitos nucleares prototípicos e nós relacionais de atributos e traços (Barsalou 1992).

abstracções para explicar a estruturação do léxico de uma língua e não pressupostos para se reconhecer os referentes concretos. O semema e o protótipo não se excluem, apenas são representações de diferente grau de abstracção. O semema de um signo não inclui todos os traços relevantes para o significado, mas apenas aqueles que são necessários para distinguir uma palavra dentro do seu campo ou para distinguir os hiperónimos e hipónimos. Acontece mesmo que estes podem coincidir com os atributos da representação imagética e conceptual. Os semas que não são considerados pela semântica estrutural são o saber extralinguístico, o saber conceptual.

Vamos fixar-nos nesta última linha de reflexão, embora não terminemos este pequeno estudo sem mais uma referência à semântica estruturalista (ou, a uma das suas manifestações mais genuínas, a lexemática).

1. Saber enciclopédico, protótipo e "frames" ou os caminhos da semântica cognitiva

O chamado paradigma cognitivo não envolve um enfoque cognitivo unitário, mas uma variedade de paradigmas, que só tem em comum a ênfase nos fenómenos mentais como agente do comportamento. Inclui a psicologia cognitiva, a linguística, a filosofia, a inteligência artificial, a neurociência e a antropologia. O importante é que a linguagem é encarada como processo e estratégia de conceptualização e categorização do real e, por conseguinte, a expressão linguística constitui um reflexo e ainda um elemento estruturador da conceptualização[4].

1.1. *Paradigma cognitivista experiencial*

Tem merecido o paradigma cognitivista experiencial[5] uma atenção especial, para quem a linguagem é uma forma de simbolização de capacidades naturais, entre as quais se destaca a capacidade "pré-conceptual" de conceptualizar a experiência corporizada ('embodied mind'), a acção sobre o mundo e a capacidade de relacionar analogicamente domínios conceptuais entre si. As nossas capacidades simbólicas (subjectivas, intersub-

---

[4] Cfr. Pires 2001: 9. Eis a formulação aqui feita de "cognitivo": a «relação entre a forma como experienciamos o mundo físico e social, a sua conceptualização e o modo como esta se traduz linguisticamente.» (Ibid., 9-10).

jectivas, mentais e culturais) estão intimamente enraizadas numa base natural experiencial (Lakoff 1987). Estruturas esquemáticas mentais, tidas como essenciais, serão recipientes, trajectos, conexões, forças, equilíbrio, havendo ainda outras imagens com outros tipos de orientações e relações, como acima / abaixo, frente / atrás, parte/ todo, centro / periferia[6]. Estas estruturas altamente recorrentes socorrem-se da experiência corporal e do seu modo de funcionamento. Os modelos referenciados são a nossa orientação vertical, a natureza do corpo como recipiente ou como um todo com partes, a nossa capacidade para sentirmos o movimento numa direcção ou noutra, a manipulação de objectos, indicando-se assim que a nossa experiência está estruturada, orientativa e cinestesicamente, para certos domínios. O enfoque experiencial leva-nos a estruturar as experiências abstractas, projectando o domínio físico no domínio abstracto, isto é, projectando as categorias do nível básico nas categorias do nível subordinado e superordenado. A nossa experiência na manipulação de objectos, as nossas percepções, a nossa experiência de movimentos nos espaços físicos palpáveis, servem de base à organização do nosso pensamento conceptualizado.

Essa manipulação, essa percepção e experiência do espaço e do movimento operam-se, em grande medida, através da metáfora. É através da metáfora que organizamos o nosso pensamento e conhecimento: a metáfora não é um recurso estilístico, mas um processo mental em que se estrutura um conceito a partir de outro[7]. Sintetizando, podemos constatar o seguinte:

(i) a metáfora é um processo cognitivo por meio do qual uma série de conceitos – ou domínios conceptuais[8]– são compreendidos (conceptualizados e categorizados) em termos de outros domínios;

---

[5] Este paradigma é o oposto do chamado paradigma racionalista, para quem a mente não é uma *tabula rasa* que armazena experiências, possui uma linguagem mental interna que computa símbolos internos (mentalês) (Fodor, Jackenfoff): defende mesmo que estes símbolos são independentes da linguagem natural.

[6] Diferentes metáforas podem estruturar aspectos diferentes de um só conceito. Johnson (1987: 126) distingue vários tipos de esquemas imagéticos básicos (*basic schemata*) e os mais gerais são: receptáculo / recipiente, força, graduação, direcção / trajecto, centro / periferia, parte / todo, contacto, superfície, ciclo. Representam esquemas bem definidos e com uma estrutura interna que condiciona o nosso raciocínio e a nossa compreensão e são portanto fonte das nossas projecções metafóricas.

[7] Vide Lakoff e Johnson 1980, Johnson 1987, Lakoff / Turner 1989, Lakoff 1990.

[8] Deve sublinhar-se que, na metáfora, estamos em presença de transferências ou projecções ("mappings") entre domínios e não de projecções entre palavras.

(ii) o conceito que serve de modelo é denominado domínio fonte e o outro, domínio destino;
(iii) cada metáfora estabelece uma projecção (mapping) de correspondências ontológicas, estruturais ou epistémicas entre os domínios;
(iv) muitas projecções metafóricas são convencionais: usam-se frequentemente em qualquer língua e cultura;
(v) é possível transferir o conhecimento e os modelos de inferência do domínio fonte para o domínio destino.

Os tipos de metáforas básicos serão:

(i) as metáforas **orientacionais,** as que estruturam os conceitos numa dimensão linear, dando-lhes uma orientação espacial, como se constata em: «a dor está em baixo: *sinto-me em baixo*», «a alegria está em cima: *ando nas nuvens*», «o futuro está à frente / o passado atrás: *tens um lindo futuro à tua frente embora tenhas deixado um rasto de sangue atrás de ti*»;
(ii) as **ontológicas,** as que conceptualizam como substâncias, objectos ou entidades, numerosas experiências e eventos que carecem desse estatuto: a mente é uma máquina, a inflação é uma pessoa ou um ser vivo (*a economia engorda, emagrece*; *palavras duras, palavras amargas*), em que são preponderantes as chamadas personificações;
(iii) as **estruturais,** que consistem no facto de se projectar sobre um dado conceito complexo os aspectos correspondentes do conceito fonte, que por sua vez é também complexo, por exemplo, a inflação é um inimigo que é preciso combater (*«a luta contra a inflação é o pão nosso de cada dia»*).

As metáforas com base física são fortes candidatas a ser universais, atravessando culturas e línguas[9]. Também a **metonímia** é básica para a organização do nosso conhecimento, ainda com uma base experiencial[10]. A metonímia é igualmente explicada como projecção entre domínios conceptuais. Enquanto na metáfora compreendemos um domínio conceptual

---

[9] Considerando-se que, na nossa sociedade, o dinheiro é um recurso limitado e os recursos limitados são valiosos, temos o conceito metafórico «o tempo é dinheiro» (original: *time is money*) implica que 'o tempo é um recurso limitado', o qual por sua vez implica que o tempo é uma coisa valiosa (Lakoff / Johnson 1980). Creio que não há língua e cultura que não tenham aceitado esta imagem e não a tenham assumido como sua.
[10] Cfr. Goosens et al. 1995, Croft 1993, Ruiz de Mendoza 1996, Lakoff e Johnson 1980, Lakoff e Turner 1989, Kövecses 1986.

em termos de outro, já a metonímia é definida como uma projecção conceptual dentro de um único domínio[11]. Procurando manter-nos no domínio do vocabulário do corpo como fonte da categorização / conceptualização do mundo não físico, eis apenas alguns exemplos:

A cabeça está a pedir-me travesseiro (a "cabeça" pela pessoa)
Dar à língua (é o forte de muita gente) ("dar à língua" a causa pelo efeito)
A criança *faz beicinho* (quando não se lhe faz a vontade) ("beicinho" por atitude simultaneamente de descontentamento e desapontamento)
O político entrou e saíu sem *abrir a boca* ("abrir a boca" por falar)

Lakoff / Johnson (1980) dão-nos uma lista das metonímias mais comuns: parte pelo todo, o objecto pelo utente, o lugar pela instituição, o lugar pelo acontecimento. Aliás a metonímia e a metáfora vêm frequentemente acompanhadas[12].

A reflexão que vamos fazer tanto se prende com palavras, como com fraseologias ou construções mais amplas. A metáfora e metonímia verificam-se em simples palavras, como, por exemplo, *rivalis* (lt.) era o 'vizinho no mesmo ribeiro', por metáfora e metonímia ('aspecto parcial') chegou ao 'rival' de hoje; *amante* ('o que ama'), por metonímia (possivelmente por tabu) passou a 'pessoa que tem um caso com outra pessoa de sexo diferente e de forma ilegal', ou *alma* no valor de 'pessoa' (*esta aldeia tem três mil almas*), em que a motivação, possivelmente o protótipo, representa a relação parte-todo e ocorrem – a metáfora e a metonímia – em grande profusão nas chamadas fraseologias.

1.2. *Paradigma cognitivo-cultural ou a experiência vivida dos falantes*

O paradigma cognitivo-cultural (ou, melhor dito, a antropologia cognitivo-cultural) considera que os símbolos e as categorizações através das quais representamos a nossa experiência e a realidade não provêm apenas da nossa estrutura corporal ou mental, mas constituem convenções e adaptações a uma realidade cultural e social[13]. Uma cultura consiste numa

---

[11] Lakoff 1987: 288.
[12] Faria (1999: 387) dá alguns exemplos dessa combinação.
[13] Vide, por exemplo, Searle 1995 e D'Andrade 1995. Veja-se ainda a afirmação seguinte: «Essentially cognitive models and cultural models are thus just two sides of

rede de sistemas de significado, concepções e esquemas interpretativos que se geram, aprendem, activam, constroem e se mobilizam em práticas sociais, normas impostas por instituições, incluindo as linguísticas. São jogos culturais que tácita ou explicitamente se instalam em nós, criando disposições habituais, valorizações ou desvalorizações. Por exemplo, o indivíduo é o "locus" do emocional, mas é o envolvimento social que determina que emoções se exprimem ou se silenciam, onde, quando, para que fim, quais as razões da sua manifestação ou do seu silenciamento. Sentir-se humilhado, envergonhado, a necessidade de auto-estima, só acontece dentro de uma comunidade. Há estados emocionais que dependem de condições sociais bem determinadas: é a grupalidade, a ritualidade, a etnicidade, a purificação, a defesa do "território" a manifestarem-se. Expressões como a *justa vingança*, *a santa ira* de Deus, *olho por olho*, *dente por dente*, *justiça de Fafe*, etc., indicam precisamente uma certa aceitação do que não é correcto, mas que em certas circunstâncias são aceites. Há manifestações que podem ser bem vistas ou mal vistas pela comunidade: responder ou não responder a uma agressão (*se alguém te ferir numa face oferece a outra*) pode revelar auto-controle ou lassidão (*ser-se um badanas*). As emoções não são apenas sentimentos, mas também disposições episódicas para comportamentos, actuações, respostas ou reacções relativamente a uma norma social. Há emoções que são hipervalorizadas, hipercognitivizadas. É o modelo cultural e o modelo cognitivo a interpenetrarem-se. A intercompreensão só é possível porque partilhamos, numa comunidade, os mesmos esquemas.

Vamos atentar no modelo cognitivo-cultural como interpretante das emoções, em que as estratégias de interpretação dos dados emocionais são mediadas pelas redes de conhecimento que se transformam em modelos mentais ou modelos culturais de falantes comuns (leigos) ou "experts". É o conhecimento cultural e o modelo cultural que nos capacitam para a interacção comunicativa. Uma das funções dos modelos culturais é a de codificar esquematicamente – com conceitos básicos e derivados, cenários

---

the same coin. While the term cognitive stresses the psychological nature of these cognitive entities and allows for interindividual differences, the term "cultural model" emphasises the uniting aspect of its being collectively shared by many peolple.» (Ungerer e Schmidt 1996: 50). É frequente depararmos com afirmações do género de: «... a liberdade individual é condicionada por uma ditadura social, que impõe um estilo de beleza, que escraviza e monopoliza as pessoas. As pessoas tornam-se escravas do espelho e da balança porque não conseguem sentir-se bem quando comparadas e espelhadas pelos critérios exigentes do "alto e magro".» (Maria Inácia Krupenski, in: XIS, 113, Público, 04.8.2001).

típicos e guiões pré-fabricados – as conceptualizações e motivações típicas de uma sociedade: os projectos, as metas, os fins e os meios disponíveis que os falantes devem seguir; as atitudes e disposições que devem cultivar; os traços de personalidade que devem fomentar ou eliminar; as coisas que devem possuir ou deitar fora. Os modelos culturais são receitas ou guiões normativos implícitos ou pressupostos que se reflectem evidentemente na linguagem[14]: o léxico, os ditados, os provérbios, os discursos, as formas habituais e habitualizadas ou socializadas de falar, etc. A forma de falar reflecte a nossa forma de pensar e a forma de pensar e falar reflecte a nossa forma de viver. Por exemplo, em *estar fora de si* marcamos o espaço como determinante; em *estar nas nuvens* marcamos a orientação; em *estar na fossa, bater no fundo* marcamos a espacialidade e a orientação do "eu". E o vocabulário (da experiência) do corpo é o grande modelo cultural (quase) universal: as projecções conceptuais deste léxico modelam esquemas mentais, guiões imagéticos universais. Reflectem o "equilíbrio", a "orientação", a posição bípede: *encabeçar uma lista* (de protesto), *não ter pés nem cabeça, meter os pés pelas mãos, dar a cara* (pelo saneamento das mentalidades), *estamos (todos) de patas pr'ó ar* (com a crise orçamental).

Mas há em todas estas expressões uma certa invariabilidade (Lakoff 1990), isto é, mesmo quando estas expressões se transferem para o domínio abstracto (ou, como é usual dizer-se, para o sentido figurado), há sempre um resíduo de significado concreto que se mantém: o sentido literal fica de algum modo remanescente. Muitos modelos têm uma explicação imediata, como nos exemplos anteriores. Mas noutros casos, precisamos de muletas culturais convencionais para a interpretação, como nas comparações congeladas (*burro que nem uma porta*[15]), ou nas fraseolo-

---

[14] Podemos, por exemplo, verificar que as línguas têm lacunas a nível lexical: traduzir sentimentos bem tematizados e lexicalizados noutras línguas nem sempre é possível. Por exemplo, como traduzir *Schadenfreude* (al.) para português, ou como traduzir *saudade* (ptg.) e m*orrinha* (gal.) para outras línguas? Ou ainda, por que se diz *ficar verde com alguma coisa* e *não ficar azul*?
Outro problema é o modo como as línguas focalizam e tematizam nas expressões respectivas (de acordo com a relação cognitiva 'figure-ground' de Langacker 1987) certas relações: *tenho uma dor* (posse), *sinto uma dor na cabeça, tenho uma pontada* (?? *sinto uma pontada*) *no peito*; *estou triste / contente com* (relação de causalidade) em vez de *triste por* (também causalidade?) e **triste de* ou **triste em* (para indicar a mesma relação); mas já *morrer de* (frio) indica-se a causalidade e *morrer com frio* (não há causalidade, mas apenas 'companhia').

[15] A reacção de dois alunos meus – um japonês e outro nigeriano – a esta comparação foi a seguinte: «mas que tem a ver "porta" com a 'burrice'?

gias, em que o corpo serve de "origem", *levar alguém pelo beiço* (que em fr. é o equivalente de *mener quelqu'un par le bout du nez*), *apanhar alguém com a boca na botija* (em fr., o equivalente será: *prendre quelqu'un la main dans le sac*), *pôr a faca ao peito de alguém* (em fr. será traduzido por: *mettre le couteau sous la gorge de quelqu'un*), *não ter pés nem cabeça* (em fr. *n'avoir ni queue ni tête*), *tirar as teias da aranha da cabeça de alguém* (em fr.:*ouvrir les yeux à quelqu'un*), *torcer a orelha* (fr.: *s'en mordre les doigts*), *não deixar fazer o ninho atrás da orelha* (em fr.: *ne pas se laisser marcher sur les pieds*)[16]. Isto é, muitos conceitos ou projecções metafóricas são filtrados pela convenção cultural, que nos chegam incorporados na transmissão cultural (folclore, tradição oral, educação literária, etc.). As duas línguas – muito próximas em termos culturais – representam domínios "origem" bem diferentes.

As emoções estão incorporadas numa teia cultural, em que se estabelece o que é permitido mostrar ou esconder, controlar ou descontrolar, etc. Há um cenário ou marco prototípico em que se situa um guião também prototípico. Por exemplo, a perda de controle: *perder a cabeça*, *subir o sangue à cabeça*, *estar fora de si*, *entrar em paranóia*, *ficar com cabeça à roda*, *ter uma parafuso a menos*, *perder um parafuso*. Todo o percurso está aí conceptualizado, categorizado e lexicalizado. Há a possibilidade de descrever deste modo a perda de controle, o auge dessa perda, a recuperação de controle, etc. Há que distinguir o que é experiencial (modelo mental) do que é cultural (de base convencional). A linguagem, como processo social, faz parte integrante da sociedade e é condicionada por ela.

2. A linguagem das emoções

Os falantes dispõem de um conjunto de competências e bases de conhecimento, representado a diversos níveis de consciência para produzir expressões linguísticas sobre um domínio semântico determinado[17]. Os

---
[16] Utilizo as equivalências apresentadas em Geneviève Blum 1990.
[17] Linguisticamente os níveis mais pertinentes são os seguintes:
   (i) rede de conceitos léxicos (simples ou complexos),
   (ii) modelos léxico-gramaticais de realização e
   (iii) modelos léxico-discursivos.

Por detrás destes modelos podemos descortinar:
   (i) modelos pré-concptuais de esquemas de imagens mentais,
   (ii) modelos conceptuais metafóricos e metonímicos,

modelos mentais e culturais, no domínio da descrição das emoções, podem ser interpretados imageticamente nos dois parâmetros seguintes, tidos como os mais recorrentes:

- a emoção é um líquido (*estou a ferver cá por dentro!*)
- o corpo é o recipiente das emoções (*só o sofrimento me fez cair em mim!*)

Estes dois postulados entrecruzam-se, não deixando perceber qual dos dois é o predominante. Por outro lado, os modelos conceptualizadores e categorizadores denominados orientacional e ontológico acompanham estes dois núcleos de categorizadores léxicos. Os seres humanos são concebidos como recipientes, na sua parte mais profunda ou superficial; contêm fluidos que podem encher – atingindo a saturação – e mesmo trasbordar. O corpo é o recipiente das emoções, que são substâncias líquidas em que o esquema da imagem mental e do fluido subindo dentro do recipiente dá sentido à projecção que se apoia em expressões como:

> Este triunfo *encheu de alegria* os adeptos do clube
> A *colmatar os nossos* desejos ganhámos o campeonato

A pressão dentro do recipiente é conceptualizado e recategorizado em expressões fraseológicas como:

> Não podia *conter tanta alegria*
> *Não cabia em si* de contente
> *Não podia reprimir* os seus sentimentos
> (Está-se mesmo a ver) que isto viria a *sobrar* para mim!
> Pessoa *cheia de* vida / de vitalidade / de energia

A 'pressão' pode ser uma "força" que nos supera:

> Ele sentiu-se *invadido* por uma alegria imensa
> A tristeza *apoderou-se* dele

ou uma 'força' (quase) impossível de controlar e o 'fluido' não podendo trasbordar, não se conter dentro, chega mesmo a explodir:

> Ele, ao ouvir uma boa anedota, costuma *explodir* numa gargalhada bem sonora ou

---

(iii) modelos conceptuais experienciais,
(iv) modelos convencionais culturais, etc.

Não vamos, no entanto, levar por diante esta análise: ficar-nos-emos apenas pelo enquadramento geral das expressões. Para uma tentativa de aplicação do modelo nos vários quadrantes linguísticos cfr. Martín Morillas / Pérez Rull 1998.

Ele costuma reagir muito mal: normalmente, *explode* quando o criticam
Ele *rebentou a rir* quando soube da notícia
Não pude *ocultar / dissimular* os meus sentimentos
Ela não pôde *sufocar* os seus sentimentos / o riso

A 'temperatura' suporta um valor ontológico (valor abstracto passando a concreto), para explicitar as emoções:

É necessário deitar *água na fervura*
Ele *ferve em pouca água*[18]

O orientacional (ou espacial[19]) ligado ao corpo como recipiente, que contém, que se abre ou fecha, é recorrente:

Soltar uma gargalhada
Rir a bandeiras *despregadas*
Abrir-se num sorriso de orelha a orelha
Ele *desatou* a chorar como uma Madalena

O espaço tem uma importância fundamental[20] na estruturação do

---

[18] Mas o "aquecimento", num reagrupamento de outros elementos ("gestalt"), está disponível para outras representações ontológicas:

O *calor do seu sorriso aquece* a alma das pessoas
Ele é uma *pessoa fria /quente*
(Tenho um) *desejo ardente*, que é o de ir por diante na procura
Desejar *ardentemente / querer ardentemente* (em *desejar/ querer ardentemente*, o advérbio – um autêntico advérbio do verbo – transforma o verbo num novo predicado)

Isto é, em uma pessoa é *fria, quente* – a que podemos acrescentar *pessoa distante, aberta, fechada, expansiva* –, os atributos (ou os traços) 'temperatura', 'espacialidade', fornecem o cenário em que o domínio 'origem' se projecta no domínio 'alvo': a atitude, o comportamento, os sentimentos da pessoa.

[19] O orientacional "espacial", "temporal" concretos ou abstractos são constantemente utilizados no vocabulário da emoção:

– isto é *um paraíso*
– esta paisagem é *um dom divino*
– este foi um *dia idílico*
– este lugar é um *lugar idílico*.

[20] «Uma característica particularmente interessante das linguagens e representações do ciberespaço é a sua acentuada dependência em relação a metáforas espaciais. É conhecida a importância do ressurgimento do espaço e das metáforas no pensamento e

mundo e, portanto, da linguagem, em interligação com outras relações, como o receptor, em que há um dentro e um fora:

(Ser) pessoa *muito fechada / muito aberta*

ou em que a "invariante" proximidade ou distanciamento se torna espaço (quase) físico:

Distanciar-se /aproximar-se de alguém: (ser) pessoa *distante*

ou um "acima" e um "em baixo", em que em cima está a felicidade e, em baixo, a infelicidade, à imagem de *estar no sétimo céu, andar / sentir-se nas nuvens*, temos:

Cobrir-se de glória[21]
Levantar o ânimo das pessoas
Deixar-se *levar pelo entusiasmo*
Ficar em *êxtase* (extasiado)
Ficar / *estar deprimido*
Estar / *ficar na fossa*
Perder o ânimo
Cair numa depressão profunda

O "espaço" compreende um "à frente" e um "atrás", em que, normalmente, a felicidade está à frente (o futuro será melhor):

Ele tem um *futuro risonho / brilhante à sua frente*[22]

As diferentes partes do corpo enquadram-se nas chamadas metáforas orientacionais, em que funciona o modelo do recipiente. Por exemplo, o coração é tido como o "locus" onde se aninham os sentimentos:

A notícia *alegrou o nosso coração*
A notícia *encheu de alegria* o nosso coração de pais
O coração *estalava /saltava de alegria* ('saltar fora')
Olhos que não vêem *coração que não sente*
Longe da vista *longe do coração*

---

na cultura da pós-modernidade» (Nunes 1997: 30. Vide ainda Santos 1989). Lembro apenas os *espaços virtuais*, o *ciberespaço*.

[21] Há expressões cuja motivação metafórico-metonímica precisa de mais reflexão. Por exemplo, dizemos que *uma pessoa é esquinuda* e compreendemos facilmente a analogia. Mas em *uma pessoa telhuda* ('tem telha'), que, em princípio, é 'em cima' (vide *cobrir-se de glória*) e não é nada positivo, nem traz felicidade para quem vive ao lado.

[22] Tópico que é recorrente, mesmo em imagens convencionais:

Atrás de tempo tempo vem
Dia a dia Deus melhora
Tarde é o que nunca vem

Os sentidos participam nessa restruturação da língua. Por exemplo, o gosto tem papel importante nessa categorização[23]:

Saborear os prazeres da vida
Saborear o momento de glória
Saboreia cada palavra que o neto diz
O doce sabor da vitória

ou

Pessoa insípida
Pessoa amarga
Pessoa insonsa
Aguçar o apetite de alguém[24]
Espicaçar (o apetite de) alguém

A "visão" e – um dos (seus mais importantes) atributos – a 'luminosidade' servem de origem para a conceptualização de sentimentos:

Os olhos *brilham de alegria*
Os *olhos iluminam-se* ao ouvir o neto
Os *olhos brilharam* ao receber a notícia
Os *olhos lançam centelhas de luz*[25]

Este traço – 'luminosidade' – transfere-se também para outras partes do corpo:

A *cara da criança iluminou-se num sorriso lindo* (quando recebeu o presente)
O seu rosto / a sua *cara brilhava/ resplandecia de alegria*
A notícia *toldou o seu rosto*
A idade ia *escurecendo o seu sorriso*
A doença deixou *uma sombra no seu rosto*[26]

---

[23] É particularmente interessante o universo que é envolvido pelo gosto. Por exemplo, a palavra *doce* ('açucarado'), perceptível pelo sabor (portanto, o ponto de partida), tem, depois, como destino, 'agradável', 'suave', perceptível pelo ouvido, pela vista, em que a motivação se centra na passagem do conceito concreto para o de abstracto, implicando o que costumamos designar como sinestesia. Vejamos expressões como: *tempo doce, pessoa doce, brisa doce, sorriso doce*, etc.

[24] "Aguçar o apetite", metáfora ontológica, tem possivelmente origem numa outra – *aguçar o dente* – onde a metonímia também entra.

[25] O corpo é reservatório.

[26] Aliás, o rosto e a cara são o "fundo" onde evoluem representações frequentes:

O rosto é o espelho da alma
Quem vê caras, não vê corações

A 'luminosidade' (e o seu oposto) serve ainda de origem para o 'sucesso':

Ontem *estiveste brilhante / luminoso*
Futuro brilhante / sombrio à tua frente

O sentimento é uma 'doença':

Ele *morreu de riso*
O *riso é o melhor remédio*
Ele ficou *ébrio de alegria*
Ele *fica louco de alegria* quando pode ir praticar o seu desporto
Com a alegria *entrou em delírio*
Ter *vontade louca* de fazer algo
Ele *perde a cabeça* sem mais nem menos[27]

Os sentimentos são como os seres vivos, nascem, crescem, alimentam-se e morrem:

A notícia *fez renascer* em mim a *alegria*
A alegria crescia na mesma medida do nosso sucesso
Esboçou um sorriso triste
O *riso apagou-se-lhe* no rosto ao ouvir a triste notícia
Alimentamos sempre o desejo de nos superarmos em cada momento
O *apetite do lucro não há quem o sacie*
Saciar a sua vontade de tudo atropelar
A *fome de* prazer / de liberdade
A *sede de* vender e de comprar
Fome de vitória

A pessoa como recipiente, em que o contacto (ou domínio origem) é uma superfície dura / áspera / amarga, em ferida:

Pessoa *dura, áspera, amarga*
É necessário saber *pôr o dedo na ferida*

---

[27] As doenças dos sentidos – e cá está uma vez mais a combinação da metáfora e metonímia – servem para conceptualizar qualidades de pessoas: *pessoa vesga, pessoa míope*, em que a "invariante" (ou sentido literal) se conserva em parte, mesmo no uso figurado.

ou em que a pele, como superfície do recipiente, tem o seu papel na estruturação da língua:

Ter os nervos *à flor da pele*[28]

Aliás, a **pele** reveste-se de particular importância no jogo língua--moda-sentimentos:

«A pele é um órgão que recobre externamente o corpo, protege e é um espelho das nossas emoções mais fortes como o medo e a felicidade. Através dela é possível comunicar o amor e ter acesso à alma do outro... A pele funciona também como uma barreira, um limite quando há rejeição, ou não há afectividade. A tonalidade da pele motiva divergências, impede relacionamentos, por vezes, suplantando a diferença linguística. Portanto, a pele é um ponto de abertura e de separação.» (Noémia Viegas d'Abreu – A pele envolve a alma, in: XIS, 113, Público, 04.8.2001)

A pessoa é ainda vista como recipiente onde os objectos são verbalizações e as palavras são o contacto:

Palavras duras
Língua afiada[29]

3. Análise semémica

Fizemos o levantamento de expressões onde ocorriam grupos de verbos, como:

explodir e *rebentar*; *iluminar*, *toldar* e *escurecer*; *saciar*, *alimentar* e *saborear*; *desatar*, *esboçar*, *abrir* e *fechar*; *ocultar*, *dissimular*, *sufocar* e *encobrir*; *encher* e *caber em*, *cobrir* e *colmatar*; *invadir* e *apoderar-se de*; *morrer* e *renascer*;

---

[28] Note-se que esta parte do corpo tem o seu peso bem marcado na língua:
Sentir-se picado por alguém,
Pisar os calos a alguém,
Meter-se na pele de alguém
[29] Mas não *palavras afiadas

de adjectivos como:

ébrio e *louco; duro* e *áspero; brilhante, luminoso* e *radiante; amargo, insípido* e *insonso; aberto* e *fechado; triste* e *alegre*;

de nomes como:

apetite, fome e *sede; alegria* e *tristeza; depressão* e *fossa* ou *êxtase / / entusiasmo; desejo* e *vontade; ânimo* e *desânimo; sombra* e *luz; sorriso* e *alegria*;

de combinações sintagmáticas do mais variado tipo, que vão desde as expressões convencionais ou congeladas, às simples colocações ou combinações frequentes, como:

verbo + nome: *saborear os prazeres da vida, esboçar um sorriso, saciar a fome*, etc.
verbo + grupo preposicional: *abrir-se num sorriso, desatar a chorar, morrer de riso,* (não) *caber em si de contente, rebentar de riso*, etc.
verbo + advérbio predicativo: *desejar ardentemente*,
nome + de + nome: *centelhas de luz, fome de ..., sede de ...,* etc.
adjectivo + complemento: *louco de alegria, ébrio de riso*, etc.

3.1. O saber lexical de uma língua particular

A concepção da língua (língua histórica) como diassistema leva-nos a ver os traços semânticos relevantes de uma língua particular como constituindo apenas uma parte – embora central – do significado de uma palavra. Os restantes aspectos e associações costumam ser enquadrados na distinção entre significado denotativo (= semema) e significado conotativo ou marca estilística[30], em que o significado denotativo e o seu significante funcionam conjuntamente como "conotante" do signo conotativo, cujo conotado representa de certo modo o conteúdo deste signo[31]. Temos de distinguir o saber acerca das relações lexicais de uma palavra, como polissemia, sinonímia, etc. e o saber acerca das marcas de uso. Há que distinguir o que funciona dentro de um campo lexical – apenas unidades do

---

[30] «Die denotative Bedeutung fungiert zusammen mit ihrem Signifiant als "connotant" des konnotativen Zeischens, dessen "connoté" oder "Konnotem" gewissermassen die Inhaltsseite dieses Zeichens darstellt» (Blank 1997: 61)

[31] Para uma explicação da conotação como fenómeno lexical, textual e pragmático e respectiva tipologia cfr. Kerbrat-Orecchioni 1977 e Garza-Cuarón 1991.

mesmo sistema – em que há oposição de estrutura: no caso do léxico que estamos vindo a ver, teremos *abrir, fechar* (pessoa aberta e pessoa fechada), *explodir* e *rebentar, saborear, comer* e *saciar, saciar* e *encher*; *ébrio* e *louco, duro* e *áspero, brilhante, luminoso* e *radiante, amargo, insípido* e *insonso, aberto* e *fechado, triste* e *alegre*; *apetite, fome* e *sede, alegria* e *tristeza, depressão* e *fossa* ou *êxtase / entusiasmo, desejo* e *vontade, ânimo* e *desânimo, sombra* e *luz, sorriso* e *alegria*. Mas numa língua há um **diassistema** onde funcionam três dimensões: a espacial ou variação diatópica, a social ou variação diastrática, a estilística ou variação diafásica. Entre os subsistemas individuais existe sempre uma coexistência e interferência: há elementos de diversos subsistemas, que, na fala, não surgem confusamente. Todos estes elementos pertencem aos traços semânticos de uma língua. Por exemplo, *rebentar de riso* e *rir* ou *sorrir*, *não caber em si de contente* e *estar muito contente*, *toldar* (o rosto), *escurecer* e *escurecer o sorriso*, mostram o carácter diassistemático de uma língua. A marca diassistemática pode ser entendida como um saber do falante acerca do uso de uma palavra. É o que encontramos no dicionário como gíria, dialecto, regionalismo, literário, popular, informal, etc.: como em *estar triste* e *estar chateado*, *estar deprimido* e *estar na fossa*, etc., o "estado de coisas" referenciado é parcialmente o mesmo, mas com aspectualizações bem diferentes. Isto, é, nesta perspectiva, procura descrever-se o lugar de uma palavra no interior do diassistema.

O uso da palavra não muda do dia para a noite: há por isso também uma variação diacrónica, e daí aparecem as informações arcaico, em desuso, etc. Uma palavra antiquada surge com nomes como eufemismo, poético, vulgar. Assim, a variação diatópica deve ser enquadrada no registo do diafásico. Também um caso especial do diafásico são os chamados estrangeirismos, ou como totalmente estranho, ou como matização estilística de um outro termo: como, por exemplo, *silly season*, aplicado ao Verão dos nossos VIPs e vipinhos, políticos e politiquices baixas. Uma outra variação estaria na oposição língua escrita – língua da distância – e língua falada -língua da proximidade, como no caso de *você* (língua oral) e *senhor* (língua escrita), ou, nos domínios de que nos ocupámos: *ele hoje está um vidrinho, ele hoje está irritadiço e ele hoje não está nos seus dias*. O facto essencial e característico da marca diassistemática parece ser o facto de a referência extralinguística não ser afectada, ou apenas indirectamente: *rir, sorrir, rebentar de riso, rir a bandeiras despregadas* e *rir, estar triste* e *estar chateado* ou *estar na fossa / no buraco*, pois reporta-se aos mesmos estados de coisas, mas apontando para diferentes aspectos que mudam a nossa concepção do referente. Sabemos que as marcas regionais, sociais e estilísticas servem para a diferenciação sinonímica. Esta marca diassistemática pertence como o semema ao saber linguístico de um falante de uma língua particular, não ao sistema homogéneo, mas ao léxico como um todo. Trata-se do saber linguístico das condições regionais, sociais, estilísticas e conceptuais de uma palavra no uso concreto.

O saber linguístico do falante envolve ainda o conhecimento da concepção interna da palavra, implicando o conhecimento explícito ou implícito da categoria gramatical da palavra ou expressão (e como tal o uso de uma palavra como sujeito ou como predicado, etc.), da existência da família de palavras (*saborear* e *sabor*, *explodir* e *explosão*, etc.), consciência da polissemia e homonímia (*ébrio, rebentar, explodir* ou *caber, desatar a*, etc.). O falante sabe qual o modo de significação da palavra: substantividade, verbalidade, adjectividade, ou seja o reconhecimento das funções típicas da palavra e a polissemia ou o reconhecimento dos diferentes significados de uma palavra, distinguindo entre polissemia e parónimos e homónimos. O falante conhece ainda as regras das **relações sintagmáticas**: apenas podemos deduzir o significado actual e actualizado de um lexema polissémico a partir do seu contexto linguístico e situativo, como, por exemplo, em combinações fixas: *rebentar de riso, abrir-se num sorriso, rir de orelha a orelha, desatar a chorar*; em colocações e complementos adequados, como *centelhas de luz, saciar a fome / a sede, levantar o ânimo, perder as estribeiras, perder a cabeça, aguçar o apetite, espicaçar o apetite, pessoa fechada / aberta / expansiva, palavras duras* e *língua afiada* (e não: *língua dura e *palavras afiadas), etc. Nesse saber do falante inclui-se o conhecimento da contiguidade no domínio de referência ou relações associativas, apreciações / valorizações, textos tradicionais (provérbios, ditados), estratégias discursivas.

4. Conclusão

As expressões de "emoção" que têm como origem (veículo) o "corpo humano" são abundantes, o que não significa que não haja outros pontos de partida para este domínio "destino"[32]. Por outro lado, o vocabulário do corpo serve para reestruturar conceptual e linguisticamente outros domínios[33]. A nossa experiência quotidiana, as nossas acções, a manipu-

---

[32] Apenas, a título de exemplo, *ficar verde de raiva*.
[33] Veja-se (*sor*)*riso amarelo*.

lação dos objectos que nos rodeiam, a grupalidade, a ritualidade, a etnicidade, a convivência com pessoas e coisas, são os primeiros domínios a serem detectados e representados e como tal servem depois de ponto de partida para a nossa interpretação e leitura do mundo. A nossa reacção perante o mundo, a luta pela vida, a procura do "pão nosso de cada dia", a necessidade de complementaridade entre as pessoas, a resistência da natureza aos nossos movimentos, as decepções que a vida nos traz continuamente, são os primeiros domínios a serem conceptualizados e estruturados linguisticamante. E o nosso corpo, o nosso primeiro escudo e arma, instrumento e seu envólucro, morada e companhia, lá estão sempre à mão para servirem de suporte à nossa representação do mundo e categorização lexicalizada.

A explicação da linguística cognitiva e da linguística estrutural não se opõem: completam-se, como provámos (ou tentámos provar) ao longo da nossa reflexão. Uma das perspectivações analisa o saber linguístico sistemático já lexicalizado: a estruturalista; a outra descreve o modo como a língua conceptualiza, categoriza e reestrutura a linguagem: a perspectivação cognitivista.

Bibliografia:

BLANK, Andreas (1997) – *Prinzipien der lexikalischen Bedeutungswandels am Beispiel der romanischen Sprachen*, Tübingen. Max Niemeyer Verlag (= Beihefte zur Zeitschrift für romanische Philologie, Bd. 285).

BLUM, Geneviève – *Les idiomatics, français-portugais, português-francês*, Col. "Point-virgule", Paris: Edit. du Seuil, 1990.

GARZA-CUARÓN, Beatriz (1991) – *Connotation and Meaning*, Berlin: Mouton de Gruyter.

KERBRAT-ORECCHIONI, Catherine (1977) – *La connotation*, Lyon: Presses Universitaires.

MARTÍN, José Manuel / Pérez Rull, Juan Carmelo (1998) – *Semántica cognitiva intercultural*, (=Granada Lingvistica), Granada.

BARSALOU, L. W. (1992) – "Frames, concepts and conceptual Fields", in: A. Lehrer e E. F. Kittay (eds.) – *Frames, Fields and Contrasts*, Londres: Lawrence Erlbaum, 24-69.

COSERIU, E. (1986) – *Principios de semántica estructural,* Madrid: Gredos (2.ª ed., 1.ª ed. 1981).

CROFT, W. (1993) – "The role of domains in the interpretation of metaphors and metonymies", in: *Cognitive Linguistics* 4-4: 335-370.

D'ANDRADE, R. (1995) – *Developments in Cultural Anthropology*, New York: Cambridge Univ. Press.

FARIA, Isabel Hub (1999) – "Expressões idiomáticas, metáforas, emoções, sentidos figurados e sujeitos experienciadores", ,in: Id. (org.) – *Lindley Cintra. Homenagem ao Homem, ao Mestre e ao Cidadão*, Lisboa: Edições Cosmos, 377-402.

FILLMORE, C. (1978) – "On the organization of semantic information in the lexicon", in: D. Farkas et al. (eds.) – *Papers from the Parasession on the Lexicon*, Chicago Linguistic Society, 148-174.

FILLMORE, C. (1985) – "Frames and the Semantics of Understanding", in: *Quaderni di Semantica*, 6(2), 222-254.

JOHNSON-LAIRD, P. N. (1987) – "Modelos mentales en ciencia cognitiva", in: *Perspectivas de la Ciencia Cognitiva*, Barcelona: Ediciones Paidós. (Título original: Perspectives on Cognitive Science. Hillsdale: Erlbaum, 1981).

JOHNSON-LAIRD, P. N. (1989) – "The language of emotions: An analysis of a semantic field", in: *Cognition and Emotion*, 3 (2): 81-123.

JOHNSON, M. (1987) – *The Body in the Mind. The Bodily Basis of Meaning. Imagination, and Reason,* Chicago: The Univ. of Chicago Press.

KÖVECSES, Z. (1986) – *Metaphors of Anger, Pride, and Love*, Amsterdam / / Philadelphia: John Benjamins Publishing Company.

KÖVECSES, Z. (1990) – *Emotion Concepts*, Berlin: Springer Verlag.

LAKOFF, G. (1987) – *Women, Fire, and dangerous Things. What Categories Reveal about the Mind*, Chicago: University of Chicago Press.

LAKOFF, G. (1990) – "Cognitive Linguistics and the invariance hyothesis: is abstract reason based on image-schemmata?" in: *Cognitive Linguistic*, 1, 1: 39-74.

LAKOFF, G. / Johnson, M. (1980) – *Metaphors We Live By*, Chicago: Univ. of Chicago Press (Trad. espanhola: Metáforas de la vida cotidiana, Ediciones Catedra, 1995).

LAKOFF, G. / Turner, M. (1989) – *More than Cool Reason. A Field Guide to Poetic Metaphor*, Chicago / London: The Univ. of Chicago Press.

MARTÍN MORILLAS, José Manuel / Pérez Rull, Juan Carmelo (1998) – *Semántica cognitiva intercultural*, Granada; Granada Lingvistica.

MILLER, G. A. / Johnson-Laird, P. N. (1976) – *Language and Perception*, Cambridge: Mass: Belknap Press.

NORMAN, D. A. (1987) – *Perspectivas de la Ciencia Cognitiva*, Barcelona: Ediciones Paidós.

NUNES, João Arriscado (1997) – Metáforas da ruralidade: a "aldeia global" e o ciberespaço, in: *Cadernos* – ESAP, 29-36.

PÉREZ RULL, J. C. (1997) – *Modelo Cognitivo-Cultural del Dolor Emocional: de la Lexemática a los Modelos Mentales*, Tesis Doctoral: Universidade de Granada.

PIRES, Maria da Conceição Pena Lemos (2001) – *Para a semântica do desejo. Análise cognitiva de alguns aspectos da sua expressão nominal e verbal*, Dissertação de Mestrado (Universidade Católica), Braga.

PUTNAM, H. (1988) – *Razón, Verdad e Historia*, Madrid: Tecnos (Ed. original: 1981).
SANTOS, Boaventura Sousa (1987) – *Um discurso sobre as ciências*, Porto: Afrontamento.
SANTOS, Boaventura Sousa (1989) – *Introdução a uma ciência pós-moderna*, Porto: Afrontamento.
SEARLE, J. (1995) – *The Construction of Social Reality*, New York: The Free Press
UNGERER, F. / Schmid, H. (1996) – *An introduction to Cognitive Linguistics*, London: Longman.
WIERZBICKA, Anna (1992a) – *Semantics, Culture and Cognition: Universal Human Concepts in Culture-specific Configuration*, Oxford: Oxford Univ. Press.
WIERZBICKA, Anna (1992b) – "Talking about emotions: semantics, culture and cognition", in: *Cognition and Emotion*, 6/3.4: 285-319.
WIERZBICKA, Anna (1992c) – "Defining emotion concepts", in: *Cognitive Science*, 16: 539-581.
WIERZBICKA, Anna (1996) – *Semantics. Prime and Universals*. Oxford: Oxford Univ. Press.

A METÁFORA
OU A FORÇA CATEGORIZADORA DA LÍNGUA[1]

0. As reflexões que vou apresentar provêm de ideias que me ocorreram ao reler *Lições de Filologia Portuguesa* de Carolina Michaelis[2] – a primeira leitura foi feita pela mão do Prof. Paiva Boléo há cerca de trinta anos – e foram afirmações como "alargamentos de sentido"[3], ou explicações da motivação de certas palavras como a de *falar* em relação a FABULARE[4], ou mudanças semânticas provocadas em palavras como em PLANUM de que resultam *chão* e *plano* e estas por sua vez se desdobram polissemicamente[5] no jogo concreto-abstracto, que me levaram ao tema da

---

[1] Este pequeno estudo – agora modificado – surgiu inicialmente no centenário de Carolina Michaëlis de Vasconcelos e foi publicado em *Revista da Faculdade de Letras* (*Línguas e Literaturas*), XVIII (2001).

[2] A edição de que me servi é de 1956 (Michaëlis 1956).

[3] «O nome *Portucale*, meio latino, meio pré-românico, já se documenta no século V. ... Com o andar do tempo a aplicação restrita passou a território mais extenso até designar o país inteiro desde o Minho até ao Guadiana, ... Tais alargamentos de sentido são freqüentes.» (Michaëlis 1956: 272es.).

[4] «**Falar** provém de *fabulare*. ... Na Península *hablar* significa *dizer*, *significar idéias por meio de palavras*. Bem se vê que a princípio deve ter tido um certo ressaibo de censura, não à velocidade nem à demora, mas à pouca exactidão e muita fantasia dos habitantes. Nos outros países significa *razoar mal*, *dizer coisas sem sentido*, *falar demasiadamente* ou *com excessiva velocidade* como fazem os Meridionais» (Michaëlis 1956: 361).

[5] «A par do *chão* que pisamos, temos o *plano* dos estudos que delineamos para o futuro: o modo *lhano* com que os benevolentes conversam afàvelmente – com os seus inferiores; e também os *pianos* de Bechstein e Steinway em que Viana da Mota ou Óscar da Silva tocam composições próprias ou alheias, deixando-se esvaecer-se suavemente os *pianos* e *pianíssimos* da sua execução. O ... exemplo mostrou-nos como, além de latinismos, opostos às formas do falar comum, há entre as formas divergentes, **estrangeirismos** vindos de fora-parte: *lhano*, de Espanha; *piano*, da Itália.» (Michaëlis 1956: 40).

«*Planum* e *planus* – com a acepção material de *liso*, *igual*, *espalmado* e a figurada de *claro*, *manifesto*, *evidente*, *certo*, vivem no português *chão*...Depois *planus* foi importado de Castela, na forma *lhano* com a significação de *afável*. De Roma tornou a vir

explicação da polissemia na perspectiva da actual linguística cognitiva: é que está a pôr-se em causa a descrição linguística como ela feita pela teoria dos traços semânticos (ou análise componencial) ou mesmo pela teoria dos campos lexicais.

Em primeiro lugar, devemos tentar encontrar as possíveis constantes na mudança de significado e as previsibilidades dessa alteração. Falar-se de tipologias de mudanças por metáforas, metonímias, alargamentos ou encurtamentos de significado, sem se ter em conta a actividade linguística em si mesma, será contraproducente[6]. Não pretendemos aqui ir tão longe, mas tão somente dar alguma ênfase a um dos processos mais constantes na mudança de significado: a metáfora[7].

1. Linguagem e conhecimento

A linguagem esteve desde sempre grudada no conhecimento humano[8], e é esta dimensão que a linguística cognitiva procura actualmente levar até às últimas consequências. O sistema conceptual que emerge da experiência humana no dia a dia está a servir de base para a semântica em sentido amplo. Tem-se podido assim colocar debaixo do mesmo chapéu factos bem diversos, como a polissemia, a mudança semântica e a ambiguidade pragmática. Estes três dimensionamentos da língua têm de comum a circunstância de envolverem uma forma a exercer diferentes funções. Na mudança semântica, é uma mesma forma que historicamente ganha novas funções por força da substituição da antiga função, por exemplo, *todavia* (*tuttavia*, it., *anyway*, ingl.: 'todos os caminhos') que passa a significar 'contudo', ou ainda aumentando ou diminuindo as suas anteriores funções, como COGNATU, que passa a significar, em vez de 'parente', 'cunhado'[9], ou MATAXA, que passa de

---

na forma erudita, inalterada – *plano*, na acepção de *projecto* e *planta*, tirada do Dicionário. Finalmente entrou pela quarta vez ou quinta vez – importado da Itália na forma *piano* (e *pianíssimo*) como adjectivo musical, significando *com pouca força*, *de vagar*, *de leve*; e como nome de instrumento de música, com teclas e cordas... »(Michaëlis 1956: 34).

[6] Para uma perspectivação correcta do problema da "mudança de significado" vide Koch 2001.

[7] Servi-me como fonte de sugestão, para o ponto de vista histórico, de Ferreiro 1997.

[8] Veja-se, a este propósito, a base conceptual que está subjacente à Teoria da Linguagem de Herculano de Carvalho (Herculano de Carvalho 1967 e 1973).

[9] Voltaremos a insistir no facto de haver afectações na língua por agrupamentos: o

'fio' para 'madeixa', etc.: o problema que se põe aqui é o de se saber se o novo sentido tem alguma relação com o anterior e ainda verificar em que medida é que há regularidades nesse acrescentamento, nessa diminuição, nessa substituição de sentidos. No caso da polissemia (a ligação a uma mesma forma de múltiplos significados de certo modo relacionados entre si) surge um poblema adjacente: o de se saber em que medida é possível agrupar os significados, para distinguir entre palavras (ou expressões) polissémicas e homónimas[10]. A ambiguidade, ou ambiguidade pragmática, dá-se com expressões que podem recobrir, além do significado literal, outros sentidos ou referentes, como acontece com a expressão «estou tão constipado!», proferida numa sala de aula em que haja uma janela aberta e que pode designar, além da afirmação nua e crua sobre a 'constipação', o pedido de fechar a janela, pedidos de desculpa por ter de se assuar constantemente ou de se ter de tossir, etc. O problema está em encontrar regularidades na mapeação destas funções tão diversas. Vimos que a semântica tradicional não conseguiu abrir a porta a uma explicação: a simples descrição da relação entre palavra e o mundo extralinguístico, quer se trate de uma entidade, quer de um estado de coisas descritos pela palavra.

2. A metáfora como criadora de regularidades

A linguística cognitiva procura mostrar que há efectivamente regularidades naturais e motivadas, mas em que não se toma como base o "mundo real" como ele é, são a percepção e a compreensão humanas do mundo que servem de base para a estrutura da linguagem humana. O que eu pretendo mostrar é que existe uma motivação na relação entre os vários sentidos de uma palavra, os actualmente existentes e os historicamente anteriores. Por "motivação" entendo o apelo à intuição na explicação na relação entre dois sentidos e que a relação entre estes dois sentidos é mais estreita do que a existente entre estes sentidos e um terceiro sentido. É pos-

---

que acontece em cunhado, acontece em PARENTES (que de 'pais') passa a designar apenas os 'parentes', a generalização de tio.

[10] Temos os exemplos clássicos de *ver*, no sentido de percepção física (*estou a ver um jacarandá à minha frente*) e de percepção intelectual (*vejo que me compreendes*), ou *banco* ('assento') e *banco* ('instituição bancária'). Vejam-se ainda exemplos como *ideia brilhante, homem brilhante, luz brilhante*; *dia claro, pele clara, ideia clara, roupa clara*, etc.

sível, por exemplo, verificar quais os sentidos que historicamente deram origem aos sentidos posteriores e, nesse caso, é fácil estabelecer uma ligação semântica e cognitiva entre os dois sentidos. Esta regularidade pode levar-nos a encontrar numa palavra polissémica agrupamentos de sentidos[11].

Não pretendo entrar na controvérsia sobre a demonstração de que a forma linguística e a função reflictam a estrutura conceptual humana e os princípios gerais da organização cognitiva. É que a relação entre a língua e o mundo está sujeita à mediação da experiência humana sobre o mundo: se VILANU designava 'habitante de uma vila' e passa a significar 'rural', 'rústico'[12] e finalmente 'ruim' (*vilão*), ou *meretriz* vem simplesmente de MERERE ('ganhar dinheiro') e passa a designar 'ganhar dinheiro com o sexo', é porque a experiência humana fez ligações por motivos culturais historicamente tipificados e estereotipizados.

Por exemplo, no caso de *CANDIDUS*, que em latim significava 'branco' e 'branco brilhante', poderia também significar 'honesto', 'puro'. Isto é, há uma relação entre o mundo físico (da cor das formas) e um outro mundo (o da honestidade, da simplicidade), mas é a mediação humana, a experiência do homem que faz essa ligação: a nossa experiência figurativa ou pictural do mundo. A arbitrariedade da língua não é assim tão evidente: a iconicidade e outros factores têm um peso bem forte na escolha das formas, sem pormos em causa a convencionalidade da língua. Não se discute que a ligação entre *ver* e 'perceber algo pelos olhos' (*Estou a ver o jacarandá já sem flores*) seja arbitrária, mas essa ligação já não é arbitrária se considerarmos a ligação de *ver* com 'percepção intelectual' (*Vejo que estás do meu lado, vejo que me apoias*): este sentido de *ver* está muito mais próximo da percepção implicada em *ver*, do que em *sentir*[13], e muito menos em *correr*, *sentar-se* ou *comer*. Qual o motivo porque é *ver* que assume este sentido e não *sentir* ou *cheirar* (*cheira-me que tu estás comigo*)? Não se trata seguramente de um facto marginal na língua: a percepção visual é a mais segura, a que mais se aproxima de *con-*

---

[11] A sistematicidade da língua dá-se tanto na forma como no conteúdo. Veja-se, por exemplo, a (quase) sistematicidade nas construções lexicais com –ARIA, criadora de adjectivos, depois substantivados, como denominação de árvores (frutíferas): FICUS -» [ARBORE] FICARIA-» figueira.

[12] Veja-se ainda o caso RUSTICUM (derivado de RUS, 'campo') para *rústico*, 'rural', 'inculto' e que actualmente está a ganhar valor positivo por força da valorização do 'natural', do 'feito à mão'.

[13] De qualquer modo, também em *sentir* há uma acepção próxima: *sinto que estás do meu lado*.

hecer, *comprender* e *saber*: *vejo que estás do meu lado*, é 'ter a certeza', não é apenas *acredito que estejas do meu lado*, ou *sinto que estás do meu lado*[14].

É uma questão de organização conceptual e é esta que modela o processo de categorização e de lexicalização. O sistema orgânico do homem condiciona a linguagem, em que a percepção tem um papel importante. Tem-se como certo que a linguagem polissémica tem origem no uso metafórico: mas não é apenas a nossa linguagem, mas também o nosso conhecimento e, portanto, a nossa linguagem[15]. Se foi a palavra *candidus* que passou a designar, além de 'branco' também 'honesto', não é apenas algo acerca da língua: por que não foi escolhida a palavra *púrpura?* Não podemos continuar a pensar que a língua apenas se explica pela sua relação com o mundo: a razão porque *branco* ou *cândido* têm ligação directa, do ponto de vista moral ou social, com um valor positivo e *negro*, com os valores contrários, não tem apenas ligação com o mundo (*magia negra, mercado negro, fim de semana negro*)[16]. Mas também *branco* está ligado a aspectos negativos: *branqueamento de capitais*, (crimes de) *colarinho branco*, (resposta de) *luva branca*, em que *branco* mantém o aspecto positivo: aparentemente positivo. Procura-se dar aspecto legal ao ilegal. O mesmo não acontece com *cândido, candura*: porque é que motivo não se diz *canduramento de capitais?* E *negro* apenas está ligado a valores negativos: nunca ninguém se lembrou de representar Cristo sob a forma – que afinal é a verdadeira – de *negro*. E por que razão diremos *cândido* de aspectos de comportamento: ninguém dirá *roupa cândida* ou a *candura da roupa?* O significado das palavras não é necessariamente um grupo objectivo de eventos ou entidades, mas é sim um grupo de eventos ou entidades que o nosso sistema cognitivo liga de modo sistematicamente apropriado. A categorização linguística não depende apenas da distinção existente no mundo, mas também da nossa estruturação metafórica e metonímica, das nossas percepções do mundo.

---

[14] Recorde-se a velha sentença: *uma coisa é ver e outra é (apenas) ouvir*.
[15] Lakoff / Johnson 1980.
[16] Ou como explicar designações como *massa cinzenta, massa crítica?*

3. A metáfora como transferência entre domínios

As palavras não adquirem novos sentidos de modo marginal e quando novos sentidos surgem por meio da estruturação cognitiva, os múltiplos sentidos sincrónicos de uma determinada palavra serão normalmente enquadrados entre si de um modo motivado. Ao estudarmos o desenvolvimento histórico de um grupo de palavras relacionadas entre si teremos a possibilidade de ver que espécie de estrutura sistemática preside ao nosso sistema cognitivo nos domínios mais relevantes.

A polissemia sincrónica e a mudança histórica do significado apresentam, de vários modos, dados similares. A ordem histórica em que os sentidos são acrescentados a palavras polissémicas informa-nos acerca da relação entre os sentidos. Isto ensina-nos que a nossa compreensão da estrutura cognitiva concebe primeiramente o vocabulário universal do espaço e, depois, é este vocabulário que adquire sentidos temporais, e não se verifica a direcção inversa. Não podemos separar a análise sincrónica da diacrónica. O problema da ligação entre conhecimento e a linguagem é o mesmo que a ligação entre sincronia e diacronia.

O significado está intimamente grudado à nossa experiência cognitiva: experiência no domínio cultural, social, mental e físico. Mas o conhecimento está estruturado, não está caoticamente disperso: está estruturado dentro dos domínios essenciais em que nós visionamos a realidade extralinguística.

A análise em campos semânticos mostrou-nos como é que os significados estão intimamente ligados dentro de determinados domínios, e como os significados estão historicamente ligados[17]. Mas é forçoso reconhecer que é a metáfora a principal força na mudança semântica. A metáfora opera entre domínios, entre a visão e o conhecimento, entre o espaço e o tempo, e de modo tão natural como a ligação entre *dedo* e *mão*, ou entre *homem* e *mulher*. É um dos domínios mais prometedores no domínio da semântica: a ligação sistemática entre domínios.

Como temos vindo a dizer, o significado da palavra – na polissemia e não só – é uma entidade estruturada e unificada. Para se poder encontrar esta estrutura há que descobrir a conexão entre os diferentes (sub-)significados das palavras. Tanto a linguística diacrónica como a sincrónica

---

[17] Veja-se a distinção feita em latim – no que costumamos designar como adjectivos de idade – entre UETUS, UETULUS, SENEX, ao contrário do que acontece em português: apenas temos *velho*, pois senil passa para outro domínio, o do comportamento, o do psicológico. Em *avelhentado* já é a velhice que vem antes do tempo.

privilegiaram o domínio dos sons em detrimento do significado. É que as limitações do significado são muito menores do que as que são impostas à nossa produção de sons: a capacidade para o significado (capacidade cognitiva) quase que não tem limites. E a análise lexical (sincrónica ou diacrónica) foi feita com base no modelo fonológico: a análise em traços. E na mudança semântica apenas se pensou no acrescento ou na supressão de um traço. Há que ver a tendência da mudança semântica: por exemplo, é um dado assente que a mudança vai do concreto para o abstracto. São parâmetros como este que possibilitam uma análise mais segura do que a análise em traços semânticos. O significado está grudado na compreensão do mundo por parte dos falantes e, por exemplo, a relação semântica metafórica não pode ser descrita como uma mudança de traços ou mesmo mudança de um grupo de traços: o que precisa de ser descrito é a passagem (a mapeação) de um domínio para outro domínio. É bem verdade que a semântica lexical europeia analisa com êxito as relações dentro de um domínio, mas a análise do campo lexical não pode explicar porque é que a polissemia e a mudança semântica atravessam campos: por exemplo, porquê *ver* e *conhecer / saber* seriam conceitos interligados, a percepção física e percepção intelectual. As relações polissémicas e a mudança semântica envolvem frequentemente mapeações metafóricas tais que não podem ser descritas como simples traços ou parâmetros. Por exemplo, quando 'branco' passa a significar 'cândido' é porque ocorre qualquer relação de parâmetros entre brancura e honestidade dentro de uma compreensão ampla das qualidades morais em termos de cor: uma compreensão que nem é objectiva nem facilmente redutível a termos de traços. Com isto não queremos dizer que a linguística histórica não tenha trazido dados importantes, mas mais no campo da fonologia e morfologia, e menos no campo da mudança semântica, ao procurar as raízes das palavras.

O ponto de partida foi dado por Benveniste: o da chamada reconstrução. Por exemplo a gramaticalização de morfemas, como it. *tuttavia* ('todas as vias'), que implica um abstracção, ou mesmo a passagem do demonstrativo para artigo definido, que passou a indicar numa representação mental, e na interacção discursiva, a acessibilidade a uma entidade, mesmo sem esta estar presente fisicamente (veja-se a passagem, no discurso, do emprego do artigo indefinido para apresentar uma entidade desconhecida, para o uso do artigo definido, uma entidade já introduzida no discurso).

Mas mais concretamente: o que é que liga um significado a outro e como é que as mudanças ocorrem? Mesmo na direcção tida como certa, a passagem do concreto a abstracto, porque é que um elemento do domínio concreto se associa a um significado abstracto específico e não a outro?

Há uma série de perguntas que é lícito fazer:

- porque é que *ouvir* assume o significado de 'obedecer' (a mesma ligação entre *hear* e 'obey')?
- o que é que liga a manipulação física com a compreensão intelectual? (Veja-se lt. *comprehendere*, ou o fr. *saisir*)
- porque é que *caminho* passou a designar 'contudo' (*anyway, tuttavia, todavia*: 'todo o caminho')

As palavras de emoção derivam frequentemente de palavras referentes a acções físicas ou sensações que acompanham as reacções relevantes, ou referentes a órgãos corporais afectados por aquelas reacções físicas[18]. Cá está a confirmação da passagem do concreto ao abstracto. Que a derivação do nosso vocabulário intelectual provém do vocabulário do corpo, é um facto. Como é que essa derivação se faz, qual é a ligação subjacente? É sabido como as cores suaves de uma parede produzem nas pessoas sentimentos claros e que a tensão e um sentimento de depressão acompanham determinados estados mentais: agora, poder-se-á explicar assim as expressões como *pessoa amarga*, *palavras amargas* e *pessoa doce*, *palavras doces*[19]?

4. Metáfora e núcleos metafóricos

Devemos ainda observar que há núcleos metafóricos, como «more is UP» (Lakoff / Johnson 1980), que nos casos prototípicos condiz com o comportamento real da língua, mas há contra argumentos: um vaso cheio e depois de cheio começa a verter, um local destinado a guardar lixo

---

[18] Por exemplo, a função física do coração de bombear o sangue é muito afectado pelo amor, pela excitação, pelo medo, e qualquer emoção forte. Por isso mesmo o coração passou a simbolizar algumas destas fortes emoções, como a coragem, a paixão, etc.

[19] A sinestesia explica-se pelo facto de uma sensação fisiológica do corpo não ser estimulada e ser essa sensação a dar uma resposta conceptualizada categorizadora da realidade extralinguística, lexicalizando-a dentro do seu domínio. A sinestesia é o processo psicológico pelo qual um tipo de estímulo sensorial produz uma sensação subjectiva secundária pertencente a outro sentido: por exemplo, a ligação entre o paladar e o intelectual (*pessoa amarga, palavras amargas*), entre o ouvido e o paladar (*voz doce*).

depois de cheio começa a deitar fora, etc. Com toda a probabilidade a relação – motivação – entre a nossa experiência externa e os nossos estados emocionais e cognitivos é um facto, mas constatar as correlações não justifica os padrões da polissemia e da mudança semântica. Mas esta explicação tem de ser completada. A aproximação de dois domínios tem uma só direcção. É necessário explicar porque é que a orientação é unidireccional: a experiência corporal é a fonte para explicar os nossos estados psicológicos, mas a direcção inversa não se verifica. Isto é, explicamos os estados psicológicos através do vocabulário do nosso corpo, mas não o inverso. Ora esta unidireccionalidade pode muito bem explicar a natureza da metáfora.

Outros domínios surgem para apoiar esta teoria, como se deixa ver em argumento *muito forte*, premissa *fraca*, conclusão *forçada*, etc. Pode muito bem ser que a ligação entre o vocabulário do corpo e o da mente e das sensações seja possível, mas o que pode ser demonstrado (e que é apenas o nosso campo de análise) é a origem metafórica deste movimento.

Não pretendo alongar-me mais na explicação da projecção do vocabulário do corpo humano no restante vocabulário da língua, em que as partes do corpo servem de perspectivação na categorização e conceptualização do mundo extralinguístico (foi e é usual esse processo: *boca de um túnel* e *boca de um incêndio*, *olho marinho* e *dente de alho*, *barriga da perna*, *miolo de um problema*, *orelhão* (termo do português do Brasil para designar as modernas cabines telefónicas)[20] ou sentimentos e comportamentos humanos são transpostos para a lexicalização de processos que se passam com as coisas (*material cansado, fadiga do material*, etc.)[21].

---

[20] É evidente que também as coisas inanimadas servem para designar partes do corpo: *testa, guedelha*: (VITICOLA, dim. de VITIS), *arca do peito, madeixa* de MATAXA ('fio'). Há naturalmente outros "veículos" (ou pontos de partida): basta só ver exemplos como *fornada* (de forno), 'cozedura de pão' para designar 'camada de crias de animais', 'camada de alunos que se formam num curso), etc. Aqui há sempre uma referência ao homem ou à sua actividade: trata-se da humanização da terra e da vida.

[21] Não me referi à metonímia como fonte de enriquecimento do léxico da língua. Os referidos fenómenos de ampliação (como lt. SALARIUM, que de 'salário', inicialmente o pagamento que se dava aos soldados para comprar sal, passou a designar todo e qualquer pagamento (ao lado de *pré, pensão, gorjeta, direitos de autor*, etc. ou DENARIU, moeda de prata que valia dez ases, que passa a designar toda e qualquer moeda) ou de restrição; PARENTES que de 'pais' passou a designar (*parentes*) qualquer espécie de parentesco, ou SECRETARIU 'pessoa que guardava os segredos' para secretário, *cunhado* (COGNATU: 'parente'), *segar* (SECARE: 'cortar'), *convento* (CONVENTU: 'reunião'), *mondar* (MUNDARE: 'purificar, limpar'). Poderíamos aqui ainda mencionar as chamadas

5. Conclusão

A base do nosso raciocínio foi o de que a semântica apenas é limitada pela nossa capacidade de significar, de conhecer, o que é muito mais ampla do que a capacidade física para produzir sons. Por outro lado, a mudança semântica não se dá apenas na transferência de ... para.., ou no acrescentamento ou perda de um traço: teremos de ver isso num conjunto, é que o homem agrupa (faz a transferência de um domínio para outro). Por exemplo, a ligação de *branco/ cândido* com 'honestidade', não deve ser visto apenas neste domínio, mas sim na compreensão geral do homem da honestidade com o domínio das cores, o que nem é objectivo, nem é explicável apenas por traços.

A passagem do "ver físico" para a "percepção intelectual" é porque (o órgão de) a visão apreende à distância os aspectos mais salientes, tratando-se de uma capacidade mais poderosa do que as outras capacidades Assim como os objectos são opacos ou transparentes, também os argumentos são transparentes ou opacos (*o teu argumento não tem consistência, não estou a ver (a)onde queres chegar*), há uma razão oculta, uma visão aguda (*pessoa de vista larga, um olhar penetrante, inteligência escondida*). Ou o *ouvir / escutar* desviam-se do físico para o moral ('obedecer, cumprir ordens': *bem te avisei, mas tu não me ouviste*): é que a audição não opera à distância (ou a tão grande distância como a visão) e está mais ligada à proximidade, à subjectividade. *Conhecer* é 'nascer com' (bem visíveis ainda em fr. *connaître* e lt. *cognoscere*), *entender* (*intus legere*), *compreender* é 'segurar fisicamente' (também o fr. *saisir*), *saber* tem a ver com 'sabor' (lt. *sapere*)[23], *cheirar* (lt. *fragrare*, fr. *flairer: que andas p'raí a cheirar?*).

Há evidentemente uma ligação constante entre o corpo e as sensações de uma lado e as acções físicas ou sensações e reacções físicas provocadas no corpo por outro lado. O facto de a função do coração a bombear sangue que aumenta com as emoções fortes, tornou o coração símbolo do das emoções. Que ligação há entre *pessoa amarga* e *pessoa doce*? O prazer ou o desprazer que provocam na convivência? E estamos

---

formações divergentes de que resultam pares como: *comungar, comunicar, mezinha e medicina*, formações estas que merecem a Carolina Michaelis uma atenção muito especial (cfr. Op. Cit., pags. 33 e ss.).

[23] Em ptg. ainda se mantêm os dois valores: *este almoço soube-me bem* e *ela soube o que estava a fazer*.

aqui perante o que podemos designar por motivação prototípica. A metáfora, como fonte conceptual, é capital para a explicação da análise semântica, tanto sincrónica como diacrónica.

Bibliografia:

FERREIRO, Manuel – *Gramática histórica galega, II. Lexicoloxía*, Santiago de Compostela: edicións Laiovento, 1997.
HERCULANO DE CARVALHO, J. G. – *Teoria da Linguagem. Natureza do Fenómeno Linguístico e a Análise das Línguas*, Coimbra: Atlântida Editora: 1967 (Vol. I) e 1973 (Vol. II).
KOCH, Peter – «Bedeutungswandel und Bezeichnungswandel. Von der kognitiven Semasiologie zur kognitiven Onomasilogie», in: *Zeitschrift für Literaturwissenschaft und Linguistik* (=LiLi), 31 (Heft 121), 2001: 7-35.
LAKKOFF, Georges / Johnson, Mark – *Metaphors we live by*, Chicago: Univ. of Chicago Press, 1980.
MICHAËLIS DE VASCONCELOS – *Lições de Filologia Portuguesa seguidas de Lições Práticas de Português Arcaico*, Lisboa: Nova Edição da 'Revista de Portugal – Série A – Língua Portuguesa, Lisboa, 1956). Trata-se da publicação das "Prelecções feitas aos Cursos de 1911 e de 1912/13".

DO "CAMPO LEXICAL"
À EXPLICAÇÃO COGNITIVA: *RISCO E PERIGO*[1]

0. Introdução

Só é possível haver entendimento entre os participantes num acto de comunicação se existir um conhecimento comum (= um conjunto de proposições tidas como verdadeiras por parte) dos falantes, uma "memória de longo termo" (= informação vinda de várias proveniências sobre o universo e que estejam integradas no contexto). Poder-se-á tornar mais claro este ponto se se afirmar que o conteúdo de um enunciado se torna acessível se, nesse enunciado, houver o domínio da informação lógica ou da proposição, da informação enciclopédica implicada e da informação lexical. Por outras palavras, o enunciado inclui uma "saturação semântica" ou sentido lexical dos elementos usados na sequência sentencial e uma informação referencial (a possibilidade da atribuição de um referente).

Sem ignorar o carácter poliédrico dos enunciados, vou apenas abordar a informação lexical, quer a implicada no conhecimento partilhado pelos falantes de uma língua, quer a contida no filtro sequencial dos enunciados: a informação que se encontra monossemizada na situação comunicativa concreta. Partirei de alguns breves considerandos teóricos, como a noção de "campo lexical", de "frame semantics", "scripts" (= guiões) ou "cenários", para acabar no tratamento de "risco" e "perigo".

0.1. A ideia da organização lexical sob o ponto de vista semântico fez já um longo caminho contradizendo de modo frontal uma definição chomskyana, já longínqua, de "léxico" como a de uma simples "listagem de palavras com informação idiossincrática". A linguística computacional, a inteligência artificial, a linguística cognitiva, entre outros movimentos teóricos, obrigaram os linguistas à perspectivação do léxico como algo

---
[1] A primeira versão deste trabalho surgiu in: Diacrítica, n.º 11 (1996).

organizado. Os próprios chomskyanos passaram a atribuir ao léxico a capacidade de organizar sintáctica e semanticamente os enunciados da língua[2]. Muitas das regularidades sintácticas e semânticas, são comandadas pelo léxico[3].

A nossa reflexão vai prender-se com a estrutura do léxico, a natureza das relações semânticas, a configuração do significado ou categorização do mundo, a organização lexical, a natureza da polissemia.

0.2. A ideia dos campos semânticos[4] é um modo de explicação da organização do léxico por meio de relações de afinidade e contraste, sinonímia e incompatibilidade, de hiponímia e "parte-todo" ou meronímia, etc. E estas relações semânticas fazem parte constitutiva do significado de uma palavra. Um campo semântico é assim um conjunto de palavras (ou lexemas) que configuram um dado domínio de conteúdo: domínio que pode ser um "espaço" conceptual, um domínio da experiência, um dado segmento da vida quotidiana, etc. E aqui situam-se alguns problemas, como o de se saber se a noção de "campo" abrange todas as categorias gramaticais que têm a ver com um dado domínio ou se cada categoria deve pertencer a campos separados. Asssim, por exemplo, o campo do "domínio da cor" deverá apenas incluir os adjectivos, como *preto, branco, cinzento, encarnado, vermelho, amarelo,* etc., ou também os nomes adjectivados de cor como *laranja, cereja, garrafa, limão* e verbos como *alaranjar, acinzentar, avermelhar, branquear,* etc.? Por outro lado, dever-se-á, para estabelecer e definir o "campo", encontrar o conteúdo "superordenado", o lexema mais genérico e englobante (o arquilexema) e daí partir para os lexemas que estão envolvidos no campo, ou considerar, desde logo, o campo lexical e estabelecer, sem mais, as relações que ligam esses lexemas entre si?

Tome-se o caminho que se tomar, as palavras do campo definem-se sempre pela sua relação com as demais palavras do mesmo domínio. Por exemplo, cada um dos "termos de parentesco" só são compreensíveis se tivermos em considerção os restantes termos: por exemplo, só pode haver

---

[2] Chomsky 1981 e Bresnan 1982.

[3] Afinal, toda a minha vida de docente e investigador se tem passado à volta do léxico perspectivado como algo regular, apoiando-me em alguns dos nomes mais sonantes do estruturalismo europeu, nomeadamente, em Eugenio Coseriu, G. Helbig, G. Wotjak, Bernard Pottier, etc.

[4] A teoria dos campos semânticos, a partir das ideias de Humboldt, Trier, Porzig, Weisgerber, foi longamente trabalhada por Coseriu, Pottier, Lyons, Lehrer, Geckeler, etc.

pai (de x), se houver *filho* (de y), *irmão* (de x), se houver *irmão / irmã* (de y), *tio / tia* (de x), se houver *sobrinho / sobrinha* (de y), etc. A noção de campo é portanto uma unidade organizacional do léxico.

0.3. Uma outra unidade organizacional é a de "frame semantics"[5] e que consiste no facto de o significado de uma palavra ser entendido e explicado (ou explicável) com base na referência a um "fundo de experiência" estruturado, fundo em que intervêm "crenças", "práticas", "hábitos sociais". Os "frames" são assim os planos ou esquemas, as estratégias ou dispositivos interpretativos, por meio dos quais "abrimos" as portas de entrada nas palavras num dado contexto. Os "frames" tanto podem existir na língua como ser um reflexo dela. Há "frames" criados num dado momento da língua por força de determinadas circunstâncias históricas, como, por exemplo, as qualificações atribuídas a "turismo", uma das fontes de rendimento das sociedades do nosso tempo: *turismo de qualidade*, *turismo de massas*, *turismo de pé descalço*, e, numa outra perspectivação, *turismo tradicional* vs. *turismo de habitação* vs. *turismo rural*, etc., ou o sistema de "poupança" e de "crédito": *depósito à ordem*, *depósito a prazo*[6], etc. Trata-se de "frames" criados na língua por força de dados condicionalismos e que são necessários à explicação semântica do significado lexical individual, à explicitação de construções gramaticais e seus respectivos valores proposicionais, à dilucidação de processos que conduzam á produção de textos e das suas partes.

Relativamente a palavras individuais são conhecidos os "frames" relativos à chamada "gramática de construção"[7] (case grammar) ou o "frame-based dictionary", cm que a sintaxe e a semântica convergem na explicação da relação entre a palavra e o "frame". E aqui, ou se "visualizam" as linhas pragmáticas com vectores e trajectórias com instruções interpretativas dos itens lexicais, ou se faz a ligação entre o "frame" e o "campo lexical". Neste último caso, os "frames" são dinâmicos, recursivos e sensíveis ao contexto.

---

[5] O conceito de "frame semantics" que aqui utilizo é o de Fillmore 1985.

[6] São inúneras as criações deste género: poder-se-ia construir um "script" de construção intralinguística a partir de ditos como: «És o que comes, come bem», ou, numa versão mais actualizada, em que o importante é o que se vê, e não o que está dentro, «És o que vestes, veste bem». E no campo da "comida" é fácil encontrarmos o "sal" do contraste a apimentar a capacidade criativa da língua, como em: «Bacalhau da Noruega, cada vez mais português». E aqui encontraremos muito "pano p'ra mangas": «(pôr) o bacalhau de molho», «bacalhau à Zé do pipo», «bacalhau com todos», «bacalhau à Zé de Braga», etc.

[7] Cfr. Goldberg 1995.

0.4. Como facilmente se pode deduzir, tem aqui grande importância a noção de contraste, noção próxima da de "antonímia", mas apoiando-se mais numa componente pragmática. Supõe-se um dado "conjunto de contraste" que abranja vários termos que se opõem entre si, recobertos por um termo superordenado («covering term») e interligados pelas relações de contraste, formando o respectivo campo e, finalmente, construindo o edifício do "frame". As relações de contraste e afinidade apontariam para uma ordenação do "campo" em dois sentidos: o paradigmático e o sintagmático. As relações paradigmáticas seriam a sinonímia, a hiponímia, a meronímia, a antonímia, etc.: as relações entre termos que se substituem numa dada sequência, e as relações sintagmáticas, as que existem entre as palavras que co-ocorrem numa mesma sequência e que têm alguma afinidade entre si, em termos de isotopias, solidariedades lexicais, colocações, etc. Por exemplo, os termos *gajo, tipo, pobre mortal, indivíduo, homem*, etc., podem funcionar numa mesma sequência, implicando registos diferentes, ou valores diferenciados:

> Anda um homem / um indivíduo / um fulano / um tipo / um gajo a esfalfar-se para nada!

Ou as construções fraseológicas (sintagmáticas) que são frequentes e se enquadram numa estrutura preferencial, como:

> O incêndio destrói / devora / consome ... a floresta
> A ferrugem come / destrói / .... o metal
> Os bichinhos comem / devoram / destroem ... a madeira
> Os ratos roem / comem / devoram ... os tecidos
> Os insectos chupam / comem / devoram ... o mel
> etc.

Há quem trabalhe com a chamada gramática de valências, ou com a "case grammar", tendo sempre em vista a explicação das relações sintagmáticas e paradigmáticas dos campos lexicais, como há quem trate as chamadas relações de contratse e afinidade de modo independente[8].

0.5. Referimo-nos a "campo lexical", a "frame" e é agora o momento de nos interrogarmos sobre a relação entre estas duas noções explicativas do léxico: são noções complementares e interdependentes, ou são conceitos totalmente desligados? Serão os "campos" a designação correcta para a parte herdada da língua, como os nomes de parentesco, os adjec-

---

[8] Cfr. Vilela 1994: 127-197 e Cruse 1986.

tivos de cor, as designações de animais, os adjectivos da avaliação térmica (como *quente, morno, frio*, etc.) e os "frames" serão as construções do espírito marcadas no tempo, as construções dinâmicas, os quadros construídos marcando a relação entre "scritpts" (ou "guiões"): os "scripts" considerados como marcadores das nossas práticas nos "cenários" diários da nossa vida?

Parece que, quer os "campos", quer os "frames", não têm muito a ver com as condições de verdade: os "frames" socorrem-se do enciclopédico na explicação dos termos e os campos atêm-se apenas ao que é essencialmente linguístico. A relação do campo é uma relação entre palavras: *amarelo* é hipónimo do campo lexical de "adjectivos de cor", é co-hipónimo de *vermelho*. E o mesmo acontece, no aspecto sintagmático, com *pescar*, relativamente ao termo que ocupa o lugar de complemento directo:

Pescamos peixe / truta / carpa / salmão / barbo

e tudo o que seja "peixe" está incluído no campo de "pescar". O que parece líquido é o facto de as relações semânticas constituírem parte integrante do significado de uma palavra. E uma ideia já generalizada é a de que as relações semânticas estão incluídas em esquemas gradativos ou escalares: a sinonímia, a antonímia, a hiponímia, a meronímia, ou a capacidade de co-ocorrência, etc., estão mais presentes, em maior ou menor grau, numas palavras do que noutras. Assim, *telefone* está mais próximo de *falar, responder, marcar*, do que *frio* ou *quente*; por outro lado, *morno, tépido*, estão mais próximos de *frio* do que *falar, responder, marcar*.

0.6. A definição do significado das palavras é feita assim por meio de traços, de conceitos, de unidades de significação construídas a partir do campo, do "frame", ou do lugar no "script". Os traços resultantes da comparação entre sinónimos, antónimos, hipónimos, merónimos, etc., ou resultantes das construções gramaticais activadas a partir de cada elemento lexical, são os dados com os quais definimos a unidade lexical. Há ainda outra via para se obter a definição de uma palavra: o recurso aos primitivos, ou "primitivos representacionais". Os primitivos semânticos são conceitos gerais, abstractos, obtidos na experiência quotidiana, e com os quais elaboramos conceitos mais específicos e mais complexos, ponto de partida para a construção de outros conceitos. Estes primitivos podem incluir categorias ontológicas como: "localização", "orientação", "objecto", "evento", "pessoa", "estado mental"; papéis semânticos como: "agente", "instrumento", "afectado", "efectuado"; relações como: "parte de", "em", "antes", "sobre", "causa", "porque"; actividades como: "ver", "mover", "ter". Os primitivos serão assim noções elementares construtoras do nosso conhecimento, ou grandes blocos susceptíveis de alargamento de acordo com a nossa experiência.

0.7. Paralelamente surge o problema da polissemia. A polissemia liga-se com um outro problema: o da desambiguização e vaguidade. O significado das palavras é normalmente um significado vago, geral, implicando depois uma série de acepções. A sintaxe, a semântica, a pragmática, encarregam-se de seleccionar, entre as "acepções" possíveis de uma unidade linguística, o sentido monossemizado de uma palavra, de uma expressão maior ou menor? E aqui incluímos as unidades linguísticas menores: as palavras e as frases.

0.8. Continuando com o nosso raciocínio, podemos agora interrogar-nos sobre se o significado / sentido deva ser procurado e situado na palavra e na frase (ou proposição), ou antes ser posto na língua como um todo. Isto é, se há elementos que são construídos dentro da língua, tais como campos, "frames" ou conjuntos de contraste, sendo portanto valores intralinguísticos e na língua, devam ser procurados, ou, pelo contrário, será preferível um tratamento extralinguístico, com acento na referência e nas condições de verdade. As teorias da verdade e falsidade e as teorias referenciais (o significado de uma palavra é dado pelo seu referente) têm muito pouco a dizer sobre a organização do léxico e muito pouco acerca do modo como o léxico se encontra organizado no espírito dos falantes.

0.9. Parece evidente que o significado de uma palavra recebe o seu valor de verdade dentro de uma frase num dado contexto, mas nós só percebemos uma frase se tivermos conhecimento de outras (ou de muitas outras) frases da língua. Por exemplo, só posso conhecer e compreender o significado (ou sentido) da palavra *neve* se for capaz de entender os contextos frásicos em que a palavra *neve* pode ocorrer, e portanto as condições em que as frases podem ser tidas como verdadeiras ou como falsas. Mas para se poder entender a palavra *neve* num dado contexto devemos saber, antes de mais, o que a palavra significa. Por outras palavras, o significado de uma palavra é de certo modo dependente do significado de outras palavras[9].

---

[9] Para maior aprofundamente cfr. Davidson 1985 e Chomsky 1981.

A teoria dos campos e dos "frames" substitui este holismo total pela descrição do léxico como algo estruturado, em que uma palavra é restringida por outras palavras do mesmo domínio lexical. Por exemplo, para compreender o significado de *orfão* não tenho de conhecer todas as frases em que ocorre esta palavra, basta-me saber o seu "frame semantics": isto é, saber que o significado deste termo pressupõe uma estrutura de conhecimento que inclui a compreensão da paternidade biológica, da família biológica, das estruturas legais e sociais relativamente à criança. Por outras palavras, é a ligação epistémica que liga um termo a um conjunto de crenças que institui a compreensão deste termo. A ligação entre termo e significado não é arbitrária e não depende de circunstâncias fortuitas na aquisição da língua, mas está estruturada por um "frame" (esquema mental) de conhecimento geral, que serve de suporte a um conjunto de pressupostos que escoram o uso e a compreensão do termo. E do mesmo modo se procede no campo lexical, em que as ligações epistémicas são dadas por um conjunto de contrastes e afinidades, em que encontramos: *orfão, mãe (biológica), pai (biológico), padrasto, madrasta, pai (legal), mãe (legal),* etc.

0.10. Ao passarmos do campo da teoria ao da prática, deparamos com algumas dificuldades, como a de saber o modo de:

– conseguir individualizar os campos e os frames;
– distinguir a homonímia e a polissemia: a inclusão de uma palavra em mais de um campo será um critério para essa distinção?
– estabelecer as condições de monossemização das expressões linguísticas.

Uma outra questão é a de saber:

– se a teoria dos protótipos, reconhecida a sua importância para a psicologia, tem também relevância para a explicação da organização do léxico;
– ou se a semântica dos "frames" e dos "protótipos" jogam para o mesmo lado, dado que o vocabulário básico constitui uma estrutura;
– ou ainda se a organização do léxico tem muito (ou pouco) a ver com a sintaxe.

1. Semântica de RISCO / PERIGO e termos afins[10]

1.0. *"Campo lexical" e "frame"*

Como já deixámos dito, a noção de "frame" permite-nos ver uma palavra como um "nó" onde se cruzam várias "janelas" enquadrando os vários sentidos (polissémicos) da entrada lexical, possibilitando a relacionação entre os diferentes sentidos da palavra entre si e com os sentidos das palavras afins. Na base desta relacionação estão portanto as estruturas cognitivas (ou frames). Dito de outro modo, os sentidos individuais de cada palavra e os padrões léxico-sintácticos a eles ligados constituem o esquema de explicação e compreensão do léxico. Ao obter-se a explicação destes "frames" temos acesso a outras expressões construídas com base no mesmo "frame".

Já vimos que a noção de "campo lexical" não coincide com a de "frame". O campo lexical não recorre ao enciclopédico, ao contrário do que acontece com o "frame" (ou "schemata"). Por exemplo, o campo lexical de "avaliação térmica", englobando adjectivos como *gelado- frio- natural/ normal- morno/ tépido- quente- escaldante/ tórrido*[11], entre outros, instala na língua uma distinção compreendida entre dois pólos, em que o traço "+ próximo" ou " + distante" do pólo negativo constitui uma escala, mesmo tendo em conta a subjectividade da apreciação.

Ou, num outro domínio, os "verbos de transferência de posse", envolvem verbos como *ter, possuir, dar, vender, comprar, trocar, emprestar*, etc., e com base numa estrutura como " x verbo y", podemos construir um esquema em que as mesmas entidades estão comprometidas, mas com funções diferentes. Se considerarmos que há identidade entre o *Pedro* e o *João* das diversas ocorrências, podemos construir estruturas (= frames) como:

O Pedro tem uma casa bonita
O Pedro vendeu a casa ao João
O João comprou a casa ao Pedro[12]
etc.

---

[10] Utilizo sugestões de Fillmore e Atkins 1992: 75-102.

[11] Podemos comprovar esse campo em: *água gelada / fria/ natural / morna / tépida / / quente / a escaldar (escaldante)*, ou *manhã gelada* (ou *gélida) / fria / fresca / quente / / tórrida*, etc.

[12] Para uma explicação mais pormenorizada destes verbos cfr. Vilela 1992: 129-170.

Tanto no campo lexical dos adjectivos de apreciação térmica como nos verbos de transferência de posse, há vários pressupostos: no primeiro caso, a existência de "sensibilidade" à temperatura por parte dos seres humanos, a coexistência de sentidos, em que pode haver interferências, como em *clima suave, clima doce, clima ameno*, ao lado de *clima frio, clima quente, clima tórrido*, etc., em que se verifica a relação intralinguística entre as unidades e o sistema da própria língua em questão; no segundo caso, podemos imaginar um "cenário" de transacção comercial de compra-venda, de empréstimo ou troca, etc., em que estes verbos activariam os "frames" correspondentes às estruturas cognitivas que os suportam. E aqui estariam envolvidos ainda muitas propriedades incorporadas nestas operações comerciais, além da "posse" e "mundança / transferência de posse", "comprador", "vendedor", "dinheiro", "mercadoria / bens", e outras propriedades habituais em "acções contratuais", como "pagamento em numerário" ou "em cheque", "por troca", "em géneros", "pagamento a pronto" ou "a prestações", "local" da transacção, "garantia", "crédito bancário", "prazos de pagamento", etc. E estas propriedades, especificadas ou ocultas nos enunciados, constituem o "cenário" em que o "frame" (= estrutura cognitiva) se desenvolve. E o "frame" teria em conta, sobretudo, as entidades primárias (participantes principais no cenário) do "frame", quanto à sua realização sintáctica. Considerando os verbos *comprar, vender, pagar, custar*, temos:

Vender:
O Pedro vendeu uma casa ao João por muito dinheiro
Comprar:
O João comprou uma casa ao Pedro por muito dinheiro
Pagar:
O Pedro pagou ao João muito dinheiro pela casa
Custar:
A casa custou ao Pedro muito dinheiro

Vemos assim que há alterações, nas funções sintácticas e sintáctico-semânticas, dos vários verbos, embora eles activem praticamente as mesmas entidades (comprador, vendedor, bens, dinheiro).

1.1. *"Risco" e "perigo"*

As palavras **risco** e **perigo**, sincronicamente e no seu quadro de significado(s), convergem em alguns traços e divergem noutros. Podemos apresentar, num primeiro tempo, algumas construções em que os dois termos actualizam um determinado esquema sintáctico, com uma pequena alteração de sentido e alguns esquemas em que não é possível a substituição:

O risco de contaminação dos rios é grande
O perigo de contaminação dos rios é grande

Os maiores perigos de desagregação da sociedade vêm do superpovoamento das cidades
Os maiores riscos de desagregação da sociedade vêm do superpovoamento das cidades

A situação de risco em que vivemos é alarmante
A situação de perigo em que vivemos é alarmante

O Seguro de Alto Risco foi criado por uma seguradora
*A Sociedade de Alto Perigo foi criada por uma seguradora

O perigo de morte[13] espreita os condutores em cada esquina
O risco de morte espreita os condutores em cada esquina[14]

Zona de alto risco
Zona de alto perigo
Situação de alto risco
* Situação de alto perigo

Este rapaz corre grande perigo / ?risco
Este rapaz corre grandes perigos / riscos
Se demoras muito corremos o risco/ o perigo de chegarmos atrasados
Corre-se o risco de vermos o tecido social a esboroar-se
Corre-se o perigo de vermos o tecido social a esboroar-se

É ele quem dá o risco lá em casa[15]
* É ele quem dá o perigo lá em casa

Ele expôs-se ao perigo de ficar à mercê dos meliantes
Ele expôs-se ao risco de ficar à mercê dos meliantes

Assusta-me o perigo de perder o pouco que tenho
Assusta-me o risco de perder o pouco que tenho

Não há nenhum risco/perigo em provar vinho

---

[13] Em Direito distingue-se entre «in periculo mortis» e «in articulo mortis».

[14] Tanto "perigo de morte" como "risco de morte" são aceitáveis, mas o 'sentido' varia ligeiramente.

[15] Veremos que, neste caso, "risco" tem a ver com "riscar" e não com "arriscar(-se)" ou "correr risco".

Ele está fora de perigo
?? Ele está fora de risco

Estar em risco/ perigo de perder ...
Estar em perigo / * risco
A paz está em risco na Bósnia
Nota: A mesma construção ocorre *com achar-se, encontrar-se, continuar, permanecer, ficar*

Pôr-se / colocar-se em perigo / risco

O risco/ perigo existe / subsiste
* Há o risco / o perigo
Há o risco / o perigo de sermos eliminados

O perigo / ?? o risco ameaça-nos

Defrontar o perigo / o risco
Desafiar / enfrentar / arrostar ? o risco / o perigo
Desprezar o risco / o perigo de vermos Portugal ser absorvido pela Europa
Conjurar / evitar o perigo / ? o risco
Encarar / afrontar o perigo / ? o risco
Afastar o perigo / o risco de + inf.
Superar/ vencer o perigo / o risco de + inf.
Iludir o perigo / o risco de + inf.

Fazer face / frente ao perigo/ ao risco

Arrostar com o perigo / o risco de + inf.
Enfrentar-se, defrontar-se com o perigo / o risco de + inf.

Expor-se ao perigo / ao risco de + inf.

Fugir / afastar-se do perigo / do risco que representa ...

Não nos vamos agora interrogar acerca da total ou parcial sinonímia entre os dois termos, mas antes passar os olhos pelos dicionários e verificar em que medida as "janelas" abertas por cada uma das palavras é ou não coincidente.

Aurélio[16]
    RISCO1 s. m. 1. Acto ou efeito de riscar, risca, riscadura, riscamento. 2. Qualquer traço em cor, ou sulco pouco profundo, na superfície de um objecto, risca ... 3. Delineamento, debuxo, traçado, esboço. 4. O projecto, a planta ou o plano de uma construção... 5. ... 6. ... 7. ... 8.

---
[16] Aurélio 1986.

RISCO2 (Do lt. risicu, riscu, e este provavelmente do lt. resecare, 'cortar' ...) S. m. 1. Perigo ou possibilidade de perigo. 2. Jur. Possibilidade de perda ou de responsabilidade pelo dano ....
PERIGO: S. m. 1. Circunstância que prenuncia um mal para alguém ou para alguma coisa.... 2. Aquilo que provoca tal circunstância, risco... 3. Estado ou situação que inspira cuidado, gravidade... 4. ... 5. Jur. Situação de fato da qual decorre o temor de uma lesão física ou moral a uma pessoa ou de uma ofensa aos direitos dela[17].

Moliner[18]:
RIESGO (Palavra .... de or. incierto; quiçá el mismo que el de «risco» y ambos del lat. «resecare». cortar, véase «risco»....) .... Posibilidad de que ocurra una desgracia o un contratiempo. (Tratándose de una desgracia suele usarse más «peligro»....). ... CORRER RIESGO (EL RIESGO) DE. Exponerse o estar expuesto a lo que se expresa...).
PELIGRO .... Circunstancia de existir posibilidad, amenaza u ocasión de que ocurra una desgracia o un contratiempo .... & Cosa que crea un peligro: ...

OBS: 1. Os sinónimos dados nos dicionários para perigo são *ameaça, apuro, contigência, iminência, transe*, etc.
2. As fraseologias apresentadas são: *O risco que corre o pau corre o machado. Pisar o risco. Por sua conta e risco.*
3. Vejam-se as realizações apontando para duas direcções diferentes em:
   a) (Isto foi) *à risca. Seguir alguma coisa à risca.*
      Entender do riscado. { *Riscado* (pano grosseiro de algodão)}.
   b) *O arriscado caminho da paz na Bósnia.*

Uma vez que os nomes *risco* e *perigo* se afastam e convergem, vamos ver se os verbos a eles ligados apresentam os mesmos vectores, relativamente à proximidade entre os dois significados[19].

RISCAR
I. (Suj. activo / Agente + obj. dir. nome concreto) 1. Fazer riscos / / riscas / traços em: *A criança só sabia riscar a ardósia, nem rabiscar sabia. Zangado, o aluno riscou a folha do teste com a esferográfica encarnada. O aluno escreveu uma palavra, riscou-a e voltou a escre-*

---
[17] Caldas Aulete (s. d.) define assim PERIGO: «Situação, conjuntura, circunstância que ameaça a existência de uma pessoa ou de uma coisa..».
[18] Moliner 1984.
[19] Este tratamento dos verbos *riscar* e *arriscar* fazem parte de um *Dicionário de Verbos* (em elaboração).

ver o mesmo a seguir. O gato riscou o verniz da porta com as unhas.
2. Friccionar para acender*: Ele bem riscava os fósforos, mas não conseguia acender a fogueira.*
3. (+ obj. dir. nome design. de desenho) Debuxar, delinear, desenhar*: O arquitecto riscava até ao pormenor os contornos da casa e do jardim.*
4. (Suj. nome activo + obj. dir. nome design. de espaço) Deixar / fazer traços luminosos: *A noite era escura de uma escuridão densa onde apenas as estrelas distantes riscavam a lonjura imensa do céu.*
II. (Suj. nome de instr. + obj. dir. nome concreto) Fazer riscos, deixar atrás de si pequenos sulcos: *O arado ia riscando o campo em sulcos irregulares. O lápis encarnado riscou folhas e folhas movido pelas mãos experientes do professor.*
III. (Suj. nome de pessoa + obj. dir. nome concreto + compl. prep. de nome design. de espaço) Eliminar, suprimir: *As autoridades riscaram do número/ da lista dos suspeitos o nome que as primeiras testemunhas davam como culpado. Ele riscou o nome dela da sua vida. Há dias que devíamos riscar da nossa vida.*

ARRISCAR
I. 1. (Sujeito nome activo + obj. dir. nome designativo de bens) Expor, colocar em risco de perda / dano: *Ele arrisca todo o seu dinheiro e bens para conquistar a moça. Ele arriscou a vida para ganhar uma glória efémera. Todos arriscamos a carreira quando concorremos a um lugar na função pública.*
2. (Suj. nome activo + obj frase / inf.) Correr o risco de, existir a possibilidade de: *Ele arriscou ser preso, mas mesmo assim tentava levar a sua por diante. Ele arriscou que todos ficássemos a tenir, mas não se importou e foi para frente.*
3. (Suj. activo + obj. dir. nome abstr. / inf.) Tentar fazer mas com insegurança / com resultados imprevisíveis: *Ele arriscou alguns conselhos, mas sabendo que de nada lhe valeriam. Ele arrisca defender-se, mas em vão. Ele arriscava alguns passos à rectaguarda, mas já era tarde.*(Sin. aventurar-se)
4. (Suj. nome activo) Aventurar-se, ir longe demais: *Ele arriscou e perdeu.*
II. V. pron. e prep. 1. (Suj. nome activo + compl. prep. *a* nome abstr. / inf / frase.) Ousar, atrever-se a*: As crianças não se arriscam a dar passos fora da vista da mãe. O aluno arriscava-se a pequenos apartes nas aulas, mas nem assim escapou à fúria do professor. Ele arrisca-se a que ninguém lhe ligue mais.*
2. (Suj. nome de pessoa) Expor-se a/ correr riscos: *Quando vamos a exame todos nos arriscamos. Ele arriscou-se muito e agora não há razão para choros.*

OBS. 1. Há ainda complementos não realizados que se escoram no "frame" léxico-sintáctico de *arriscar*, tais como: *por* + nome, *para* + inf., *em* + nome: *Ele arriscou tudo para obter o que pretendia. Ele arriscou-se por dinheiro, mas.. Ele arriscou tudo em negócios escuros.*
2. Os sinónimos ou expansões frásicas, a nível mais ou menos popular de *arriscar(-se)* são: *meter-se na boca do lobo, brincar com o fogo, estar por um tris,* etc.
3. Provérbios possíveis: *quem não arrisca não petisca*,
4. O verbo *perigar* ocorre apenas na sequência *fazer perigar*: *As fraudes fiscais de empresas e das profissões liberais fazem perigar o saneamento das contas públicas.*

1.2. O "frame" cognitivo e semântico de risco e perigo

Para tentarmos desvendar as categorias cognitivas de *perigo* e *risco*, vamos antes tentar encontrar o seu "frame" léxico-sintáctico e depois, como base nas "janelas" abertas por esses esquemas frásicos, desdobraremos os valores culturais ou etnossemânticos que a comunidade de língua portuguesa lhes atribui. As palavras *perigo* e *risco* ocorrem como sujeito de verbos que exprimem "receio", "temor", "ameaça", ou de verbos existenciais:

Apavora-me / aterra-me / amedronta-me /assusta-me o risco / o perigo que é vivermos em cidades poluídas
Existe o perigo / o risco real de estarmos a destruir o nosso planeta
Ameaçam-nos grandes riscos / perigos

E ainda com *risco* e *perigo* como sujeito estes substantivos podem ser modificados com adjectivos intensificadores:

Era enorme o risco que corríamos deixando a atleta correr com a tendinite
Foi considerável o risco que ela correu correndo a milha inferiorizada

Risco e *perigo* ocorrem omo objecto directo de verbos que designam "movimento", sobretudo *correr* implicando em si mesmos apenas um movimento sem qualquer fim previsto[20]:

Corremos o risco / o perigo de perdermos couro e cabelo

---

[20] Como vimos nos exemplos anteriores, o verbo *correr* nesta sequência não anula a possibilidade de co-ocorrência com *correr* como predicado pleno.

e de verbos que designam grande "esforço" e mesmo "temeridade", "manha", "ignorância", "desprezo", porque, no fundo, há um "obstáculo" a vencer:

> Desafiamos todos os riscos / os perigos que se nos depararem
> Enfrentaremos / defrontaremos os perigos / os riscos inerentes à nossa profissão
> Evitamos / iludimos / enganamos / ignoramos os riscos / perigos que representa a presença do inimigo entre nós
> Superamos / vencemos / ultrapassamos inúmeros riscos / perigos

de verbos como *pesar, sopesar, medir*, mostrando a dupla vertente – positiva ou de sucesso e negativa ou de insucesso:

> Ele pesou / mediu bem os riscos que corria tomando aquela decisão

ou com verbos como *implicar, envolver*, etc., que representam a relação entre uma dada situação e a possibilidade de dano:

> A actividade de docente envolve / implica / oferece consideráveis riscos

É particularmente relevante no levantamento das teorias cognitivas – que depois mencionaremos – as ocorrências em que *risco* e *perigo* ocorrem como complemnto preposicional, e em que a preposição regente é *em*, uma alusão clara à metáfora do "container", um "espaço" que ameaça submergir as entidades realizadas como sujeito, ou como objecto directo:

> O país está / encontra-se / acha-se em risco / perigo de perder a independência
> O Governo pôs / colocou em risco / perigo a independência nacional
> A empresa pôs-se / colocou-se em risco, ao aceitar tudo e nada discutir

Também como complemento preposicional, agora regido pelas presposições prototípicas de movimento, com o valor de "em direcção a" (= *a*) e "a partir de" (= *de*) implicando os mesmos pontos categoriais, "coisa a evitar" e "ameaça que impende sobre", ou algo que exige muita determinação por parte do sujeito:

> As empresas fogem dos riscos / dos perigos e apenas procuram a parte boa do negócio
> As pessoas expõem-se / sujeitam-se aos riscos / perigos quando actuam desprevenidas
> As pessoas não fazem face / frente aos riscos / perigos voltando as costas

Um complemento preposicional regido pela preposição *com* – o complemento típico do que designamos por "companhia" – indica que o risco ou o perigo são más companhias, mas inevitáveis:

> Nós defrontamo-nos com riscos / perigos incalculáveis sempre que saímos à rua

Um outro tópico que ressalta dos exemplos correntes na língua é a constituição de grupos nominais em que *risco / perigo*, ou são núcleo regente de um nome que exprime "ameaça", "obstáculo", "transe difícil", algo que é mau e quase invencível, ou em que as palavras *risco* e *perigo* são regidas por nomes com valores não convergentes com os que são expressos nessas palavras, mas em que o conteúdo final é marcado como ameaça de "dano", de "algo difícil e iminente":

> Perigo / risco de contaminação dos nossos rios
> Perigo / risco de vida / de morte / de falência / de desagregação
> Situação / zona de alto risco / perigo
> Sociedade de alto risco

A estrutura formal nome + de + nome é conteudisticamente indeterminada, pois presta-se a exprimir um número aberto de conexões, que se precisam por pressão do conteúdo dos termos e do co / contexto.

Pelo contexto vemos que exemplos como:

> É ela que dá o risco lá em casa

se situam fora do domínio em que convergem *risco* e *perigo*. Por outro lado, os verbos *riscar* e *arriscar* situam-se em vertentes diferentes: *arriscar* actualiza o "risco" que se aproxima de "perigo", *riscar* lexicaliza um outro "risco", o que implica algo material, ou "extensão" desse valor material (*riscar alguém / alguma coisa da memória*).

Chamamos a atenção para o facto de em castelhano existirem duas palavras foneticamente diferenciadas, para exprimir os dois valores de *risco* em português, *riesgo* e *risco*: a primeira que ocorre em «*correr (el) riesgo*», a segunda, equivalendo ao nosso "*risco*" presente em *riscar*.

1.3. *Categorias cognitivas de* **risco** *e* **perigo**

1.3.1. As palavras incluídas na "família" de *risco* e *perigo* são palavras cujo semantismo envolve "possibilidade" ou "probabilidade" de **sucesso** ou **insucesso**. Qualquer comunidade linguística sabe que o futuro envolve "incerteza" e, entre as alternativas possíveis, há uma que é a que não desejamos. Podemos imaginar, nesta construção abstracta, uma linha[21] (*o risco*, o 'traço' / o 'tracejado'), em que de uma lado há o **sucesso**, e do outro, o **insucesso**. Neste 'tracejado' distinguimos o *risco* e o *perigo*, em que o "perigo" está muito próximo da "linha" do **insucesso**, a "desgraça" está por um triz; em *risco*, a probabilidade de **sucesso** ou **insucesso** reparte-se. E é neste enquadramento que se situam, além de *risco* e *perigo*, palavras como *azar, malapata, aventura* e *sorte, chance* e *dano, contigência* e *prejuízo*, etc. e ainda palavras próprias do *jogo de azar, investimento, bingo, casino*, ou verbos como *correr, defrontar, fazer face a, expor-se a, deparar com*, etc., e, como vimos, *fazer perigar, arriscar(-se)*, em que o segundo lexicaliza com frequência o mesmo conteúdo que *correr risco / perigo* e *expor-se ao perigo / risco*.

O "frame" de *risco* inclui assim as noções de "sucesso" e "insucesso", tais como **lucro, sorte, chance, prejuízo, dano** – aliás palavras que ocorrem na explicação lexicográfica das palavras em questão – distribuídas por duas vertentes possíveis, implicando uma possível escolha entre as duas opções. Em *perigo*, a possibilidade de escolha apresenta-se mais ameaçada, a vertente do **dano** surge como iminente. O "frame" de **risco / perigo** ocorre realizado como "estado de coisas" por meio de expressões do género de *correr risco / perigo*, ou *arriscar-se*, em que o AGENTE / ACTOR pode não ter culpa por não ter sido decisão sua, ou expressões do género de *expor-se ao perigo/ risco, arriscar-se a*, em que o ACTOR tanto pode ter assumido a iniciativa da escolha, como ser apenas um ACTOR passivo.

Há ainda expressões que indicam o mérito ou demérito do ACTOR, a sua responsabilidade na escolha, tais como *assumir os riscos, arriscar, desafiar o perigo / os riscos*, etc. Por outro lado, se houver uma "decisão" do ACTOR, é porque existe um ALVO, uma META a atingir.

1.3.2. As categorias cognitivas possíveis seriam assim **chance, dano, vítima, objecto avaliado, situação de risco / perigo, acto, agente / / actor, ganho, finalidade, beneficiário, motivação.**

---

[21] Comparando *linha* e *risco* no seu sentido material (e prototípico), vemos que há uma certa proximidade entre a materialidade de "risco" e "linha", mas já não é possível levarmos por diante as extensões figuradas (ou "parecenças de família"), como se torna evidente se confrontarmos:

Tomando em linha de conta a opinião pública ....
* Tomando em risco de conta a opinião pública ....

Chance / sorte representam a figura que escorre de "possibilidade" – palavra usada pelos dicionários para exprimir a alternativa possível (em *risco* e provável em *perigo*) – de prejuízo ou dano. Esta figura é visível em:

> Há o perigo / o risco de contaminação dos rios
> Corremos o risco / o perigo de perdermos muito dinheiro
> Tivemos a sorte / a chance de chegarmos a tempo

O **dano / prejuízo** estão presentes na própria definição de risco / / perigo («possibilidade de perda ou responsabilidade pelo dano» (Aurélio), sendo portanto o desenvolvimento normal implicado nesse "dano". Por isso mesmo **dano** e **chance/sorte** parecem ocupar o núcleo duro do frame de *risco* e *perigo*.

Dano exprime-se linguisticamente por um grupo nominal em que *risco / perigo* são núcleo e os complementos regidos pela preposição *de* identificam esse **dano**, ou ainda expressos por infinito regido pela preposição:

> Perigo / risco de contaminação (dos rios)
> Perigo / risco de morte
> Perigos / riscos de incêndio
> Risco / perigo de ser despedido
> Expor-se ao risco de perdermos o pouco que temos

A **vítima** representa a entidade que suporta o **dano**, caso haja prejuízos. Esta categoria cognitiva pode ser realizada linguisticamente por um grupo preposicional introduzido por *para*:

> O perigo / o risco de contaminação para todos os seres vivos
> O perigo / risco de morte para os condutores ambebidos em álcool

ou como objecto directo de certos verbos:

> Esta situação põe / coloca-nos a todos em perigo/risco
> A droga expõe-nos a todos a sérios riscos

ou como sujeito de construções (aliás as mais frequentes) em que *risco* e *perigo* fazem parte da estrutura predicativa:

> As crianças correm sérios riscos na nossa sociedade actual
> As nossas florestas correm sérios perigos de desaparecerem se ...

A categoria **objecto avaliado / afectado** representa "aquilo que está na posse, legal e efectiva", da **vítima**, a entidade que potencialmente *corre perigo / risco* e ocorre linguisticamente como objecto directo de verbos como *arriscar*, *pôr / colocar em risco*, ou como complementos preposicionais de certas construções:

> Os pescadores arriscam a saúde / a vida cada vez que saem ao mar
> Os médicos põem em risco / perigo a sua saúde ao tratarem doentes de sida
> Ele arriscou **os seus bens** para tratar da saúde
> Há um enorme risco para a saúde de todos no não-tratamento adequado dos lixos

As categorias cognitivas e as expressões linguísticas que as exprimem, nem sempre estão de tal modo ligadas que uma indicie a outra. Assim, na construção *pôr em risco* o objecto directo tanto pode ser **vítima** como **objecto avaliado**:

> O saneamento básico deficiente põe a população em risco/perigo
> O saneamento básico deficiente põe a saúde pública em risco/ perigo

Os dicionários citados apresentam como termos genéricos, na definição de *risco / perigo*, "circunstância", "situação" e daí partem para a especificação. Consideramos **situação (de risco)** como uma categoria cognitiva dos "frames" das unidades *risco /perigo*. E entendemos por essa categoria o "estado de coisas" no interior do qual podemos dizer que algém ou alguma coisa está em risco. Pode ser realizada linguisticamente por um grupo nominal ou equivalente e ocorrer como sujeito:

> Constitui um grande risco / perigo viver nesta lixeira
> Esta actividade é um sério risco / grande perigo

Com a categoria que designamos por **acto** pretendemos indicar a "acção" que causa a **situação de risco**: isto é, **acto** e **situação** representam duas contra-partes de um conjunto. **Acto** é representado linguisticamente por um adverbial:

> Ao criticar tão violentamente o chefe ele correu o risco de perder o emprego
> Atirando-se a um lago gelado correu sérios riscos / perigos
> Ele arriscou-se muito ao tentar atravessar a nado o rio

A categoria **agente** indica a entidade (normalmente a pessoa) que realiza o **acto** de que resulta a possibilidade / probabilidade de haver **dano**. Em muitos casos **agente** e **vítima** coincidem, mas podem não coincidir:

> Ele correu sérios riscos ao atirar-se à água gelada (**agente** e **vítima**)
> Ele arriscou-se muito procedendo deste modo (**agente** e **vítima**)
> Os hooligans (**agente**) põem-nos a todos (**vítima**) em risco

Além das categorias mencionadas, que reputamos como fundamentais, outras há que se apresentam como decorrentes do **agente**, da sua intenção, tais como: **ganho / proveito (intendido), finalidade, beneficiário** e **motivação**. A categoria **ganho** (intendido) exprime o que o **agente** pretende ganhar ao "correr o risco/ perigo" e é realizada por *por + grupo nominal*:

    Ele arriscou a vida por uns míseros tostões de prémio
    Ele expôs-se ao perigo / a sérios riscos por uns aplausos anónimos

A **finalidade** que o agente se propõe, ao realizar o acto, é expresso por *para / em ordem a + grupo verbal:*

    Ele arrisca tudo para ganhar uns pontos na no concurso

Distingo **ganho** e **finalidade,** porque **ganho** representa algo que já foi alcançado, **finalidade** é algo que se propõe atingir. Além disso, há duas realizações diferentes. A categoria **beneficiário** – distingue-se de **ganho**, por implicar uma pessoa – indica a entidade animada em benefício da qual se "corre o risco / perigo" (se realiza o **acto**):

    Uma boa mãe corre todos os riscos pelos filhos
    Ele arriscou-se por uma pessoa que mal conhece

A categoria **motivação** – distingue-se nitidamente de **ganho**, apesar das aparências em contrário – designa a "causa" psicológica (o motivo) do comportamento do **agente**:

    Ele arriscou a vida por vaidade / por amizade

1.3.3. A descrição feita pretendeu dar conta dos significados e da gramática das palavras ou categorias que se situam no domínio enciclopédico-cultural em que *risco* e *perigo* se inserem. Os "frames" sintáctico ou meramente semântico (= case grammar ou casos profundos) não poderiam abranger de modo tão completo como o que fizemos com base num "frame" cognitivo. Partimos do pressuposto de que a descrição do significado de uma palavra deva ser feita por categorias directamente expressas que essa palavra activa e desencadeia.

2. "Risco" como verbo: "arriscar(-se a)"

2.1. *Participantes na "cena" aberta por* arriscar(-se)

Embora a realização mais frequente do "frame" de "risco" seja o uso de um verbo "suporte", como *correr* (*correr o risco, correr riscos*), também o verbo *arriscar* (e *arriscar-se*) tem importância no estabelecimento do "frame" construído à volta de *risco*. Este verbo toma como complemento nomes ou grupos verbais. As categorias principaias do verbo *arriscar(-se)* são as de **objecto avaliado**, **dano** e **acto**.

A categoria **objecto avaliado** situa-se classematicamente na classe das "coisas" e é, por isso mesmo, representado apenas por grupo nominal. Nas realizações com estes verbos, o **dano** é um "evento" e o **acto** é uma "acção", que podem ser representados verbal ou nominalmente[22]. As categorias **situação** e **acto**[23] são realizados por grupos preposicionais, em que intervêm as preposições *em* e *com*:

> Ele arriscou o seu bom nome {**objecto avaliado**} com esta atitude {**situação?, acto?**}
> Eles arriscaram muitas vidas em / com guerras estúpidas

O **beneficiário** pode ser realizado por grupo preposicional (com *por*, ou com a expressão *em favor de*):

> Eles arriscaram a vida {**obj. avaliado**} por uma pessoa {**benificiário**} que não conhecem
> Ele disse que valia a pena arriscar-se (= arriscar a vida) por um milhão de pessoas

A categoria **ganho** (o "ganho" intendido pelo **agente**) é também marcada sintacticamente por meio de *por* ou por *em troca de*:

> Os lutadores combateram e arriscaram tudo <u>por esta vitória</u>
> Os aventureiros arriscaram os habitantes das ilhas <u>pela posse das riquezas</u>

---

[22] A realização nominal é a nominalização de uma noção verbal, ou como metonímia de um "evento" ou de uma "acção".

[23] Estas duas categorias, dada a sua realização convergente, confundem-se com frequência.

A **motivação** do **agente** pode ser marcada com a preposição *por* ou outras expressões, como *para + inf*.:

> Eles estão prontos a arriscar tudo por amor da verdade
> Eles estão dispostos a arriscar a vida para salvarem a humanidade
> Eles arriscaram muita coisa na esperança de salvarem vidas humanas

Como vemos, as categorias **motivação** e **finalidade** confluem quanto aos meios linguísticos em que são expressos. Parece que *por + grupo nominal* é mais usado para exprimir a **motivação** e *para + inf*. para exprimir a **finalidade**.

Veja-se ainda como o gerúndio sem qualquer preposição ou o infinito introduzido por *ao* exprimem o **acto / acção**:

> Ele arriscou o seu pobre pecúlio jogando / ao jogar na bolsa
> Ele arriscara o seu emprego ao ambicionar / ambicionando o lugar do chefe

A categoria **dano** é realizada normalmente como objecto directo, ou como inf.:

> Ele não queria arriscar outra discussão
> Este procedimento do ministro arriscou uma crise
> Os pacifistas arriscam muitas vezes ser tidos como traidores

Eis as combinatórias possíveis de **dano** ou **vítima**, com **acto, finalidade, beneficiário, ganho**:

> Ele arriscava acordar {acto} a namorada {dano / vítima} ouvindo / ao ouvir as notícias na rádio {finalidade}
> Algumas firmas arriscam lucros iniciais {dano} para / em ordem em irem buscar mais clientes {finalidade}
> Eles sujeitam-se a arriscar a saúde {dano} por amor de pessoas que não conhecem {beneficiário}
> Eles arriscam-se (vítima) a serem muito penalizados {dano} pelo simples prazer de desrespeitar a lei{ganho}

A categoria **acto** ocorre como objecto directo e é realizado por grupo nominal, por inf., e pode ser acompanhado pelo adverbial **finalidade**, realizado por *para + inf*.:

> Ele decidiu arriscar o percurso nas zonas mais perigosas da cidade { acto }
> Ninguém quis arriscar a travessia do rio {acto}
> Ele arriscou uma ruptura das negociações {acto}
> Ele arriscou dizer toda a verdade {acto}

Ele arriscou recomeçar tudo de novo {acto}
Eles não arriscaram a ruptura das negociações {acto} para não perderem os lances já feitos até então {finalidade}

O verbo *arriscar* parece transportar valores que fogem aos paradigmas apresentados, em que, em vez de apontar para **perigo** ou **risco**, aponta para "possibilidade" e para outros valores, visíveis em combinações como:

arriscar uma proposta (= 'avançar')
arriscar dinheiro (= 'investir')
arriscar um pedido (= 'fazer')

e verificáveis em ocorrências do género de

Ele arriscou-se ao perigo de roubo ... (= 'expor-se')
Ele arriscou uma semana de trabalho para ... (= 'gastar...')
Ele arriscou um milhão para ganhar uns tostões (= 'investir')

Em qualquer dos casos há sempre a indicação de categorias como possibilidade de **sucesso / insucesso**, **dano**, **prejuízo**.

2.2. *Polissemia do verbo* **arriscar(-se)**

Como já verificámos, *risco* actualizado em *riscar* distancia-se fortemente de *risco* lexicalizado em *arriscar(-se)*: representam fases bem diferenciadas na história de **risco**. Vejam-se as formas *risco* e *riesgo* em espanhol.

Quanto a *arriscar(-se a)*, vamos tentar arrumar os "sentidos" de *arrisca*r, tendo em atenção as figuras ou categorias cognitivas por nós apontadas relativamente a *risco*. Chamaremos simplesmente a cada uma das variantes "sentido" "semema"(S):

– S1: estabelece uma relação entre Agente e **dano**, parafraseável por «agir de tal modo que se crie uma situação de (perigo para si mesmo)»:
Ele arriscou a saúde/ a vida

– S2: estabelecen uma relação entre a **vítima** e **dano**, parafraseável por «encontrar-se numa situação de (perigo para si mesmo)»:
Tu arriscas-te (a apanhar uma constipação vestindo-te assim)

– S3: estabelece uma relação entre Agente e **acto**, parafraseável por «realizar (um acto) que traz consigo a possibilidade de dano para si mesmo», equivalendo a *aventurar-se*, *atrever-se a*:
Ele arriscou uma viagem de barco

– S4: estabelece a relação entre Agente e **objecto avaliado**, parafraseável por «agir de tal modo que expõe (algo) ao perigo», equivalendo a *fazer perigar, fazer correr perigo*:
   Ele arriscou a sua herança

– S5: estabelece uma relação entre Agente e **objecto avaliado**, tratando-se aqui de um "sentido" derivado, parafraseável por «actuar de modo a expor (algo) a (perigo)», equivalendo a *expor*:
   Ele arriscou o seu o seu belo carrinho (ao escolher aquela estrada)

– S6: estabelece a relação entre Agente e **objecto avaliado**, equivalendo a «expor (algo avaliado) a perda por apostar (algo capaz de falir) na esperança de ganho», e os equivalentes sinonímicos são *apostar, jogar*:
   Ele arriscou a sua herança no Casino
   Ele apostou / jogou / arriscou todo o seu dinheiro na compra do cavalo

– S7: estabelece a relação entre Agente e **objecto avaliado**, tratando--se de sentido derivado, e equivale a «expor (algo válido) a perdas por investimento (e algo que é capaz de falir) na esperança de obter ganho»:
   Ele arriscou a sua fortuna na bolsa (= 'investir')

2.3. Polissemia e variantes de sentido

Em teoria cognitiva, como sabemos, está posta de lado a distinção polissemia-homonímia. Haveria uma linha inicial de explicação que partiria de *risco*, presente em *riscar*, seguindo depois duas direcções diferentes (= vectores), uma que daria continuidade a *risco*, no valor de 'traço', 'risca', em que existiria igualmente uma pulverização de sentidos (de vectores) mais ou menos ligados, indo do concreto para o abstracto, como se pode ver pelos seguintes exemplos:

   Ela é quem dá o risco lá em casa
   Ele é quem risca lá em casa
   etc.

e uma outra linha, que derivando da primeira correria depois por conta própria, que seria a de *risco* presente em *arriscar(-se)*, entrando no campo de "perigo". E também aqui há vários vectores de combinações de traços. Poderá pôr-se ainda o problema de polissemia em *arriscar* e *risco*: teremos dois sentidos bem diferenciados ou apenas um sentido nos dois casos, em que apenas o contexto monossemiza o valor invariante? Quer em *risco*, quer em *arriscar* teremos dois valores de acordo com a paráfrase possível? Assim, num caso, há o verbo *arriscar* equivalendo a pôr / colocar em risco, e, noutro contexto, temos o equivalente a correr o risco ou correr riscos. E esta diferenciação aplicar-se-ia tanto a *risco* como a *arriscar* ou *arriscar-se*.

3. "Risco" como metáfora e sua explicação pela teoria dos campos lexicais

3.1. Tendo em conta a provável origem comum de *risco*1 e *risco*2 (Aurélio) e de *risco* e *riesgo* (Moliner), verificamos que risco, no sentido de "traço", "risca", nome concreto, de que deriva um verbo prototipicamente transitivo – *riscar* – serve de ponto de partida para *risco*, nome abstracto, deslizando de um campo lexical, em se incluíam *traço, risca*, etc., para o campo lexical de *perigo*, dando origem a outro verbo, pertencendo este ao campo lexical de verbos como *aventurar-se, atrever-se, ousar*, etc. Mas na base desta transferência está um dado efeito textual, um conflito conceptual, de que resulta *risco*1 e *risco*2, provocando uma predicação contraditória[24].

Se se considerar que a palavra base teria sido *riscar* (RESECARE), houve simultaneamente uma reificação – ou nominalização – e uma nova predicação: a expressão linguística mais frequente em que intervém *risco* (como sinónimo de *perigo*) é *correr o risco, correr riscos,* como acontece aliás com *correr perigo*. Examinando mais de perto *correr* – em *correr riscos* – vemos que houve a supressão de traços, como a ausência de "ser animado com dois pés/ com quatro patas", ou de "mecanismo dotado de força própria", tornando-se este verbo no chamado "verbo suporte", passando a predicação propriamente dita a ser *correr o risco de* ... Isto é, houve uma quebra nas fronteiras ontológicas ao misturarem-se espaços novos – *correr riscos* –, aproximando-se categorias pertencentes a domínios distantes (*perigo* e *risco, correr* e *risco*).

Aliás, o jogo concreto -» abstracto é de tal modo frequente que, no discurso, ao usarmos abstractos, não sabemos se estamos no "figurans" se no "figuratum". Por outro lado as categorias básicas apresentam grande

---

[24] Uma metáfora nunca se dá numa simples palavra, mas num fragmento de texto por mais pequeno que ele seja (cfr. Weinrich 1967) e se institui numa predicação (cfr. Weinrich 1963). Já antes Black (1962: 39) afirmava: «A metaphor is not an isolated term, but a sentence.».

nível de abstração, fazendo com que estas ctagorias tenham um máximo de informação com um mínimo de esforço[25].

3.2. A língua é um reservatório de estruturas virtuais formais, gramaticais e lexicais, que tornam possível a construção de conteúdos complexos. Por outro lado, a língua, como instrumento de criação conceptual e como entidade do domínio do simbólico, é inseparável duma ontologia, um sistema de pressupostos acerca dos seres e das coisas, das suas qualidades, atitudes, comportamentos e relações recíprocas, que consituem, ao fim e ao cabo, a estrutura efectiva do nosso pensamento sobre o mundo: afinal, a língua dobra a matéria ontológica sujeitando-a a conexões autónomas e estranhas.

Aqui, a ligação de *correr* relativamente ao seu campo lexical originário, que compartilha com *voar, andar, caminhar*, etc., que é ainda o seu "figurans", o "sentido próprio", o "veículo", o "foco", foi quebrada e serviu de base para a construção do "figuratum,", do "teor", do "quadro" (= frame)[26], o domínio em que se insere *perigo*. Os dois componentes da metáfora, o fóco – o segmento usado metaforicamente – e o quadro (= frame) – o enunciado metafórico que impõe a extensão do significado aos elementos focais – são entendidos como fazendo parte de um sistema: *risco* desliga-se do paradigma – campo lexical[27] – em que figurava como elemento de um sistema conjuntamente com *traço, risca, debuxo*, etc. e passa a fazer parte de um outro paradigma, a que pertence *perigo, aventura, jogo*, etc.

3.3. Assim como a gramática exerce vigilância para que as expressões complexas sejam bem construídas e significantes, também a nossa consciência ontológica vigia para que os conteúdos complexos das expressões significantes sejam coerentes. E da aproximação de *risco* do domínio de *perigo* surge o contacto com o real, dando-se a morte do tropo. As metáforas empalidecem ou morrem quando se tornam lugares comuns. Actualmente, nenhum falante da língua, ao dizer «*corremos o risco de perdermos o pé*», pensa em *traço* ou *risca*. Quando as metáforas entram no

---

[25] «Basic categories formed by prototypes have a level of abstraction that presents the maximum information with the least cognitive effort.» (Cormac 1985: 96).

[26] Para a explicação das dicotomias *figurans-figuratum, veículo-teor, foco-quadro* (frame), cfr. Kittay 1987: 16.

[27] «in metaphor what is transferred are the relations which pertain within one semantic field to a second, distinct content domain.» (Kittay 1987: 36).

uso comum, as entradas do dicionário aumentam. Mas, com o auxílio de verbos como *correr, assumir, desprezar, conhecer*, etc., *risco* continua no centro da "cena" predicativa, seleccionando assim os participantes no enunciado, comandando os "vectores"[28] das combinações em que esta palavra possa ocorrer.

4. Conclusão

4.1. A teoria cognitiva, ainda na sua infância, tem vindo a apresentar explicações várias: umas aproveitando sugestões da inteligância artificial e da psicologia, outras que insistem em pontos já debatidos na semântica lexical e frásica, análise componencial e gramáticas de casos. Noções como "cena", "script", "frame", etc., surgem com nova força e novo enquadramento, e termos e conceitos novos vão surgindo, e vão sendo revalorizados certos aspectos tidos como menos importantes até há pouco, como os aspectos diacrónicos do significado das palavras. A teoria dos campos lexicais é aproveitada no estabelecimento das "parecenças de família" e não só.

4.2. Dá-se importância à parte linguística e semântica das palavras e expressões. Parte-se da noção de que os homens descrevem o mundo em termos de protótipos paradigmáticos formando categorias em termos de semelhanças de família. Tem-se vindo a ressustcitar a velha retórica. E aqui têm papel relevante a metáfora.

As metáforas, consideradas internamente, operam como processos cognitivos produzindo novas perspectivações ou configurações e hipóteses acerca da realidade, e, consideradas externamente, operam como mediadores entre o espírito humano e a cultura. Alteram a língua comum e os modos como percebemos o mundo. As metáforas dependem tanto das analogias como das desanalogias: exprimem e sugerem.

Efectivamente, a analogia entre *risco* e *perigo* faz com que seja transportado para o tropo uma nova imagem ao aproximar dois referentes bem distantes. Mas a desanalogia também acentua a distância, a quebra: o risco, no sentido de traço, é também transportando, parecendo atribuir a *perigo* o valor de "linha": é já o *perigo*, ao passo que *risco* é apenas "risco

---

[28] Para o valor que atribuímos a "vector" cfr. Langacker 1990 e sobretudo Cormac 1985: 114.

de se chegar ao perigo/ à linha". É assim que as metáforas, justapondo referentes, realizam a função cognitiva, levam o conhecimento até ao desconhecido, fazem com que a língua não estagne. Suprimindo semas, elidindo traços sémicos, transformando determinados traços significativos, enriquecem a memória semântica na memória de longo prazo numa comunidade linguística.

4.2. As categorias cognitivas activadas por *risco* foram formuladas ou por expressões pertencentes ao paradigma de *risco* e *perigo*: tais como **dano, vítima, ganho, prejuízo, aventura**, etc., ou por expressões tidas como valores universais das línguas, como **acto, acção, agente, destinatário, beneficiário, objecto avaliado**, etc.

O estudo assim permenorizado de expressões é uma exigência dos instrumentos que a tecnologia colocou ao dispor da linguística: homens e máquinas necessitam de descrições finas, disponíveis e prontamente disponibilizáveis. regressa a velha "história de palavras" com roupagens modernas e melhor figurinadas.

Bibliografia:

AULETE, F. J. Caldas – *Diccionario Contemporâneo da Lingua Portugueza*, Lisboa, s/d.

AURÉLIO BUARQUE DE HOLANDA FERREIRA – *Novo Dicionário da Língua Portuguesa*, 2.ª ed., 17.ª impressão, Rio de Janeiro: Editora Nova Fronteira, 1986.

BLACK, Max – «Metaphor», Id. – *Models and Metaphors*, Ithaca, N. Y.: Cornell Univ. Press, 1962.

BRESNAN, J. – *The mental representation of grammatical relations*, Cambridge, MA: MIT Press, 1982.

CHOMSKY, N. – *Lectures on governmente and binding*, Dordrecht: Foris, 1981

CORMAC, Earl R. Mac – *A Cognitive Theory of Metaphor. "A Bradford Book"*, Cambridge, Mass., London: The MIT Press, 1985.

CRUSE, D. A. – *Lexical semantics*, Cambridge: Cambridge U. P., 1986.

DAVIDSON, J. – *Inquires into truth and interpretation*, Oxford: Clarendon Press, 1985.

FILLMORE, Ch. J. – «Semantic fields and semantic frames», in: *Quaderni di Semantica* 6. 2 (1985). 222-254.

FILLMORE, Ch. J. e Atkins, Baryl T. – «Toward a frame-based lexicon: the semantics of RISK and its neighbors», in: Adrienne Lehrer / Eva Feder Kittay (eds) – *Frames, Fields, and Contrasts, New Esaays in Semantic and Lexical Organization*, Hillsdale, New Jersey, Hove and London: Lawrence Erlbaum Associates, 1992. 75-102.

GOLDBERG, Adele E. – *A Construction Grammar. Approach to Argument Structure*, (= A Cognitive Theory of Language and Culture), Chicago and London: The Univ. of Chicago Press, 1995.

LANGACKER, Ronald W. – *Concept, Image, and Symbol. The Cognitive Basis of Grammar*, Berlin / N. Y.: Mouton de Gruyter, 1990.

KITTAY, Eva Feder – *Metaphor. Its Cognitive Force and Linguistic Structure*, Oxford: Clarendon, 1987.

MOLINER, María – *Diccionario de Uso del Español*, Tomos I e II, Madrid: Gredos, 1984.

WEINRICH, Harald – «Semantik der Metapher», *Folia Linguistica* I 1967.

WEINCICH, Harald – «Semantik der kuehnen Metapher» in: Deutsche Vierteljahrsschrift fuer Literaturwissenschaft und Geschichte 37 (1963) &2).

VILELA, Mário – *Gramática de Valências: Teoria e Aplicação*, Coimbra: Almedina, 1992.

VILELA, Mário – *Estudos de lexicologia*, Coimbra: Almedina / IBL, 1994.

AS EXPRESSÕES IDIOMÁTICAS
NA LÍNGUA E NO DISCURSO[1]

0. Nomes e conceitos

As designações do que costuma ser incluído de modo mais ou menos vago em expressões idiomáticas abrange um amplo leque de rótulos cujos núcleos nominais assentam em *idioma* (idiotismo, idiomatismo), *expressão* (expressão idiomática, expressão figurada), *frase* (frases feitas, fraseologismo, fraseologismo verbal / nominal / adjectival / adverbial, frasema, frases estereotipadas), *grupo* (grupos fraseológico), *locução* (locução verbal, locução nominal / adjectiva, locuções figuradas), *modo* (modos de falar, modismo), *sintagma* (sintagma fixo e também sintema) e ainda colocações, lexias complexas, solidariedades lexicais e, por vezes, provérbios e ditados (com as respectivas variantes)[2].

0.1. *Técnica livre do discurso e discurso repetido*

Há duas tendências na língua que podemos designar como técnica livre do discurso e discurso repetido (a "wiederholte Rede" de Coseriu[3]). A **técnica livre do discurso** é toda a combinação gerada pelas regras combinatórias jogando com as propriedades sintácticas e semânticas, como, por exemplo, as regras que regulam a relação entre verbo e respectivos

---

[1] Uma versão reduzida deste estudo vai ser publicada nas Actas do 25.º aniversário do CLUP.
[2] Para um estudo comparativo das designações em muitas das línguas europeias vide Thun 1978: 2-16. Para o alemão vide Gréciano 1987: 193-106.
[3] Coseriu distingue entre "técnica livre de discurso" e "discurso repetido" («El "discurso repetido" abarca todo lo que tradicionalmente está fijado como "expresión", "giro", "modismo", "frase", o "locución" y cuyos elementos constitutivos no son reemplazables o re-combinables según las reglas actuales de la lengua» (Coseriu 1977: 113).

complementos. Esta liberdade combinatória efectua-se a nível frásico, a nível de grupo nominal, de grupo preposicional, etc. Vamos concentrar-nos no chamado "discurso repetido". Cai dentro deste conceito todo o conjunto de designações que acabámos de enumerar. É que as designações compreendem factos de língua muito diferenciados e temos de admitir, dentro da boa tradição europeia, que há um centro e uma periferia no fenómeno "fraseologia"[4]: noção que, ao longo do trabalho, definiremos.

Partimos do princípio de que a expressão idiomática tem uma importância vital na língua: é que a expressão idiomática não se explica pela anomalia nem pelo desvio ou pela derivação relativamente a uma norma, a um significado lexical literal originário. Postos perante a sua constituição, a sua frequência e a sua riqueza, não pode tratar-se de um elemento linguístico marginal e secundário[5].

1. Fraseologias e fraseologismos / frasemas

Passo a designar por fraseologia a disciplina que tem como objecto as combinações fixas (diria mesmo, congeladas) de uma dada língua, combinações que, no sistema e na frase, podem assumir a função e o significado de palavras individuais (ou lexemas)[6]. A definição que damos

---

[4] «In Anbetrachten der Zusammensetzung des Phraseologischen Bestandes als Teil des Lexikons ist es sinnvoll und zweckmässig, zwischen einem zentralen und einem peripheren Bereich der Phraseologie zu unterscheiden» (Gläser 1986: 45) e «The classes (and sub-classes) of elements should not be regarded as 'boxes' with clear-cut boundaries but as formations with a compact core (centre) and with a gradual transition into a diffuse periphery which, again, gradually passes (infiltrates) into the peripheral domain of the next category.» (Daneš 1966: 11).

[5] «L'EI [expression idiomatique] ne s'explique pas par l'anomalie, par l'écart, par la déviation ou par la dérivation par rapport à une norme, à un sens lexical et littéral premier. Vu sa constitution, sa fréquence et sa richesse, l'idiotisme ne peut pas être un signe marginal et sécondaire» (Gréciano 1984: 109).

[6] Aliás é esta a posição dos especialistas das fraseologias: «Se ha abusado del empleo de "expresión idiomática" para todo: desde expresiones fijas..., hasta aquellas vagamente metafóricas com "pay attention" ('prestar atenção'..» (Hutchins / Sommers 1995: 158) e «a pesar de que las colocaciones puedan ser más o menos idiomáticas, más o menos transparentes u opacas, ... el hecho es que la existencia de opacidad o idiomaticidad en una construcción incide en su comportamiento sintáctico» (Aguilar Amat 1993: 66) ou ainda «la frecuencia no tiene ninguna validez para considerar una determinada combinación com colocación. El hecho de que el lexema *actividad* se combine frecuentemente con febril es una consecuencia de que estos dos lexemas forman una colocación, no la causa» (Alonso Ramos 1993: 159).

espelha a que foi feita no grupo – aliás, quase podia mesmo dizer, grupo fundador da fraseologia na Europa – de investigação de Mannheim, que, sob a designação de frasema, afirmava o seguinte:

«Phraseme sind bedeutungstragende Einheiten der Sprache, die als Ganzes im Verlauf der Rede reproduziert werden, über mindestens zwei Autosemantika verfügen, von denen wenigstens eines eine Umdeutung erfahren hat, und die als Satzglieder fungieren oder sich in den Satz anschliessen, ohne alleine einen eigenen Text zu bilden.»(Josip Matesic 1983: 111) [os frasemas são as unidades da língua que são reproduzidas em bloco no decurso do discurso, unidades constituídas por (pelo menos) dois autossemânticos[7] e em que, no mínimo, um dos autossemânticos sofre uma transposição e, no seu todo, funcionam como elementos frásicos ou nela se integram, mas sem constituírem por si uma frase.]

Estes frasemas (ou fraseologismos[8]) funcionam como um processo de ampliação do léxico, servindo assim para a nomeação, qualificação, circunstanciação, ou, por outras palavras, contribuindo para a lexicalização da conceptualização e categorização da nossa experiência quotidiana. As fraseologias têm, como quaisquer unidades lexicais não fraseológicas, carácter de signo e têm por isso uma função nomeadora: nomeiam de modo codificado e sistemático um denotado ou classe de denotados, representando esquemas mentais de objectos ou de estados de coisas. Nesta função nomeadora estamos perante uma nomeação secundária, construída a partir de signos "mínimos". Para esta nomeação secundária, normalmente, existem já nomeações primárias, só que as fraseologias redescobrem novas propriedades que lexicalizam, apontando, nessa redescoberta, sobretudo, para a esfera da expressividade[9]. O que preferencialmente os fraseologismos lexicalizam são, no chamado léxico mental, as emoções, as

---

[7] Depois veio a admitir-se que não era necessários que os dois elementos fossem autossemânticos, mas apenas um deles.

[8] Apoio-me em B. Wotjak 1992. A tradição soviética (depois continuada pela tradição europeia) assenta no mesmo princípio, como confirma Pastor (1995: 80): «sólo constituyen unidades fraseológicas aquellas combinaciones que denominan globalmente um único concepto – con la consecuente inseparabilidad formal de sus elementos y la frecuente idiomaticidad semántica – y que funcionan en el discurso de la misma forma que las palabras».

[9] Não podemos esquecer que, regra geral, os elementos constituintes dos fraseologismos são formalmente comuns (ou homófonos) dos das combinações livres. A divergência formal é excepção e não a regra.

atitudes, as interpretações subjectivas, os comportamentos, frequentemente com pendor negativo. Isto equivale a dizer, a nomeação por meio das fraseologias traz sempre uma marca: mesmo que já haja uma nomeação por meio de signos primários, o fraseologismo ou nomeia de forma mais expressiva, ou reforça a expressividade se ela já existir lexicalizada de outra forma. Por isso mesmo se explica a sua presença abundante em textos predominatemente comunicativos e onde a oralidade predomina. A amplitude estilística e sintáctica, a variedade da semântica dos fraseologismos é bem diferenciada. Estamos a definir os fraseolgismos ou, em termos mais tradicionais, as fraseologias em sentido estrito ou o seu núcleo central. Partimos de exemplos do género de duas expressões homónimas:

tirar nabos da púcara
 —» valor de discurso livre: significado literal ou composicional e
 —» valor fraseológico: tentar descobrir segredos de modo disfarçado
lançar a escada
 —» valor de discurso livre: fazer descer a escada para que alguém possa subir (salvando-se ou saindo de dificuldade)
 —» valor fraseológico: tentar descobrir segredos de modo disfarçado (= 'tirar nabos da púcara')
falso alarme
 —» valor de discurso livre: significado literal ou composicional
 —» valor fraseológico: sinal tido como certo mas sem correspondência, em qualquer domínio
estar em pulgas
 —» valor de discurso livre: estar em cima de pulgas com as consequentes comichões
 —» valor fraseológico: estar agitado / perturbado / em dificuldade
estar em maus lençóis:
 —» valor de discurso livre: dormir entre lençóis 'rascanhosos', incomodativos
 —» valor fraseológico: estar em dificuldade

Entendemos assim por fraseologias combinações de palavras (ou grupos de palavras) relativamente estáveis cujo significado global interno de uso difere do significado global externo de uso dos constituintes individuais em combinações livres. No interior das fraseologias as palavras perdem o seu significado individual e constituem em conjunto um significado fraseológico novo, transposto, idiomatizado, isto é, um semema fraseológico (ou mesmo vários semeamas fraseológicos). No processo de fraseologização abstrai-se de uma situação concreta por meio da transposição / transferência metafórica, metonímica, entre outras, do significado: a metáfora (*estar em maus lençóis*) através de um traço comum (tertium comparationis) entre os sememas de dois denotados (ou classes de denotados), que é designado tradicionalmente como conceito de base e conceito transposto ou como esfera de base e esfera imagética; a metonímia (*dar o braço a torcer*) baseada numa relação de contacto ou contiguidade entre sememas de dois denotados ou de duas classes de denotados[10].

Nas fraseologias, trata-se de unidades *polilexicais* sistematicamente *estáveis* (pelo menos, relativamente estáveis), que se caracterizam pela *idiomaticidade* (total ou parcial), pela *lexicalização* e *reproduzibilidade* e ainda, no discurso, caracterizadas por uma alta capacidade textualizadora (capacidade criativa de ligação, de associação e modificação) e por uma capacidade comunicativa muito rica. Tratando-se de signos polilexicais estamos em presença de um grupo muito heterogéneo, com subgrupos estrutural e semanticamente bem diferenciados.

Os critérios comummente usados para identificar os fraseologismos são o da **fixidez**, que consiste na impossibilidade de dissociação de um grupo, o da **idiomaticidade** (ou **semântica composicional nova**), a construção cujo significado não resulta do significado dos morfemas (*tirar nabos do púcaro, partir pedra, trabalhar para o boneco, sem papas na língua, ficar tudo em águas de bacalhau*), o da **tipicidade** sintáctica e semântica, pois além da opacidade semântica, as unidades como tais não entram na composição de outras unidades (*à trouxe-mouxe, sem dizer chus nem bus, cré com cré e lé com lé, cada um com a sua ralé*, o equivalente a *cada macaco no seu galho*). E, quando se fala em **idiomatismo,** pretende-se também indicar que estamos perante uma construção própria de uma língua, sem qualquer correspondência sintáctica noutra língua (*são farinha do mesmo saco, rés-vés campo de Ourique, sem tugir nem mugir, meter o Rossio na Betesga, sem tir-te nem-guar-te, já chegámos à Madeira ou quê?*). Falaremos, primeiro, da fixidez e, depois, da idiomaticidade.

---

[10] Em muitos casos, metáfora e metonímia acompanham-se, como em *dar o braço a torcer*.

2. Estabilidade, variabilidade, modificação dos fraseologismos

2.0. *A variabilidade mais visível*

A invariabilidade total das fraseologias tem sido posta em causa: trata-se de uma invariabilidade relativa, como se prova por uma certa variabilidade visível sobretudo no discurso. Por força do contexto, há muitas possibilidades de variação. Por exemplo, em:

> «*Alhos e Bugalhos*. [título da notícia] No debate parlamentar de quarta-feira, Paulo Portas perguntou a António Guterres se sabia quantos passaportes foram roubados de consulados portugueses um pouco por todo o mundo... O primeiro-ministro não respondeu à pergunta, mas reagiu agastado, sugerindo até que Portas estaria a fazer o frete a Washington, que esta semana decidiu reapreciar o caso português, ..., por exemplo, em matéria de vistos.... Dá a ideia de que Lisboa *mistura alhos com bugalhos* e, num jogo de compensações ..., pretende cobrar, em vistos, o apoio a Washington na guerra contra o terrorismo.» (*Expresso*, 3.11.2001)[11]

O frasema *misturar alhos com bugalhos* contrai-se perdendo, no título. o elemento colocativo (ou determinante): *misturar*.

2.1. *A variabilidade prevista na norma da língua*

2.1.1. *A variabilidade através de variantes estruturais*

Podemos assim, para já, prescindir das modificações (sintácticas ou semânticas) ocasionais nas fraseologias que ocorrem em textos, as variantes usuais, convencionais e concentrar-nos-emos nas seguintes variantes ou variações sistemáticas, as chamadas **variantes estruturais,** as mudanças morfológicas e sintácticas parciais de cada um dos componentes (variantes da estrutura fraseológica), mantendo-se o significado e a marca diastrática, em que se verifica apenas a substituição de elementos estruturais do fraseologismo, como sendo as variantes em sentido estrito. Assim, distinguimos

---

[11] Sempre que se indique o contrário, os itálicos são meus.

– as variantes estruturais, ou variantes que se situam no domínio da gramática (morfologia), como género, diminutivo, superlativo[12]:
de beiço caído / de beiça caída,
fazer olhos / olhinhos a alguém,
ter um bom palminho / palmo de cara,
estar com panos / paninhos quentes,
ter a papa / a papinha já feita,
ter uma palavra / uma palavrinha a dizer,
estar morto / mortinho por;
deitar água na fervura / fervedura,
dar com os burrinhos / com os burros na água,
juntar os trapos / os trapinhos;
coisíssima nenhuma / coisa nenhuma,
ser uma coisinha (coisa) de nada;
– a variação que ocorre entre singular e plural:
arrebitar a orelha / as orelhas;
dar (tudo) em água / águas de bacalhau;
jurar a pé junto / a pés juntos;
– a variação que se dá entre artigo e possessivo, artigo definido e indefinido ou artigo nulo:
cavar a (sua) (própria) sepultura,
dar a última palavra / a sua última palavra,
enfiar o / um barrete a / em alguém,
armar um banzé / armar banzé;
ver (a) luz ao fundo do túnel
– a variação que ocorre nas diferentes formas de negação, ou negação e não-negação:
ter olhos na cara / não ter olhos na cara,
medir / não medir as palavras,
(não) dar pé para algo, (não) ter pé para algo, (não) estar no mesmo pé, (não) perder o pé;
sem papas na língua / não ter papas na língua,
não ter pé para algo / sem pé para algo;
estar dentro / fora da razão;
– as variações que se dão entre preposições (sem que haja alteração de significado):
estar de / com os olhos bem abertos,
ficar de / com os olhos em bico,
trocar algo em / por miúdos;

---

[12] Devemos ter presente que a graduação se insere num dos núcleos das fraseologias: a expressividade.

– as variantes (estruturais) que ocorrem entre sinónimos (em que a sinonímia, quer dos colocativos, quer do núcleo fraseológico, apenas acontece nestes casos):
deitar / lançar achas pr'á fogueira,
de cabeça / viseira caída,
voltar / virar o bico ao prego,
não mexer / mover / bulir / tocar uma palha,
cravar / espetar os olhos em alguém,
rir até rebentar os cozes / as ilhargas;
sem mais razões / sem mais aquelas;
pôr o pé/ dar um passo / uma passada em falso;
– a variação que ocorre por antonímia (isto é, em que a antonímia é possível):
ser boa / má rês,
línguas vivas / línguas mortas,
de cabeça / viseira caída vs. *de cabeça levantada / erguida;*
– as variantes que são possíveis dentro de um campo lexical homogéneo (isto é, em que há um arquilexema ou conteúdo arquilexemático):
ler / ver / observar / reler por alto,
ler / ver/ rever / reler pela rama;
ter de *gramar / engolir* a pastilha,
tomar/ interpretar / compreender... ao pé da letra,
contar / meter / enfiar patranhas (a alguém),
crescer / engordar / enriquecer / melhorar a olhos vistos,
destruir / desfazer / rasgar ...de alto a baixo[13];
vir com *pezinhos / com passinhos* de lã;
provocar *uma guerra / uma zaragata / uma discussão / uma polémica;*
não meter o bedelho / o bico / o nariz onde não se é chamado
dar / deitar / lançar / jogar pérolas a porcos,
ensinar o *padre-nosso / a missa* ao vigário / ao padre
perder o seu tempo / o seu latim com alguém / algo
– as variantes que são possíveis dentro de um campo lexical heterogéneo:
comprar / vender / comer / apanhar gato por lebre;
ir / levar tudo raso;
gastar dinheiro à tripa forra / à larga / à farta / às mãos cheias / a rodo[14];

---

[13] Cfr. Schemman / Schemman – Dias s/d, XXX e s. Estes autores fazem distinções entre o campo semântico em que se situam as alternativas possíveis (campo homogêneo, em que há um arquilexema comum, e campo heterogéneo, em que não é possível encontrar um denominador comum).

[14] Por vezes a alteração plural-singular parece vir afectar o valor de fraseologia: *saber umas coisinhas / uma coisinha de alguém*, etc.

– as variantes que ocorrem no domínio das denominadas séries fraseológicas (isto é, as séries formadas por
– conjunto de verbos que percorrem um conteúdo que configura vários estados de coisas do género "causatividade – estado – cessação de estado"):
estar / trazer / colocar/ pôr algo / em pé de guerra;
procurar / dar / ter pé para ('pretexto');
ter / dar / receber luz verde para qualquer coisa;
lavagem /branqueamento de dinheiro[15];
– as variantes que ocorrem no que podemos denominar como conversivos:
comprar / vender por atacado e *comprar vender a retalho / a varejo*[16].

Há finalmente variantes e variações em que o nível de língua (a situação) condiciona a escolha e em que há quase sinonímia estrutural, existindo assim variação diastrática:
cair na armadilha / na esparrela/ na ratoeira / na rede,
como manda o figurino / a cartilha / a sapatilha,
de orelha murcha / caída,
não ir á bola com alguém / não ser santo da sua devoção / não ir no meu carrinho à missa,
trabalhar para o boneco / para o bispo,
ir na cantiga / na conversa / no paleio de alguém.

Temos também variações em casos – e estamos ainda no domínio das variantes em sentido estrito – em que

– as variações se verificam pela presença / ausência de elementos actanciais em fraseologias verbais ou em que há violação das restrições no uso normal (da combinação livre):
estar com os olhos em alguém / com os olhos postos em alguém vs.
pôr os olhos em alguém,
pôr alguém no olho da rua vs. *pôr alguém na rua,*

---

[15] Entendemos aqui a série fraseológica no sentido de: 'o dinheiro é lavado de que resulta o branqueamento' e daí: *lavagem* e *branqueamento*). A esta metáfora junta-se uma outra (remetaforização) em: *branqueamento de imagem* («O senhor procurador-geral da República ... iniciou uma *campanha de branqueamento da imagem* nunca vista» (*Independente*, 19.11.99).

[16] Mas não é possível o converso em *vender banha da cobra*. Os conversos, por vezes, fazem parte do mesmo conjunto fraseológico, como em *ir por lã e vir tosquiado*.

dizer das boas e das bonitas a alguém,
dar banhada[17];
– a variação da expressão fraseológica representa a violação das regras combinatórias livres pela mudança de categoria de circunstantes que passam a actantes obrigatórios (sem a presença desses elementos a expressão deixa de ser fraseológica):
caíram-lhe / me os parentes na lama;
caiu-me o coração aos pés;
saiu-me um peso de cima das costas;
pôr-se-lhe o cabelo em pé,
fugir-lhe a boca para a verdade
– apenas o núcleo fraseológico é variável e os esquemas frásicos são fixos (o determinante ou colocativo):
fizeste-a boa / fresca / linda;
(alguém) *ser fresco / bonito / ..,*
(alguém) *estar gagá / xéxé / mais pra lá do que pra cá,*

Temos vindo a falar das variações. Mas, em princípio, mesmo nas fraseologias em sentido estrito, a amplitude e os graus da fixidez (ou congelamento) podem ser parciais ou totais: há graus de fixidez. A fixidez pode ser definida como um bloqueio do ponto de vista sintáctico (e do ponto de vista semântico). Por exemplo, em *música ligeira* não é possível substituir por *música leve,* ou *música não pesada.* Estas sequências funcionam em bloco e devem surgir, no dicionário, como entradas. O mesmo se diga de *música de câmara,* c*arta branca, arma branca, maré negra, magia negra, lugar ao sol, bater com a porta.* Trata-se de sequências que esgotam o paradigma. É o que designamos por **bloqueio sinonímico**. Temos presente que o processo de substituição no eixo paradigmático serve para identificar as classes gramaticais, as classes semânticas e, entre estas, as classes de sinónimos. No caso de v*inho tinto,* em que, apesar da fixidez, pode haver escolha: *vinho branco, vinho rosé, vinho verde, vinho maduro.* Isto é, a ausência de paradigma é o caso limite da fixidez.

É claro que para os compostos existe também a restrição: *caminho de ferro* e * *um caminho bom de ferro.* Mas é possível dizer-se: *um bom caminho de ferro, um caminho de ferro estragado,* o que constitui uma diferenciação relativamente às expressões congeladas. Os parâmetros de natureza distribucional servem para se calcular as restrições de natureza

---

[17] «Combinámos tudo muito bem combinado, mas depois, no dia e hora marcados, o Eduardo [Prado Coelho] *deu-me a propriamente dita banhada* e não apareceu nem telefonou.» (Clara Pinto Correia, *Visão* 31.10.01).

sintáctica (e semântica). As possibilidades de substituição dependem da natureza dos predicados, que obedecem a restrições muito gerais. Sabemos que nas expressões congeladas não há possibilidade de substituição por sinónimos, como *estar à mão de semear* e * *estar à mão de colher*. Mas há casos em que existem alternativas (ou possibilidades de substituição sinonímica), que, como vimos, designamos como sinonímia estrutural.

2.1.2. Variabilidade como efeito ecóico

Há variações, no texto, por acrescentamento ou redução dos elementos constitutivos das fraseologias, pois o facto de os fraseologismos constituírem expressões memorizadas, o efeito ecóico permite modificações, simplificações, transposições, remotivações:

«*Discurso* de Sampaio *aos peixes*. [título] Presidente da República vai hoje exortar os deputados a um pacto de coragem para moralizar a vida política» (Independente, 19.11.99) (faz-se eco de *pregar sermão aos peixes*)
«*Contas à moda de Gomes*. [título] Fundação do Porto gastou 2,5 milhões de contos em obras ilegais» (Independente, 19.11.99) (há eco de *contas à moda do Porto*)
«*Fundação à Gomes de lá*. [título]» (a propósito da resposta de Fernando Gomes à notícia de Independente) (Independente, 27.11.99) (eco de: *bacalhau à Gomes de Sá*)
«O *aprendiz de ministro*. [título] A chegada de Fernando Gomes ao Governo de António Guterres foi rodeada de algum *suspense* ...Há quatro anos, com o PS em estado de graça e um futuro risonho pela frente, Gomes teve um dos seus grandes momentos quando, no final de um encontro com o líder socialista ... comunicou que tinha acabado de recusar um convite para integrar o primeiro Executivo ..» (DN, 22.11.99) (eco de: *aprendiz de feiticeiro*)
«*Bacelar por um canudo*. [título] O afastamento de Pedro Bacelar Vasconcelos do Governo Civil de Braga indignou os socialistas do distrito que discordam das movimentações de Mesquita Machado para que fosse nomeado alguém de sua confiança.» (Independente, 11.11.99) (eco de: *ficar a ver Braga por um canudo*)[18]

---

[18] Dedicaremos um capítulo à desconstrução e reconstrução das fraseologias no discurso.

2.1.3. *Falsa variabilidade ou variação de valência / regência*

Para além das variantes fraseológicas do sistema (variações estruturais) e modificações no discurso, devemos ainda distinguir unidades estruturadas lexical e morfossintacticamente de modo (quase idêntico) que transportam significados diferentes e que pode levar intralingualmente aos falsos amigos, mas em que a *divergência* ou provém da variação da preposição ou da valência (em qualquer dos seus graus de preenchimento dos respectivos lugares argumentais), do género de:

Meter algo ao bolso: 'desviar' (além da expressão homófona) vs.
Meter alguém num bolso: 'superar'
Estar sobre brasas: 'estar em dificuldade' ou 'estar ansioso'[19] vs.
Passar pelas brasas: 'dormir de modo leve e rápido'
Encher-se de brios e *meter-se em brios* (valor quase idêntico, mas com diferenciação aspectual)
Apanhar uma carga d'água / por que carga d'água é que ..?
Dar as cartas e *dar cartas* (quem dá cartas agora é..)
Não dar cavaco / não dar cavaco às tropas (redução por incorporação)
Alguém faz a ponte entre alguém, vs. *Alguém fazer ponte* (no fim de semana)

(Ser) *chapa ganha, chapa gasta* vs. (Ser) *chapa ganha, chapa batida* (simultaneamente metáfora e metonímia)[20].

---

[19] Há a possibilidade de haver três expressões homónimas: i) a literal, ii) 'estar em dificuldade' (transposição metafórica), iii) 'estar ansioso' (remetaforização).

[20] Há expressões nominais que comportam igualmente expansões fraseológicas interessantes, como:
Coisa de (N designativo de lugar)
Há coisa de (Nome designativo de tempo)
Ser alguma coisa a alguém
Deu-me uma coisa
Dar pela coisa
Aí anda coisa
Como quem não quer a coisa
Não dizer coisa com coisa
Coisa velha e relha
Saber umas coisas de
Coisas e loisas
Por causa das coisas
Ver as coisas mal paradas
Coisíssima nenhuma
Ser uma coisinha de nada

Nestes casos, a situação, o contexto, o ambiente da comunicação ou o discurso ajudam a desfazer a ambiguidade, especificando o sentido concreto e preciso.

2.1.4. *Variabilidade diatópica*

Há ainda a variante diatópica, que relativamente ao português, é particularmente relevante: tenha-se em conta a dimensão e diversidade dos países que têm o português como língua materna ou como língua oficial. Assim,
- Moçambique:
  - dobrar os espinhos das micaias ['ultrapassar uma grande dificuldade']: passar Cabo das Tormentas ou passar o Rubicão (PE)
  Brasil.
- ter dinheiro como / feito capim / como milho (PE)
- mole e quente é pé de gente (expressão que se diz quando alguém pisa o nosso pé: BR) / o debaixo é meu (PE)
- passar o pé adiante da mão (Ceará) / dar o pé e tomar a mão (PE)
- como quem não quer a coisa (PE), como quem quer não querendo (BR)
- cair na arapunca [BR: cair na armadilha / na esparrela] (PE)
- descascar um abacaxi [ultrapassar uma dificuldade]
- vender por atacado (PE e PB), mas vender a retalho (PE) e vender a varejo (PB)

Também há variações de região parea região, dentro do mesmo país. Por exemplo:

nem fun nem funetas (Trás-os-Montes e Alentejo: pelo menos) e *sem funfas nem funfetas* (na região de Aveiro[21]).

2.2. Classificação dos fraseologismos quanto à variabilidade

Não é pacífico dizer-se o que pode ser incluído (ou excluído) em fraseologia: partimos do princípio de que se trata mais de um arquiconceito que abrangeria todos os textos formais constituídos por elementos

---

[21] Relativamente ao Alentejo e a Aveiro, informação de Fátima Oliveira e Helena Margarida Mendes, respectivamente.

em cuja realização entram unidades previamente disponíveis e fixas. Teremos textos em que a maior parte dos seus componentes são fixos (além dos tipos de expressões fixas incluídos nas designações que indicámos anteriormente, haveria ainda textos mais ou menos estandardizados como os que se usam para tudo o que tem a ver com informações rodoviárias, com anúncios de falecimentos ou nascimentos em jornais, com as informações estatais e institucionais nas ruas ou repartições públicas, etc.), que se compõem recorrentemente de "partes fixas", os chamados padrões textuais disponibilizados para tal ou tal efeito. Têm características muito próprias, componentes de conteúdo similar e mesmo constante: são fórmulas ritualizadas de componentes, próprias para determinadas situações, possibilitando a reprodução quase automática dos textos ou de partes do texto para as informações que apenas mudam pontualmente. Isto é, a fixidez compreende um vasto leque de textos ritualizados e rotineiros.

Situando-nos nas fraseologias propriamente ditas, a sua classificação quanto à fixidez, pode ter como ponto de partida a natureza sintáctica (ou textual) das expressões fraseológicas (relativamente às partes do discurso a que pertencem) e o grau de fixidez.

2.2.1. Classificação dos fraseologismos quanto à fixidez

A classificação dos fraseologismos, considerando a fixidez, ou, mais concretamente, a amplitude e o grau de fixidez, e a sua distribuição pelas diferentes categorias gramaticais, compreende:
– sequências em que a fixidez atinge toda a sequência:
provérbios e máximas (que ficam fora do que designamos por fraseologia):
de noite todos os gatos são pardos,
o silêncio é de ouro,
– frases:
já não está aqui quem falou[22]
– sequências verbais:
dar o braço a torcer,
ter mais olhos que barriga,

---

[22] «Pronto, dou o braço a torcer, já não está aqui quem falou» (Mário de Carvalho – *O nó estatístico*, 3.ª ed., Lisboa: Caminho, pg. 61).

fazer boa figura[23],
estar nas suas sete quintas,
levar / trazer água no bico,
bater com a porta;
– sequências nominais:
música ligeira, peso morto, mundos e fundos, coisas e loisas, ponto zero,
boinas verdes, capacetes azuis (espécie de soldados)
colarinho branco, curto circuito; *arma branca* (espécie de pessoas, determinado tipo de arma)
– sequências adjectivais:
são e salvo, feito de encomenda;
surdo como uma porta;
– sequências adverbiais:
de papo cheio;
sem tugir nem mugir;
sem tir-te nem guar-te;
(estar) *de beiço caído,*
de lés a lés,
sem papas na língua,
ao retardador,
em rota de colisão[24],
(ficar) em águas de bacalhau,
a ferro e fogo
– determinantes nominais:
uma carrada de nomes;
um cabo de cebolas; *um dente de alho*;
dois dedos de conversa
– fórmulas interjeccionais:
uma ova!, cos diabos!, hom'essa! essa é que é essa!

Isto é, as fraseologias em sentido estrito abrangem todas as categorias gramaticais correspondentes aos autossemânticos.

---

[23] «derrubar a muralha corporativa portuguesa será mais árduo do que fazer boa figura numa pasta moderna..» (Vicente Jorge Silva- Caro José Sócrates, DN, 17.12.99).

[24] «Pina Moura e Salgueiro em 'rota de colisão'. Finanças desconhecem aumento de capital da CGD» ([título e subtítulo] (Expresso, Economia, 24.12.99).

2.2.2. *Classificação estrutural e semântica dos fraseologismos*

De acordo com os critérios normalmente adoptados – critérios estruturais e semânticos – vamos tentar desintegrar o conceito de fraseologia:

- **fraseologismos** (núcleo, ou os fraseologismos prototípicos): que depois definiremos melhor tomando como ponto de partida a componente semântica propriamente dita;
- **estereótipos de nomeação**:
  - ocorrências frequentes e prováveis (podendo haver alguma presença da metaforicidade): *opinião pública, estado de direito cara metade, ponto negro*;
  - unidades toponímicas não idiomáticas: *Mar Negro, Universidade Pedagógica, Rio Grande do Sul*;
  - unidades de nomeação não idiomáticas: *pais e filhos, noite e dia, quinta-feira*, ...

Temos um bom exemplo de estereótipos de nomeação em:
«Para uma certa esquerda norte-americana dos anos 60 ficava mal chamar negros aos negros e índios aos índios. Passaram a *"afro-americanos"* e *"nativos americanos"*. Assim começou a moda do politicamente correcto. Em Portugal a revolução semântica iniciou-se há alguns anos, pela promoção das *"criadas de servir"* a *"empregadas domésticas"* (actualmente *auxiliares de apoio doméstico*) e dos *"empregados" (de comércio e serviços*) a "colaboradores". Lentamente estabeleceu-se o novo léxico das profissões consideradas menores; os carteiros passaram a *técnicos de distribuição postal*, os *caixeiros viajantes* a *técnicos de vendas*, as meninas dos correios a *técnicas de exploração postal*, os jardineiros a *técnicos de manutenção de espaços verdes*, os varredores a *técnicos de higienização urbana*, os estivadores a *técnicos de manipulação e deslocação de cargas e descargas*, etc. Aboliram-se os contínuos. Passaram a *auxilares administrativos*. Que, no caso particular das escolas e hospitais, se chamam *auxiliares de acção escolar e de acção médica*. Os *técnicos de apoio geral* (na administração postal). A revolução linguística invadiu o nosso quotidiano. O nível zero corresponde ao rés-do-chão e a cave ao menos um. O ruído chama-se *poluição sonora* e os lixos, *resíduos urbanos*. As *cabines telefónicas*, os *bancos de jardim*, os *marcos do correio* e os *postes de iluminação*, apesar de fixos, são *"mobiliário urbano"*. Nos autocarros deixámos de picar bilhetes. Validamos títulos de transporte, ou seja, *obliteramos*. Nesta altura a companhia Carris inventou um novo significado para o verbo "obliterar" e o novíssimo substantivo "obliterador", no caso a

máquina que pica os bilhetes. Proibido fumar é, na semântica da aviação comercial, *"voo azul"*... também deixou de haver regiões atrasadas. O Alentejo é uma *zona de desenvolvimento sustentado* e o Casal Ventoso, *uma área urbana sensível aos grupos populacionais vulneráveis a condutas alternativas*. Na economia deixou de haver falências. Há *empresas com insustentabilidade financeira*. Os prejuízos são *crescimentos negativos*.... Acabaram-se os despedimentos. Há *ajustamentos de efectivos com racionalização e optimização de recursos humanos*. Obviamente também deixou de haver desempregados. Existem cidadãos à procura de emprego, que a partir da *faixa etária* dos 45 entram em *pré-reforma antecipada*. E pobre é um *indivíduo de recursos económicos sensíveis*...E há que atribuir novos significantes às realidades particularmente desagradáveis. Uma prisão é um *centro de detenção* (ou de *reinserção social*, no caso dos jovens). Um *asilo de velhinhos* é uma *unidade geriátrica*..... estrutura *familiar monoparental* quer dizer *mãe solteira*. ... Há já alguns anos que deixou de haver *doentes*. Existem *utentes*... os *serviços de urgência* passarão a chamar-se... "*emergências*"» (Ricardo França Jardim, A espuma da vida, Pública, 19.12.99)[o itálico é meu]

Ou ainda em:
«Já nem me refiro ao caso das "viagens-fantasma" dos deputados mas sim a este inqualificável sistema eleitoral que fabrica "deputados-fantasma" como se fosse a coisa mais natural do mundo.» «Mais grave ainda do que os "deputados-fantasma" é, todavia, o caso dos "deputados-flutuantes": os que são e não são, conforme os seus interesses pessoais conjunturais ou os do partido a que pertencem» (Miguel de Sousa Tavares, in: Público, 5.11.99)

- **fórmulas comunicativas**: fórmulas pré-fabricadas, ritualizadas e habitualizadas, sempre disponíveis para determinadas situações, tais como observações, chamamento, etc., que podem ser
  - totalmente idiomáticas: *aí é que está o gato; o diabo seja cego, surdo e mudo; eu seja cão se ...; mole e quente é pé de gente*(Brasil) equivalendo à expressão*: cuidado, que o debaixo é meu)*
  - parcialmente idiomática: *vai ver se chove lá fora, vai passear até ao bilhar grande, isso agora já é outra cantiga, ruço de má pelo*
  - não idiomáticas: *boas festas, no meu entender, como soi dizer-se*
- **chavões** (phraseoschablonen): estruturas cujo preenchimento lexical é em certos limites variável, mas apresentam uma certa invariabilidade: *ombro a ombro, passo a pass*; *coisas e loisas*;

verdade verdadinha, certeza certezinha;
quem tem tem, quem não não tem não tem;
pão pão, queijo queijo;
(algo) *ser uma seca / estucha dos diabos / o cabo dos trabalhos;*
ser o bom e o bonito;
ouvir das boas e das bonitas;
por paus e por pedras;
por artes de berliques e berloques;
de cor e salteado

- **construções com verbo suporte**: trata-se de um grupo bastante heterogéneo quanto ao grau de idiomaticidade e fixidez, compreendendo restrições flexionais (uso do plural), uso sem artigo, em que a maioria é V + N, o verbo serve de suporte e o núcleo predicativo é o nome (normalmente deverbal e abstracto) ou adjectivo. Limitar-nos-emos a indicar apenas as expressões nitidamente fraseológicas:

– totalmente idiomático:
pôr uma pedra sobre o assunto,
chegar a mostarda ao nariz ,
dar água pela barba,
perder a cabeça,
levar a água ao moinho,
pôr tudo em pratos limpos,
pôr os pontos nos iis,
não dar ponto sem nó;

– parcialmente idiomático e em que o verbo suporte tem valor essencialmente aspectual:
romper a chorar,
desatar a correr,
largar a proferir insultos (contra toda a gente);

– parcialmente idiomático:
fazer um ajuste de contas,
pôr alguém a nú / a descoberto,
pôr-se ao largo.

2.2.3. As fronteiras entre fraseologismos e composição livre: ou os mecanismos formais de identificação

Quanto à fixidez, as fronteiras entre a fixidez total e a combinação livre pressupõem uma graduação, o que nem sempre permite definições e limitações precisas. Teremos, possivelmente, o último ponto da fixidez nos chamados compostos, que representam o ponto final da fraseologização:

aguardente, fisioterapia, passatempo, sobremesa;
água-de-colónia, caminho-de-ferro, fim-de-semana, banho-maria, lugar-comum;
limpa-pára-brisas;
erde-garrafa.

Depois seguir-se-ão as expressões fixas, em que a diferença entre compostos e frasemas nem sempre é fácil de estabelecer. Reporto-me a casos como:

doença mortal, línguas vivas / línguas mortas, tumor maligno / benigno, terceira idade, terceiro mundo, caixa alta (notícia de —), frase feita;
leite gordo / magro / meio gordo;
ataque de coração, angina de peito[25], fim de século, moço de fretes.

Mas põe-se o problema de podermos distinguir com alguma clareza, do ponto de vista formal, expressões como (ser) *o braço direito* (de alguém), *actividade febril, ponte aérea, ódio mortal*, etc. Em última estância, os critérios normalmente apontados[26] deixam sempre alguma margem de insegurança. Do ponto de vista formal há o bloqueio das propriedades transformacionais normais: as construções livres apresentam propriedades transformacionais de acordo com a sua organização interna. Por exemplo, a relação entre um verbo transitivo directo e o seu objecto directo pode ser objecto de várias mudanças de estrutura, com as chamadas transformações. A partir de uma frase como:
O aluno comprou este livro

Pode transformar-se por:
passivização: Este livro foi comprado pelo aluno
pronominalização: O aluno comprou-o
destacamento à esquerda: Este livro, o aluno comprou-o
extracção: Foi este livro que o aluno comprou
relativização: O livro que o aluno comprou

---

[25] Trata-se, em princípio, do que designámos por estereótipos de nomeação ou sintagmas terminológicos.
[26] Lexicalização, estabilidade, fixação, congelamento, reproduzibilidade, institucionalização, idiomaticidade, frequência (cfr. Pastor 1995: 32-35).

Estas transformações não são admitidas por verbos transitivos directos usados em expressões idiomáticas:

Ele ouviu as últimas e * As últimas foram ouvidas por mim
Ele viu o pão de ló (na mesa)
O pão de ló foi visto por mim (na mesa)
Ele não viu o padeiro
* O padeiro não foi visto por mim[27]

Os grupos substantivais admitem também alterações de estruturas:

nominalização: Um livro *difícil* -» *A dificuldade* do livro
adjunção de advérbios intensivos: Um livro *muito difícil*, um livro *particularmente difícil*
predicação: Este livro *é difícil*

Estas transformações não são possíveis em:

A música ligeira
* *A ligeireza* da música
* Um música *muito / particularmente ligeira*
* Esta música *é ligeira*[28]

Recorre-se assim aos chamados critérios formais ou transformações do ponto de vista sintáctico. Mas as chamadas colocações (os semi-frasemas de Melchuk) oferecem alguma resistência na diferenciação relativamente às fraseologias prototípicas. Comparem-se *prestar atenção* e *perder a cabeça*[29], realizados por meio de *o João perdeu a cabeça* e *todos prestaram atenção ao professor*, submetendo ambas as expressões a um amplo leque de testes e obteremos o seguinte resultado:

– passivização:
  – A cabeça foi perdida pelo João (não corresponde á fraseologia)
  – A atenção foi prestada por todos nós ao professor
– adjectivação participial:
  – A cabeça perdida do João (não corresponde á fraseologia)
  – A atenção prestada por todos nós / ele agradeceu-nos a atenção prestada
– relativização:
  – A cabeça que o João perdeu / que perdeu o João (não corresponde á fraseologia)

---

[27] Torna-se claro que, na leitura composicional, é possível a passivização.
[28] Não podemos esquecer que essas transformações são possíveis se devolvermos a "ligeira" o sentido que o adjectivo tem a nível de língua (ou nível genérico do adjectivo).
[29] Vide Sanromán 2000: 166s.

- A atenção que vocês prestaram (agradou-me)
- pronominalização:
  - O João perdeu-a (não corresponde á fraseologia)
  - Vocês prestaram-na (e eu gostei)
- modificação adjectival:
  - O João perdeu a paciente cabeça (não corresponde á fraseologia)
  - Vocês prestaram paciente atenção
- modificação nominal:
  - O João perdeu a cabeça da serenidade
  - Vocês prestaram atenção de grande qualidade
- modificação adverbial:
  - O João perdeu a cabeça momentaneamente / intensamente
  - Vocês prestaram atenção intensamente
- determinação:
  - O João perdeu aquela cabeça (não corresponde á fraseologia)
  - Vocês prestaram aquela atenção
- intensificação:
  - O João perdeu muito a cabeça (não corresponde á fraseologia)
  - Vocês prestaram muita atenção
- "indefinição":
  - O João perdeu uma cabeça (não corresponde á fraseologia)
  - Vocês prestaram uma atenção (não corresponde à colocação)
- pluralização:
  - O João perdeu as cabeças (não corresponde á fraseologia)
  - Vocês prestaram atenções (não corresponde à colocação)
- presença / ausência de artigo:
  - O João perdeu cabeça (não corresponde á fraseologia)
    Vocês prestaram uma atenção (não corresponde à colocação)
    Vocês prestaram a devida atenção

Como vemos, estes testes ajudam à compreensão das restrições transformacionais, deixando contudo a ideia de coesão tanto nos frasemas como nas colocações, só que em grau diferente. Esperamos definir melhor alguns limites ao tratarmos dos critérios semânticos.

3. Idiomaticidade como traço prototípico das expressões idiomáticas

A metaforicidade, entendida em sentido amplo, é tida como o traço característico das expressões idiomáticas (fraseologismos)[30]. Mas a

---

[30] «É considerado como exemplo incontroverso para uma expressão idiomática

definição mais comum de **expressão idiomática** ou **idiomatismo** é dada como a sequência que não pode ser traduzida literalmente para outra língua, isto é, não é possível a tradução palavra por palavra, sem que essa expressão não tenha qualquer restrição, nem no plano sintáctico nem no plano semântico (o sentido não é composicional, não é transparente, mas sim opaco). A tradição aproxima o conceito de **expressão idiomática** do conceito de **giros** a que se atribui sobretudo o valor de expressões próprias de cada língua e que têm de ser aprendidas de cor, onde se incluem expressões idiomáticas e não idiomáticas[31] (como, por exemplo, *trocas e baldrocas*). Nem tudo o que é "fixo" na língua entra no "discurso repetido": os poemas, os provérbios, as canções, as colocações, as solidariedades lexicais, não podem ser alterados, mas não podemos dizer que sejam todos estereotipados, congelados, pois o seu sentido é (ou, pelo menos, pode ser) transparente.

Vamos aceitar, por ser mais operacional, o conceito de **frasema**[32] (ou fraseologismo) : a unidade fraseológica em que todos os componentes perdem o seu significado individual para construir um significado novo (transposto, metafórico, metonímico)[33] ou, numa definição ainda mais clara e completa «[as expressões idiomáticas] son no composicionales: la suma del sentido de sus constituyentes no es igual a su sentido global; son coesivos: sus elementos constituyentes están exigidos unos por otros; resisten, con diferentes grados, a la variación formal; pueden ser ambiguos: algunos tienen una contrapartida homófona composicional.»[34] Nos exemplos a seguir apresentados, vemos a existência de expressões homónimas e homófonas:

levantar a cabeça: valor fraseológico 'prosperar',
[andar] *à nora:* valor fraseológico '[andar] 'desorientado'),

---

a unidade metafórica, e isto não só segundo os estudos teóricos como também segundo os dicionários e colectâneas destinadas à prática« (Schemann / Schemann-Dias s/d, pg. xxiv).

[31] Incluímos em "giros" não apenas as chamadas expressões idiomáticas, mas também expressões marcadas pragmaticamente para certos contextos. Por exemplo, ao telefone, responde-se à pergunta: «O senhor X está?»,: «é ele mesmo /sou eu mesmo», Fr. «lui même», Al. «Am Apparat».

[32] Apoio-me em Melchuk 1995: 173.

[33] «Nous appelons phrasème complet un phrasème **AB** au signifié 'C' tel que ce signifié n'inclut ni le signifié de **A** ni celui de **B**: ...Exemple: le signifié de +PONT AUX ÂNES+ 'banalité connue de tous' n'inclut ni celui de PONT, ni celui d' ÂNE; c'est un phrasème complet (angl. Idiom)» (Melchuk et al. 1995: 46, nota 7).

[34] Alonso Ramos 1993. 182. Cfr. também Iriarte Sanromán 2001: 175 (alguns destes exemplos são daí extraídos).

[ser] *o braço direito de*: valor fraseológico: '[ser] o principal auxiliar de',
colete de forças:
- valor da expressão homófona / homónima: 'peça de roupa usada para dominar os movimentos dos braços'
- valor da fraseologia: 'algo que impede a acção em qualquer domínio'

Um segundo tipo de fraseologismos, conceito próximo do que Melchuk chama **semi-frasemas**[35] – apenas próximo: pois o semi-frasema de Melchuk está mais próximo do que nós designamos por colocação – é a unidade fraseológica em que um dos seus elementos conserva o seu valor externo (que tem na técnica livre do discurso) e o outro (ou os outros), abandonando o seu significado de uso externo, tem um outro valor com o qual marca idiomaticamente toda a unidade:

ódio mortal: em que *mortal* apresenta o significado 'intenso', 'muito vivo',
mercado negro: em que *negro* tem o valor de 'ilegal / clandestino',
sorriso amarelo: em que *amarelo* tem o valor 'forçado', 'contrafeito', valor que não ocorre em *amarelo* no seu uso externo (como se encontra no dicionário)[36].

Nas fraseologias verbais a incidência da idiomaticidade pode dar-se no colocativo:

estalar / rebentar uma guerra;
conciliar o sono, acariciar uma ideia, acalentar / alimentar uma esperança; conduzir uma investigação, proferir um grito / uma sentença (em que há uma determinação específica).

Há uma outra categoria de unidades fraseológicas a que Melchuk chama "quase-frasemas"[37], em que a expressão conserva o seu valor composicional, mas a que se acrescenta algo:

tecto falso: que, além de 'tecto' e 'falso', tem também o sentido de 'para isolar acústica e termicamente',

---

[35] «Nous appelons semi-phrasème un phrasème AB au signifié 'AC' ou 'BC' qui inclut le signifié de l'un des constituants, alors que l'autre soit ne garde pas son sens, soit – même s'il garde son sens – n'est pas sélectionné librement.» (Melchuk et. Al. 1995: 46, nota 7).

[36] Outros exemplos: *chave mestra, parede mestra, mudança radical, vontade louca*, etc.

[37] «Nous appelons quasi-phrasème un phrasème **AB** au signifié 'ABC' qui inclut les signifiés des deux constituants et un surplus imprévisible 'C'. Exemple: le signifié CENTRE COMMERCIAL 'centre commercial formé de nombreux magasins et de lieux

cinturão negro: que, além de 'cinto' e 'negro', inclui também um sentido: 'determinado grau de conhecimento e habilidades marciais'[38].

Sintetizando, os frasemas (ou fraseologismos) prototípicos são aqueles em que todos os elementos das expressões perdem o seu significado externo e convergem para a construção do sentido novo, o sentido interno. Partindo da mesma base enciclopédica – *pé* – e comparando as seguintes expressões fraseológicas, dar-nos-emos conta da diferença:

– *estar em pé de igualdade*
– *estar em pé de guerra*
– tomar algo *ao pé da letra*:

temos apenas *pé* com o valor de "fundamento", "base sobre qual assenta algo" e os restantes elementos são (mais ou menos) de valor igual ao do uso externo. Mas já em

– *pôr o pé em falso* e
– *bater o pé* (a alguém)

temos, ao lado do valor da expressão no seu uso externo (expressão homófona / homónima da expressão idiomática):

– 'colocar o pé no sítio errado' ou
– 'bater com o pé no chão..'

o valor fraseológico, envolvendo toda a expressão: 'comportar-se de modo errado' e 'fazer frente (de modo frontal ou mesmo violento) a alguém / teimar de modo persistente'[39]. Isto é, no primeiro caso, teremos uma expressão idiomática não prototípica (o quase-frasema de Melchuk) e, no segundo, a expressão idiomática nuclear. Exemplos autênticos de expressões que se apresentam como expressões homónimas são as seguintes:

«Já uma vez escrevi sobre os deveres escolares e está na altura de

---

de services, ayant un parc de stationnement .. ' inclut le sens de CENTRE (lieu où diverses activités sont groupées) et celui de COMMERCIAL 'relatif au commerce' plus le composante 'formé de nombreux magasins et de lieux de services..'; c'est un quasi-phrasème» (Melchuk et al. 1995: 46, nota 7).

[38] Os exemplos são de Sanromán 2001: 182. Mas não concordamos com a sua conclusão: «Como no caso das expressões idiomáticas, e ao contrário das colocações ou semifrasemas, a não produtividade dos quase-frasemas leva-nos a considerá-los como unidades lexicais e não como combinações de várias unidades» (Sanromán 2001: 182).

[39] Alguns destes exemplos foram extraídos de Schemann / Schemann-Dias s/d.

rever a matéria dada. Não porque alguma coisa não tenha mudado no sistema escolar ...» (Trabalhos de casa..., Pública, 21.11.99)
«Os mais irredutíveis da contagem correcta das datas terão de *dar o braço a torcer*: o salto de 1999 para 2000 pode não ser a verdadeira passagem do milénio, mas a febre milenarista *anda à solta*.» (Público, 24.11.99)
«Estamos *a virar a página* na saúde» (Público, 5.11.99)
«Nuno Cardoso, recorde-se, *disse cobras e lagartos* das propostas de Guimarães ("faz desenhos muito bonitos, que podem encher a vista, mas depois ... não se adequam ao terreno..» (Público, 27.11.99)
«Elogiar, no nosso país, equivale a *puxar a brasa à nossa sardinha* – uma das expressões mais estúpidas que há, considerando que presume haver vários concorrentes diante de um braseiro, cada um proprietário de uma sardinha e capaz de variar a aplicação de calor sobre esse seu único peixe, em detrimento dos demais» (MEC, Independente, 11,11,99)
«O Dr. Artur Santos Silva *bateu com a porta*» (expressão repetida nos Jornais de 11-14 de Novembro de 1999)
«Carvalhas *'pisca o olho'* a Guterres. [título] A condenação dos regimes comunistas de Leste, mais do que um sinal de mudança no PCP, foi uma operação de abertura ao PS» (Expresso, 20.11.99)

É evidente que poderíamos pensar num tipo de expressões sem qualquer uso externo, em que a desmotivação seja total, como em (sem dizer) *chus nem bus*, (nem) *fun nem funetas / sem funfas nem funfetas*, (comprar) *por atacado, cré com cré cada um com a sua ralé, às duas por três*. Mas nestes casos, a idiomaticidade (metaforicidade) desapareceu e o processo de fraseologização ficou totalmente oculto, possivelmente estamos, em alguns destes casos, perante um obscurecimento elíptico ou estrutural.

Uma outra espécie de combinatória próxima – como vimos – é o que costuma designar-se por "colocação", ou semi-frasema, onde podemos envolver as combinações frequentes, prováveis, preferenciais ou usuais de palavras ou combinações de palavras aparentemente livres, geradas a partir das regras da língua, mas onde actua um certo tipo de restrição lexical determinada pela norma, as «unidades pluriverbais lexicalizadas e habitualizadas»[40].

As colocações – noção próxima do semi-frasema de Melchuk – são combinações [base + colocativo / determinante + determinado] preferenciais com um significado composicional dedutível do significado dos seus membros, mas trata-se também de combinações estáveis. Há, como vimos

---

[40] Cfr. Ettinger 1982: 249-258.

repetindo, uma relação gradual que vai das combinações livres, passando pelas colocações e terminando nas fraseologias em sentido estrito. Mas tanto as fraseologias como as colocações são reproduzíveis e são combinações estáveis.

Devem também ser mencionadas as chamadas solidariedades lexicais («La solidaridad es la relación entre dos lexemas (pertenecientes a campos lexicais diferentes) de los que que el uno está comprendido, en parte o en su totalidad, en el otro, como rasgo distintivo (sema) que limita su combinabilidad.» (Coseriu 1977: 140s), noção que não anda longe da "colocação", onde podemos incluir exemplos como:

- *nariz aquilino, manteiga rançosa, vinho abafado, cabelo louro, cavalo baio*, etc.
- *zarpar um barco, pestanejar o olho, franzir o sobrolho, calçar / / descalçar a bota, menear a cabeça / o corpo*

A noção de solidariedade é mais restritiva do que colocação. Para Coseriu, muitos dos casos apresentados como colocações seriam simples exemplos de norma[41]. As solidariedades nem são combinações sintagmáticas fixas nem são combinações livres.

4. Fraseologização, desmotivação e remotivação

4.1. *Fraseologização como lexicalização*

Aos dois pólos apresentados comummente como identificadores e caracterizadores da fraseologia – a fixação e a idiomaticidade – Fleischer (1992) acrescenta a lexicalização, no sentido de que as fraseologias são concebidas como unidades léxicas equivalentes às palavras simples, derivadas ou compostas. A lexicalização implica a fusão de várias unidades numa só, em que o resultado aparece como algo terminado, fixado, no fim da linha linguístico. O conglomerado perde determinadas propriedades gramaticais em benefício da fusão mais ou menos integral. A

---

[41] «... o esp. *pan blanco* se opõe ao pan negro, que não é negro, e *água salada* a água dulce, que é simplesmente não salgada. Trata-se sempre de oposições da norma, que caracterizam os idiomas a que pertencem; assim, o esp. *vino tinto* é vermelho em italiano (*vino rosso*) e preto em servo-croata (*crno vino*)» (Coseriu 1979: 68 e vide ainda 1977: 143-161 Há alguma similitude entre a solidariedade lexical e a "entourage" de Rey--Debove (1971: 207-213).

lexicalização equivale a dizer que o frasema / fraseologismo é armazenado no léxico como um todo, em que a construção sintáctica já não reproduz um modelo estrutural produtivo, mas que é reproduzido como uma unidade léxica terminada.

A diferença entre fraseologismo e composto, como já referimos, não é de todo clara[42]: tanto o composto como o frasema não são signos primários, pois trata-se de uma especialização denominativa. Mas nos compostos há uma deslocação significativa devido a uma mudança de referente; no frasema, há uma metaforização total (ou motivação parcial) operada na combinação livre de palavras. Esta motivação total ou parcial passa por ser o caracterizador primário dos fraseologismos. O composto parece mesmo ser a fronteira onde a lexicalização atinge o limite, como se revela na forma gráfica: na maior parte dos casos há a perda total da individualidade gráfica ou essa quase perda de individualidade fica marcada através do hífen. Acentuamos, uma vez mais, que a delimitação entre frasemas e compostos é, por vezes, difícil de fazer. Por exemplo, nas expressões importadas como:

– *prima donna, casus belli, bon vivant, rendez-vous, compte-rendu*

ou nas expressões de origem onomatopaica como:

– (é só) *blá-blá, gri-gri, fou-frou, tic-tac,* (explica lá) *tim-tim por tim-tim,*

estamos em presença de frasemas ou de compostos? Devemos uma vez mais relembrar que a idiomaticidade é indubitavelmente um fenómeno essencial da língua em geral, mas na fraseologia é o elemento definidor por excelência. A identificação entre idiomaticidade e expressões idiomáticas acontece porque se tem dado de idiomaticidade uma definição essencialmente semântica (= o significado da fraseologia não pode ser deduzido do significado das suas partes, em separado, ou em conjunto) e é esse o sentido predominante. Embora os componentes dos fraseologismos surjam com estruturas materiais próprias de significantes linguísticos autónomos, funcionam aqui como figuras (no sentido de Hjelmslev)[43]. Por exemplo, em *lançar raízes,* nem dos seus elementos em separado, nem do seu conjunto, podemos deduzir 'estabelecer-se num lugar' (sinédoque ou metáfora, ou ambos), embora não possamos esquecer que há o homófono / / homónimo literal com um significado não figurado.

---

[42] Cfr. Fleischer 1982 e B. Wotjak 1992.
[43] Cfr. Zuluaga 1980: 124.

Concluindo, a fraseologização é o processo pelo qual, graças à fixação (parcial ou total) e nos casos de idiomaticidade parcial ou total, se constitui uma unidade fraseológica[44]. A expressão fraseológica passa a funcionar em bloco, é que a expressão idiomática é precisamente a lexicalização da relação entre o significado de uma expressão no seu valor não idiomático e o idiomático:

> «The fact that a sign can intend one thing without ceasing to intend another, that, indeed, the very condition of its being an expressive sign for the second is that it is also a sign for the first, is precisely what makes language an instrument of knowing.» (Urban. W. M. 1951: 112s.)

4.2. *A idiomaticidade e a desmotivação / remotivação dos fraseologismos*

Normalmente o significado idiomático é o resultado de um processo histórico em que o significado literal e o figurado se foram afastando progressivamente. Há por isso muitos frasemas não motivados: sincronicamente, a motivação é sempre o resultado de uma reflexão *á posteriori*, que ou evocam o sentido literal ou o idiomático. Não se pode dizer que as fraseologias têm a mesma motivação secundária que os compostos. A motivação pode provir do contexto discursivo, em que se joga com a homófona / homónima literal, possibilitando-se uma nova motivação[45]. Ninguém se interroga sobre a origem de qualquer combinação pertencente à técnica livre do discurso, nem mesmo se pergunta sobre o "quando" do seu primeiro uso. Colocar-se o problema da origem de qualquer sequência revela desde logo que essa estrutura não é uma criação regular e livre, que tem uma origem, mesmo que nos seja desconhecida.

O congelamento pode ter uma origem externa e fazer referência a acontecimentos históricos que se tornaram paradigmáticos(«*passar o Rubicão*», «*ser mais pobre do que job*»), mitológticos («*o pomo da discórdia*», «(desfazer) *o nó górdio*», «*limpar as cavalariças de Augias*»), religiosos («*separar o trigo do joio*», «*galinha de ovos de ouro*»[46], «*bode*

---

[44] Cfr. Gurillo 1997: 85-104.
[45] Cfr. Zuluaga 1980: 126-128.
[46] «O turismo continua a ser a *galinha de ovos de ouro* de Goa..» (a nova casta dos "portugueses" de Goa, Pública, 19.12.99).

espiatório[47]»), ou constituir reminiscências literárias («*o Amor de Perdição*», «*O Velho do Restelo*», «*Menina e Moça*», «*Cavaleiro da Dinamarca*», «*E tudo o vento levou*», «*Leal Conselheiro*», «*Oficial e Cavalheiro*[48]», «*Guerra e Paz*», «*Jangada de Pedra*», «*Memorial do Convento*»).

A fixação representa a inserção de um facto de língua na história dessa língua. É assim possível, em certo modo, determinar a origem histórica de muitas fraseologias (a chamada motivação). Aliás a motivação depende da compreensão da imagem que dimana do significado directo do seu homófono / homónimo literal. As combinações sem homófono / homónimo literal não costumam ser motivadas: aí a motivação depende da recuperação da imagem que originou o frasema. Sejam transparentes ou não, surge assim a definição de fraseologia por força da sua semântica própria: a combinação fixa de palavras que transporta um significado não composicional, ocasionado por recursos como a metáfora, a metonínia, a hipérbole, etc. e por uma motivação graduável que depende tanto das relações internas que estabelece com o significado originário dos seus componentes como das conexões externas contextuais. O carácter fechado, opaco, hermético, é típico das fraseologias, que podem ir buscar uma motivação secundária (ou mesmo servir de alavanca para outras motivações), em que o significado metafórico extrafraseológico dos componentes se desmultiplica. Isto é, pode haver remetaforização, recuperação, no texto, de parte dos valores metafóricos de modo parcial ou total dos frasemas. É que a idiomaticidade, a estabilidade ou fixidez, a fraseologização ou lexicalização dos fraseologismos repousam, em última análise, na função da fraseologia, na sua razão de ser na língua. As fraseologias têm por função – como acontece com as unidades da língua deste nível (o léxico) – nomear, mas trata-se, normalmente, de nomear na banda larga da expressividade:

– intensificando:
dizer cobras e lagartos de alguém vs. dizer mal
ter *mundos e fundos* vs. ser rico

---

[47] «Maria de Belém e Manuel Maria Carrilho tornaram-se os *bodes expiatórios* do Governo Socialista» e «Todas as organizações precisam de *bodes expiatórios*... 'foram crucificados na praça pública» (José António Saraiva – Política à Portuguesa, Expresso, 18.12.99).

[48] Ainda no dia 18.12.99, no Expresso, a propósito do Governador de Macau Rocha Vieira, o Editorial titulava o pequeno mas sumarento comentário com«*Oficial e Cavalheiro*».

estar em maus lençóis vs. estar em dificuldade
estar em pulgas vs. estar agitado
cair das nuvens vs. ficar surpreendido
não ganhar o totoloto *por um pelo* vs. quase
às duas por três vs. de repente ...
– refinando a ironia em que o aspecto negativo se acentua:
ter uma arranjinho ('ter um biscate ou um caso com..')
dar às de vila diogo vs. fugir apressadamente
oh pernas para que vos quero! vs. fugir apressadamente
estar com a barriga a dar horas vs. ter fome
dar-se como o cão e o gato vs. dar-se mal
entrar por um ouvido e sair por outro vs. não fazer caso de
ferrar o galho vs. dormir
enfiar o barrete vs. deixar-se enganar
ir fazer tijolo, esticar o pernil vs. morrer, falecer
escorregar numa casa de noz vs. ser ingénuo
– apelando para a iconicidade de rima soante, aliterações:
correr ceca e Meca (à procura de) vs (procurar) por todo o lado
por Franças e aragranças vs. por todo o lado
nem fun nem funetas vs caladinho
à trouxe-mouxe vs. de qualquer maneira
– suavizando as asperezas da vida:
não é santo da minha devoção vs. é-me indiferente
ser farinha do mesmo saco vs. ser (também) mau
ir desta para melhor vs. morrer
não venhas de garfo que hoje há sopa (Madeira) vs. vem com calma..
ir a trote / a galope / a toda brida / a toque de caixa vs. correr apressadamente

Como vemos, trata-se de um amplo leque de conotações onde a expressividade tem múltiplos "portais" sempre disponíveis para a ironia, para o implícito, para a inferência, para a avaliação, normalmente, de pendor negativo.

5. Desconstrução / remotivação das fraseologias no texto

5.1. *Fixação e desfixação*

Em determinados tipos de texto encontramos construções fixas que servem de modelo a outras construções. Costumamos chamar a este processo "desfixação" ou desconstrução de expressões idiomáticas. Os fraseologismos (como aliás acontece com todo o léxico) apenas tem existência no texto, no discurso. Afinal, o léxico representa a massa de que se compõe o texto e, por sua vez, este é o depósito de que aquele se alimenta: «nihil est in lingua quod prior non fuerat in textu»[49]. As fraseolgias são uma marca da linguagem da proximidade, da oralidade, da expressividade, da descontração, da horizontalidade discursivo-pragmática. O facto de as fraseologias serem, na quase totalidade, constituídas (e construídas) por elementos comuns às expressões da técnica livre do discurso, fazem parte do saber partilhado, sempre pronto a ser redimensionado, a ampliar-se formalmente, a modificar-se, especificando-se, contraindo-se, desconstruindo-se e, assim, servem de apoio à criatividade, à textualização nova e à variação, violentando o seu significado primeiro.

Por outro lado, o jogo paralelo entre os significados das duas expressões homónimas e homófonas – a expressão resultante da combinatória livre e a expressão fraseológica – permite um dimensionamento discursivo intensamente vivo e cheio de apelos ao subentendido, ao aparentemente ocultado mas sempre com o rabo de fora. A transparência da expressão da técnica livre do discurso e a opacidade da expressão fraseológica pertencente ao discurso repetido perfilam-se lado a lado e a língua adquire uma força criadora e instaladora que não seria possível na simples combinatória dentro da técnica livre do discurso.

5.1.1. *Desfixação por adaptação ao "cotexto" (contexto imediato)*

Em primeiro lugar, há sempre, no uso normal dos frasemas, uma desfixação na adaptação ao cotexto. A variação textual provém, a nível de superfície, pela adequação, por meio da flexão, ao texto:

«*Deitar pérolas a porcos*. [título] Marçal Grilo teve apenas a coragem de *pôr preto no branco* o que todos sussurram *à boca pequena*: "no Parlamento não se pensa muito"; no Parlamento, dos 230 deputados, "talvez 50 sejam pessoas de qualidade» «No Parlamento, entre os deputados, há de tudo – miúdos, ignorantes e tontos"» (José Manuel Fernandes, Editorial, Público, 26.11.2001)

---

[49] «Texts and lexicon are dialectally interrelated. Both cannot exist without each other. Texts, which cannot be understood without an internalized lexicon, are themselves an everactive source of renewal for the word stock of language» e «words help to create texture by exploiting their formal and semantic rule-governed properties» (A. Neubert 1979: 27ss.). Cfr. Ainda B. Wotjak 1992: 2.

«Pronto, *dou o braço a torcer*, já não está aqui quem falou» (Mário de Carvalho – *O nó estatístico*, 3ª ed., Lisboa: Caminho, 61)

Mas podemos entender flexão no seu sentido amplo, como, por exemplo, as possibilidades intensificadoras por meio do diminutivo ou aumentativo e superlativo:

«Em tal contexto [de jogos eleitoralistas], já é reconfortante ver alguém com responsabilidades *vir a terreiro dar a cara* e defender com clareza o que pensa (....) Após quase duas décadas de luta de uns poucos [possibilidade de candidaturas independentes às autárquicas] ... ela só acabou por se verificar *tardíssimo, a más horas* e com a exigência de um absurdo número de proponentes...» (J. Carlos Vasconcelos – Objectivos eleitorais, in: Visão 31.10.2001)[50].

5.1.2. Desfixação por adaptação ao discurso

O jogo entre o frasema e a sua expressão homófona / homónima provoca na expressão idiomática a remotivação. Isto é, há o lançamento no discurso do frasema e, depois, este provoca a leitura literal pelo viés da utilização de um dos seus constituintes:

«Se há funcionários [guardas prisionais] que *fecham os olhos*, só têm uma solução: *abri-los*! Porque, ao *fechar os olhos*, estão a ser cúmplices de práticas intoleráveis e isso contribui para um crime de suspeição de que eles próprios também são vítimas. Nós precisamos de fazer um esforço de demonstração perante a sociedade de que a maioria dos funcionários dos serviços prisionais é gente honesta, trabalhadora, que quer desempenhar bem o seu papel. É esse clima de suspeição que temos de afastar» (João Figueiredo [director geral dos Serviços Prisionais], in: Visão, 21.10.2001)

Ou ainda pode haver um jogo de espelho entre o frasema e a perífrase equivalente, em que se dá a recuperarção de um dos seus elementos constitutivos, por exemplo, o colocativo (*perder*):

«Quando *se perde o fio à meada* [título]. Se para muitas pessoas a noção de tempo é algo puramente pessoal ... são várias as doenças em que *as pessoas perdem a noção do tempo*» (Célia Rosa, in: Notícias Magazine, 4.11.2001).

---

[50] O fraseologismos é: *tarde e a más horas*.

Isto é, *perder o fio à meada* é interpretado num dos múltiplos sentidos possíveis ('perder a noção do tempo' por parte das pessoas idosas). Mas a flexão e a gramática – no seu sentido tradicional (as "partes orationis") – permitem ainda outras possibilidades, como, por exemplo, alteração na categoria gramatical:

«Uma das coisas que, a mim, mais me agradam e que eu gostaria de fazer era corromper a língua. A primeira condição para escrever bem é saber gramática, a segunda é esquecê-la. Em tudo quanto se ama há o desejo de corromper. Corromper no bom sentido, de estragar descobrindo... Quando uma pessoa diz uma expressão como esta – apanhei uma expressão bonita – "*coisíssima nenhuma*", não há nada de mais belo, de mais difícil de dizer: transforma um substantivo num adjectivo, põe-no em superlativo. "*Coisíssima nenhuma*" é a aniquilação de tudo, nunca se disse nada tão bonito e é isso que se diz na rua» (José Cardoso Pires – Entrevista dada a Ana Sousa Dias, in: Público--Magazine, 19.6.94, pg. 32)

Há ainda outras variações possíveis, como elisão de sequências exigidas por frasemas que se completam dentro do chamado período hipotético:

«Ao princípio, o escritor não estava a dizer nada de importante, portanto eu não estava a dar-lhe grande atenção... Mas de repente... *Eu seja cão*. Tenho a certeza de que não foi alucinação minha» (Clara Pinto Correia, in: Visão, 31.10.2001)

em que apenas se anuncia o início de expressão fixa, aliás a única que é fixa – *eu seja cão* – faltando a outra parte, a parte livre. Mas a simples adequação flexional dos fraseologismos ao cotexto não é, nem de longe nem de perto, a parte mais importante da adequção. Apenas para adiantar algo do que vamos explicar na alínea seguinte, o frasema serve de ponto de partida para a continuação do texto:

«Guterres terá dado garantias a Artur Santos Silva de que o ministro não *pisaria o risco* nas explicações ao Parlamento. Pois bem: Carrilho apareceu eriçado diante dos deputados e *partiu ainda mais loiça. Os cacos*, esses chegaram ao gabinete do engenheiro» (Independente, 19.11.2001)

em que *partir a loiça* se continua nos *cacos* obtidos na recuperação da imagem dos elementos externos da expressão homonímica (sentido literal) de *partir a loiça*. Os "cacos" são projectados discursiva e anaforicamente – um dos tipos de anáfora associativa – para dar continuidade ao palco imagético iniciado no frasema.

5.2. As "implicaturas" na desmotivação e remotivação dos fraseologismos

Os fraseolgogismos servem de força instauradora na criação discursiva: basta estar atento a qualquer texto televisivo ou radiofónico, ler com atenção o texto jornalístico ou ver com olhos de ver muitos dos nossos escritores (quer do passado, quer do presente). Pretendendo justificar a importância dos fraseologismos – das expressões idiomáticas – em textos escritos concretos e percorrer as formas assumidas pelas expressões fixas num autor, temos de nos socorrer de teorias textuais. Isto é, os fraseologismos são elementos constitutivos do discurso e do texto e há assim que acrescentar determinados dados teóricos indispensáveis à desmontagem das unidades fraseológicas.

Não é necessário retomar os parâmetros gerais identificadores e explicadores das fraseologias como elementos codificadores do extralinguístico, situando-as no nível do léxico em geral. Mas estes conglomerados linguísticos – os fraseologismos – actuam no discurso / texto de determinada forma: descontroem-se, expandem-se, continuam-se no texto, transformam-se em blocos soltos que depois se reconstroem. Assim, antes de partirmos para a análise concreta do texto, vou socorrer-me da noção de "implicatura", um dos pontos de partida possíveis para explicar a desconstrução e reconstrução – desmotivação e remotivação – das fraseologias.

5.2.1. Desmotivação e remotivação no uso das expressões idiomáticas

Como temos vindo a ver[51], os traços definidores dos frasemas / / fraseologismos são a polilexicalidade, a fixidez e a metaforização, mas no uso dos idiomas ao vivo, no discurso e no texto, esses traços podem sofrer alterações, precisamente, em cada um desses traços. O uso específico do frasema pode incidir na figuração e portanto no domínio da forma (a polilexicalidade ou a fixidez) e tudo isto tem consequências para o conteúdo: a forma não resiste a alterações na metaforicidade. O uso do frasema pode destapar a complexidade da figuração idiomática: como desmotivação lexical obrigatória e a suplementar remotivação pragmática. A desmotivação e a remotivação comportam-se como complementares. A

---

[51] Além da bibliografia que venho referindo ao longo do texto, apoio-me, neste ponto, em G. Gréciano 1997 e, sobretudo, em Grice.

língua em acção tem sempre algo que está por "detrás" (hintergründig"), algo presente apenas de modo indirecto, muitas vezes misturando o dito e o apenas implicado, algo que apenas é apreensível cotextual e contextualmente e que, de acordo com o saber enciclopédico, exige uma tematização correcta do modelo pragmático em questão. A categorização do que está por "detrás" do texto / discurso, do que significa e con-significa o texto, corresponde, da parte do falante ao (com)pensado (o 'pensado' e o que o acompanha) e, do lado do ouvinte, corresponde ao com-compreendido (ou compreendido para além daquilo que a superficialidade do texto mostra). Este complexo conteudístico pode, nos frasemas, ser decomposto através das condições de uso de cada um dos seus componentes. Torna-se evidente que há um modelo pragmático de uso das expressões idiomáticas. Aqui interessa sobretudo identificar as regularidades do modelo pragmático realizado no texto por meio do frasema[52]. Trata-se de tentar explicar o que está por detrás da expressão idiomática ou, por outras palavras, procurar na "desmotivação" e "remotivação" a explicação do "fundo" enciclopédico, onde falante e ouvinte, escrevente e leitor se reencontram, sentando-se à mesma mesa: a da língua compartilhada.

A inserção do modelo pragmático na explicação dos fraseologismos no discurso, permite-nos ver o que, na expressão idiomática, está por detrás (o "fundo") do potencial comunicativo, transportado para o significado do frasema, que, além do significado (sentido) que lhe é dado pela situação, comporta também a opinião e a atitude do falante e a respectiva marca resultante da presença do ouvinte. O que serve de fundo ao fraseologismo instala-se por meio dos seus significados parciais e nasce como totalidade do significado da expressão baseado no saber linguístico e do significado da situação resultante do contexto accional, deixando ainda transparecer a intenção e a atitude do falante. Imaginemos as expressões:

> **Preso por um pelo/cabelo**: 'estar numa situação difícil', presente em:
> «*Preso por um Campelo* [Título]. ... é compreensível que, em conivência com os senhores do vinho [taxa de alcolemia], o mundo rural, os responsáveis do e pelo mundo rural, Daniel Campelo tenha de novo avançado com uma exigência que só aparentemente abandonara. ....Mas o mais grave é que se conformou que o sistema de que este Governo depende continua *preso por um Campelo*: o deputado pirilampo... sobe tanto no seu narcisismo paroquial que os seus

---

[52] Gréciano fala de "desmotivação e remotivação como fundo", da "implicatura como explicação para a desmotivação e remotivação" e da "implicatura como explicação do fundo".

apoiantes já o comparam a frei Bartolomeu dos Mártires...» (E. Prado Coelho, in: Público, 4.1.2001)

Andar de pé atrás: 'estar desconfiado / em dúvida perante alguém / / algo'
como surge em:
«Tens de enfrentar a realidade, disse o miúdo. E o velho quis saber porquê?, se era a própria realidade que o enfrentava tanto. Às vezes é com o sonho que melhor se enfrenta a realidade. Andar sempre com *um sonho à frente é andar melhor do que quem anda sempre com um pé atrás*. Avança-se mais, e recua-se mais – é-se mais atirado e mais repelido.» (MEC, 2001: 120)

Estar de braços cruzados: 'estar inactivo / passivo', 'aguardar' como ocorre na realização seguinte:
«De todas as virtudes a que mais admiro é aquela em que mais falho-a paciência. A paciência não é ficar de *braços cruzados*, à espera que aconteça alguma coisa. É um trabalho. Quem quer realmente o que espera está sempre a levantar-se...» (MEC, 2000: 182)

Estar-se nas tintas: 'estar desligado do assunto', como se lê em:
«Quem dá não espera nada em troca. Odeio a noção de retribuição. Lembro-me dos postais de Natal que dizem "agradece e retribui" e a hipocrisia de quem os manda enche-me de nojo. Ou se quer mandar cartões ou não. Quem manda, manda porque quer mandar. Quem não mandou, porque se esqueceu ou porque *se está nas tintas*. Ambas as atitudes são sinceras.» (MEC 2001: 205).

A convocação intencional e controlada da expressão idiomática no discurso e no texto pressupõe a capacidade de o falante poder distanciar-se da realidade, a capacidade para encontrar e pôr de lado o material linguístico ocasional, para obter uma extensão nula (isto é, em que o conceito possa ter uma extensão nula). Assim, os frasemas lexicalmente desmotivados implicam um sentido abstracto:

Preso por pelo/cabelo: 'estar numa situação difícil' (=tem-te não caias!)
Estar de pé atrás: 'estar desconfiado / em dúvida perante alguém / / algo'
Passar pelas brasas: 'dormir de modo leve e por pouco tempo'
Estar de braços cruzados: 'estar inactivo / passivo', 'aguardar'
Estar-se nas tintas: 'estar desligado do assunto / intencionalmente não querer saber'

Estabelece-se uma relação hierárquica entre a expressão em si e este conteúdo conceptual: em que a primeira serve de conceito subordinado e a segunda de superordenado. O uso ortodoxo da expressão idiomática pressupõe a capacidade de o falante poder fazer a transposição dos factos empíricos para conceitos gerais, para o reconhecimento do essencial e sua redução ao núcleo duro do conteúdo. As inferências da desmotivação podem ser designadas como "co-entendido" ("mitbedeutetes"), uma vez que as inferências se tornam significado idiomático através da lexicalização da expressão idiomática na sua interpretação desmotivada.

A expressão idiomática pragmaticamente remotivada, nascida da decomposição da expressão idiomática num determinado cotexto e contexto – é este um dos usos mais frequentes e causadores de surpresa –, representa uma vida suplementar das reminiscências lexicais, que não é apenas uma simples representação da designação, mas é antes um jogo com ela, não como embelezamento do discurso, mas antes como um jogo de intenções e acções comunicativas complexas (actos co-elocucionários). À motivação feita a partir da expressão composicionalmente interpretada – a leitura literal – sucede a desmotivação resultando na expressão idiomática, a que se segue depois a remotivação, anulando-se a distância entre as duas leituras, a que sucede apenas a reminiscência lexical pressentida e anunciada apenas no "eco" de qualquer elemento de um elemento extraído de entre os que compõem a expressão idiomática. É aquilo que designamos por **remotivação**. Os componentes de conteúdo implicados baseados na remotivação são:

– os conteúdos orientados por parte do falante denunciando a sua atitude cognitiva e afectiva. Mas também há ainda
– os conteúdos orientados para uma relação com o texto, garantindo, ao lado de outros indicadores, a combinação estrutural (textura e texticidade), a configuração gráfico-fónica (produtora de iconicidades) e a segmentação temática do texto.

As inferências da remotivação devem ser entendidas como o "co-intendido" por parte do falante e como "co-entendido" por parte do ouvinte. As inferências não dispensam as condições criadas pela situação comunicativa e enraízam-se umbilicalmente na própria expressão idiomática, na sua capacidade de criar analogias e portais imagéticos. O co-significado e co-intendido e e o seu contributo, claro, para o co-entendido, sem o que a comunicação deixaria de funcionar, colaboram para a rede de sentidos dispersos no texto. Tendo em atenção o que está por detrás dos frasemas – o co-significado, o co-intendido e portanto co-entendido, cristalizados nas próprias expressões idiomáticas – devemos distinguir:

- o significado idiomático (em si), obtido pela desmotivação da expressão homónima (sentido literal),
- o sentido proveniente da situação comunicativa (em que entra o tempo e o lugar em que se realiza o enunciado),
- a opinião e a atitude do falante,
- a remotivação do frasema, originada na opinião enfatizadora do falante e do ouvinte, apoiada nos aspectos formais e figurados da expressão idiomática, de que resulta a especificação conceptual precisa, com um juízo sobre a situação e
- uma certa desmotivação do frasema como estratégia argumentativa em ordem à acção.

5.2.2. A implicatura como explicação da desmotivação e remotivação

Pretendemos ver a implicatura como meio de explicação da desmotivação e remotivação da expressão idiomática e assim esclarecer algumas das regras de uso dos frasemas. Por outras palavras, consideramos a implicatura como um postulado de interacção em que se mostra como o ouvinte ouve mais do que o falante diz e o falante diz mais do que aquilo que as suas palavras dizem. As máximas conversacionais de Grice (qualidade, quantidade, relação e modalidade), o princípio da cooperação (em que estão envolvidos cooperação, reciprocidade, ressonância e alternância) apontam para a interacçao comunicativa, procurando-se um máximo de informação com o mínimo de esforço / despesa. A implicatura conversacional, como desobediência às máximas conversacionais, justifica a metáfora e a ironia[53]. No domínio do frasema, a implicatura dispõe de uma potência explicativa dupla:

- a implicatura convencional[54], como desvio do significado convencional das palavras, serve de base à desmotivação
- a implicatura conversacional, como desobediência às máximas conversacionais, serve de base à remotivação.

Numa aplicação breve, temos uma primeira reconstrução, em que a

---

[53] Cfr. Grice 1975 e 1981. Para uma breve explicação de inferência, implicatura e actos de fala vide Vilela 1999: 410-414 e 460-467.

[54] De modo muito simplificado, a implicatura convencional é a que aponta para o próprio significado das palavras e das construções.

implicatura convencional explica a desmotivação lexical da expressão idiomática:

– *estar de braços cruzados* [estar inactivo / passivo]
– *passar pelas brasas* [dormir levemente e por pouco tempo]

A convenção permite que nos sirvamos de uma forma para transmitir um conteúdo que não corresponde ao significado da forma usada. A convenção legaliza o uso impróprio e faz com que, por meio da lexicalização, este co-significado tomado do sistema da língua se torne o significado básico da expressão idiomática. Por exemplo em *Tu tens piadas muito giras!, tens, tens*! (do conhecido texto publicitário), segundo o contexto pode querer dizer que efectivamente 'ele tem piadas giras', mas o sentido é outro: 'que não se leva a sério o que se está a ouvir'. Na expressão idiomática a convenção faz com que não só seja transmitido um outro conteúdo mas ainda que seja entendível um determinado conteúdo, o que constitui uma inferência (a interpretação desmotivada do frasema). Na expressão idiomática a convenção levanta o impedimento da aparente violação da leitura literal e a lexicalização é o reconhecimento, por parte da comunidade, desta convenção: a comunidade coopera quase automaticamente.

Mas há uma segunda reconstrução através da implicatura conversacional que explica pragmaticamente a expressão idiomática remotivada como ela surge no uso criativo:

– *estar de braços cruzados*: põe-se o acento no facto de 'ficar inactivo' ser o oposto de paciência
– *estar-se nas tintas*: o acento é posto no esquecimento prepositado

Já não se trata dos significados que não pertencem à expressão idiomática, que precisamente ultrapassam a convenção. Não há uma nova suspensão do significado convencional, cuja substituição viria do significado literal, mas há antes a manutenção da implicatura convencional com os reflexos condicionados suplementarmente por parte do falante e ouvinte, que levam à reliteralização co(n)textual de um ou de outro dos seus constituintes. Não é uma violação das máximas de Grice, mas a obediência à regra da economia: dá-se aqui o aumento de informação. A implicatura conversacional justifica que aqui se diga mais do que realmente se diz.

5.3. *Expressões idiomáticas na construção de um texto: «Explicações de Português»*[55]

Fizemos referência em vários pontos ao domínio específico onde as fraseologias (os fraseologismos) preferencialmente actuam como codificadores e configuradores do mundo extralinguístico. Dissemos que esse universo era sobretudo o da expressividade, com especial incidência nos seus aspectos valorativos (negativa ou positivamente). Por outro lado, os fraseologismos, precisamente por representarem um capital armazenado na consciência colectiva ligado aos "topoi" (como estereótipos, narizes de cera, rotinas mentais, fórmulas ritualizadas e habitualizadas de uma comunidade), são os elementos indicados para funcionarem como pedras de arremesso para o riso, para a gargalhada, para "levar a água ao moinho (de um falante / escrevente)" quando se trata de argumentar. Os dois lados da expressão – a convencional e a não-convencional, a motivada e a desmotivada, a fixada e a desfixada – são o material optimizado para a construção do discurso e para servir de argamassa à coesão textual.

5.3.1. *Estereótipos de nomeação*

É particularmente relevante em toda a escrita de Miguel Esteves Cardoso (MEC) o recurso às expressões consideradas "ínvias" da língua, com que joga, aliás, com muita graça. Se entendermos estereótipo como o conjunto de todas as competências que um falante nativo tem acerca do significado e uso de uma expressão, há exemplos onde esse devaneio linguístico se revela e sempre com o traço característico do autor: a ironia. Apenas dou dois exemplos: «O coiso e a coisa» (pgs. 330-334) e «O género» (pg. 261). No primeiro caso, servindo-se dos nomes genéricos "coiso" e "coisa", que podem servir de arquilexema de um vasto campo lexical, surge um leque de designações como:

> partes gagas, falo, pipi, pilinha, pililau, marsapos, mangalhos, pau, cacete, bacamarte, cassete, catano, porra, verga, gaita, flauta, trombone de dois papos, cobra das calças, pila, piroca, pissa, pixa, pixota, marmota, rata, ratazana, pássara, greta, boceta, pachacha, fofinha

---

[55] Miguel Esteves Cardoso – *Explicações de Português*, Lisboa: Assírio e Alvim, 2001. Nota: citaremos, como já o fizemos anteriormente, por MEC.

onde a metaforicidade desempenha o grande papel – sobretudo a metáfora e a ironia, a iconicidade e o imagético – e os chamados segundos sentidos ou o apelo à suspensão do convencional: tudo junto leva à desmotivação e remotivação do conteúdo. No segundo caso, "o género", insere-se o termo em expressões "estereotipadas", como «não faz o meu género», «dentro do género é uma maravilha», em que o termo sem perder o seu valor genérico liga-se a uma determinação mais precisa e relativizante.

Outros estereótipos surgem, tais como «chico-esperto» (pg. 352), «os patinhos feios»[56] ou fórmulas de nomeação do género de «N e pêras», aqui representadas por «um bigode e pêras», «N de trazer por casa», aqui exemplificadas por «budismo de trazer por casa», «N de meia-tigela», «N de chacha»[57], onde a desmotivação e remotivação são explicitados e expostos pelo próprio autor:

> «O que *odeio são bigodes e pêras*, pela manutenção que requerem. Odeio a maneira como parecem esboçados a lapiseira. Odeio as voltas que dão na cara de uma pessoa. Bigodes e pêras são meros apêndices. São projectos. São responsabilidades. Um *bigode* é como um filho. Uma *pêra* é como um daqueles primos que se pendura.» (pg. 254)
> «Só os outros nos podem sossegar mesmo no meio da vida, em plena acção, se pode, e vale a pena, estar sossegado. ... O *budismo de trazer por casa* que invadiu a nossa cultura, uma espécie de narcisismo espiritual, traduz uma noção repugnante de superioridade.» (pg. 220)

em que se devolve o frasema à sua origem pela desfixação, dando-se o retorno dos elementos constituintes ao seu conteúdo primário, mas com uma constante aproximação entre o convencional ligado à língua e a recuperação dos traços suspensos do fraseologismo. O processo conduz à criação e generalização do modelo, como «N de mesinha de cabeceira»[58]. Já a expressão «sentido de humor», situe-se ela nas colocações ou nos frasemas, o certo é que também aí se joga na motivação e desmotivação / / remotivação:

> «*O sentido de humor* dos Portugueses não tem graça nenhuma. Nunca é só para fazer rir. Visa sempre um objectivo. É apenas uma maneira diferente de dizer uma coisa. Quando uma palavra tem graça sem ser

---

[56] Onde surge o lastro para a motivação-desmotivação-remotivação («Quem quer saber? Os *patinhos feios* que um dia mais *tarde se tornam absolutamente cisnes*... as penas cinzentas que esbranquiçam por cada lua que bate no lago..» (pg. 168).

[57] Ocorre em vários lugares como «conversa de chacha».

[58] «A biblioteca da mesinha-de-cabeceira» (pg. 55). Trata-se de um modelo de formação de compostos.

teleológica, diz-se. À falta de palavra própria, que é *nonsense*, como se as piadas tivessem de ter sentido. O *"sentido de humor"* não é "significado" – o sentido de sentir, particípio passado, sentido na pele, no coração. ... O riso é lindo. Não é preciso rir "de". Rir "de" é uma inferioridade.» (pg. 155)[59]

São de referir ainda formas que tem muitos dos traços dos frasemas: uma forma onde dois adjectivos constituem um processo de superlativação, como «podre de + adj.» (pg. 259), tenham-se em consideração expressões como «podre de rico», mas onde há restrições[60]. Uma outra expressão – *um belo dia* -, que catalogamos como simples colocação mas onde o jogo implicatura convencional e implicatura conversacional, ou desmotivação e remotivação, «um belo dia», serve de ponto de partida para o salto retórico de coerência textual. Senão veja-se o conjunto de expressões sugeridas por "um belo dia", "não há bela sem senão"[61]:

> «Embora não conheça a língua italiana, cheira-me que a ária de Puccini "Un bel di vedremo" encerra alguma beleza em "Un bel di", enquanto a versão portuguesa «um belo dia» apenas significa "um dia incerto, um dia qualquer" – para não ir mais longe e afirmar que, em português, *"um belo dia"* pode muito bem querer dizer "nunca"» (pgs. 254s.)
> «A expressão portuguesa *"Não há bela sem senão"*, sendo das mais mentecaptas de nossa língua, diz tudo, tipicamente *misturando alhos com bugalhos* (bugalhos são uma espécie de noz e, que se saiba, nem mesmo no restaurante mais pretensioso e *nouvelle cuisine* se lembrou alguém de misturá-los).... No fundo, "Não há bela sem senão" significa: "Até as pessoas mais bonitas têm defeitos" – grande descoberta! Apetece logo invocar uma quadra: Lá diz o nosso Povo / / "Não há bela sem senão" /, Daí / nada de novo – / – o Povo é um belo aldrabão» (pg. 259)

São múltiplos os exemplos onde o A., a partir de uma expressão mais ou menos fixa, cria texto desfixando, desmotivando, remotivando e procura toda a espécie de "portais" para as expressões que explicam a expressão inicial, como no caso de "um belo dia".

---

[59] O título da crónica é: «Brincar».
[60] É que há restrições nítidas em muitas combinações: *podre de inteligente, *podre de feio, *podre de lindo.
[61] O título: É proibido ser belo.

5.3.2. Fórmulas fraseológicas

Além de fórmulas recorrentes, do género de «se queres que te diga», «assim de repente não estou a ver...»(pg. 263), «é conforme» e «tem dias» (pg. 266), «quando nos der na real bolha, depois se verá, nunca se sabe, seja o que Deus quiser, vir em cima da hora, ..»(pgs. 287s.)[62], há outras onde à fixação não se segue a desfixação, mas antes se leva ao máximo a fixidez, criando termos que concentram e condensam o conteúdo do fraseologismo. E estas fórmulas movem-se, como é normal, no campo da textualização e da argumentação discursiva. Assim, a expressão formulaica – *já agora*[63] –, expressão onde a implicatura convencional é explictada e puxada na direcção onde a implicatura conversacional é violentada, de que resulta o valor informativo da expressão em várias direcções:

> «Também a pequena corrupção – a cunha. A gratificação, as luvas, o "qualquer coisinha que quiser dar" – consegui continuar e florescer ... Trata-se apenas da versão empírica do *"Já que estás com a mão na massa"*. A massa. Assim, vai-se repartindo pelas mãozinhas. A filosofia do *jagorismo* tem sempre implícita a noção de recusa de um só indivíduo nunca faz a diferença. Como vulgarmente se diz "Só se eu fosse tanso...". Se os outros se amanham, quem sou eu para ser moralista? Entretanto, o somatório de todos estes portugueses que não são tansos e de todas estas coisnhas que não fariam diferença – dão uma espertez e fazem uma diferença que todos nós conhecemos» (pgs. 269s)
> «O fenómeno do *Já Agora* traduz-se num arrastamento maciço que nos torna todos em cúmplices. Aparecemos sempre como inocentes. Tudo o que fazemos é *"como quem não quer a coisa"*. Nenhum de nós tem culpa de nada. A frase mais habitual neste país, sempre que alguém é "apanhado", dever ser "Eu não queria, mas..."» (pg. 270)
> « A frase mais habitual neste país, sempre que alguém é "apanhado", dever ser *"Eu não queria, mas..."*. Nesse *mas* encontram-se os *Já Agoras* da nossa incapacidade de dizer *"ou sim ou sopas"*. O português é notado, precisamente, por dizer sim e conseguir dizer ao

---

[62] E neste campo, há muitas referências directas a essas fórmulas: «O portugueses são os melhores do mundo numa única coisa: na maneira de pedir. Num café ou restaurante, não se usam as palavras genéricas (garçon, waiter) para chamar os empregados. Entra-se num delírio de embaraço respeitos- É *"se faz favor..."*, *"Olhe, desculpe.."*, *"Não se importa?"*, *"Quando puder..."*.. Quando vem o empregado... *"Traga-me..."* é *"Era capaz de me trazer...?"* ou *"Por acaso não me arranja...?"* ou *"Se me pudesse trazer..."* (pg. 278).

[63] O título da crónica é mesmo: «Já agora...».

mesmo tempo sopas. Não gosta de sopa, mas já o outro pediu uma canginha, está bem, vá lá, venha daí então essa sopa, que eu não quero que vocês fiquem chateados comigo» (pg. 270)

As expressões contextualizadoras e definidoras do "já agora" são pólos argumentativos no seu discurso: expressões como «já que estás com a mão na massa», «eu não queria, mas...», «ou sim ou sopas», «como quem não quer a coisa», «só seu fosse tanso [é que não aceitava]» e veja--se a conclusão do texto e da argumentação:

«Quem faz as coisas "já agora" nunca mais há-de fazer nada. Nem já, nem agora, nem depois.» (270)

À volta de um dos pratos mais típicos dos portugueses – o *bacalhau* – o A. explora as fraseologias construídas com base na palavra que designa 'peixe', 'prato' e todo o conteúdo (diríamos, o estereótipo) da palavra, partindo daí para a caracterização do povo português. É aqui que se situa o modelo pragmático do autor. Por detrás dos frasemas, do seu valor convencional e conversacional, do valor que advém da aplicação espácio-temporal na sociedade portuguesa, ele revela a atitude do escrevente a respeito de tudo o que o rodeia:

«Sofrível. Adoro esta palavra – é a versão série B do igualmente fabuloso "escapatório". Faz parte de uma grande família de palavras e expressões como *"Come-se...", "Deixa-se comer"* e *"Para quem é bacalhau basta"*. Sim, porque nesse tempo, devido à miséria em que se vivia, o bacalhau era o grau zero da alimentação... A versão contemporânea do ditado é "Por quem é! *Venha daí o bacalhau*, porque ele salvou-me a vida e bem merece.» (pg. 272s.)[64]
«Em Portugal tudo o que há para o dia seguinte é feito de véspera. Até o Natal, ao contrário doutros povos, é feito de véspera. Para compreender isto tudo, é preciso olhar para a maneira como os Portugueses observam o tempo. O Natal é um bom exemplo, começando logo pela consoada. Que outra nação tem, por prato representativo, um peixe que vive a milhares de ilhas náuticas da costa nacional, que leva meses inteiros a chegar a Portugal e que, quando chega, ainda tem de ficar vinte e quatro horas de molho antes de podermos comê-lo? Por isso é que Portugal continua *em águas de bacalhau.*» (pg. 286)

As expressões «ficar tudo em águas de bacalhau», «para quem é bacalhau basta», «venha daí o bacalhau», ou outras que ocorrem no mesmo

---

[64] O título da crónica: Bastante.

contexto, como *quando nos der na real bolha, depois se verá, nunca se sabe, seja o que Deus quiser, vir em cima da hora,* ..(pgs. 287s)[65], documentam o que afirmámos anteriormente. Outro traço típico, na maneira de ver do autor, é o facto de Portugal continuar sempre na mesma, nada muda, a não ser as aparências. A expressão congelada que selecciona para compendiar esse traço é: *lá haver há*. Numa crónica com o título "Vai havendo" desdobra os vários sentidos do verbo haver[66].

5.3.3. Sentenças

Incluo em "sentenças" enunciados que se situam num domínio que vai da paremiologia em sentido estrito até às citações, aforismos. As sentenças, construções fixas e não equivalentes a palavras, pelo seu conteúdo e valor mais genérico, prestam-se igualmente à codificação de idiossincrasias de forma bem clara, sobretudo importantes do ponto de vista de uma perspectiva pragmática. Na Crónica «O animal em todos nós», a sequência «O nosso pé foge-nos para o chinelo» ocorre no início do texto:

> «De vez em quando *foge-me o pé para o chinelo*. Dentro do meu pezinho perfeito e branco há penante de varina, cheio de joanetes e de calos. Ou nem isso. No meu coração cobarde e sofisticado, cheio de penas e de palavreado, não bate o coração de uma peixeira. Bate o coração de um boi» (pg. 16),

---

[65] O título da crónica é: Tempo.
[66] «A primeira premissa da Ontologia Portuguesa é a seguinte. Há uma diferença fundamental entre o haver, de aplicação universal, e o *haver-haver*, exclusivamente português. Para compreender esta diferença, imagine-se a seguinte conversa típica. Um indivíduo estrangeiro pergunta a um português: "Em Portugal há teatro português?" O português, honesto, responde logo: "Não". O estrangeiro insiste: "Não acredito que não haja teatro português nenhum...". E é então que o português recorre á forma verbal exclusivamente nossa: "Quer dizer, *lá haver há*..". este verbo haver-haver, que se conjuga quase sempre na terceira pessoa do singular do presente do indicativo ("Ele haver há...") tem um estatuto ontológico rigoroso. *Haver, há..* significa, em português, "Há mas não existe". (pg. 295) »Para ser mais preciso, acrescenta-se: "Quer dizer: haver há... só que enquanto tal, não existe.» (pg. 296) e «Conclusão: há por aí muitas coisas que, apesar de existirem no sentido restrito do haver-há, não existem no sentido mais alargado de haver mesmo. Para uma coisa existir, é necessário que o seu desaparecimento altere a realidade – que se sinta a falta dela –, senão o seu aparecimento não foi existência, porque nunca alterou a realidade. Por outras palavras, foi como se nunca tivesse existido.» (pg. 296).

depois, no meio do texto:

> «Ainda somos animais. Não gosto de animais. Os animais são maus. São pouco sofisticados. São *pão-pão queijo-queijo sem o pão e sem o queijo*. Não escrevem. Não se riem...» (pg. 17)

e no final do texto:

> «Temos de ser mais humanos. Reconhecer que somos as bestas que somos e arrependermo-nos disso. Temos de nos reduzir à nossa miserável insensibilidade ... O nosso *pé foge-nos para o chinelo* porque ainda não se acostumou a prender-se ao tronco das árvores, quanto mais a usar sapato.» (pg. 19).

Ora bem, em «o pé foge-nos para o chinelo», na leitura do autor equivale a "o animal em nós" e é explicada por frasemas de vária ordem. O valor abstracto resultante da desmotivação da leitura composicional (ou leitura literal), depois há o regresso ao valor literal, finalmente, os dois conteúdos – o literal e o fraseológico – inter-relacionam-se e inter-activam-se mutuamente. O valor argumentativo revela-se até pela colocação da sentença nos pontos fulcrais da crónica.

Outra fraseologia onde se tenta definir a "portuguesa maneira de ser" é através de «por morrer uma andorinha não acaba a Primavera»[67]

> «Os Portugueses, por suposição melancólica, dizem "*Por morrer uma andorinha não acaba a Primavera*": Os ingleses, reputadamente práticos, dizem antes, seguindo Aristóteles: "A swallow does not make a Summer make". À primeira vista, parece que o ditado português é optimista e o inglês pessimista, Mas uma vista incompreensiva. A animação que as palavras portuguesas pretendem dar é, desde o início, póstuma e consoladora. Morreu uma andorinha. A morte de uma andorinha é, para a nossa sensibilidade, uma coisa tão triste que está à beira do inaceitável. Na nossa ideia, as andorinhas são os passarinhos mais lindos e preferidos de Deus...» (pg. 381)

Da versão do mesmo conteúdo por fórmulas diferentes tira o autor conclusões acerca da mentalidade de culturas e sociedades. Aliás, o sentimento da negatividade é recorrente no A., sentimento que ele vê partilhado por todos os portugueses. E, na explicação-argumentação, surge, como quase sempre, uma expressão memorizada na língua: «ou é parvo ou faz-se»[68]: só sabemos dizer mal.

---

[67] Título da crónica: Traduzir Pedro Ayres Magalhães.

[68] «Em Portugal, perante portugas, nem bem do melhor vinho do Porto... se pode dizer [...]. De nada serve dizer que um restaurante é soberbo, maravilhoso, indispensá-

As fraseologias servem ainda para o A., a partir do "convencional" – o sentido das palavras e das construções –, que renega e contradiz, reconstruir as fraseologias ou no sentido inverso ou num sentido ainda mais generalizante e valorativo. Contrariando a versão estandardizada e convencional «Os amigos são para as ocasiões[69]», reformula desmotivando e suspendendo a implicatura convencional:

> «*Os amigos nunca são para as ocasiões*. São para sempre. A ideia utilitária da amizade, como entreajuda, pronto-socorro mútuo, troca de favores, depósito de confiança, sociedade de desabafos, mete nojo. A amizade é puro prazer.» (pg. 186)

ou leva até ao limite a interpretação da leitura convencional através dos seus pressupostos:

> «Nunca se deve conhecer nada a fundo. Não falando na pretensão de pensar que se pode conhecer. Quando se diz "*Conheço-o como as palmas das minhas mãos*", há sempre uma insinuação feia e negativa. As pessoas, quando estão tristes ou mal-dispostas, não deveriam expor-se. É uma falta de respeito pelos outros.» (pg. 162)[70]

5.3.4. Frasemas propriamente ditos

5.3.4.1. Frasemas em sentido estrito

Os frasemas típicos – as expressões idiomáticas em que todos os elementos são coesivamente figurados e entram com sentido transposto na construção do conteúdo global – são frequentes e sempre na sua leitura desmotivada, abstracta, ou, por outras palavras, na interpretação enquadrada na implicatura convencional e sempre como reforço da autoridade da comunidade para a argumentação inferida ou referida. Como, por exemplo, «ficar de braços cruzados» que não é a definição de "paciência"[71], «voltar-se o feitiço contra o feiticeiro» na sua aplicação desmoti-

---

vel. *Quem diz ou é parvo ou está feito com o dono*. Para os portugueses, mal habituados e bem desconfiados, não existe excelência em nada.» (pgs. 291-3).

[69] O título da crónica é: Gostar (acima de tudo).
[70] O título da crónica é: Conhecer.
[71] «De todas as virtudes a que mais admiro é aquela em que mais falho – a paciência. A paciência não é ficar de *braços cruzados*, à espera que aconteça alguma coisa. É um

vada e remotivada[72], «virar a cabeça ao prego»[73] e «puxar a brasa à nossa sardinha»[74] em que são as próprias expressões a ser definidas nos seus próprios termos de frasemas, ou situações em que as expressões são utilizadas nitidamente como pedras construtoras do texto, a título de exemplo, «estar-se nas tintas»[75] e «diabo a sete»[76], «por uma *unha negra*»[77]. A expressão « andar / estar de pé atrás» serve de paradigma para detectar a utilização típica que o autor faz dos conglomerados disponíveis na língua: o valor convencional e o situacional conflituam, em que o aproveitamento das duas faces da língua – a combinação livre e o discurso repetido, o fixo e a sua desfixação – tem como resultado uma axiomatização máxima do conteúdo exposto:

> «Tens de enfrentar a realidade, disse o miúdo. E o velho quis saber porquê?, se era a própria realidade que o enfrentava tanto. Às vezes é com o sonho que melhor se enfrenta a realidade. Andar sempre com *um sonho à frente é andar melhor do que quem anda sempre com um*

---

trabalho. Quem quer realmente o que espera está sempre a levantar-se...» (182). O título da crónica é: Esperar

[72] «Têm de ser respeitadas e amadas todas as criaturas de Deus exceptuando talvez aquelas que nos matam, como certos mosquitos e tubarões (embora estes me inspirem carinho, precisamente por ser o homem o mais assassino de todas as espécies e daí ser justo que, de vez em *quando se volte o feitiço contra o feiticeiro*):» (pg. 196). O título da crónica é: Matar

[73] «É muito bom e faz muito bem. Sair da vontade. Cair na estupidez. Não descansar. Ver televisão numa língua que não se compreende. Forçar. Confundir.... Pôr o despertador para acordar mal se comece a adormecer. Dizer disparates em voz alta. *"Todos agora"*. *Virar a cabeça ao prego*. Arrepiar. Arrepender.» (pg. 216).

[74] «Elogiar, no nosso país, equivale *a puxar a brasa à nossa sardinha* – uma das expressões mais estúpidas que há, considerando que presume haver vários concorrentes diante de um braseiro, cada um proprietário de uma sardinha e capaz de variar a aplicação de calor sobre esse seu único peixe, em detrimento dos demais.» (pg. 299). O título da crónica é: Trabalhar bem.

[75] «Quem dá não espera nada em troca. Odeio a noção de retribuição. Lembro-me dos postais de Natal que dizem "agradece e retribui" e a hipocrisia de quem os manda enche-me de nojo. Ou se quer mandar cartões ou não. Quem manda, manda porque quer mandar. Quem não mandou, porque se esqueceu ou porque *se está nas tintas*. Ambas as atitudes são sinceras.» (pg. 205). O título da crónica é: Receber.

[76] «Usem-se os mariscos importados e necessariamente mortiços e maçados pelas viagens que fazem para os *ajillos*, arrozes e *raviolis* e o *diabo a sete*. É a melhor maneira de os aproveitar. Mas diante de uma santola portuguesa, redonda, da nossa costa....» (pg. 93).

[77] A expressão «por uma *unha negra*[77] que não chumbou» (272) é usado no domínio da definição de "bastante".

pé atrás. Avança-se mais, e recua-se mais – é-se mais atirado e mais repelido.» (pg. 120)[78]

5.3.4.2. Quase-frasemas

Os quase-frasemas, ou frasemas em que apenas um (ou alguns) dos elementos são transferidos do seu valor próprio, são da mesma forma usados como blocos e na sua função figurada como configuração, ou com função intensificadora, como «*saber pela vida*»[79], «*rir a bandeiras despregadas*»[80], «*falar com os seus botões*»[81] – onde a origem e lugar da desmotivação e remotivação surgem: "casaco e botões" –, «*não batas mais no ceguinho*»[82], «não ser tido nem achado»[83], «falinhas mansas» e «sopas e descanso»[84]. Finalmente, «levar em linha de conta», onde uma vez mais

---

[78] O título da crónica é: O fogo entre Deus e o mar.

[79] «Era eu miudinho e, passando as férias em Óbidos, numa quinta cheia de laranjas, ... / ... e apanhávamos quilos delas, cheias de poeira preta e de filhos gordos, ... para fazer litros de sumo, e *sabia pela vida*, a Portugal inteiro feito pequeno-almoço, lanche e licor de dormida.» (p. 96). O título: A importância das laranjas e dos limões.

[80] «Há *riso mais delicioso que o convulso? Porque é que o raio das bandeiras hão-de estar pregadas?* Alexandre O'Neil gozava com o "respeitinho é muito bonito", mas havia rancor na maneira como gozava. *Segundos sentidos*, que suplantam o primeiro.» (pg. 155). O título da crónica é: Brincar:

[81] «A multidão é enorme. Não se vê ninguém. Não consigo encontrar um único amigo. Nem sequer um empregado do bar... Não se vê a mesma cara duas vezes. ... Não conheço ninguém. E como estou de relações cortadas com o casaco, *nem com os meus botões posso falar*» (pg. 174).

[82] «É ... muito mais fácil gozar com o eng. Guterres e o dr. Jorge Sampaio, por quem é impossível sentir algum carinho, do que com os cadáveres ambulantes que são seus colegas de partido. ... Nada inspiram. Quando há desprezo, não pode haver humor... E a pena mata a vontade de gozar. O que é repelente na ideias *"Não batas mais no ceguinho"* é a atitude moral, supostamente superior. Porque nunca se deveria ter batido no ceguinho, nem uma única vez.» (pg. 156).

[83] «E dou comigo, sem dar por isso, a procurar-te entre as pessoas, sem saber porquê. Até sentir no coração uma pequena esperança, que nasce dentro de mim *sem que eu seja tido ou achado*: a esperança, muito pequenina, de encontrar-te mais uma vez» (175).

[84] «O coração sossega em quem se conhece. Sossegar é conhecer uma totalidade, as coisas feias ou bonitas, mas previsíveis e familiares. ... Não há *falinhas mansas* que tragam o sossego dos gritos duma pessoa com quem se pode contar. É um alívio. Só a ordem pode sossegar, por muito alterosa que ela seja.» (pg. 219s) e «No nosso tempo as pessoas querem o sossego menor *das sopas e do descanso*. Serem "deixadas" dalguma forma ou doutra. *"Eu quero é que me deixem em paz"*. Querem fugir. Querem ir para o

as duas expressões homónimas são aproximadas, a motivação, a desmotivação e a remotivação são particularmente aproveitadas discursivamente:

> «Os defeitos do amigo não eram, para ele, coisas que simplesmente se aceitassem. Só aceita quem os vê – e só os vê quem olha para eles. Para ele, sendo assim, não se devia sequer olhar. Os defeitos do amigo eram como as qualidades dos inimigos: coisas que se *iam levando em linha de conta*, só quando o caso de outro modo não se pudesse remediar. *Não eram coisas que contassem – nunca eram coisas para contar*» (pg. 110)

À volta de uma expressão proverbial – *devagar se vai ao longe* – ocorre uma série de expressões colocacionais, que servem para definir "tempo (o título da crónica é mesmo: Tempo), tais como *ficar em águas de bacalhau, quando nos der na real bolha, depois se verá, nunca se sabe, seja o que Deus quiser, vir em cima da hora*, etc. [85]

5.3.5. Solidariedades e semi-frasemas

Também as chamadas solidariedades lexicais – construções próximas do que também se designa por colocações – são discursivamente aproveitadas sob o ponto de vista retórico-pragmático, em que alguns dos traços sémicos dos termos da solidariedade são suspensos no uso do antónimo com o seu valor de combinação livre:

> «Foi há muito pouco tempo que suspirei pela primeira vez. Um *suspiro fundo*, saído da cave da minha alma. As pessoas dizem que os *suspiros se soltam*. Mentira. *Não se consegue prendê-los*. Não se consegue fingi-los. Suspira-se. E pronto.» (pg. 222)[86]

Outras expressões, como «tolher os passos», «encolher os ombros», normalmente, com aproveitamento bem sugerido e afirmado, como se pode ver pelo uso *cofiar o bigode, passar a mão pelo pêlo, fazer a barba a alguém*:

> «O bigode é o símbolo do nosso subdesenvolvimento. *Cofia-se como se cofia a nossa* miséria. A pêra, por seu lado, é o símbolo da nossa politiquice mais matreira. Arrepuxa-se e acaricia-se como um cacique

---

campo. Meditar... Mas a solidão e o silêncio não sossegam. Para isso mais vale tomar um Lexotan» (pg. 220).

[85] O que em Portugal não está no "prelo", está "na forja", que fica mesmo ao lado e que é um bocado pior. Os responsáveis dizem sempre, em defesa deles, que "devagar se vai ao longe"» (pg. 287s.).

[86] Título da crónica: Suspirar.

a passar mão pelo pêlo da mais aldeã e acabada pasmaceira. Cuidado com eles. Têm de ser abolidos. *Façamos-lhe a barba*! E não nos deixemos distrair pelas barbas e pelas sobrancelhas!» (pg. 255)

6. Conclusão ou o "estado e o modo de ser do mundo idiomático"

A fraseologia, como disciplina linguística, compreende um conjunto de formas craterizadas pela fixidez, polilexicalidade, idiomaticidade, fraseologização ou lexicalização e abrange um leque de expressões que vão desde o frasema (ou fraseologismo) típico até formas mais amplas, o equivalente a frases ou sentenças (e porventura, a pequenos textos: os provérbios). No frasema típico há uma escala que vai daquele em que todos os elementos componentes da expressão perdem a sua autonomia e conteúdo em favor da fusão (em que as expressões contêm elementos que só ocorrem no frasema: *nem chus nem bus, nem funfas nem funetas*) e prolonga-se até ao frasema em que os elementos têm um uso externo (fora da expressão idiomática) e um uso interno (próprio do idiomatismo).

Por outro lado, a fixidez é (quase) sempre relativa: pode haver adequação ao contexto e ao co-texto (flexão, variação estrutural, etc.) e sobretudo uma capacidade de integração no texto / discurso por força da fixidez memorizada na comunidade linguística, permitindo desmotivações e remotivações e, pelo seu potencial comunicativo, dar azo à desocultação (por meio de implícitos, pressupostos e inferências) da atitude do falante. O modelo em que se inscreve a fraseologia dá possibilidade ao falante / / escrevente de dizer muito mais do que aquilo que as palavras dizem e ao ouvinte / leitor de entender muito mais do que a materialidade fónica afirma.

Num autor concreto, vimos a importância das fraseologias na construção do texto: os narizes de cera, as rotinas mentais, os estereótipos do autor (e da comunidade linguística em que ele se insere) são facilmente detectados: neste caso, é mesmo o meio mais fácil de surpreender a atitude do autor perante a vida. A fraseologia é o modo normal de ser e estar perante a língua e o mundo.

Bibliografia:

AGUILAR-AMAT CASTILLO, A. de – *Las colocaciones de nombre y adjetivo. Un paso hacia una teoría léxico-semántica de la traducción*, Barcelona: Universidad Autónoma de Barcelona, Servei de Publicacions, 1993.
ALONSO RAMOS, M. – *Las Funciones Léxicas en el modelo lexicográfico de I. Melcuk*, Madrid: UNED, 1993.
BOGGARDS, P. – «Dictionnaires pedagogiques et apprentissage du vocabulaire», in: *cahiers de lexicologie*, LIX, II (1988), 93-167.
BRAVO, Nicole Fernandez / Behr, Irmtraud / Rozier, Claire (eds.) – *Phraseme und typisierte Rede*, Tübingen: Stauffenburg Verlag, 1999.
CACCIARI, Cristina / Tabossi, Patrizia (eds.) – *Idioms. Processing, structure, and interpretation*, Hillsdale, New Jersey, Hove and London: Lawrence Erlbaum. 1993.
CALDERON CAMPOS, M: – *Sobre la elaboración de diccionarios monolingües de produccioón. Las definiciones, los ejemplos y las colocaciones léxicas*, Granada: Universidad de Granada, 1994.
CARDOSO, Miguel Esteves (MEC) – *Explicações de Português*, Lisboa: Assírio e Alvim, 2001.
COSERIU, Eugen – *Principios de semántica estructural*, Madrid: Gredos, 1977.
COSERIU, E. – *Teoria da Linguagem e Linguística Geral. Cinco estudos*, Rio de Janeiro, Presença/Editora daq Universidade de São paulo, 1979.
COWIE, A. P. – *Phraseology. Theory, Analysis, and Application*, Oxford: Clarendon Press, 1998.
DANES, F.– «The relation of centre and periphery as a language universal», in: *TCLP, II: Le problème du centre et de la péripherie du système de la langue*, 1966, pp. 9-21.
DANLOS, L. (ed.) – «Les expressions figées», in: *Langages*, 90 (1988), Paris: Larousse.
ETTINGER, S. – «Formación de palabras y fraseología en la lexicografía», in: Haensch et al. 1982: 233-258.
FERNANDO, C. – *Idioms and idiomaticity*, Oxford: O. U. P, 1996.
FLEISCHER, Wolfgang – *Phraseologie der deutschen Gegenwartsprache*, Leipzig: WEB, 1982.
GRÉCIANO, Gertrud – «Das hintergründige Idiom. Über die Implikatur als theoretischen Erklärungsansatz für den Idiomgebrauch», in: Wimmer / Berens 1997: 45-64.
GRÉCIANO, G. – «L'rreductibilité de l'expression idiomatique vivante à sa paraphrase: indice de la pluralité de ses dimensions sémantiques et de l'appel à une étude pragmatique de son contenu», in: Recherches Linguistiques, X, 1984: 107-122.
GRICE, Herbert Paul – «Logic and conversation», in: Cole, Peter / Morgan, Jerry L. (eds.) – *Syntax and Semantics 3.*, New York, 1975: 41-58.

GRICE, Herbert Paul – «Presupposition and Conversational Implicature», in: Cole, Peter (ed.) – *Radical Pragmatics*, New York, 1981: 183-198.
GROSS, Maurice – «Une classification des phrases figées en français», in: *Actes du Colloque de Rennes*, Amsterdam: Benjamins, 1982.
GROSS, Maurice – «Les limites de la phrase figée», in: *Langages*, 90 (1988).
HAENSCH, G. / Wolf, L. / Ettinger, S. – *La lexicografía. De la lingüística teórica a la lexicografía práctica*, Madrid: Gredos, 1982.
JORGE, Guilhermina – *As expressões idiomáticas. Da língua materna à língua estrangeira. Uma análise comparativa*, Faculdade de Letras de Lx., 1991.
JORGE, Guilhermina – *Dar à língua. Da comunicação às expressões idiomáticas*, Lisboa: Edições Cosmos, 1997.
HUTCHINS, W. J. / Sommers, H. L. – *Introducción a la tradución automática*, Madrid: Visor, 1995.
LAKOFF, G. / Johnson. M. – *Metáforas de la vida cotidiana, Madrid*: Cátedra, 1991 (1970).
LAPA, M. Rodrigues – *Estilística da Língua Portuguesa*, Coimbra: Coimbra editora, 1984.
MELCUK, I. A. / Clas, A. / Polguère, A. – *Introduction à la Lexicologie Explicative et Combinatoire*, Louvain-la-Neuve: Duculot, 1995.
MOON, Rosamund – *Fixed expressions and idioms in English*, Oxford: Clarendon, 1998.
PALM, Christine – *Phraseologie. Eine Einführung*, Tübingen: Narr, 1995.
PASTOR, Gloria Corpas – *Un estudio paralelo de los sistemas fraseológicos del inglés y del español*, Universidad de Málaga (Servício de publicaciones e intercambio científico), 1995.
PASTOR, Gloria Corpas – *Manual de fraseología*, Madrid: Gredos, 1996.
REY, A. La phraséologie et son image dans les dicitionnaires de l'âge classique», in: *Travaux de linguistique et littérature, Strassbourg*, XI, 1, 1973.
SANROMÁN, Álvaro Iriarte – *A unidade lexicográfica. Palavras, colocações, frasemas, pragmatemas*, Braga: Centro de Estudos Humanísticos, 2001.
SANTOS, António Nogueira – *Novos Dicionários de expressões idiomáticas*, Lisboa: Sá da Costa, 1990.
SCHEMANN, Hans e Schemann-Dias – *Dicionário idiomático português-alemão / / Portugiesisch-deusche Idiomatik*, Braga: livr. Cruz / Max Hueber Verlag, s/d.
THUN, Harald – *Probleme der Phraseologie*, Tübingen: Niemeyer, 1987.
URBAN, W. M. – *Language and reality. The philosophy of language and the principles of symbolism*, London-New York, 1951.
VILELA, Mário – *Gramática da Língua Portuguesa*, 2.ª ed., Coimbra: Almedina, 1999.
WIMMER, Rainer / Berens, Franz-Josef (orgs.) – *Wortbildung und Phraseologie*, Tübingen: Narr, 1997.
WOTJAK, Barbara – *Verbale Phraseolexeme in System und Text*, Tübingen: Niemeyer, 1992.

ESTEREÓTIPO E OS ESTEREÓTIPOS
NA LÍNGUA PORTUGUESA ACTUAL[1]

0. Um pouco de "história" do estereótipo

No início do séc. XIX "estereótipo" tinha apenas o valor de prancha com caracteres não móveis que servia para repetir a impressão diminuindo assim os custos da impressão. Por força das mudanças sociais e artísticas – a industrialização, a ascensão da burguesia, a valorização do individualismo, a eclosão do romantismo – surgiu a condenação dos clichés, dos lugares comuns, dos chavões, das ideias feitas, das expressões estafadas, e depois **estereótipo** ligou-se, por metáfora, ao valor de **frases estereotipadas**, esse valor de "repetição", ganhando assim estereótipo uma conotação negativa que ainda conserva em alguns domínios.

A entrada do termo no domínio das ciências sociais veio em 1922 (Walter Lippmann) que o definiu como «pictures in our heads» e foi usado para designar o valor prototípico que os americanos atribuíam ao judeu, ao negro, ao sul-americano, etc. A sociologia retoma o termo para nomear as representações que os diferentes grupos sociais se faziam relativamente a outros grupos, representações essas que interferiam na própria interacção entre esses grupos. Por seu lado a psicologia social integra neste termo as representações colectivas congeladas que condicionam a nossa percepção e interpretação do mundo, as rotinas mentais que facilitam o acesso aos modos de actuar na vida de todos os dias, os chamados "scripts" dos diversos "cenários" do dia-a-dia. De todos estes matizes se cobre o significado da palavra, que deixa de ser linear e claro, pois remete para as noções de imagem e de representação, de conceito e categorização, de preconceito e de atitude, de juízo e pré-juízo, etc.

---

[1] Este texto foi publicado, como primeira versão, em *Revista Galega de Filoloxía*, 1 (2000).

No âmbito da transdiciplinaridade crescente nos tempos actuais o termo entra, na linguística por meio dos trabalhos de labovianos e pós--labovianos, englobado na tríade **indicadores – marcadores – estereótipos** com que se tenta explicar a variação linguística (Labov 1978). Mas foi sobretudo o trabalho de Putnam (1975)[2] que, mantendo o termo no domínio da sociologia para significar o que um locutor não "expert" tem de um termo, o integra assim na semântica. O termo continua o seu caminho interdisciplinar aplicado em semântica, em pragmática[3] e, depois, torna-se portador de qualquer forma de recorrência, por exemplo, no valor de estereótipos ilocutivos, fórmulas sintetizadoras de modas e correntes, etc.

No campo propriamente linguístico são várias as correntes que integram o termo: como a teoria da argumentação – análise das argumentações internas das palavras e das sequências de palavras –, a semântica referencial e particularmente a semântica cognitiva.

0.1. *Estereótipo e sua significação social ou definição de estereótipo*

O significado lexical é concebido como a associação do estereótipo ligado de modo permanente a uma palavra, que, por sua vez, se liga a outras representações semânticas. Este significado lexical – o estereótipo – e respectivas representações semânticas, a ele ligadas, estão sempre disponíveis para entrar no discurso sob forma de "argumentos"[4]. É esta a

---

[2] No fundo, o estereótipo faz parte do significado duma palavra, porque compreende traços associados frequentemente ao conteúdo da significação e compreende também marcadores sintácticos e semânticos (traços necessários para a categorização dos "objectos" aos quais se refere. Para Putnam «connaître la signification d'un mot peut vouloir dire: a) savoir la traduire, ou b) savoir ce qu'il désigne au sens de: avoir la capacité d'énoncer explicitement ce qu'est la dénotation (autrement qu'en utilisant le mot lui-même), ou c) avoir une connaissance tacite de sa signification, au sens d'être capable d'utiliser le mot dans son discours. Le seul sens dans lequel le locuteur moyen du langage connaît la signitfication de la plupart des mots est le sens» (H. Putnam 1990: 74).

[3] Por exemplo, tornou-se sinónimo de protótipo (Moeschler, J. e Reboul, A. 1994), o de melhor exemplar de uma categoria.

[4] Cfr. Olga Galatanu (1999: 49): «...je propose une description de la signification lexicale comme l'association du stéréotype, associé de façon durable au mot et faisant partie de sa signification, traditionnellement appelée "descriptive" [au sens de Putnam], et d'autres représentations sémantiques (ou stéréotypes associés à d'autres mots), formant ainsi des arguments parmis lesquelles le discours en choisit un pour le déployer dans

significação global de uma palavra ou expressão. Esta significação global é transportadora de uma rede de crenças, de subentendidos, de pressupostos, que não têm uma descrição única e definitiva Os significados lexicais (ou linguísticos) dependem do meio social e físico onde irromperam e ganham corpo – por isso, próprios de cada comunidade linguística, embora, por força da capacidade de associação com outros estereótipos, sejam susceptíveis de um valor mais ou menos generalizado[5]. O importante é que se tenha presente que nas operações discursivas há contágios de valores entre as palavras e contágios de estereótipos com outros estereótipos.

Para não falarmos no vazio, vamos ver referências concretas, em que o próprio termo "estereótipo" aparece nomeado. O jornal *Folha de São Paulo* (27.11.98) incluía um "especial" com o título "estereótipos" e com o subtítulo «Imagem dos cidadãos do Mercosul alterna pontos positivos e negativos; vizinhos ainda guardam preconceitos uns dos outros». Este "especial" tem como pano de fundo o interesse crescente pelo português na Argentina, aproximando-se mesmo do inglês, de que resulta o "portunhol". O jornal informa que, numa pesquisa realizada pelo instituto "Research International", se dá conta de alguns dos estereótipos que acompanham os cidadãos conforme a sua origem. Assim, nas ruas de Buenos Aires, uma expressão difundida para se referir aos brasileiros é "macacos". Os paraguaios, ao referirem,-se aos brasileiros, demonstram simpatia usando o termo "rapai", equivalente a "rapaz " com sotaque guarani. Os argentinos, por outro lado, são chamados pelos paraguaios de "curepi", ou couro de porco, em guarani. Quando emigram para a Argentina, os paraguaios são obrigados a enfrentar os preconceitos dos vizinhos. A maioria acaba morando em favelas, vive sem documentos, trabalha como "camelô" (vendedores ambulantes). Os brasileiros são considerados pelos argentinos como "bem humorados", "alegres", "sabem viver a vida", [são] "prestativos", "carinhosos / afectivos", "sofridos", "fanáticos", "corruptos". Os argentinos são considerados pelos brasileiros como "bem-sucedidos", "charmosos / elegantes", "modernos", "ambiciosos", "arrogantes / prepotentes", "agressivos", "mal-educados / grossos".

---

l'environnement qu'il construit pour chaque occurrence énonciative» e «La signification lexicale est porteuse elle-même non pas d'une croyance, mais d'un réseau de croyances qui ne peuvent pas être décrites une fois pour toutes».

[5] Cfr. Olga Galatanu (1990: 50) : «Les significations lexicales dépendent de notre environnement physique et social, sans que que l'on remmette en cause, dans cette approche, l'existence de représentations mentales universelles, virtuellement associables au travers des stéréotypes associés aux mots»). Cfr. também H. Putnam (1994) e D. Sperber (1996).

Eis como é entendido aqui o termo "estereótipo": juízo, pré-juízo, rotina mental. O artigo, não se esqueça, tem por título "os estereótipos" entre os povos do Mercosul.

0.2. *O uso de "estereótipo" e termos afins na língua quotidiana*

Estereótipo ocorre com frequência nos "media" portugueses alternando insistentemente como outros termos que ocupam a sua área semântica: construindo as tais associações ou redes semânticas e instituindo leituras diferentes, refiro-me a termos como, *clichê*, *chavão*:

> Eu era um *estereótipo* [o itálico é meu] do menino bem comportado, um menino que estava talhado para casar com a namorada de sempre.... Hoje seria uma pessoa respeitável, à semelhança de noventa e nove por cento da humanidade. (*Público*, 1.12.99).

> em relação a este autor [Bob Wilson], que é indiscutivelmente um dos grandes criadores do teatro comtemporâneo, vai ser preciso ultrapassar o *clichê* que sistematicamente nos diz que ele já não nos surpreende como dantes – porque, se às vezes é verdade, doutras nem tanto. (*Público*, 23.12.99)

> Conversa *global*. [título] Toda a gente fala de *globalização*. A palavra tornou-se um *chavão*. ...[é] a intensificação das relações sociais à escala mundial, pondo em contacto localidades distantes, de modo que faz com que os acontecimentos locais sejam moldados por acontecimentos que ocorrem a milhares de quilómetros de distância. ...por detrás está a *globalização cultural* ...Conversa global [entre culturas] ...*Globalização* é apenas o nome do actual devir histórico das sociedades humanas. (*Independente*, 19.11.99)[os itálicos são meus]

Pergunto-me se outros termos, como *cunha, esquema, gancho, máquina*"– no português moçambicano acrescentaria *estrutura, quadro, enquadrado* – que revelam um outro lado do estereótipo, estão ainda dentro da mesma rede semântica. Estes serão os nomes dos estereótipos nacionais ou são os nomes nacionais para estereótipos universais? Reporto-me a ocorrências como:

> A SESSÃO prolongou-se pela madrugada, mas teve um final algo pífio – e no entanto altamente previsível. A comissão de inquérito parlamentar à Junta Autónoma de Estradas acabou com um relatório onde se cita muito *peixe miúdo*, se contam algumas histórias pouco edificantes, mas onde quase não se tiram conclusões políticas. (...)

Infelizmente, essa é a cultura da nossa administração pública. Uma cultura assente na *"cunha"*, no *"esquema"*, no *"gancho"*, nos pequenos poderes difusos pela *"máquina"*.[o itálico é meu] (*Público*, 28.7.99)

Nos vários países há rivalidades entre regiões e, em Portugal, a rivalidade entre Norte e Sul é geradora de "estereótipos" como "a pronúncia do Norte", ou «a melhor coisa que há no Porto é o comboio p'ra Lisboa». Mas os textos abundam nesse sentido:

> Vou continuar a fazer um discurso bairrista, esclarecido mas não bacoco. A realidade é que no Norte é preciso lutar por tudo. Em Lisboa tudo é diferente....O concelho de Lisboa tem, quando muito, o dobro da população do Porto, e tem um orçamento quatro vezes maior do que o nosso...a interpretação que Lisboa faz das nossas reivindicações é saloia. O Porto é uma cidade com uma personalidade muito forte, que tem um grande capital de coesão. Essa é uma mais-valia que tem de ser aproveitada... Este espírito guerreiro não tem nada de bacoco... O Fernando Gomes disse "não vamos deixar as tropas sem comando", a propósito da sua ida para Lisboa. A glosar a matéria disse para ele não se esquecer que tem no Norte as sua tropas e que, se for preciso, vamos por aí abaixo conquistar Lisboa (*Expresso*, 24.12.99)

> Alguns podem pensar que é bairrismo, mas no Porto nem mesmo o Pai Natal veste camisolas encarnadas. No ano do ansiado hexa (ou bitri), no Porto, até o Pai Natal passou a andar de azul e branco, e mudou de sexo. Tudo aconteceu no Monumental Casino da Póvoa. (*Expresso*, 24.12.99)

Há ainda uma série de enunciados marcadores de rivalidades regionais ou locais, de frases fundadoras de mitos e crenças. Estaremos em presença de "estereótipos"? Lembro enunciados como:

> Portugal é Lisboa e o resto é paisagem
> Quem passa por Alcobaça não passa sem lá voltar
> P'ra cá do Marão mandam os que cá estão
> Quem vai uma vez a Cascais jura pra nunca mais
> Já chegámos à Madeira ou quê?

Trata-se de sentenças, fórmulas iguais a muitas outras tidas como verdades geralmente aceites, tidas como marcos estereotípicos, do género de:

> Beber vinho é dar de comer a um milhão de portugueses
> Os olhos também comem

O sol quando nasce é para todos, mas só alguns o podem aproveitar
O que é bom é p'ra se de ver, etc.

Por outro lado, costuma ainda dizer-se que há arquétipos estruturadores e fundadores do psiquismo humano: portanto testemunhos de universalismo. Teremos algo parecido com essa versão de estereótipo em termos ou expressões como "eterno feminino", "o arquétipo da virgem / da vestal", da "sacerdotisa" (ou o seu lado nocturno "feiticeira"), da "musa", da "amante" / "sedutora",. "terra-mãe", "fada" (conto de fadas), "fada má" / / "feiticeira" / "madrasta" / "serpente", "sereias" / "ninfas", "ondinas", "pincesas encantadas"[6].

Mas o estereótipo no sentido de "repetição", mas uma repetição que corresponde a uma rotina mental, a um traço psíquico, é também um estereótipo. Há na língua portuguesa um provérbio que reza assim:

A galinha da vizinha é mais gorda que a minha.

E logo encontramos um traço muito português que parece ser a tradução em termos actuais desse provérbio:

Nada há que os portugueses gostem mais do que ser reconhecidos lá fora, no estrangeiro. Os portugueses babam-se quando alguém, seja onde for, repara em nós e nos liga um bocado. Em Portugal, ter prestígtio lá fora é um certificado de qualidade cá dentro ... é meio caminho andado para ser importante em casa. (*Independente*, 19.11.99).

Penso que podemos ainda interpretar como "estereótipos" as expressões caracterizadoras do "Verão 1999" (nas cidade portuguesas), onde ocorrem termos como «Os in" e os "out", «o que está a dar», «o que está na berra», «o que está a render», «o que está na moda», «três em um», «dois em um», "o figurino", o "estilo", curtir, os "betinhos", "a malta dos raves", "estado de levitação", "estar baril", "(isto) não vende", «enfim, tá-se», "gente com grana", "estar chunga", "(ser) o bom e o bonito", «ser o must da noite», «está flat» (Lisboa "está flat"), "movida". (todas as expressões foram retiradas do jornal *Público* em Julho de 1999).

---

[6] Em Maputo, num universo constituído por 16 indivíduos, todos licenciados e docentes universitários, à pergunta «qual o "estereótipo" que atribuem a mulher?», obtive as seguintes respostas: falantes masculinos: «reprodutora», «(símbolo da) beleza», «submissão passiva» (não podem manifestar-se ao homem), «objecto de conquista», «ser inferior», «feiticeira» (referente à mulher quando velha); falantes femininos: «propriedade de», «força de trabalho», «objecto de prazer», «mãe».

Se há tópicos sociais onde o estereótipo esteja presente é o "Natal". Embora se mantenha o "repetido" e o "repetitivo", o Natal de 99 alterou o estereótipo:

> Com o Natal na ideia, [a Editora} acaba de distribuir, em quantidades diluvianas, imagino, um catálogo intitulado "**Passa-te**"... As páginas que se seguem não são consagradas a produtos que se bebem., fumam ou injectam, mas sim a anúncios de jogos de computador. Alguns são dedicados a aventuras inocentes, ...aviões supersónicos, "superbikes" e automóveis futuristas. Em todos eles se prometem velocidades "alucinantes", perigos maiores, riscos variados, "loopings", "capotanços" e "colisões". (*Público*, 12.12.99)

Pretendi apresentar um leque de usos de estereótipo e um conjunto de termos que recobrem a mesma (ou, pelo menos, afim) área semântica. Embora os estereótipos enunciados se situem em categorias diferentes – como categorias mentais e como estruturas linguísticas -, trata-se efectivamente de lugares comuns, de rotinas mentais, de "portais" do quotidiano, no plano do conteúdo, e, no plano linguístico, há o já fixado e imutável ao lado do mutável e passageiro.

1. Estereótipo e o provérbio

1.1. *Encadeamentos linguísticos do provérbio*[7]

São mais as perguntas do que as respostas à volta dos provérbios. Podemos enunciar os principais problemas do seguinte modo: os provérbios constituirão uma classe homogénea, sendo portanto definíveis como classe, ou fazem parte de uma classe heterogénea e portanto não são definíveis de uma maneira que seja válida para todos os provérbios? A pergunta pode ser ainda formulada de outro modo: os provérbios apresentam como traços definitórios o facto de serem um juízo colectivo (*vox populi vox Dei, a sabedoria das nações*), ou são a voz de um falante particular? Qual o papel do provérbio na comunidade linguística? Os provérbios têm alguma coisa a ver com as frases genéricas? Ou têm antes a ver com as expressões fixas, as chamadas fraseologias? Provérbios, aforismos,

---

[7] Cfr. Carel / Ducrot (1999: 6-26).

slogans, clichés, «serão todos farinha do mesmo saco»? Os provérbios serão simples denominações, embora denominações de tipo especial[8]?

Em primeiro lugar devemos ver se há distância entre os provérbios e as fraseologias: é que uns e outras se acompanham, se pressupõem reciprocamente, se substituem, não deixando muita margem para distinções precisas. É fácil encontrar os provérbios equivalentes ás seguintes expressões fraseológicas:

São gostos! (= Gostos não se discutem)
São águas passadas (= águas passadas não movem moinhos)
Esperar por sapatos de defunto (= Quem está à espera por sapato de defunto, morre descalço)
Sair aos seus (= Quem sai aos seus não degenera)
Ter telhados de vidro (= Quem tem telhados de vidro não atira pedras)
Jogar pelo seguro (= O seguro morreu de velho)

Nos seguintes enunciados temos vários tipos de construções fixas: todos exprimem verdades tidas como proverbiais, mas nem todos são provérbios, no sentido estrito do termo:

Abre o poço antes que tenhas sede
A casa do rico irás se fores chamado e à do pobre mesmo sem seres chamado
A felicidade está onde cada um a põe
Sogro e sogra, milho e feijão, só dão resultado debaixo do chão
Três coisas enganam o homem: as mulheres, os copos pequenos e a chuva miúda
Felicidade é somente / Uma visita apressada / Que aparece de repente / E parte sem dizer nada
Não te iludas com um beijo / Que um beijo nada traduz / Lembra-te que foi com um beijo / Que Judas traiu Jesus
O pico nasce da silva / A silva nasce do chão / E a amizade dos amigos / Nasce do coração

O que é que distingue todas estas formas fixas entre si? Será o conhecimento de autor? O ritmo? Os valores veiculados? As atitudes implicadas? A "figuração"?

Diz-se que o provérbio serve como "tópos", como princípio geral, servindo de apoio a uma recomendação, conselho. Será a função do provérbio que o instaura no estatuto de texto proverbial, como acontece no

---

[8] Cfr. Kleiber (1999: 52-69).

texto em que Salta-Pocinhas, ao chegar a certa idade, é obrigada a ir procurar ganhar o "pão de cada dia"?

– Salta Pocinhas, minha filha, tens de procurar outro ofício. Comer e dormir, dormir e comer também eu queria. Olé! Se ainda o não sabes, fica sabendo: *quem não trabuca não manduca*. (Ribeiro 1987: 14).

1.2. *Os provérbios como classe homogénea*

Aos provérbios, vistos como classe homogénea, é-lhes atribuída uma autoria colectiva, transportando verdades e juízos de valor colectivo, representando um código cultural, lexicalizador de regularidades observáveis, feito de saber projectado para o futuro, prevendo e opondo--se assim à imprevisibilidade das coisas, e, por outro lado, interpretando os saberes adquiridos pela comunidade ao longo do tempo[9]. Os provérbios são assim um "stock" de juízos e valores acumulados: é a sabedoria popular, a "vox populi". Deste modo quem cita um provérbio não é o seu autor. Quem o cita, é o locutor do provérbio, o juízo nele contido não entra na sua conta particular, não é o enunciador do seu conteúdo: é um enunciado "ecóico"[10]. O enunciador nem é o autor da forma – que é fixa, nem sequer pode escolher as palavras, nem a sua combinação –, nem é o autor do conteúdo, seja ele literal ou metafórico. Trata-se de um texto breve e sentencioso, anónimo, institucionalizado, com prosódia própria e dotado de uma fixidez, quase congelamento. Isto verifica-se pelo facto de o provérbio perder a sua configuração como tal, se houver uma parafraseação do provérbio, do género de:

Longe dos olhos longe do coração e
Dois seres que se separam faz com que arrefeça o seu amor

Toda a panela tem o seu testo e
Cada homem e cada mulher acabam por encontrar o homem e a mulher que lhe convêm

De facto houve uma distanciação da forma, embora fiquem alguns

---

[9] Cfr. Simón (1996: 98ss).

[10] O provérbio tem uma interpretação na medida em que o locutor se faz eco dos pensamentos ou propostas de outrem (para a origem da designação e sentido, cfr. G. Kleiber 1999: 54).

restos (ecos) do conteúdo, mas se não ficar o eco do provérbio, este tem um valor meramente episódico[11].

1.3. *Juízo individual e juízo colectivo no provérbio*

O provérbio, quando proferido ou enunciado, põe em jogo o enunciador que o usa e um enunciador colectivo (a comunidade que o criou)[12]: quem cita o provérbio produz como que um "eco de um eco". Serão provérbios aqueles que não têm dono, os demais (sentenças, aforismos, slogans, clichés, etc.) são os que têm um autor? Mas será o ter ou não ter autor suficiente para distinguir toda essa classe? Uma sentença desde que admitida pela comunidade não adquire um valor colectivo de verdade? Afirmações como: «vale mais rainha um dia do que criada toda a vida», ou «(ser homem de) antes quebrar do que torcer», «a minha Pátria é a língua portuguesa», «os últimos são os primeiros...», «sabe que nós sabemos que ele sabe»[13], etc., sabe-se quem são os autores e têm valor colectivo. As sentenças para passarem a provérbio é necessário que tenham as outras propriedades dos provérbios: que apresentem uma forma que lhe dê estatuto de provérbio. Vejamos enunciados tidos como sentenças de valor geral, de sujeito impessoal, na chamada "guerra da cor", e certamente não são provérbios:

Negro comendo com branco a comida é do negro
Negro em festa de rico, é o primeiro que aparece e o derradeiro que come
Negro que furta é ladrão, branco que furta é barão
Negro furta, branco acha
O trabalho é do negro, a fama é do branco
O branco na sela e o negro na garupa, o cavalo é do negro
Negro só acha o que ninguém perdeu
Negro não casa, se ajunta

---

[11] Os exemplos dados por G. Kleiber são: «La langue va où la dent fait mal» (Cada um queixa-se onde lhe doi), «A chaque pot son couvercle», «Loin des yeux, loin du coeur», «Qui trop embrasse mal étreint», «qui ne risque rien n'a rien» (Quem não arrisca, não petisca).

[12] «Un énoncé proverbial est un énoncé dont l'interprétation échoïque implique nécessairement que l'énoncé dont le locuteur se fait l'écho n'est lui-même interprétable que sous une forme échoïque» (Gouvard 1996: 57).

[13] «...Guterres sabe quem é o "mentiroso".... Esteve por dentro das peripécias que há meses opunham os dois homens. Mais: parafraseando uma frase célebre, também sabe que nós sabemos que ele sabe» (*Público*, 14.12.99).

Negro não entra na igreja, espia
Negro não morre, se acaba
Negro não é inteligente, é espevitado
Negro quando não suja à entrada, suja na saída
Branco quando corre é atleta, negro quando corre é ladrão
e
Judas era branco e vendeu a Cristo
Penico também é branco
Carne de branco também fede
Papel é branco e se limpa tudo com ele
Roupa preta é roupa de gala
Suor de negro dá dinheiro
Negra é a pimenta e todos comem dela[14]

Estes enunciados são reformulações de sentenças que correm sob outras formas.Terão todas as condições para serem "provérbios"? Trata-se, contudo, seguramente de estereótipos.

O critério clássico em que se associa e se demonstra a propriedade de juízo colectivo é a expressão metalinguística constituída pela expressão indefinida «como diz o povo», «como se costuma dizer», «como dizia a minha avó» e não «como diz X (autor individual)». Trata-se do que se costuma dar como um dos traços da sinalização do provérbio, que, além da autoridade que lhe advém de representar o saber colectivo, o enunciador pode reforçar essa autoridade, dizendo: «Lá diz o provérbio (directamente)» ou utilizando a fórmula: «Lá diz o ditado», «todos sabem que», «já dizia a minha avó», «já dizia o outro»:

Como se costuma dizer mais vale prevenir do que remediar
Como dizia a minha avó deitar cedo e cedo erguer dá saúde e faz crescer
Como dizia o outro quem não trabuca não manduca

Mas podemos nomear um particular:

Como diz a minha avó / o meu vizinho: homem velho e mulher nova filhos até à cova

---

[14] Cfr. Simón (1996: 98ss). Recordem-se as expressões *mancha negra, trabalhar como um negro, dias negros, mercado negro, ponto negro, maré negra, ano negro, humor negro*. "Negro" continua a ser um estereótipo disponível para a negatividade. Por exemplo, nas nmudanças provocadas pela demissão de Santos Silva de "Porto 2001", surgem múltiplas leituras e tudo era mudança e, por ex., acerca das "mudanças em Serralves", diz--se: «A nomeação de Capelo e a razão pela qual nunca tomou posse é ainda hoje uma história cheia de buracos negros» (*Cartaz do Expresso*, 24.12.99)

Isto é, a autoria colectiva, a autoridade institucional, admitem graduações. Eis exemplos em que não se põe em causa a não autoria individual do provérbio:

> Eu acho que, uma vez por todas, nem tudo o que luz é ouro
> É bem lamentável que quem com ferros mata com ferros não morra
> Receio que cão que ladra não morda
> Tenho muito medo que em casa de ferreiro espeto de pau

Por-se-á em causa a validade geral do provérbio? O enunciador põe--se em desacordo com o autor do provérbio e mesmo apropria-se dele a seu bel-prazer:

> Acho que o dinheiro não traz a felicidade (embora ajude muito)
> Acho que o hábito não faz o monge

Torna-o seu: como se fosse um "SN". Mas não se torna verdadeiro que ele seja o autor do provérbio, dele se faz eco.

1.4. *Provérbio como denominação*

O que está em causa não é «eu acho / penso que + prov», mas sim «verbo de opinião + prov». Isto é, os provérbios são denominações de tipo muito especial (Kleiber): uma denominação, uma unidade codificada, fazendo parte do código linguístico, pois nomeia uma entidade geral, uma frase[15]. Este carácter de denominação, denominação frásica, é um conteúdo colectivamente fixado, e fixado á construção frásica, como o conteúdo de uma palavra está colectivamente fixado[16]. O enunciador não é o autor da forma, nem das palavras, nem do conteúdo, mas usa-o como uma denominação. O acento é colocado apenas sobre o conteúdo, a

---

[15] «En tant que phrase, il ne devrait pas être signe (ou unité codée), puisque l'interprétation d'une phrase est une construction et non un donné préalable. En tant que dénomination, il est néanmoins une unité codée, c'est-à-dire un signe. Un signe-phrase donc, qui possède les vertus du signe sans perdre pour autant son caractère de phrase, de même que substantifs, verbes, adjectifs, etc., sont des dénominations qui conservent les attributs spécifiques des catégories grammaticales qu'ils représentent» (Kleiber 1994: 214).

[16] «de même que le sens d'une unité lexicale est un sens "collectif", de même le contenu, c'est-à-dire la prédication ou le jugement d'un proverbe, est "collectif" et non une affaire de particulier. Le caractère de vox populi des proverbes n'est donc qu'une conséquence de leur caractère de dénominations phrastiques» (Kleiber 1999: 65).

denominação. Por isso, «como se costuma dizer», isto convém aos provérbios e a qualquer tipo de expressões fixas e não apenas aos provérbios:

> Como se costuma dizer, quem está mal muda-se
> Como se costuma dizer, quem não tem cabeça escusa chapéu
> Como se costuma dizer «O feitiço pode virar-se contra o feiticeiro»[17]
> Como se costuma dizer, «Guterres [está posto] à prova» (*Público*, 14.12.99)

E esta fórmula não funciona em combinações livres:

> * Como se costuma dizer, já são oito horas

Mas o "provérbio" é um nome ou uma proposição? Se interpretarmos o provérbio como uma denominação, embora com um estatuto especial, deveremos interrogar-nos sobre se essa denominação tem o estatuto de nome ou de proposição. Efectivamente, uma expressão livre – um nome, um sintagma nominal ou grupo nominal ou preposicional – não se apresenta formalmente como necessariamente fixado ou fixo e representa, quando enunciada, uma representação episódica, uma representação mental ocasional[18]. Ao contrário, os conceitos associados aos provérbios são conceitos não episódicos, convocadores de todas as suas ocorrências, representação que é válida para uma representação limitada, mas todas as ocorrências seja qual for o seu campo de aplicação[19]. Isto é, o provérbio nem é um nome, nem uma proposição, mas sim um enunciado, um discurso institucionalizado que se desloca e se aplica integralmente num outro discurso.

---

[17] «O feitiço pode virar-se contra o feiticeiro. As declarações de Manuel Maria Carrilho ao "Expresso" soaram em São Bento como um deasafio a Guterres» (*Público*, 14.12.99).

[18] «Le vrai nom s'oppose aux expressions linguistiques complexes non codés, qui ne répondent ni à la nécessité formelle d'être un signe fixe, ni à la nécessité d'être associés à un concept épisodique. Quand ces expressions sont énoncées, elles provoquent la construction d'une représentation mentale épisodique; en d'autres termes elles fournissent une "description" d'un objet épisodiquement représenté en mémoire à court terme» (Michaux 1999: 89).

[19] Les concepts associés aux proverbes sont donc des concepts non épisodiques, rassembleurs d' occurrences, et valides non pour une seule entité extralinguistique spatio-temporelle déterminée, mais pour un ensembles de telles entités» (Michaux 1999: 92).

1.5. *Desproverbialização e usos dos provérbios*

Como vimos, o provérbio é um enunciado (i) lexicalizado, (ii) sintacticamente autónomo (pode ocorrer no discurso sob a sua forma canónica), (iii) discursivamente autónomo (o seu uso não depende de uma interacção conversacional), (iv) fora do discurso tem um valor de verdade geral, (v) é anónimo. Outros traços como metaforicidade, força retórica e anomalia sintáctica não são apenas próprios do provérbio, como por exemplo, os aforismos e os slogans respondem a todos os quesitos de (i) a (iv), só que têm autor: aliás o slogan perfeito é aquele que apresenta forma proverbial.

Nos provérbios[20] podemos analisar a estrutura, o sentido canónico, os aspectos culturais, o uso dos provérbios no discurso procurando ver como é que o sentido canónico nomeia uma situação que o actualiza de novo, ou o facto de o uso de um provérbio constituir a irrupção no discurso de uma outra isotopia que apenas lhe pode ser aplicada pela máxima griceana da cooperação. Sabe-se que o uso de um provérbio constitui o apagamento do enunciador por detrás de uma enunciação colectiva e cultural, o que faz com que na conversação valha como um argumento irrefutável. Há que ver também outros aspectos do provérbio, como a frequência de uso e o seu uso na forma não canónica, em jogos de palavras[21].

Se alteramos o provérbio na forma ou no seu conteúdo, será o mesmo que mudar a sua denominação?[22] O provérbio, forma fixa, pode ser desfixado, desconstruído por um jogo formal. O provérbio desproverbializado torna-se uma frase como qualquer outra frase de sentido genérico, perdendo o seu valor de signo codificado? Ou a desproverbailização é antes um argumento a favor do "valor colectivo e codificado" atribuído globalmente ao provérbio?

Dizemos que os provérbios são formas integralmente fixas: isto é, a totalidade dos seus elementos são fixos, podendo variar apenas um ou outro ajustamento flexional para adaptação ao discurso em que se inserem. Nestes casos é sempre possível desproverbializar por motivos lúdicos ou metafóricos, o que só demonstra o carácter da sua fixidez.

---

[20] Veja-se Arnaud / Moon (1993).
[21] Aspectos estudados por Grésillon / Maingueneau (1984), e, na linguagem da publicidade, por Grunig (1991).
[22] «La déproverbialisation est l'opération qui fait perdre au proverbe son côté dénominatif, pour ne lui laisser que son aspect de phrase» (Kleiber 1999: 66).

Os provérbios são frequentemente modalizados: diz-se que há modalização quando o conteúdo do provérbio é refutado pelo locutor, ou invertendo a polaridade do provérbio:

> Roma e Pavia não se fizeram num dia, mas quando mais depressa se começar mais depressa se acaba

ou o seu conteúdo é posto em questão

> O seguro morreu de velho, mas que interessa a morte se no cemitério também há flores?

ou o provérbio é citado e imediatamente refutado:

> Nunca o invejoso medrou nem quem ao pé dele morou, pois são ambos farinha do mesmo saco

ou é modalizado por um advérbio ou adverbial:

> Quem canta seu mal espanta, a não ser que cante tão mal que nem valha a pena cantar. basta só abrir a boca

A propósito da desconstrução / desfixação, deve notar-se que as construções livres se caracterizam pela existência de paradigmas que permitem substituições definidas pelas restrições de argumentos e por modificações e reestruturações que dependem da natureza semântica e sintáctica da relação existente entre o predicado e os seus argumentos. Podemos assim calcular o número de variações potenciais para uma dada construção. Qualquer transgressão a essas possibilidades é considerada como um erro ou incorrecção, como, por exemplo, a construção passiva com um verbo intransitivo. O único jogo possível é introduzir num domínio de argumentos, característico de um dado predicado, um substantivo que não faça parte da classe semântica em questão. A literatura serve--se desta possibilidade de modo constante no quadro da metáfora.

Pelo contrário, as sequências com restrições, como é o caso dos provérbios, não admitem esta possibilidade. Por um argumento *a contrario* o congelamento pode ser posto em evidência por força do efeito provocado pelo jogo da desfixação, que consiste em quebrar a carcaça que caracteriza as sequências congeladas. A desfixação consiste em abrir paradigmas onde eles não existem. Este golpe mortal encontra-se muito na imprensa quando os jornalistas querem chamar a atenção dos seus leitores. O efeito de surpresa esperado faz realçar o facto "fixação". A desfixação assim operada não é considerada como um erro, como acontece nas transgressões sobre as sequências geradas segundo as regras, mas como uma actividade lúdica. Eis alguns exemplos:

Ajuda-te e a Telecom te ajudará
Silêncio, vai-se ouvir o nosso primeiro
O poder está em boas mãos (PS: eleições de 1999, fotografia sorridente de Guterres)
Vote agora e pague depois
A nova máquina sempre velha (Oxímoro: slogans publicitários)

A desfixação pode incidir sobre grupos nominais de todo o género. Nas palavras cruzadas surge também a desfixação. Por exemplo, «É como um peixe na água» (cetáceo), «se é lançado é porque é mau» (sorte), «nome que se pode dar a rigor» (austeridade). A técnica consiste em definir um termo misturando a leitura congelada e a leitura composicional. Pode ser tomada da expressão fixa, apenas do sentido, ou da leitura composicional. Isto é, o jogo de palavras mostra a importância do discurso repetido na língua.

1.6. *Outros aspectos do uso de provérbios*

Os provérbios como as demais formas fixas (ou fraseologias) ocorrem de forma muito variada, nas diferentes comunidades linguísticas e, dentro da mesma comunidade, a sua ocorrência depende dos meios de comunicação, oral ou escrita. Na conversação, teremos de ver se ocorre na conversação normal ou se apenas em certos tipos de conversação. Na escrita, distinguimos os "média" e os textos literários ou na conversação quotidiana. Devemos ainda averiguar em que ponto dos textos são inseridos: nos títulos, em posição inicial do enunciado ou em posição final? A sua função varia de acordo com a posição no enunciado: na posição intermédia tem a função clássica do provérbio, que é a de argumento discursivo; se no título, procura atrair a atenção e resumir o conteúdo do texto por meio de uma fórmula conhecida, estabelecendo uma certa conivência com o destinatário. E é esta última a que ocorre normalmente. Em posição final, parece corresponder ao desejo de fechar o discurso de uma forma ritualizada e com elegância. Esta posição não é neutra: *in cauda venenum*

É evidente que estes traços não nos dizem como é que os provérbios realizam os efeitos bons ou maus no discurso. Na forma canónica ou como suporte no jogo de palavras, nos jornais, o uso do provérbio parece ser uma marca ritualizada de transição, a indicação de que se passa de uma cena a outra, ou de um tema a outro. A citação pode dar-se na forma canónica e integral, recuperando o valor total. Mas pode haver truncação, e quais são os elementos que podem ser citados e truncados? Se há substituição: quais os elementos substituídos? Quantos elementos lexicais são (ou podem ser) substituídos? Por exemplo, em:

De noite todas as notas são pardas
Não guarde p'ra amanhã, telefone hoje

Pode haver inversão dos elementos e quais os elementos do provérbio passíveis dessa inversão?

Vote agora e pague depois
A fome justifica os meios

Mas a truncação nem sempre é possível: se podemos truncar expressões nominais como em «Tal pai...», «A Bom entendedor..), «Ajuda-te e..», já não o podemos fazer em «Tempo é dinheiro». É necessário que antes da cesura o sentido seja previsível, de contrário não funciona. A truncação do provérbio[23] representa uma conivência, uma cumplicidade entre os interlocutores: pressupõe-se que ambos sabem de cor e poupam-se o trabalho e assim se reforça o papel do saber partilhado. Mas que espécies de redução? Pode haver redução ao nível inferior: nome, verbo, advérbio?

Uma outra pergunta que surge é: qual a exploração que se faz dos provérbios? Os provérbios são ou não aproveitados como alavanca argumentativa? Ou os provérbios são apenas usados como clichés? Quanto menores forem as dimensões dos provérbios, melhor se prestam a condensar o conteúdo. Por vezes a redução deixa o provérbio no esqueleto.

Eis perguntas que nos surgem no fio dos dias, ao lermos jornais, ao ouvirmos rádio, ao vermos televisão: quais os provérbios que servem de eco aos seguintes sublinhados dos textos ou qual o efeito "ecoico" desses provérbios nos enunciados?

Eu não me importa que digam que é pornográfico. Posso não gostar. *Quem tem boca diz o que quer*. Eu escrevi o que quis. (João Ubaldo Ribeiro, *Público*, 1.12.99, a propósito das críticas ao seu livro *A Casa dos Budas Ditosos*)

---

[23] Aliás a truncação pode dar-se em qualquer forma fixa, em qualquer fraseologia: «Guterres à prova» (= posto à prova) (Título de Editorial de *Público*, 14.12.99).

Não guarde pr'amanhã, telefone hoje (Publicidade radiofónica a tratamentos contra a obesidade.)

Mostre convicamente os seus sentimentos e desejos. Não tema enfrentar situações desagradáveis e seja "pão pão, queijo queijo". Não aceite nem deixe passar em claro atitudes menos correctas de outros. (*Pública*, Cartas da Maya, 12.12.99)

Os provérbios representam a "sabedoria do povo", os chamados "topoi" que desenham as rotinas mentais de actuação dos elementos de uma comunidade. Os seus "topoi" saltam de imediato aos olhos:

Três foi a conta que Deus fez
Três coisas destroem o homem: muito falar e pouco saber, muito gastar e pouco ter, muito presumir e pouco valer
Três coisas mudam o homem: a mulher, o estudo e o vinho

e

Ver para crer
Uma coisa é ver, outra é ouvir

É ainda interessante averiguar em que medida uma comunidade linguística usa e abusa dos provérbios. Se eu comparar as comunidades brasileira, portuguesa e moçambicana (a lusofalante), verifico que em Portugal se usam muito – e não apenas o povo – os provérbios, mas não todos, apenas umas dezenas. Surgem sobretudo nos jornais, nos títulos, que depois são retomados ao longo do artigo, ou na parte final. Na comunidade brasileira, a sua frequência é ainda maior e aprofundada linguisticamente do que em Portugal. Na comunidade moçambicana, os provérbios de origem europeia, ocorrem raramente, os que surgem são os provérbios como sombra ou eco dos provérbios, sentenças das línguas locais

2. Fraseologias e estereótipos

Se os provérbios dinamizam o texto argumentativo, o texto narrativo, a trama discursiva na conversação, são contudo as fraseologias o "locus" em que os estereótipos mais se manifestam. E não se pense que a insistência no tema dos estereótipos seja um esforço para ver em tudo um "estereótipo", quer no sentido negativo, preconceito, "parti pris", quer no sentido de "rotina mental", "script" para a actuação na vida quotidiana. As referências nos jornais são constantes. Mas são as fraseologias de cariz sentencial, eco de provérbios, de referências bíblicas ou históricas, as que mais ocorrem. Isto acontece nos jornais, na vida diária, na literatura, sobretudo com determinados escritores.

Vejamos os jornais. Ainda, aquando da transição de Macau para a China, podíamos ler o seguinte: «Em Macau, duas comunidades vivem há mais de 400 anos de *costas voltadas* uma para a outra. ... Um *mundo de estereótipos*, de incompreensões, de desencontros, cujo único legado cultural comum parece ser o "yam cha", o "chau min" e o pastel de nata»[24]. Será o viver «de costas voltadas», um estereótipo "português" ou "chinês"?

O "relógio do tempo", por exemplo, não será um tópico essencial na expressão do estereótipo: o nosso "dar tempo ao tempo", a expressão do nosso gerir o tempo sem tempo[25], o que equivale a «não saber aproveitar o tempo», «os portugueses são mais lentos», «os portugueses são preguiçosos, lentos»[26]. Podemos alongar-nos em exemplos. Na célebre batalha verbal entre Artur Santos Silva – ex-comissário de "Porto" Capital da Cultura – e o ministro da Cultura surgiram textos do género de:

> *Tanta pedra no mesmo cão é sinal de que o animal não tem razão»*
> «E já lhe [ao ministro da Cultura] chamaram *"umas poucas de coisas"*
> de *calibre razoável* – e não são coisas da *boca para fora*; são coisas
> pensadas – diria mesmo – amadurecidas, reflectidas e intencionadas
> (*Independente*, 19.11.99)

e

> Midas *transformava tudo aquilo em que tocava em ouro*. Há quem
> desfaça aquilo em que toca. É o caso do ministro da Cultura.
> (*Independente*, 11.11.99)

> Guterres terá dado garantias a Artur Santos Silva de que o ministro
> não *pisaria o risco* nas explicações ao Parlamento. Pois bem: Carrilho
> apareceu eriçado diante dos deputados e *partiu ainda mais loiça. Os
> cacos, esses chegaram ao gabinete do engenheiro*. (*Independente*,
> 19.11.99)

---

[24] «Macau. Dois mundos no mesmo lugar», *Pública*, 19.12.99.

[25] No jornal *Público* (20.12.99) referia-se «que os chineses têm por hábito chegar antes do tempo.., mas que a influência portuguesa acabou por levá-los a chegar atrasado ...e que o tempo chinês, muito tenso e rígido, se terá afrouxado de modo a comportar momentos de pura fruição do próprio tempo».

[26] «Macau. Dois mundos no mesmo lugar» (*Pública*, 19.12.99).

E as desconstruções dão-se tanto nas fraseologias como nos provérbios:

> o jornalismo português em geral confunde o *quarto poder* com o quarto do poder. Há demasiados jornalistas no *quarto do poder* (*Pública*, 19.12.99).

A propósito da escolha da personalidade do século, tenta-se caracterizar o Portugal provinciano e faz-se por meio das marcas de estereótipos:

> Salazar ganhou. É "figura nacional" do século. Na votação de quem segue a SIC e lê a "Visão". Sem surpresa. ... Ele foi o líder pequeno, mesquinho e provinciano de um país pequeno, mesquinho e provinciano,, contou com o apoio do portuguesinho anónimo, pobre e indiferente. Só assim se explica a sua longevidade.... Portugal ... durante décadas foi um país acomodado, ensimesmado, sombrio, sem ambição, sem diversidade, sem coragem. Salazar reinou sobre um Portugal parado no tempo, *pobrete mas alegrete...* (*Público*, 30.12.99)

A opção por expressões "politicamente correctas", no sentido que lhe é dado pelo texto a seguir apresentado, será já não um estereótipo apenas português mas antes um dos estereótipos da nossa época. Vemos que surgem tanto estruturas fixas e congeladas como estruturas do domínio da técnica livre do discurso:

> Para uma certa esquerda norte-americana dos anos 60 ficava mal chamar negros aos negros e índios aos índios. Passaram a "*afro-americanos*" e "*nativos americanos*". Assim começou a moda do **politicamente correcto**. Em Portugal a revolução semântica iniciou-se há alguns anos, pela promoção das "*criadas de servir*" a "*empregadas domésticas*" (actualmente *auxiliares de apoio doméstico*) e dos "*empregados*" *(de comércio e serviços)* a "*colaboradores*". Lentamente estabeleceu-se o novo léxico das profissões consideradas menores; os carteiros passaram a *técnicos de distribuição postal*, os *caixeiros viajantes* a *técnicos de vendas*, as meninas dos correios a *técnicas de exploração postal*, os jardineiros a *técnicos de manutenção de espaços verdes*, os varredores a *técnicos de higienização urbana*, os estivadores a *técnicos de manipulação e deslocação de cargas e descargas*, etc. Aboliram-se os contínuos. Passaram a *auxiliares administrativos*. Que, no caso particular das escolas e hospitais, se chamam *auxiliares de acção escolar e de acção médica*. Os *técnicos de apoio geral* (na administração postal). A revolução linguística invadiu o nosso quotidiano. O nível zero corresponde ao rés-do-chão e a cave ao menos um. O ruído chama-se *poluição sonora* e

os lixos, *resíduos urbanos*. As *cabines telefónicas*, os *bancos de jardim*, os *marcos do correio* e os *postes de iluminação*, apesar de fixos, são "*mobiliário urbano*". Nos autocarros deixámos de picar bilhetes. Validamos títulos de transporte, ou seja, obliteramos. Nesta altura a companhia Carris inventou um novo significado para o verbo "obliterar" e o novíssimo substantivo "obliterador", no caso a máquina que pica os bilhetes. Proibido fumar é, na semântica da aviação comercial, "*voo azul*"... também deixou de haver regiões atrasadas. O Alentejo é uma *zona de desenvolvimento sustentado* e o Casal Ventoso, *uma área urbana sensível aos grupos populacionais vulneráveis a condutas alternativas*. Na economia deixou de haver falências. Há *empresas com insustentabilidade financeira*. Os prejuízos são *crescimentos negativos*.... Acabaram-se os despedimentos. Há *ajustamentos de efectivos com racionalização e optimização de recursos humanos*. Obviamente também deixou de haver desempregados. Existem cidadãos à procura de emprego, que a partir da *faixa etária* dos 45 entram em *pré-reforma antecipada*. E pobre é um *indivíduo de recursos económicos sensíveis*...E há que atribuir novos significantes às realidades particularmente desagradáveis. Uma prisão é um *centro de detenção* (ou de *reinserção social*, no caso dos jovens). Um *asilo de velhinhos* é uma *unidade geriátrica*..... estrutura *familiar monoparental* quer dizer *mãe solteira*. ... Há já alguns anos que deixou de haver *doentes*. Existem *utentes*... os *serviços de urgência* passarão a chamar-se..."*emergências*" (*Pública*, 19.12.99) [o itálico é meu]

Uma outra expressão "marca" do nosso tempo – *branqueamento de dinheiro* – passa a ponto de partida para outros domínios, como **branqueamento da imagem**: «O senhor procurador-geral da República ... iniciou uma *campanha de branqueamento da imagem* nunca vista» (Independente, 19.11.99). Expressões tiradas do imaginário nacional servem nos jornais para caracterizar atitudes políticas e comportamentos do género de:

Passei do lá vamos cantando e rindo para a Internacional Socialista (afirmação de um militante de esquerda),

Se nos jornais verificamos o uso generalizado de fraseologias – e mesmo de provérbios -, embora mais nuns do que noutros, na literatura já vemos um uso diferenciado de escritor para escritor. Se tomarmos dois dos escritores actuais mais marcantes na literatura portuguesa, no concer--nente ao uso de fraseologias / provérbios – António Lobo Antunes e José Saramago – verificamos uma diferença abissal entre os dois. Em

Saramago quase não há página, tanto dos romances como nas *Crónicas* ou *Cadernos de Lanzarote*, em que não ocorram as estruturas com todas as letras ou como eco / desconstrução dessas construções; já em Lobo Antunes dá-se precisamente o contrário: percorremos todas as páginas da Exortação aos Crocodilos sem encontrar nada ou quase nada dentro desse género de processos. Tomemos apenas alguns exemplos de *FP* e encontramos de tudo neste género:

- títulos de *Crónicas*: «A mão que embala o berço...»[27], «De cabeça perdida», «País real, real país», «A rainha vai nua», «O velho, o rapaz e o burro».
- no início da *Crónica*: «Sempre duvidei ter a montanha parido um rato que a história diz..» (pg. 64),
- no final da *Crónica*: «A letra é do escritor, a tabuleta é a do ofício» (pg. 162)[28], «Fosse o caso e outro galo nos cantaria» (pg. 194)
- etc.

3. O estereótipo nas simples palavras

Se a alma de um povo se encontra na sua língua, nas suas categorizações do real vivenciado ou sonhado, são muitos os sinais de que as individualidades nacionais vão perdendo as suas fronteiras reais e os limites vão se esbatendo no universal. Vamos tentar equacionar as "chaves" – os chavões – que dêem nas fechaduras das portas do nosso tempo. Após a abertura das portas do milénio, os lugares identificados e individualizados vão se tornando em "não lugares", obedecendo ao esquematismo da eficácia: as zonas de serviços, as auto-estradas, os "spots" publicitários, os produtos "mcmacdolnadizados", os restaurantes "fast-foodizados", a música, a moda, os divertimentos, os gostos, tudo isto conheceu a mundialização[29]. As palavras, como não podia deixar de ser, reflectem a globalização.

Vamos tentar encontrar nos labirintos do nosso tempo, os seus lados "sombra" e os seus lados "luz", o que o faz "engrenar" e quais os grãos de areia na engrenagem, qual a música para a "dança" do nosso tempo («con-

---

[27] E o título tem logo continuação no início da Crónica: «...governa o mundo» (pg. 200) e toda a crónica é um decompor e desconstruir da expressão.

[28] É um eco de «A letra não condiz com a careta / tabuleta».

[29] As únicas fronteiras existentes são as que se verificam entre os ricos e os pobres, entre os empregados e os desempregados, os cidadãos e os marginalizados.

soante se toca assim se dança»), quais os mapas dos dizeres do nosso tempo («a necessidade aguça o engenho»), as nossas maldades e bondades, os nossos tiques e manias, os nossos santos e senhas, as nossas cartilhas e os nossos manuais, as nossas farsas e os nos farsantes, as nossas molduras, os nossos figurinos, os nossos esquemas, os nossos trejeitos. Saber através da língua qual a criança que trazemos nos braços.

3.1. *As nossas grandezas e as nossas fraquezas através do léxico*[30]

A língua portuguesa começou a fazer-se língua ao longo do milénio que acabou, fez-se "continente" nas Américas, fez-se "ilha" ao longo das costas, fez-se "crioulo" através do mundo. É hoje língua colorida nos trópicos, é língua crioulizada através do mundo. Viveu as amarguras do crescimento, vulgarizando-se nas ruas e nos cais dos nossos portos, vestiu-se de gala na relatinização do Renascimento, gongorizou-se e puritanizou-se nas academias do século XVIII. O povo anónimo e o povo culto chegaram até nós em pleno convívio: provérbios e expressões populares surgem na boca iluminada dos políticos e na boca plebeia da mesma forma, com requinte ou sem requinte[31]. Entramos no século XXI com a língua portuguesa forte[32]. E aparente ou realmente – pelo menos, na língua – deu-se a **integração** e a **globalização**.

Pensar é interpretar: mais do que recriar e fabricar o homem, o pensamento tem por função interpretar o mundo, fabricando-o. Essa interpretação é feita em grande medida através de símbolos, de mitos. E os símbolos e os mitos podem dar vida ou podem matar[33]. Arredondámos[34] o mundo no século XV, reduzindo a terra à figura geométrica perfeita: a de círculo. Passo a passo fomos ocupando a Terra, habitando-a, colonizando-a, até chegarmos às "cidades digitais" e digitalizadas, à integração mundial: mundialização e globalização são hoje lugares comuns.

---

[30] Baseio-me em Buarque (1995), Sontag (1998) e em textos do jornal *Público*.

[31] Recordo ainda quando, na década de 60, frequentava a Faculdade de Letras da Universidade de Coimbra, me chamavam a atenção quando deixava deslizar uma ou outra expressão tida então como "popular", mesmo qualquer expressão ou enunciado proverbial.

[32] Moçambique, por exemplo, tem feito nos últimos anos mais pela língua portuguesa do que Portugal fez durante quatro centos anos.

[33] «Todo o pensamento é interpretação» «as metáforas e os mitos matam» (Susan Sontag 1998: 99 e 107).

[34] «O mundo foi arredondado no século XV pelos descobridores. Quinhentos anos depois, ele foi encolhido para todos os habitantes do planeta» (Buarque 1995: 34).

Partilhamos militantemente o poder, a tecnologia, os produtos: a Coca-
-Cola, a NIKE, as CNNs, os McDonalds são conhecidos por todas as
crianças da Terra. A viagem da utopia à realidade foi feita progressiva e
eficazmente. O mundo deixou de ser, nestes últimos 30 anos, um conjunto
de ilhas e continentes isolados. Chegámos ao ano 2000 com todos os
homens em comunicação directa – um desabamento de uma casa em
Foggia, ou um cataclismo em Moçambique enche os "media" mesmo em
cima do acontecimento -, quase em uma só cultura: os mesmos slogans, os
mesmos sons, os mesmos gostos, as mesmas modas, os mesmos entusias-
mos. O consumo de massas, a comunicação de massas, tornou-nos "massa
anónima". A tecnologia tornou-nos em rambos tecnológicos. As pessoas
vivem como deuses em Olimpos de fantasia, a mulher emancipou-se,
"black power"e "black is beautiful" (são palavras de ordem de milhões de
seres), a libertação sexual – a opção sexual deixou de ser tabu –, as des-
colonizações passaram à história, o fim das guerras frias, as promessas da
engenharia genética a prometer revoluções ao rosto dos futuros homens e
beleza à estética das mulheres. As palavras socialismo, capitalismo
perderam sentido, suavizaram o seu aspecto feroz e foram substituídas
por palavras mais "p'rá frentex", como desenvolvimento, modernidade e
pós-modernidade. Mas, após a integração e a globalização, deu-se a **desin-
tegração do homem: o apartheid social.**

É que a "aldeia global" desintegrou o homem[35]: as barreiras sociais
acentuaram-se. Houve o retorno dos mitos. Os donos do planeta e as suas
máfias controlam tudo e todos. Os Rambos tecnológicos enchem de vírus
os céus da Internet, invadem os pentágonos blindados mais do que a sete
chaves, assaltam cofres fortes em simples operações de informática. Os
cow-boys ufanistas do nosso tempo proclamam-se donos do mundo e
ocupam os espaços nobres das nossas leituras e entretinimentos. Os
empregados e os desempregados confundem-se: os desempregados
arrumam "dinheiro" à custa dos empregados. É o fim das utopias. É o
reconhecimento da nossa impotência: «Nas últimas décadas... o homem
percebeu que não controla e até desorganiza o clima, suja as águas, destrói

---

[35] «O ano 2000 apresentará um planeta com todos os homens em comunicação
direta, em uma só cultura, mas em duas sociedades, separada por brutal **apartação**, que
afasta os que têm acesso às novas técnicas daqueles condenados às velhas técnicas do passado, os que ingressaram dos que ficaram excluídos do poder dos novos conhecimentos»
(Buarque 1995: 28) «A idêia é criar um termo que mostre o desenvolvimento das
sociedades contemporâneas, separadas por classes, e não por raças, como indica o termo
apartheid.» (Buarque 1995: 33).

recursos, polui a atmosfera, aumenta a desigualdade e constrói a apartação.» (Buarque 1995: 68). Deu-se a morte das elites, perde-se o sentido crítico vindo do tempo do iluminismo e tornamos-nos "massa" e os "media" tratam-nos como tais. As elites intelectuais, os "clercs" tornam-se boulevardianos e palacianos. Mesmo o "quarto poder" passou a servir-se da sua força para ocupar também o "quarto do poder".

3.2. Os nossos pequenos "vícios"

Vimos o que se passou no mundo de Helmut Kohl. Mas este traço é comum em todo o planeta. Limito-me a detectar as fraseologias – as frases (já) feitas e as que se estão fabricando relativas a Portugal:

> Num país com as características de Portugal, onde a sociedade civil depende demasiado do Estado, onde existe, mesmo no mundo empresarial, uma *cultura de mão estendida* à espera do *subsídio público*, onde é o Estado que, através dos seus investimentos e da obra pública, é o principal cliente de muitas empresas, a *falta de transparência* nos financiamentos partidários ganha especial gravidade. Até porque pode rodear-se de uma componente ainda mais sombria: ou servir para o enriquecimento pessoal de alguns ou colocar os partidos na dependência dos seus "*angariadores de fundos*" e dos interesses que estes representam. Neste quadro parece prudente proibir o financiamento partidário por empresas – até porque as empresas não têm *ideologia*, têm *interesses*, e se "investem" numa candidatura é porque esperar tirar daí algum benefício.... Ninguém ignora que hoje, apesar de as empresas poderem financiar legalmente os partidos, boa parte desses financiamentos já é feito "*por baixo da mesa*".? (*Público*, 30.12.99)»

Há a ideia de que os partidos quando chegam ao poder se aproximam sobretudo dos cofres do poder, nomeando "boys" para os cargos mais apetitosos, pagando favores. Corre em língua portuguesa a referida palavra "boys", mas é mais funda a expressão brasileira para caracterizar esse traço-estereótipo do nosso tempo:

> Os brasileiros criaram para estes caudatários [do poder] um termo definitivo: o de "aspone". A etimologia de "aspone" é tão legítima como a de «cadáver» (sequência das sílabas iniciais das palavras *cara data vermibus*), mas o seu significado é bem mais álacre e festivo. *Aspone* é o "asséssôrr dji porra nenhuma". Ora os membros do Governo e os seus séquitos de aspones do regime viajam muito e

falam ainda mais, o que lhes cria um sério risco de esgotamento cerebral no curto prazo..» (*Diário de Notícias*, 30.12.99)

Bibliografia:

ARNAUD, P. J. L. / Moon, R. (1993) – "Fréquence et emploi des proverbes anglais et français par les locuteurs natifs et leur sélection didactique", in Plantin, A. (ed.): *Lieux communs, topoï; stéréotypes, clichés,* 323-341 (Paris: Kime).
BUARQUE, C. (1995) – *A Cortina de Ouro. Os Sustos do Final do Milénio e um Sonho para o Próximo* (São Paulo: Paz a Terra).
CAREL, M. / Ducrot, O. (1999) – "Le problème du paradoxe dans une sémantique argumentative", *Langue Française,* 123: 6-26.
GALATANU, O. (1999) – "Le phénomene sémantico-discoursif de déconstruction-reconstruction des topoï dans une sémantique integrée", *Langue Française,* 123: 46-51.
GRESILLON, A. / Maingueneau, D. (1984) – "Polyphonie, proverbe et détournement", *Langages,* 73: 112-125.
GOUVARD, J. M. (1996): "Les formes proverbiales", *Langue Française, 110:* 49-63.
GRUNIG, B. (1991): *Les Mots de la publicité* (Paris: Presses du CNRS).
KLEIBER, G. (1994): *Nominales: essais de sémantique referentielle* (Paris: Armand Collin).
KLEIBER, G. (1999): "Les proverbes: des dénominations d'un type très spécial", *Langue Française,* 123: 52-69.
LABOV, W. (1978) – *Le Parler ordinaire* (Paris: Minuit).
MICHAUX, M. C. (1999) – "Proverbes et structures stéréotypées", *Langue Française,* 123: 85-104.
MOESCHLER, J. / Reboul, A. (1994) – *Dictionnaire encyclopédique de pragmatique* (Paris: Seuil).
PUTNAM, H. (1975) – "The meaning of meaning", in *Philosphical Papers, vol.* 2: *Mind, Language and Reality:* 215-271 (Cambridge: Cambridge University Press).
PUTNAM, H. (1990) – *Réprésentation et réalité* (Paris: Seuil).
PUTNAM, H. (1994) – *Le Réalisme à visage humain* (Paris: Seuil).
RIBEIRO, Aquilino (1987) – *Romance da Raposa* (Lisboa: Bertrand).
SARAMAGO, *FP = Saramago,* Jose (1989): *Folhas Politicas: 1976-1988* (Lisboa: Caminho).
SIMÓN, M. L. Mexias (1996) – *O Falar da Escravidão* (Rio de Janeiro: Tempo Brasileiro).
SONTAG, S. (1998) – *A Doença como Metáfora e a Sida e as suas Metáforas* (Lisboa: Quetzal).
SPERBER, D. (1996) – *La Contagion des Idées* (Paris: Odile Jacob).

O SEGURO MORREU DE VELHO E DONA PRUDÊNCIA FOI-LHE AO ENTERRO: CONTRIBUTO PARA UMA ABORDAGEM COGNITIVA[1]

0. Breves apontamentos sobre a "línguística cognitiva"

Eis algumas das bases essenciais das configurações semânticas das línguas naturais, segundo a linguística cognitiva:

– o sistema de categorização lexicalizado nas línguas naturais não é determinado pela partilha, por parte dos membros de uma mesma categoria, de traços (as condições necessárias e suficientes), mas pelo grau de semelhanças com um exemplar representativo da categoria (o "protótipo" de Rosch 1978)
– a categorização segundo um dado "modelo cognitivo idealizado" (Lakoff 1987) projecta-se em determinadas relações pragmático--discursivas (de diversa natureza, como as relações metonímicas, as metafóricas, as espácio-temporais, etc.).

A explicitação desta base teórica é feita através da ideia de "nível de base " e de "graduabilidade" na organização interna das categorias: isto é, os exemplares de uma dada categoria distribuem-se à volta de um exemplar típico. É evidente que estes princípos teóricos encontram aplicabilidade em certas categorias da língua, mas há resistências noutros domínios da língua (ou nas configurações feitas pela língua). É que a organização do conhecimento e o modelo taxonómico ou classificação sistemática do

---

[1] O trabalho aqui apresentado – com algumas alterações – foi primeiramente publicado nas Actas do 1.º Encontro Internacional de Linguística Cognitiva» in: Vilela / / Silva 1999. O tema "seguro" como conceito e como categoria lexical foi-me sugerido pela leitura da Dissertação de Mestrado de Vitor Hugo Lourenço Franca (*Um Léxico Terminológico: Seguros*), que foi apresentada à Faculdade de Letras da Universidade de Lisboa, em 1997. As sequências construídas à volta de "seguro" foram obtidas, quer na referida Dissertação, quer em relatórios das companhias de Seguros.

mundo natural podem nem ser o mais difícil de explicar. A tipicalidade /
/ tipicidade construída com base nas noções de aproximação, de fluido, de
graus de pertença, de proximidades, de gradualidades, de semelhanças, de
ares de família, em objectos naturais, por via de regra, não é aleatório. Mas
em áreas mais interiores ao comportamento humano, nas estruturas inter-
categoriais onde as fronteiras são mal definidas e nas estruturas intracate-
goriais, a graduação, a tipicalidade, a representatividade e a semelhança
são bem mais difíceis de construir. Aqui nem a distinção entre organização
erudita ou científica e a organização popular ou normativa das categorias
podem fornecer grandes pistas.

É este o nosso ponto de partida: aceitar a teoria, mas com olhar
crítico. A codabilidade e a codificação dos conceitos assentam tanto na
capacidade configuradora da mente humana como na força das coisas que
se impõem à mente humana. A representação do mundo é feita por meio
de categorias, mas uma tal categoria será uma classe lexical ou uma classe
de conceitos (Rastier 1993)?

Como base de apoio, socorremo-nos de exemplares típicos construídos a partir de **seguro**, como palavra intransitiva (*algo/alguém está
seguro, algo está no seguro*), como palavra de relação transitiva (*alguém
está seguro de si, seguro contra todos os riscos*), apelando para determinados modelos mentais como resprentativos de estereótipos, de ideais, de
sub-modelos, de exemplares salientes neste domínio. A ideia de *seguro*
será colocada em **scripts** (Schank / Abelson 1977) para possibilitar uma
aproximação de "scenarios" adequados. Estes "scripts" poderão estar
próximos da nossa experiência quotidiana: afinal, quem nunca esteve inseguro na vida, por motivos de saúde, de perigo de vida, em riscos de toda a
ordem? Os cenários de "seguro" serão facilmente corporizáveis e reconhecíveis. Há coberturas do seguro (*o seguro cobre uns riscos e exclui
outros*), há *caminhos seguros, carros seguros, tempo seguro, chave
segura, pessoas seguras*.

E desde logo verificamos que cada palavra representa uma fonte
complexa de conhecimentos, tanto no domínio da língua como no domínio
do mundo real e a compreensão da linguagem resulta da coordenação de
intercâmbios entre as palavras, que são semelhantes a actores "experts",
capazes de determinar o seu próprio comportamento num contexto linguístico e conceptual (Anscombre 1995). Palavras como *seguro, risco,
perigo, sinistro, acidente, desastre, catástrofe*, etc., situam-se no mesmo
cenário. Estamos perante metáforas quentes, aliás já presentes na etimologia da palavra seguro: SINE CURA, "sem cuidado", "sem preocupação".

Por outro lado, determinados domínios de experiência, os pontos de vista inscritos nos **estereótipos**, ajudar- nos-ão a explicar a lexicalização. Aqui entendemos estereótipos como os representantes do modo como as imagens que temos na cabeça acerca do mundo se nos apresentam: entendo que o mundo é visto tanto como o consideramos, como aquilo ele é realmente. Não entendemos portanto os estereótipos como a parte sombria da humanidade, como a concepção resultante da "repetição mecânica" dos gestos dos clínicos de psiquiatria. Os estereótipos resultam da necessidade de categorizar o mundo e da necessidade de organizar e simplificar o meio em que vivemos. Esses estereótipos estão representados, por exemplo, nos provérbios, como aquele que serve de título a esta comunicação. Nos estereótipos, os princípios organizadores das categorias – a percepção e a função – tornam-se pouco acessíveis à materialização. Resta-nos observar as categorizações em situação. Os provérbios, as combinações construídas com base em "seguro", inquéritos, consulta de dicionários e a explicação dos "topoi" presentes no provérbio por outros **topoi**, levar-nos-ão a algumas conclusões. É que ao lado do provérbio «o seguro morreu de velho», há "marcos" deste provérbio em categorizações como *homem seguro* (em que não se sabe se estamos perante 'homem seguro', no sentido literal, ou se se trata de 'homem segurado'), *política segura, pessoa segura de si, tempo seguro, chave segura, casa segura*, etc. O literal e o figurado, aliás já lexicalizado e congelado, convivem lado a lado.

1. Definição de *seguro* por meio de "aproximações semânticas"

O protótipo de "seguro" não pode ser representado por conteúdos únicos, mas é possível obtermos uma aproximação do modelo idealizado nesta categoria através de "predicados" nele contidos. As palavras arrastadas pelo elemento "seguro", no chamado "domínio" dos "seguros", apontam para determinadas figurações imagéticas. O inquérito a falantes pode desencadear os "estereótipos" construídos com esta categoria, assim como a interrogação das metáforas que ficam nas margens do "seguro" permitir-nos-ão uma aproximação à categoria conceptual "seguro".

1.1. *Definição por meio de "predicados"*

Consideramos como "predicados" de "seguro", ou os lexemas verbais que servem de suporte à construção do respectivo "mapa cognitivo" (Langacker 1987), ou o "feixe" de traços que composicionalmente suportam o encadeamento dos conceitos à volta de *seguro* (Jackendoff 1996).

Exemplos de predicados ou traços que, de qualquer modo, poderão representar alguns dos "caminhos mentais" de "seguro", são os seguintes[2]:

– CAUSA: o seguro morreu de velho
– AGIR: jogar pelo seguro
– IR / ANDAR / CAMINHAR: ir pelo seguro
– ESTAR / SER: carro seguro, estrada segura, caminho seguro, condução segura
– PÔR EM: (confia no futuro, mas) põe a casa no seguro
– COBRIR: o seguro cobre riscos
– SOBRE: seguro sobre líquidos,
– PERCURSO: ir sobre seguro (ir com cautela)
– POR: seguro por áreas
– MOVIMENTO: seguro flutuante
– RISCOS: seguro multirriscos
– CONTRA: seguro contra doenças/ catástrofes
– MODO: seguro a fundo perdido
– etc.

Vamos apenas explicar o predicado CAUSA, presente em *o seguro morreu de velho* ("ce qui est sur ne meurt pas que de vieillesse"). A "MORTE" é a lei da vida, é um dado adquirido. Mas o "seguro" apenas morre por velhice, no limite. A preposição "de" representa (Dirven 1995) nesta relação a "causa como separação de um contacto". Normalmente a preposição "de" veicula em português o contacto directo, exprime uma causa inerente, em que as entidades que lexicalizam a CAUSA implicam fraqueza, tais como a doença, a fome, a sede, a doença, a anemia, etc. Vejam-se exemplos como:

– morrer de velho, tremer de frio, morrer de cancro maligno; livra-nos do mal

Podemos fazer a comparação entre "de" (causal) e "com", representante prototípico de "companhia /instrumento":

– morrer de velho / de frio / fome
– morrer com *velho / fome / com frio

---

[2] Todas as sequências aqui apresentadas ocorrem em textos normais sobre "seguros".

A preposição "de" causal selecciona determinadas entidades e exclui outras. Comparemos:

– morrer de *vinho, de *droga, de *envenamento, de *veneno
– morrer com droga (entidades concretas)

"De" representa assim uma causa inerente, um contacto directo, constatável por expressões como *medo de, envergonhado de, orgulho de, temor de, cansado de*. Os confrontos com exemplos de outras línguas fornecem-nos dados como:

– morrer de, die of, sterven an,
– sofrer de /leiden an, suffer from

E a explicação pode ser continuada por meio de predicados positivos, como em *carro seguro*, em que os termos positivos se explicitam por paráfrases omo "carro mecânica, tecnológica, aerodinamicamente adequado" (o "topos" concordante ou intrínseco de Anscombre), em *estrada segura* temos "estrada larga, sólida, bem sinalizada, de bom piso". Pelo contrário, em termos de predicados negativos, no oposto de *caminho seguro*, temos "caminho perigoso, sinuoso, escorregadio", e o oposto de *condução segura* é "condução perigosa, irresponsável, criminosa", e de *pensamento seguro* seria "pensamento errado, tortuoso, ilógico".

Torna-se interessante verificar que a lexicalização da categoria "seguro" utiliza expressões mais ou menos congeladas e o seu antónimo lexical – inseguro – não tem a mesma disponibilidade semântica, pois há condicionamentos de vária ordem. Não se diz frequentemente *carro inseguro, caminho inseguro*, mas já ocorre *pensamento inseguro, pessoa insegura, condução insegura*.

Aliás, a definição de *seguro* num bom dicionário (Aulete 1913) não andará muito longe desta rede de traços e predicados:

1.«isento de qualquer perigo ou risco, 2. certo, que não admite dúvida. 3. firme, estável. 4. relativo a pessoa ou coisa em que se pode confiar em absoluto. 5. que crê poder confiar em alguem ou algo: *estou seguro de que* ... 6. Nome: Sítio isento de qualquer perigo ... 7. Segurança, certeza, confiança 8. Seguro: contrato ... 9. Salvo conduto, licença especial ... 10. Mola em armas de fogo ..»

1.2. *Definição por interrogação das metáforas / metonímias activadas*

A explicação do conhecimento por meio de determinados percursos mentais, por intermédio de pontos de referência, pela materialização do abstracto, etc., é facilmente documentada por exemplos da mais variada ordem como:

teoria sustentada /suportada
sustentabilidade da política florestal[3]
suporte papel / magnético / electrónico
o medo guarda a vinha que não o vinhateiro
não trocar o certo pelo incerto
voltemos ao assunto e voltemos à vaca fria
a matéria do programa

As coisas abstractas são "sustentáveis", "suportadas", o programa tem uma "matéria". Voltar ao "assunto" e "voltar à vaca fria" são equivalentes, ou "o medo guarda a vinha" e o medo é "um segurança" exprimem conteúdos próximos. Trata-se de materializações claras, onde a categorização do concreto e do abstracto se dilui ou mesmo se confunde. As ocorrrências de expressões como estas, nos "media", são o "pão nosso de cada dia"[4].

À volta de "seguro" encontramos as (chamadas) **metáforas ontológicas** (cfr. Lakoff / Johnson 1985), aquelas em que surge um suporte materializado do conceito "seguro", nomeadamente na literatura de "seguros". Tomamos aqui "metáfora" em sentido amplo, nela incluindo a metonímia e a sinédoque. E encontramos expressões já lexicalizadas, ultrapassando portanto o que designamos apenas por simples "colocação", em que se aponta para entidades perspectivadas como "materializadas" e que implicam outras entidades materiais:

– carteira de seguros, consumidor de seguros, tomador(a) de seguros, agente de seguros, angariador de seguros, apólice de seguros,

---

[3] Por exemplo, a propósito da regionalização e dos desencontros entre os políticos no interior do mesmo partido, ocorriam, na primeira semana de Junho (1998), expressões como:

«furacão regionalista varre PS»
«PS à espera da vaga de fundo» («Público», 5.6.98)

em que a materialização do abstracto se torna evidente
[4] Vide, por exemplo, «Público», 5.6.98 (Política).

- <u>empresa</u> de seguros (seguradora, entidade seguradora, entidade segurada)
- <u>beneficiário</u> de seguros (segurado), pessoa segura, valor seguro, importâncias seguras,
- o seguro <u>cobre</u> riscos, <u>riscos cobertos</u>/excluídos pelo/do seguro, etc.
- <u>quebra</u> do seguro
- seguro automóvel, seguro ramo Vida, seguro habitação multirriscos, multirriscos habitação, seguro ramo fogo,
- seguros reais
- <u>companhia</u> de seguros
- <u>mediador</u> de seguros
- <u>reembolso</u> do seguro
- <u>anulação, alteração</u> do seguro

A materialidade de "seguro" é evidente: é algo que "está na carteira", que "é consumido / tomado", representa "um ramo", que "é mediado / / anulado / alterado", que "segura" pessoas, habitações, automóveis, etc.

A definição pode ainda ser procurada nas (chamadas) **metáforas estruturais**, construídas com base no "espaço":

- <u>âmbito / cobertura</u> do seguro: «o seguro cobre determinados riscos e exclui outros»,
- seguro <u>directo / indirecto</u>
- seguro <u>sobre</u> líquidos, <u>sobre</u> bens imóveis ('sobre')
- seguro <u>ilimitado / limitado</u> ('tem /não tem limites')
- <u>ir</u> pelo seguro ('caminho', 'via')
- seguro <u>a fundo</u> perdido ('fundo')
- seguro <u>flutuante</u> (= '(só se pode) flutuar numa superfície/ num espaço')
- seguro <u>marítimo</u> ('por mar')
- seguro <u>continuado</u>
- seguro <u>cumulativo</u> ('que se acumula')
- seguro <u>por área</u> ('abrangendo uma dada área')

Ou com base em metáforas estruturais construídas com base no tempo:

- <u>duração</u> do seguro
- <u>validade / vigência</u> do seguro

Poder-se-á entender *seguro* como "trajector" dirigindo-se para um "marco":

- <u>seguro de</u> vida, de saúde, de crédito, de assistência,

- seguro contra roubo, seguro a prémio fixo
- vencimento do seguro
- reposição do seguro

E os "marcos" são seleccionados ou excluídos, como:
- seguro de acidentes / desastres, mas não:
- *seguro de ocorrências / *acontecimentos
- seguro de acidentes de trabalho, mas não
- * seguro de tarefa / * de serviço

São esquemas de imagens fundamentais para a estrutura cognitiva, onde predominam conceitos como contentor-conteúdo (*carteira de seguros, reembolso de seguros*), origem-percurso-meta (*tomador / beneficiário de seguros, mediador de seguros, ir pelo seguro, seguro flutuante, limite do seguro*), centro-periferia (*âmbito do seguro, seguro limitado*), ou outras imagens igualmente importantes, como os chamados arquétipos conceptuais, do género de "nível intermédio" de especificidade (*seguro flutuante, seguro cumulativo, seguro continuado*), etc. A nossa conceptualização do corpo humano, o carácter discreto dos objectos físicos, os eventos transitivos (interacção agente-paciente: *tomador do seguro, agente de seguros*), a troca verbal face-a-*face* (*angariador de seguros*), etc., reflectem-se necessariamente nas categorias da língua. Tanto os arquétipos como as imagens mentais estão disponíveis na emergência de experiências mentais estruturadas.

1.3. *Definição por protótipos / estereótipos / topoi*

O termo "estereótipo" pertencia exclusivamente à linguagem dos impressores: a palavra foi forjada em 1798 para designar um bloco obtido pela moldagem de uma página inteira de um texto em caracteres móveis e que depois podia servir para várias tiragens (*Stereos*: 'sólido', *tùpos*: 'carácter'). Os psicólogos e psiquiatras aplicaram a palavra para designar comportamentos repetidos, rotineiros, a repetição mecânica do mesmo gesto. Walter Lippmann (1922) introduziu o termo nas ciências sociais, para traduzir a ideia de que as pessoas não viam o mundo como ele era mas segundo as imagens que tinham na cabeça. (= imagens existentes nas nossas cabeças). Os estereótipos filtram as nossas percepções e as nossas acções. Nascem na sociedade, crescem connosco, fazem a mediação entre a nossa mente e a nossa experiência. Os estereótipos são deste modo o resultado de um processo visando regular, de modo eficiente, as interacções sociais. A definição será, em Ciências Sociais, o conjunto das «crenças partilhadas em relação às características pessoais, traços de personalidade e comportamentos, de um grupo de pessoas». É um facto que a maior parte dos estereótipos – nesta perspectiva – costumam situar-se no lado sombrio da humanidade. Mas, no fundo, os estereótipos são não só o resultado natural do processo de categorização como uma consequência da necessidade individual de organizar e simplificar o meio em que nos movemos. Os termos estereótipo e protótipo surgem assim entre outras designações como conjuntos fluidos, de exemplares, conjuntos de características, como "nós", "scripts", quadros (frames), instâncias, atributos, esquemas, "top-down", "bottom-up", "pointer plus tag", etc. Vamos ater-nos à definição comummente aceite de estereótipo, que é a seguinte:

> Os estereótipos são as imagens que temos na mente acerca do mundo: vemos o mundo mais como o consideramos que é, do que como ele é realmente. Os estereótipos não são a parte sombria da humanidade, nem o resultado da "repetição mecânica" de gestos. São o resultado da necessidade de categorizar o mundo e da necessidade de organizar e simplificar o meio em que vivemos (Leyens / Yzebyt / Schadron 1996).

Vamos tentar conjugar a noção de estereótipo com uma outra que lhe anda próxima, a de "topos", como ela é entendida por Anscombre (1995: 39):

> «Ce sont des principes généraux, qui servent d'appui au raisonnement, mais ne sont pas le raisonnement. Ils ne sont jamais assertés en ce sens que leur locuteur ne se présente jamais comme en étant l'auteur (même s'il l'est effectivement), mais ils sont utilisés. Ils sont toujours présentés[5] comme faisant l'objet d'un consensus au sein d'une communauté plus ou moins vaste (y compris réduite à un individu, par exemple le locuteur»).

Tal como nos estereótipos também nos "topoi" não há monolitismo (podem existir dois "topoi" que se contradigam) e valem sempre como princípios gerais. Os "topoi", ou servem de base à própria unidade lexical (os "topoi intrínsecos"), ou servem de base para encadear os raciocínios (os "topoi" extrínsecos). E por detrás das palavras há objectos, ou outras palavras. As palavras definem-se a elas mesmas. Assim, em

«O seguro morreu de velho»

---

[5] Assim, por detrás de *procurar* está *encontrar/achar*, de *bater* está *abrir*, de *argumentar* está *persuadir*, etc.

explicita-se, como vimos, a causa inerente, por contacto directo – a "velhice" –, apenas morre no final do caminho possível, no fim do percurso. Há assim palavras e enunciados por detrás de cada uma das palavras e dos enunciados da língua. Vamos tentar procurar os laços entre os provérbios e outras formas sentenciosas, entre os estereótipos ou "topoi".

Os provérbios, linguisticamente, caracterizam-se pelo seu:

– aspecto formulaico
– lado descritivo e figurativo
– alcance geral e universal

Os provérbios ou enunciados sentenciosos construídos à volta de "seguro" apresentam as assonâncias, as métricas próprias deste género, como:

– confia no futuro mas põe a casa no seguro,
– alto mar, e não de vento, não promete seguro tempo,
– quando cuidas meter o dente em seguro, toparás o duro,
– quem corre pelo muro não dá passo seguro,
– de juízes não me curo, que minhas obras me fazem seguro,
– em povo seguro não há mister muro,
– quanto maior é a ventura, tanto menos é segura[6]

Os provérbios não são simples unidades fraseológias: são formas que assinalam um emprego específico, que têm uma função particular, a de reforçar, explicitar, documentar, dar foros de autoridade a uma afirmação outra que não a contida no seu conteúdo próprio São unidades codificadas que nomeiam um conceito geral, constituindo um corpo de leis (= decorrentes da sabedoria popular), em que as línguas convergem mais no conteúdo do que na forma. Sequências próximas das dos provérbios são as chamadas fraseologias, e também as formulações são bem semelhantes. Nas fraseologias e nos provérbios, as diferentes línguas tanto convergem como divergem. Há, no entanto, princípios gerais comuns às sociedades humanas e esses princípios mantêm-se normalmente intactos: divergem na forma, no apoio antropológico, na simbologia semiótica, mas o conteúdo é bastante idêntico. As formas apresentadas pelos estereótipos das várias sociedades e línguas estão construídas com imagens mentais que, por vezes, se distanciam bem marcadamente.

---

[6] Estes ditos sentenciosos foram retirados do Dicionário de Morais (8ª/9ª ed. 1891).

Comparemos apenas exemplos de duas línguas bem próximas como é o português e francês[7]:

> Prudence est mère de sûreté vs.
> O seguro morreu de velho
>
> Vale mais um pássaro na mão do que dois a voar vs.
> Un bon tiens vaut mieux que deux tu l'auras
>
> Vendre la peau de l'ours avant de l'avoir tué vs.
> Contar com o ovo no cu da galinha / da pita

Vemos como a construção e, por conseguinte, a cognição ou representação segue caminhos diferentes. Mas, regressando ao nosso tema, se dermos aos provérbios o valor de "topoi", no sentido de princípios gerais que servem de base ao raciocínio, à argumentação, de princípios construídos com base no consenso geral da comunidade e considerando que, por detrás das palavras, não há objectos, – ou não há apenas objectos –, mas outras palavras, poderemos imaginar um raciocíno do género de:

-» O seguro morreu de velho:
-» à morte ninguém escapa,
-» mas o seguro escapa até ao limite possível e apenas a Dona Prudência o supera.

Por outro lado, utilizando o enunciado sentencioso «o seguro morreu de velho e Dona Prudência foi-lhe ao enterro» e, no encalço de estereótipos colados a este enunciado sentencioso, socorrendo-nos de inquéritos a cerca de centena e meia de estudantes universitários, a algumas dezenas de

---

[7] Se nos reportarmos às chamadas "fraseologias" ou expressões idiomáticas é ainda mais marcante a distância quanto à forma:

> Avoir une araignée dans le plafond -»
> Ter macaquinhos no sótão
> Voir trente-six chandelles -».
> Ver estrelas
> Prendre quelqu'un la main dans le sac -»
> Apanhar alguém com a boca na botija
> Mener quelqu'un par le bout du nez -»
> Levar alguém pelo beiço
> Jeter l'argent par les fenêtres -»
> Deitar dinheiro à rua
> Faire d'une pierre deux coups -»
> Matar dois cioelhos duma cajadada
> Apeler un chat, un chat -»
> Pão pão, queijo queijo

professores do ensino secundário, a duas dezenas de Mestrandos na UTAD, e a uma dezena e meia de Mestrandos, da Universidade de Macau[8], esperamos obter dados para a construção de exemplares, digamos, típicos, do que está por detrás do provérbio e, por outro lado, por meio das intertextualidades, chegar aos estereótipos / topoi manipulados pelo provérbio. Colocámos os inquiridos perante o referido provérbio, pedindo-lhe que imaginassem dez situações ordenadas de 1 a 10, em que a resposta / conclusão pudesse ser o enunciado sentencioso em questão, ou enunciados / palavras que tivessem relação com o mesmo enunciado. Obtivemos assim um conjunto de respostas que apontam para domínios muito recorrentes e para intertextualidades marcantes. A maior parte dos inquiridos apenas realizaram a totalidade das respostas pedidas.

Os cenários mais recorrentes são a "segurança":

– na condução ou nos vários géneros de transportes (de longe o maior número de ocorrências, nas várias situações que acompanham este domínio de experiência),
– em casa (com o gás, com alarme, grades),
– na alimentação (qualidade ou validade dos alimentos),
– na saúde (uso do guarda-chuva, cuidado com medicamentos, com as vacinas, a higiene),
– no sexo (sexo seguro, a sida),
– no modo de lidar com dinheiro, etc.

Mas a grande maioria dos cenários interpretativos de «o seguro morreu de velho», situa-se na intetertextualidade, remete para outros provérbios. E efectivamente verificamos como estamos perante um autêntico "topos"[9]. Apresentamos em primeiro lugar as situações em que os inquiridos enquadram o referido provérbio e, depois, os provérbios em que o nosso "seguro morreu de velho" surge como conlusão na argumentação:

A.Cenários /situações / "scripts" enquadradores do micro-texto:

(i)Cenário: "conduzir / viajar"
– "se conduzir não beba": 1º (9)[10], 2º(6), 3º (4), 4º(6), 5º(4), 6º (3), 10º(1)

---

[8] Entre os inquiridos estavam três Mestrandos cuja língua materna é o mandarim (vieram da Universidade de Beijing) e 5 cuja língua materna é o cantonenense: ou são de Macau, ou vêm de Cantão / Xangai.

[9] Indicamos, fora de parêntesis, a ordenação de 1º a 10º e, entre parêntesis, o número de ocorrências nesse ponto da ordenação.

[10] A resposta de uma Mestranda chinesa era seguinte: «Se conduzes, não bebes: o seguro ....».

- "uso do cinto de segurança": 1º (2), 2º (5), 3º (1), 5º (1), 6º (1), 7º (2)
- viagjar seguro / não conduzir cansado / com mau tempo: 1º (1), 2º (1), 3º (3), 4º (2), 5º (1)
- olhar antes de atravessar / atravessar na passadeira: 3º(3), 4º (2), 7º, 9º
- usar o capacete: 1º, 3º, 4º, 6º, 7º, 8º, 9º
- seguro do carro, carro seguro, seguro de viagem: 1º, 3º[11], 4º, 9º, 4º
- (reduzir a) velocidade (com mau tempo): 2º, 3º, 9º, 10
- regras de trânsito: 1º (2), 2º, 3º, 7º
- "uso de salva-vidas": 1º, 2º
- cuidado com boleias: 5º, 6º, 10º (2)
- sinais de trânsito: semáforos: 4º, 5º
- comigo o miúdo/ a criança vai (sempre) atrás: 8º, 9º
- seguro contra todos os riscos: 4º, 5º
- alarme no carro: 6º
- cuidados mecânicos: 1º
- "(fazer-se acompanhar de)documentos": 10º
- "uso de comprimidos (quando se viaja)": 9º
- cinto de salvação: 10º

(ii) Segurança em casa:
- fechar/trancar as portas e janelas /alarme / grades: 3º(2), 4º (2), 5º (2), 6º, 7º, 8º(2), 9º (2), 10º
- desligar o gás: 3º, 6º, 7º
- não deixar o filho sozinho em casa: 2º
- construção: 7º

(iii) Segurança com a alimentação:
- alimentos saudáveis / validade / uso do sal: 1º, 2º, 3º (2)[12], 4º (2), 5º (an apple a day keeps a doctor away), 6º, 7º, 9º
- não comer vegetais crús: 4º

(iv) Segurança com a saúde:
- levar guarda-chuva, casaco: 1º, 2º (3), 3º (2), 4º (2), 6º (3), 9º
- os medicamentos for a do alcance das crianças: 2º, 4º, 8º
- saúde / ir ao médico / vacinas / sem gordura / proteger a natureza: 1º (3), 2º (2), 3º (2), 5º, 6º (2), 7º (2), 10º

---

[11] Uma das respostas deste item foi produzida por uma estudante de etnia chinesa e enunciou do seguinte modo o seu enquadramento: «Para uma pessoa que costuma viajar de avião e (deve) comprar uma grande quantidade de seguro, (é que) o seguro morreu de velho.

[12] Uma resposta chinesa era: «Uma alimetação balançada é importante para a saúde, olha que o seguro morreu de velho».

- tabaco / não fume pela sua saúde: 6°(2), 8°, 1° (2), 4°, 3°,
- droga: 2°, 2°, 6°, 1°, 3°, 4°
- álcool: 6°, 5°, 7°
- tomar banho depois de almoçar: 2°, 3°
- praticar desporto: 1°, 4°
- seguro de vida: 4°
- remédios: 3°, 4°
- higiene: 6°
- prevenção de doenças: 4°
- encurtar a ceia é alongar a vida: 4°

(v) Segurança com dinheiro:
- trazer dinheiro / guardar dinheiro no banco/ não andar com muito dinheiro: 1°, 10°, 3° (2), 5°, 6°
- andar de noite / medo da noite: , 5°, 7° (2)
- não emprestar dinheiro: 5°, 7°,
- jogar na bolsa: 5°
- conferir o troco: 4°

(vi) Segurança com sexo ("sexo seguro"):
- sexo seguro / uso do preservativo: 1°, 2° (3), 3°[13], 4° (2), 6°, 9°, 8° (2), 10°
- sida: 3°, 3°, 10°[14]
- se quer vida não à sida: 6°

(vii) Segurança com o fogo
- brincar com o fogo (com o fogo não se brinca) / evitar produtos inflamáveis: 1°, 2°[15], 9° 10°

(viii) Trabalho
- trabalhar / estudar: 1° (3), 2° (3), 3°, 4° (6), 5° (3), 4° (2), 6° (2), 7° (2), 8°, 9°, 10°(2), 9°
- segurança no trabalho: 8°

(ix) Desconfiança dos outros
- os olhos são o espelho da alma / cuidado com os amigos: 1°, 5°, 9°,
- pensar antes de agir: 5° (2)[16]

---

[13] Eis a resposta (de falante chinesa) inserida neste item: «Não convive com o teu namorado antes do casamento porque o seguro morreu de velho».

[14] «Em Macau não se deixe seduzir por uma tailandesa, olhe que o seguro...».

[15] «Não brinca com o fogo, porque o seguro morreu de velho» foi o enquadramento de uma resposta chinesa.

[16] «Olha tu és tão inocente que algumas vezes falas com franqueza demais até alguma pessoa ficar muito embaraçada, mas toma cuidado, sabe que a língua é origem de todas as maldades: o seguro morreu de velho» (falante chinesa).

– ler antes de assinar: 1º, 3º
– não confiar em estranhos: 4º, 5º
– não acreditar em tudo: 2º, 4º, 5º, 8º

B. Enquadramento do micro-texto feito por meio de intertextualidades: **provérbios**

(i) Micro-textos representando o mesmo "topos":
– prevenir (mais vale prevenir do que remediar / para não teres que remediar): 1º (7), 2º (7), 3º (4), 4º (2), 5º (3), 6º, 7º (3), 10 (3) ..
– homem prevenido vale por dois: 1º (2), 3º(2), 4º, 5º, 6º, 7º(2), 8º, 10º
– quem tudo quer tudo perde: 1º, 2º, 4º (3), 5º, 6º, 7º (2), 8º, 10º
– devagar se vai ao longe: 1º, 2º (2), 3º, 5º (2), 9º
– mais vale um pássaro na mão do que dois a voar: 1º (3), 2º (3), 3º (3), 4º, 6º, 7º, 8º, 9º
– com o fogo não se brinca: , 1º, 9º, 10º
– mais vale perder um minuto na vida do que a vida num minuto: 5º, 8º
– mais vale tarde do que nunca: 2º (2)
– há mar e mar há ir e voltar: 1º, 6º
– se queres viver em paz tuas portas fecharás: 8º
– se queres bem casar teu igual vai procurar: 10º
– em tempo de guerra não se limpam armas: 3º
– quanto mais depressa mais devagar: 2º
– uma palavra antes vale mais que duas depois: 9º
– nem tudo o que reluz é ouro: 10º
– segredo de dois, segredo de muitos: 10º
– segure-se, a vida é sua: 3º

(ii) Micro-textos representando "topoi" próximos:
– se/ quem vai para o mar avia-se/prepara-se em terra: 2º, 10º (2), 3º,1º (2), 4º
– fia-te na virgem e não corras e vais ver o trambolhão que levas: 4º, 5º, 3º, 4º,
– depois de casa roubada trancas à porta: 3º, 8º (2), 5º, 1º
– gato escaldado de água fria tem medo: 6º, 4º, 10º
– há mar e mar há ir e voltar: 10º, 2º, 10º (2), 4º
– olha para o que eu digo e não para o que eu faço: 6º, 9º
– quem se mete por atalhos mete-se em trabalhos/ evitar atalhos: 7º, 9º
– quem te avisa teu amigo é: 2º, 3º
– ovelha que berra bocado que perde: 8º, 8º,
– no poupar é que está o ganho / poupa hoje para teres amanhã: 3º, 4º, 5º, 7º
– use mas não abuse: 6º,
– em tempo de guerras não se limpam armas: 3º,

- candeia que vai à frente, alumia duas vezes: 3º
- não vale a pena chorar sobre leite derramado: 4º
- diz-me com quem andas e dir-te-ei quem és: 7º, 4º
- perdido por cem perdido por mil: 1º,
- gordura não é formosura e mais tarde pagarás a factura: 9º
- quem se mete no meio da multidão mete-se na confusão: 10º
- quem não arrisca não petisca, mas..: 8º,
- quem te avisa teu amigo é: 5º,
- se tens telhado de vidro não atires pedras..: 7º
- pare, escute e olhe: um comboio pode esconder outro: 3º (2)
- em rio quedo não metas o dedo: 2º

(iii) Micro-textos representando "topoi" mais ou menos afastados:
- em rio sem peixe, não deites a rede: 2º
- a preguiça morreu de sede à beira do rio: 2º,
- quem ri por último ri melhor: 3º
- não te rias do mal do vizinho que o teu vem pelo caminho: 3º, 2º
- amigos amigos negócios à parte: 9º, 5º
- livra-te de atalhos que eu livro-te de trabalhos: 1º, 8º
- não deixes/ não guardes para amanhã o que podes fazer hoje: 1º, 3º (3), 9º, 9º
- quem anda à chuva molha-se: 7º, 9º, 5º, 6º,
- primeiro o dever, depois o lazer: 8º
- guarda que comer, não guardes que fazer: 3
- quem quer vai, quem não quer manda...: 5º
- presunção e água benta, cada um toma a que quer: 7º
- noite é boa conselheira: 3º
- de noite todos os gatos são pardos: 4º
- filho és, pai serás, consoante fizeres, assim acharás: 5º, 7º
- gaivotas em terra tempestado no mar: 10º
- tal como fizeres assim acharás: 8º
- quem semeia ventos colhe tempestades: 4º
- guarda o que não presta e terás o que precisa: 10
- dar gato por lebre: 3º
- depois do mal feito chorá-lo não dá efeito: 5º
- a capa e a merenda nunca pesaram: 7º
- prudência e caldos de galinha nunca fizeram mal a ninguém: 8º
- não metas a foice em seara alheia: 9º
- não deites foguetes antes da festa: 9º
- não te arrisques: 4º[17]
- longe da vista longe do coração: 4º

---

[17] Falante chinês.

(iv). Desconstrução do provérbio:
- o seguro morreu de velho, mas morreu/ não é eterno: 1°, 10°
- vais ter um lindo enterro: 1°
- alguém que lhe faça o funeral: 3°
- que importa a morte se no cemitério há flores?: 3°
- sexo seguro? Segura-te e longe irás: 6°
- porto seguro? quanto mais velho melhor!: 5°

(v) Provérbios chineses:
- a ambição não descansa: 1° (ter mais olhos do que barriga, querer alcançar o céu com as pernas, quanto vê quanto cobiça)
- a ambição só morre ao enterrar: 2°
- o tempo corre rápido: 3°
- forma de viver tem muito(= formas de viver há muitas), mas de morrer só uma: 4°
- a morte leva tudo: 5°
- a fortuna levou-a o vento: 6
- [18]quanto mais alto sobe, maior é queda: 7°
- quem quer mais tudo perde: 8°
- mais vale fazer do que falar: 9°
- mais vale uma coisa feita do que dez a pensar: 10°
- o dragão não é desenhado por um traço: 9°
- os ouvidos não se podem tapar com uma mão: 10°
- quando há tufão não vá para a rua: 6°
- quando envelhece, não vaqle nada: 3°
- manda o macaco, quando o tigre não está: 5°
- o que ouve é falso, o que vê é verdade: 6°
- só conhece uma pessoa ao lono do tempo: 7°
- a flor que cheira bem nem sempre é bonita: 9
- a pessoa que fala muito nem sempre tem muita capacidade: 8°
- o que custa mais um escudo vale mais: 10°

As ocorrências que apresentámos como surgidas em situações imaginadas pelos inquiridos, enquadram-se em micro-textos do género de:

«Se pedires boleia, vê com quem te metes, olha que o seguro morreu de velho!»
«Se conduzires não bebas, olha que o seguro morreu de velho!»
«Não guardes a preparação do exame para a véspera, olha que o seguro morreu de velho!»

---

[18] O falante chinês escreveu este enunciado sentencioso do seguinte modo: «quem mais acima chega, uma grande queda».

Os textos construídos com outros enunciados sentenciosos surgem num discurso sob a forma de argumento decisivo na condução para a persuasão:

«Não troques o certo pelo incerto, olha que o seguro morreu de velho!»
«Não andes p'raí a falar de tudo e de todos, olha que quem diz mal do vizinho o seu vem pelo caminho e o seguro morreu de velho!»

O provérbio que apresentámos tem exactamente o mesmo valor que a maior parte daqueles que os inquiridos sugeriram como enquadramento. Assim, *mais vale um pássaqro na mão do que dois a voar, quem se mete em /por atalhos mete-se am trabalhos, guarda que comer e não guardes que fazer, guarda o que não presta e terás o que precisas*, são totalmente equivalentes *o seguro morreu de velho*.

É interessante ver como alguns dos inquiridos preferiram "desconstruir" o texto sentencioso. Esta desconstrução ocorreu sobretudo nos textos realizados por professores. Uma leitura-interpretação que tivesse em conta o nível etário, a classe social donde provêm os inquiridos, revelaria igualmente resultados interessantes.

Ainda dentro deste enquadramento, torna-se visível o domínio que os estudantes têm do fundo popular representado nos provérbios.

2. O mundo projectado de "seguro"

À volta de "seguro" temos assim determinados **mundos projectados**[19], **mundos construídos**[20], pois tanto podemos dizer que alguém está "seguro", como dizer que alguém "está seguro de si", que não é o mesmo que afirmar "que alguém está sem preocupação", ou ainda dizer que alguma coisa "está simplesmente segura", ou, de modo mais próximo, especificar "está seguro na parede", "está seguro com um prego", ou ainda falar de "seguro de vida", "seguro de saúde", "seguro por áreas". Por outro lado, ao usarmos uma expressão evocamos não apenas uma ideia, uma noção, mas uma **teoria**[21], com explicações acerca do mundo, o tal **mundo**

---

[19] «the information conveyed by language must be about the projected world» (Jackendoff 1983: 29).

[20] «the relationship between a speaker (or a hearer) and a situation that he conceptualizes and portrays» (Langacker 1987: 487-8).

[21] Isto é, o "idealized cognitive model" (G. Lakoff 1987).

construído. Além disso, as expressões linguísticas podem sugerir a **construção** de uma situação em termos de algo diferente: as expressões não literais (metáfora e metonímia são disso exemplo, como «o seguro cobre todos riscos» e em que o literal e metafórico têm fronteiras muito diluídas). Finalmente, as rotas mentais ("mental routes") de Tyler (1989), o ponto de vista pelo qual iluminamos determinadas cenas, salientando um ou outro aspecto da cena, «o seguro cobre todos os riscos», em que a imagem se desenha na direcção da gravidade ("de cima para baixo"). O "seguro" está "em cima", em vez de se dizer «o seguro sustenta todos os riscos», no sentido de "debaixo para cima". Por outro lado, o limite de "seguro" coloca-se num ponto único (o verbo *morrer* é pontual), dizemos «o seguro morreu de velho» em vez de «o seguro viveu muito tempo».

Mas o que significa "construção", "conceptualização", "lexicalização" e "categorização"? As conceptualizações precisam de ser formatadas, estruturadas, para permitir a simbolização por meio de uma dada língua. O ponto de referência de "seguro" é subjectivo e antropocêntrico. Por exemplo, em seguro, coloca-se como categoria central a própria entidade: seguro de vida, de saúde, contra todos os riscos. E seguro, é o que está seguro.

A categorização é instável, dependente do contexto: é um produto, por assim dizer, do modo como um falante, de acordo com a sua situação presente e com a orientação dos seus pensamentos, constroi um certo estado de coisas. Não é uma ideia de posse que se traduz em "seguro do carro", "seguro automóvel", "seguro vitalício", "seguro ramo vida", "pessoa segura", etc. As preposições usadas, em "seguro de vida", "seguro contra todos os riscos", "seguro de acidentes", "seguro de doença" (= contra a doença), implicam uma noção de materialidade e espacialidade, exprimindo "contacto directo".

A motivação semântica aqui materializada e realizada encontra-se na sintaxe? O significado das palavras estará dentro das próprias palavras, ser-lhes-á inerente, como defendem Pottier (1974) e Rastier (1987)?. Mas aqui a ligação entre o conceito e o real interconectam-se de modo peculiar. As explicações possíveis são várias: ou postulamos a literalidade pura, ou defendemos que a não literalidade depende do contexto, ou, por outro lado, que o sentido das palavras está dentro delas, é-lhes inerente. Como congraçar as várias posições?

Os possíveis **scripts** (Schank e Abelson 1977), os "scenarios" do provérbio levaram-nos para certos domínios. Adquirimos a ideia de "script" com a experiência: quem nunca esteve inseguro, na vida, na saúde, não é capaz de se construir ou mesmo reconhecer o cenário, a ideia de "seguro". Há inferências necessárias ao reconhecimento do cenário. Coberturas, exclusão e não descoberturas. Vejamos os termos que ocorrem no mesmo ambiente de "seguro": *riscos, sinistros, prémios, acidentes, catástrofes, desastres*. Mas não ocorre, neste contexto, a palavra ou a entidade *perigos*.

Temos a impressão, ao usar determinados nomes[22], que estamos perante valores equivalentes aos dos pronomes: substituem os autênticos nomes:

> Seguro: *o seguro morreu de velho*.

Fazer a ligação entre o mundo cultural e o mundo da linguagem é o sonho de muitos estudiosos. As teorias do seguro, do inseguro, são dados culturais, mas são também resultado de processos históricos. A interpretações seguem-se reinterpretações. Em "seguro" joga-se a defesa do território físico, a auto-confiança, a auto-estima.

As redes de metáforas (**clusters of metaphors**) envolvem "seguro". As suas incoerências e coerências jogam-se no "imaginário convencional" ("conventional imagery" de Langacker 1987). A própria relatividade das coisas reflecte-se na ausência de monolitismo dos enunciados sentenciosos com "seguro" e nos enunciados evocados para os explicar: contradizem-se:

> *quem não arrisca não petisca* vs *vale mais um pássaro na mão do que dois a voar, candeia que vai á frente alumia duas vezes* vs. *mais vale tarde do que nunca*

A semântica do mundo é subjectiva e há modos alternados de construir as cenas, processos composicionais alternados, saliências diversas dos elementos, diferentes níveis de especificação, pontos de vista alternados. Há noções afins como posse, localização, existência, aspecto perfeito, etc. Qualquer expressão, diz-se, é polissémica. Mas dever-se-á antes dizer que as expressões não têm o mesmo significado, mas antes uma família de sentidos relacionados, normalmente construídos à volta de um protótipo. Alguns desses sentidos são esquematicamente relacionados com outros, representando a especificação de determinados traços.

O significado de uma expressão linguística envolve não apenas um "conteúdo" conceptual mas também uma forma particular de construção

---

[22] «I believe that every noun designates a region (or thing), defined abstractly as a set of interconnected entities, whose construal as such reflects the image-schematic ability of conceptual reification. The archetypal conception of physical object provides the category prototype» (Langacker 1987: 53).

desse conteúdo. O significado de um nome tem o perfil para designar coisas, ao passo que verbos, adjectivos, advérbios e preposições têm o perfil próprio para relacionar coisas.

3. *Seguro:* categoria lexical e categoria imagética

A materialidade e a praticabilidade de um conceito como "seguro" no enunciado sentencioso que serve de título à minha exposição põe em confronto a extensão desse conceito e os traços intensionais de um possível objecto que o objectivize (Desclés / Kanellos 1991). À volta de "seguro" há vários actos de categorização possíveis, mas o problema joga-se entre dois pólos: objecto e conceito. Pressupor a categoria já construída e procurar apenas descrevê-la é uma hipótese. E um ponto de partida é o de se considerar que não há oposição entre entidades abstractas e entidades não abstractas: existe apenas um determinado grau de abstracção. Cada palavra representa uma fonte complexa de conhecimentos, tanto no domínio da língua como no domínio do mundo real. E a compreensão da linguagem resultaria da coordenação de intercâmbios entre as palavras, em que elas mesmas são capazes de determinar o seu próprio comportamento num dado contexto linguístico e conceptual.

3.1. Seguro: *nome ou adjectivo?*

Uma categoria será uma classe lexical ou uma classe de conceitos? A imagem mental, as rotas mentais do pensamento terão que forma? Comparem-se os dois enunciados:

dos dois carros prefiro o pequeno (vs. grande),
*dos dois carros prefiro o seguro (vs. *inseguro?

Seguro adquiriu a categoria de nome: substitui *segurado*, como se fosse simultaneamente um particípio e um nome. Já não há resto de elipse. O que acontece com este "seguro" ultrapassa tudo o que tenho visto sobre elipse, quer nas teorias tradicionas, quer nas teorias mais recentes.

E aqui a categoria fixada na "imagem mental" aponta para o vertical, para algo que desafia e se contrapõe à lei da gravidade ("em cima") e mesmo sem "ter os pés na terra", "não anda na luta", "nem está supenso", "está preso e ligado de modo a não causar preocupação" (sine cura). "O que está seguro" não "corre perigos" nem mesmo "riscos" (pois *há seguro multirriscos / contra todos os riscos*). Vilela (1996) fez uma análise pormenorizada de **risco**, comparando *risco* e *perigo*, em que a perigosidade de "risco" (*correr o risco*) é muito menor do que "perigo" (*correr perigo*).

3.2. *Seguro* vs. *sustentado*

Entre as imagens mentais actualmente em vigor nas línguas da Europa Ocidental, relativamente a *seguro*, é a imagem de "suporte". Encontramos termos que representam materializações de ideias, de conceitos, tais como *plataformas* (para quase tudo), *tecidos* (*tecido empresarial, tecido produtivo*), *envolvimentos* (*envolvimento das escolas, envolvimento das pessoas, projectos envolvidos*), *vertentes* (*vertente económica, vertente técnica*), *explosões* (*explosão de instituições*), *interfaces* (que substituiu *entrepostos*), *formatos* (*formato do projecto*), *fundações* (*fundação para a ciência*), *flexibilização*, etc.

Mas entre esses termos quero salientar os termos "suporte" e "sustentado". O termo, se quiserem a categoria "suporte", *suportado, suportar*, etc., ocorrem frequentemente. Por exemplo:

– suporte papel,
– suporte magnético
– suporte electrónico
– etc.

Ainda na mesma imagem mental, na mesma categoria conceptual, surge a palavra "sustentado":

– desenvolvimento sustentado
– sustentabilidade das infra-estruturas tecnológica
– realidade económica sustentável
– etc.

E aqui encontra-se a imagem mental oposta à de "seguro": o ponto de apoio é "em baixo", "com os pés bens assentes no chão", dentro dos parâmetros da lei da gravidade, mais próximo do natural e da natureza. É precisamente o contrário do que acontece com "seguro", que é contra a lei da gravidade, suspende-a, contraria-a, previne-a. "As seguradoras seguram" assegurando o futuro. *O seguro morreu de velho*.

4. Conclusão

Não podemos caminhar para uma conclusão "segura": estamos perante uma categoria lexical, uma categoria conceptual ou uma categoria de objectos? Deixo apenas a pergunta. A semântica do protótipo explica? Trata-se de um dado totalmente cultural, e, portanto, mais facilmente explicável pela teoria dos estereótipos? Os "topoi" como são entendidos, por exemplo, por Ducrot e Anscombre, explicam? A proposta de Geerarerts, fazendo o caminho da história do percurso das palavras e dos seu percurso conteudístico será a melhor solução?

Mundo real, mundo das palavras e mundo cultural são equivalentes. Por vezes, ainda bem que há divergências. Um jornal semanário, na secção internacional, num artigo com o títuloi «Matai-vos uns aos outros», afirmava em subtítulo:

> «Se as palavras matassem, Índia e Paquistão já se teriam aniquilado sem ajuda de armas nucleares» («O Independente», Internacional, 5. 6. 98)

Toda a nossa reflexão vem dar razão a Putnam, quando afirma que o valor semântico de um termo – neste caso "seguro" – não é uma intensão ou um dado quanto à extensão (do referente) e, em formas proverbiais, a designação rígida não passa pela significação. Apresentámos um conjunto de frases / enunciados construídos à volta de «o seguro morreu de velho», uma série de situações (cenários, "scripts", percursos argumentativos) que permitem a descodificação da função dessa fórmula proverbial.

Bibliografia:

ANSCOMBRE, Jean-Claude 1995 – «La nature des topoï» e «De l'argumentation aux topoï», in: Anscombre, J.- Cl. (org.) – *Théorie des Topoï*, Paris: Editions Kimé, 49- 84 e 11-47.
AULETE, F. J. Caldas – *Dicionario Contemporâneo da Lingua Portugueza*, Lisboa, Livr. A. M. Pereira, s. d. (1913).
DESCLÉS, J.-P. / Kanellos, I. 1991 – «La notion de typicalité: une approche formelle», in: Danièle Dubois (org.) – *Sémaqntique et cognition. Catégories, prototypes, typicalité*, Paris: CNRS, pp. 225-243.
DIRVEN, René 1995 – «The construal of case: The case of cause prepositions», in: Taylor, John R. and MacLauri (orgs) – *Language and the cognitive construal of the world*, Berlin, New York: Mouton de Gruyter, 95-118.
JACKENDOFF, Ray 1983 – *Semantics and cognition*, Cambridge; MA: MIT Press.

JACKENDOFF, Ray 1996 – *Languages of the Mind. Essays on Mental Representation*, Cambridge: MIT Press.

LAKOFF, George 1987 – *Women, Fire, and Dangerous Things: What categories reveal about the Mind*, Chicago: Chicago University Press.

LAKOFF, George and Johnson, Mark 1985 – *Les métaphores dans la vie quotidienne*, Paris: Minuit (ed. original: *Metaphors we live by*, Chicago, 1980) .

LANGACKER, R. 1987 – Foundations of Cognitive Grammar, I, Stanford: Stanford University Press.

LEYENS J. – P. / V. Yzebyt / G. Schadron 1996 – *Stéréotypes et cognition sociale*, Paris: Mardaga.

LIPMANN, Walter 1992 – *Public Opinion*, New York: harcourt § Brace (Nota: citei de J. – P. Leyens / V. Yzebyt / G. Schadron 1996 – *Stéréotypes et cognition sociale*, Paris: Mardaga, p. 22 ss).

PUTNAM, Hilary 1975 – «The meaning of 'meaning'», in: *Philosophical Papers*, v ol. II, Cambridge (University Press): 215-271.

PUTNAM, Hilary 1990 – *Représentation et réalité*, Paris: Seuil.

SILVA, António Moraes da– *Diccionario da Lingua Portugueza*, 8.ª ed., Rio de Janeiro: Empreza Litteraria Fluminense, 1891.

POTTIER, Bernard 1974 – *Linguistique générale. Théorie et description*, Paris: Klincksieck.

RASTIER, François 1987 – *Sémantique interprétative*, Paris: PUF.

RASTIER, François 1993 – «Catégorisation, typicalité et lexicologie», in: Dubois, Danielle – *Sémantique et cognition. Catégories, protypes, typicalité*, Paris: CNRS Editions, 1993: 259- 277.

ROSCH, Eleanor 1978 – «Principles of categorization», in: E. Rosch, B. B. Lloyd (orgs.) – *Cognition and Categorization*, Hillsdale, (N. J.): L. Erlbaum: 27- 47.

SCHANK, Roger and Abelson, Robert 1977 – *Scripts, plans, goals and understanding. An inquiry into human knowledge structures*, Hillsdale, (N. J.): L. Erlbaum.

TYLER, Lorraine K. 1989 – «The Role of Lexical Representation in Language Comprehension», in: Marslen-Wilson, William (org.) – *Lexical Representation and Process*, Cambridge, Mass.: MIT, 439-462.

VILELA, Mário 1996 – «Do "campo lexical" `a explicação cognitiva: risco e perigo», in: *Diacrítica*, 11 (196): 639-665.

VILELA, Mário/Silva, Fátima (orgs.) 1999 – *Actas do 1º Encontro Internacional de Linguística Cognitiva*, Porto: Faculdade de Letras.

CORRUPÇÃO, CLIENTELISMO, CABRITISMO, BOY(SISMO) OU ALGUNS DOS ESTEREÓTIPOS DO NOSSO TEMPO[1]

0. Apresentação do tema

0.1. Se definir uma língua, num dado momento da sua história, só é possível dentro de uma determinada perspectiva, como, por exemplo, língua e cultura, língua e sociedade, língua e história, língua e conhecimento, língua e aprendizagem, língua e desenvolvimento, mais difícil se torna definir o léxico de uma língua[2], caso não se tenha qualquer suporte que perspective a dimensão do léxico que queremos abranger na análise. A língua, embora seja conservadora por natureza, altera-se e o seu estudo terá de ser feito num dado momento da sua história. Por exemplo, no português actual de Moçambique ocorrem algumas palavras que, para nós (falantes do português europeu), ou se tornaram intransparentes, ou nos deixam sem saber qual a "leitura" monossemizada. No primeiro caso, temos, por exemplo, *cabritismo*, que, para quem não estiver inserido no ambiente, fica totalmente fora do possível sentido / significado da palavra. No segundo caso, *estrutura* e *enquadrado* podem ter leituras que nos impedem a desambiguização[3]. No português europeu, surgiu actualmente, na mesma área, a palavra *boy*, que, para quem não estiver "enquadrado", fica bem fora do valor atribuído á palavra no actual português europeu. Nesta área da língua encontramos no português europeu um termo englobante: CORRUPÇÃO. As palavras *cunha*, *peculato*, (pagamento de) *luvas*, *ali-*

---

[1] A primeira versão deste estudo foi publicada em *Revista de Letras* nº 5 (2000).

[2] «O léxico é, provavelmente, o sector da língua em que as representações colectivas deixam mais vestígios. É a parte da língua mais sensível às mentalidades.» (Elisete Almeida e Michel Maillard 2000, pg. 10).

[3] Sobre o português de Moçambique faremos, brevemente, um estudo pormenorizado sobre *cabritismo*, *estrutura*, *quadro*, etc. Mestrandos da Universidade Pedagógica de Maputo estão a elaborar a sua dissertação de Mestrado precisamente sobre o léxico do português de Moçambique.

ciamento, favoritismo, boy e *boysismo, clientelismo, nepotismo, compadrio, desvio de fundos, branqueamento de dinheiro sujo* são cobertas pelo mesmo tecto no domínio do conteúdo. Há ainda outras palavras que surgem no contexto (textualizador) dos lexemas referidos que, ou se inserem através de um dos seus sememas no mesmo campo semântico, como *padrinho* e *mordomia, sistema* e *esquema*, ou fornecem um "portal" interpretativo para esse campo lexical, como são (falta de) *transparência, crise* (da justiça), *suspeição, desvio de fundos, tacho, promiscuidade*.

0.2. Vamos tentar analisar um domínio de experiência, que hoje (como ontem) está na ordem do dia, de forma a poder congraçar o que se designa como perspectivação estruturalista do léxico com uma escapada ao que costuma considerar-se como perspectivação (linguística) cognitiva. Pretendemos assim mostrar, com palavras que todos encontramos, dia-a--dia, nos "media", por um lado, que a ciência pode contribuir para um melhor conhecimento do mundo e, por outro lado, mostrar como a análise do significado só é possível se tivermos em conta áreas do conhecimento e da língua mais ou menos bem delimitadas, sem contudo deixar de integrar de algum modo o enciclopédico (o mundo designado) na análise. Faremos uma breve explanação da chamada análise sémica e uma ligeira referência à vertente cognitiva (via estereótipo), passando depois ao tratamento dos termos que têm a ver com CORRUPÇÃO. Quer num caso, quer noutro, nunca deixamos de ter presente textos autênticos e resultados de inquéritos.

1. O léxico e o estudo do léxico

O léxico de uma língua, que podemos designar, de um modo geral, como o léxico geral ou comum, envolve vários subconjuntos, em maior ou menor grau, partilhado por todos os falantes e compreende ainda os léxicos de especialidade, os que estão ligados a uma ciência (astronomia, química), à ciência e técnica (informática), aos ofícios (mecânico, serralheiro), a actividades várias (jardinagem e desporto), etc. Mas as fronteiras entre os subconjuntos do léxico geral entre si e entre o léxico geral e os léxicos de especialidade são fluidas, havendo mesmo migrações de um domínio para outro, como, por exemplo, as migrações entre a língua comum e os domínios de especialidade, como a língua jurídica (*peculato*), a língua política (*boy* ou *jobs for boys*), a língua económica (*cliente* e *clientelismo, dinheiro sujo*), a língua da vida social (*mordomia, nepotismo, luvas, padrinho*), a língua da química (*branqueamento*), a língua filosófica (*esquema* e *sistema*), etc. Também o léxico sofre diferenciações diacrónicas (as marcas da história: veja-se a história de *nepotismo*), diatópicas ou espaciais e diastráticas (influências dos estratos horizontais, mas ainda aqui há fronteiras móveis[4]). Mesmo palavras que estavam na periferia do léxico geral, como nomes próprios (*ademarismo* (Br.), *soarismo, guterrismo*)[5], palavras virtuais (em que uma palavra caída no esquecimento, pode regressar, como *clientelismo*), palavras estrangeiras, sejam empréstimos puros (*boysismo, boys, Kremlingate, Angolagate*) ou decalques semânticos (*favoritismo*), etc., entram directamente no léxico geral.

Creio que o léxico que podemos designar como "o léxico da corrupção" pode servir de exemplo a todos os possíveis universos do léxico, quer nos situemos no domínio do linguístico, o das relações internas entre as palavras (relações tanto sintagmáticas como paradigmáticas), quer no domínio do referencial, a sua extensão e intensão, a denotação e a fluidez instável das conotações.

Quer defendamos que o significado apenas pode ser apreendido em enunciados, ou que o significado só pode ser encontrado através da sintaxe, ou ainda que os lexemas têm um significado invariante[6], qualquer análise tem de ser plausível. Por exemplo, podemos definir por inclusão, encontrando o valor genérico (ou denotativo) dos lexemas, seguindo o chamado modelo aristotélico da definição (género próximo e diferença específica), ou seja indicar o género ou classe geral de que se desprende o denotado da palavra a definir e, depois, apresentar as diferenças que o separam dos outros lexemas que pertencem ao mesmo género. Mas em certas palavras não é fácil definir de modo "enciclopédico" o seu conteúdo: no caso das palavras ditas abstractas, como é o conjunto de palavras que vamos analisar.

1.1. *A análise sémica*

A chamada análise sémica (a proposta por Coseriu, Pottier e Greimas), na descrição do significado lexical, servindo-se das noções

---

[4] O caso da palavra *restauração* com o sentido que lhe é dado actualmente no domínio da indústria hoteleira é demonstrativo das mutações impostas ao léxico.

[5] E é interessante verificar que há nomes que não se prestam a "ismos" (como Paulo Portas, que apenas pode resultar em *Paulo das Feiras*), ou Marcelo Rebelo de Sousa (cujo "ismo" está travado por aquele que, suponho, foi seu padrinho: *Marcelo* e *marcelismo*), ou Santana Lopes (o que daria *sa(n)tanismo*!!!).

[6] «les mots ont un sens en langue» (Lehmann / Martin-Berthet 1998: 15).

"sema" (traço mínimo de conteúdo, distintivo ou não), "semema" (conjunto dos semas de um lexema, ou o conjunto dos semas de uma acepção no caso de uma palavra polissémica), arquissemema (o conjunto dos semas comuns a vários sememas) e arquilexema (a realização lexical de um arquissemema), aplica-se normalmente ao que designamos como campo lexical (conjunto dos lexemas que partilham uma zona comum de significado, opondo-se os lexemas pelo menos por um traço mínimo de conteúdo). Inserem-se também na análise em semas o ponto de vista onomasiológico (perspectivação próxima da dos campos lexicais) e o ponto de vista semasiológico[7].

Por definição, o sema não é um traço referencial, mas sim um traço de conteúdo dentro de dado conjunto. Se pretendermos verificar o estatuto dos semas, devemos ter presente que os semas não podem ser confundidos com os chamados noemas[8]. Os semas podem dividir-se (cfr. Pottier) em semas denotativos (e estes, em específicos e genéricos) e conotativos (ou virtuais). Pottier chama semantema ao conjunto dos semas específicos, classema ao conjunto dos semas genéricos e virtuema ao conjunto virtual constituído por possíveis semas conotativos[9]. A distinção semas específicos, semas genéricos, introduz, por meio dos semas genéricos, uma dimensão sintáctica na análise sémica. Os semas específicos operam no interior de um campo lexical, os semas genéricos, sendo de carácter muito geral, de natureza sintáctico-semântica, operam em unidades que são comuns a diferentes conjuntos lexicais, consistindo em subcategorizações semânticas aplicáveis em semântica textual[10]. Como delimitar os conjuntos lexicais? Quais são os semas que permanecem pertinentes, se acrescentarmos outros lexemas ao conjunto? O conjunto é delimitado com base conceptual, onomasiológica e a partir daí há a possibilidade de um alargamento mais ou menos extenso[11].

---

[7] Cfr. Mário Vilela 1994: 32-49, onde se definem os conceitos e se apresenta a bibliografia respectiva.

[8] Ou primitivos semânticos: entidades mínimas não analisáveis, entidades metalinguísticas ou cognitivas, tidas como universais.

[9] R. Martin 1983 (caps. III e IV) caracteriza os traços conotativos como traços subjectivos, não socializados. Rastier (1987: 43) admite também, ao lado dos semas por ele designados inerentes, os semas virtuais, conotativos, por ele designados como aferentes.

[10] Cfr. Rastier 1987 (cap. II).

[11] Pottier (1980: 169) procura restringir as condições para a admissibilidade de lexemas: «Le sème est le trait distinctif sémantique d'un sémème, relativement à un petit ensemble de termes réellement disponibles et vraisemblablement utilisables chez le locuteur dans une circonstance donnée de communication»

E quanto à escolha dos semas? Não será algo subjectivo? Mantendo--nos ainda numa área próxima da que analisamos, compare-se *saldo* e *promoção*: o que os distingue? Trata-se de "reduções" válidas para qualquer *cliente*? E se compararmos estes termos com *desconto*: aqui temos uma "redução" válida apenas para alguns clientes? Persiste um sema comum que será traduzível por "redução de preços".

Mas qual a natureza dos semas? Na maior parte dos casos analisados, serviram-se os semanticistas de conjuntos arquetípicos onde o conteúdo está bem estruturado, e em que os traços sémicos servem também como predicados ou propriedades dos referentes. E se sairmos desses conjuntos?

Como semanticistas, pretendemos fazer o levantamento para estabelecer as relações entre os lexemas (relação de significação), como lexicógrafos, queremos analisar a relação entre as palavras e as coisas (relação de designação).

1.2. Teoria do protótipo e estereótipo

Surgiu, a dado momento, a teoria do protótipo e do estereótipo que tenta corrigir o que estava (estaria mesmo?) mal nas explicações anteriores. A teoria do protótipo e do estereótipo provém de duas direcções diferentes: da psicologia (E. Rosch) e da filosofia da linguagem (H. Putnam). O ponto nuclear, que a opõe ás teorias clássicas, é o problema da **categorização**. Esse será um problema de natureza filosófica, que pode ser formulado do seguinte modo:

– sobre que critérios se pode decidir a pertença de um objecto a uma categoria?

E a esta pergunta corresponde(rá) a seguinte interrogação linguística:

– são os princípios que regem o reagrupamento (dos denotados) numa mesma categoria designada por um nome?

Das categorias passa-se ao sentido lexical. Mas aqui estamos perante uma semântica referencial em que a dimensão filosófica se aproxima(rá) do linguístico. Estereótipo e protótipo convergem, pois ambos os conceitos perspectivam a categorização sob o prisma da tipicidade. No nosso caso, aqui e agora, apenas interessa "estereótipo". O termo estereótipo[12]

---

[12] **Estereótipo** é uma das imagens de marca do nosso tempo e foi usado pela primeira vez, num dos sentidos que hoje encontramos, por W. Lippmann (1922). Temos

como é usado actualmente na linguística deve-se a H. Putnam (filosofia da linguagem), que propôs para suprir as deficiências das teorias tradicionais esta noção (a de estereótipo) para descrever os nomes de espécies naturais e de artefactos[13]. O estereótipo – estamos perante um sentido técnico do termo – é a descrição de um membro normal da classe natural, apresentando as características que lhes estão associadas. Estas características podem ser verdadeiras ou falsas (crenças, representações culturais). Retemos para estereótipo portanto a ideia de algo convencional, por vezes, inexacto, mas que corresponde à imagem social partilhada acerca do significado/sentido de uma unidade lexical. Os estereótipos opõem-se aos conhecimentos especializados dos "experts".

Há correspondência entre o estereótipo e o protótipo, pois ambos reúnem os traços centrais da categoria (os dados semânticos mais salientes) e descrevem positivamente (de modo não opositivo ou diferencial) o conteúdo da palavra ou expressão. Contudo, as perspectivas diferem: o estereótipo descreve as convenções sociais e apoia-se numa teoria sociolinguística, ao passo que o protótipo descreve a organização cognitiva das categorias e provém de uma perspectiva psicolinguística. Mas, na maioria dos casos, estereótipos e protótipos coincidem: os dados semânticos mais importantes do ponto de vista social são também os mais importantes do ponto de vista cognitivo.

Mas a convergência das duas teorias faz-nos correr o risco de encobrir a especificidade do estereótipo. Para Putnam, o estereótipo serve mais para mostrar o uso efectivo da palavra do que para dar a significação. Inscreve-se numa dimensão pragmática da aquisição das palavras. Afinal, o mesmo objectivo das definições lexicográficas. Os estereótipos tornam-se visíveis nas fraseologias, onde os traços mais salientes se patenteiam. Nas comparações congeladas, por exemplo, *livre como um passarinho*

---

imagens das coisas e das pessoas que são fruto da nossa experiência, e temos outras imagens que nos advêm da nossa integração num dado grupo social: estas últimas, que não provêm do nosso conhecimento, constituem o estereótipo. O estereótipo é uma representação (muito simplificada) que temos de nós e dos outros, representação reproduzível nos diferentes contextos da vida. É assim um elemento da estrutura das representações, que inclui as crenças partilhadas pelos membros de um grupo ou duma categoria social; que contém informações sobre juízos de valor e sobre situações. Os estereótipos envolvem vários elementos, como são a uniformização, a simplificação, (alguma) pertinência, valor emotivo e (um) conteúdo. Os estereótipos partem de uma dada "história", tomando o universal pelo particular, a parte pelo todo; confundem o inato e o adquirido. Para melhor compreensão do problema vde Fischer 1987.

[13] H. Putnam 1975/1990, 1985.

(acentua-se o traço: /voar/), *comer como um passarinho, leve como um pássaro, ser um passarinho* (/frágil/). Os estereótipos diferem de uma civilização para outra[14]: veja-se o caso de *serpente, macaco, tigre, rato,* etc., em diversas comunidades linguísticas.

Conclusão: os méritos destas teorias (protótipo e estereótipo) são o de vir pôr de novo em discussão a semântica (lexical), a de trazer para a liça uma semântica referencial global integrando os dados sociais e psicolinguísticos. A dimensão pragmática e cognitiva destes modelos explica o seu sucesso. Aproveitaremos sobretudo a noção de estereótipo – no sentido que lhe é dado por Anscombre e Kleiber – para explorar alguns dos provérbios que andam à volta dos termos que estamos a questionar.

2. Domínio de experiência "CORRUPÇÃO"

2.1. *Contributo para a análise sémica*

Termos como *corrupção, (pagamento de) luvas, branqueamento de dinheiro / capitais, compadrio, mordomia, aliciamento, cunha, peculato, favoritismo, nepotismo, boysismo / boy, cabritismo, tráfico de influências,* a que se vêm juntando *organização oculta, desvio de fundos, esquema, sistema* e, possivelmente, outros, parecem traduzir aquilo a que poderíamos chamar, se não "campo lexical", pelo menos uma área de experiência, que poderemos sintetizar no seguinte texto[15]:

«A *corrupção* está na contraface do Poder e a recíproca também é verdadeira: o Poder está na contraface da *corrupção*. Tanto vale ser nos regimes totalitários, onde não se presta contas a ninguém e tudo é fechado nas mãos dos que concentram em si todos os poderes do

---

[14] Cfr. A. Desporte e F. Martin-Berthet 1995 e Vilela 1999 e 2000.

[15] Os textos ocorrem diariamente e envolvem diferentes partes do país e do mundo: «A Polícia Judiciária de Coimbra deteve seis empresários de Lisboa e dois funcionários da Alfândega de Bragança, entre eles o chefe da delegação, Henrique Cardoso Vieira. Suspeitos da prática dos *crimes de corrupção* [crimes económicos?], falsificação de documentos, contrabando e associação criminosa» (Público, 2.1.01).

«A *corrupção e a fraude* são tão endémicas [na Ásia] que será preciso, pelo menos, uma geração para as erradicar. No entanto, a sociedade civil está cada vez mais vigilante, e os bons velhos tempos das *contas bancárias secretas* com milhões de dólares podem estar a acabar para os líderes do Sudoeste Asiático» (John Aglionby – A Ásia está a mudar, in Público 2.1.01).

Estado, como nos regimes democráticos, nos quais o exercício da liberdade, os mecanismos das instituições e a *transparência* da administração deveriam ser antídoto para a prática de *roubalheiras* e de *favorecimentos*, a verdade é que o *vírus da corrupção* se espalha por toda a parte com uma intensidade impressionante.... As estatísticas das Nações Unidas mostram-nos, país por país, o quanto é grave esse problema [corrupção] mundial e dão-nos ideia do que poderia ser feito em benefício das populações se os recursos que são tirados de forma espúria dos cofres do Estado, ou o que este paga a mais para *favorecer os políticos* e as *ninhadas de protegidos* que gravitam em torno deles, fossem aplicados com correcção e honestidade.» (Gomes da Costa – A praga da corrupção, in: A Voz de Trás-os-Montes, 28.12.00)[16].

Dentro da coerência textual, este texto apresenta um conjunto de termos que nos ajuda a situar a área de experiência que designámos como CORRUPÇÃO[17]: expressões como *ninhada de protegidos, favorecimentos, roubalheiras, vírus, transparência*. Os termos que nos propomos tratar e que mencionámos anteriormente, à excepção de *aliciamento*, têm subjacentemente todos um semema ligado a um valor inicial do lexema que deixaria estas palavras fora da área que estamos a tratar. Talvez já o semema de *corrupção* ['compra da consciência'] seja tão antigo como o semema ['putrefacção']: nos dicionários de português, mesmo os mais antigos, registam os dois valores[18]. De qualquer modo, parece haver uma

---

[16] O itálico é meu neste texto e em todos os textos, a menos que se diga o contrário.

[17] Quando nos reportamos a "corrupção" como área de experiência (ou campo lexical), escreveremos com maiúscula.

[18] «Corruptus, a, um. Cousa peitada, corrupta, ou gastada Cic.» «Corrumpo, is. rupi, ruptum. Corromper peitar, gastar. Cic.».« Corruptio, onis f. A corrupçam» (Bento Pereira 1772).

«CORROMPER, v. at alterar o estado da coisa que está boa, perfeita v. g. "a estagnação corrompe as aguas. & Perverter, v. g. os costumes & Subornar, peitar, o juiz, o guarda, sentinella, ...» «CORRUPÇÃO, f. f. o estado da coisa corrupta, ou corrompida v. g. "a corrupção da carne morta", das aguas enxarcadas. & Alteração do que é recto, e bom, em máo, e depravado v. g. "a corrupção do gosto, dos costumes, do seculo" & prevaricação v. g. "do juiz" & Das palavras; alteração...» (Rafael Bluteau 1789).

«**Corromper**, v. tr. ...Alterar o estado da cousa que está boa, perfeita; a saude, forças physicas, etc. ... & Perverter moralmente; depravar... costumes, a sanctidade da alma.. & Subornar, peitar: v. g., o juiz, o guarda, a sentinella & Seduzir, induzir ao mal: ...».

«**Corrompido** ..... subornado, peitado: o regedor corrompido (Lus. 8, 96)»
«**Corrupção** ... Acção de corromper, de produzir a putrefacção: & O estado da coisa corrupta, ou corrompida: a carne, as águas, .. & fig. Alteração do é recto e bom, em mau

passagem do "concreto" (matéria orgânica, água, ar, textos; pessoas e instituições) para o "abstracto", envolvendo este segundo semema (que nos lexemas que têm uma realização como verbo corresponde ao OD) os costumes, o gosto, as consciências. A melhor definição, aliás definição compendiadora das demais, é a de Alain Rey, que podemos resumir em: «compra das consciências» e «apodrecimento de matéria orgânica»[19].

---

e depravado: v. g. a corrupção do gosto, dos costumes, do seculo & Depravação, erro: ... & fig. Acção e effeito de corromper, peitar. & Prevaricação, v. g. do juiz, & Suborno , corrupção eleitoral. & Corrupção das palavras, alteração; adulteração...»(Antonio de Moraes Silva – 1889 e 1891.
  «**Corrupção** ... s. f. Acção de corromper, de produzir a putrefacção; estado das coisas corruptas: A corrupção da carne. A corrupção do ar. // Adulteração: A corrupção de um texto, de uma lingua. // Depravação, perversão; desmoralização: A corrupção dos costumes. // Suborno: Empregou a corrupção para ser eleito deputado. // Prevaricação: Acusou de corrupção os ministros.» (F. J. Caldas Aulete [1913].
  «**Corromper** (Do lat. corrumpere) V. t. d. 1. Tornar podre, estragar, decompor: O calor corrompe certos alimentos. 2. Alterar, adulterar: Corrompeu o texto, adaptando-o ao que pretendia. 3. Perverter, depravar, viciar: As más influências corromperam-no. 4. Subornar, peitar, comprar: Corrompendo a testemunha, obteve depoimento falso. P. 5. Apodrecer, adulterar-se. 6. Perverter-se, depravar-se, viciar-se» (Aurélio 1986). «**Corrupção** (Do lat. corruptione) s. f. 1. Ato ou efeito de corromper; decomposição, putrefação. 2. Devassidão, depravação, perversão. 3. Suborno, peita. ..» (Aurélio 1986).
  «**Corrompido, depravado, pervertido**. «Quando numa cousa se introduziu algum vicio, ou se perturbou a ordem e harmonia de seus principios, diz-se que se *corrompeo*. Por esta mudança passa a cousa, de boa que era, a ser má em seu genero, e então se diz que está *depravada*. Quando a perturbação é tal que quasi perde o antigo ser, diz-se que se *perverteo*. O mesmo acontece na ordem moral»«**Corromper**, peitar, subornar, seduzir, violar, alterar, deformar, falsificar, depravar, viciar, apodrentar, estragar» « **Corrupção**, contaminação, fedor, infecção, immundicia, sordicia, contagio, peste, podridão, alteração, prevaricação, suborno, estupro, abuso, corruptela»(J. – I. Roquette 1858).
  «**Corromper** .. v. tr. Causar corrupção, podridão a. // Estragar, infectar. // Depravar; viciar. // Induzir ao máu caminho; peitar; subornar» (**Corrupção** ... s. f. Estado do que se corrompe; adulteração; podridão. // Dissolução; devassidão; perversão. // Suborno; venalidade» «**Corruptível** ... Susceptivel de corrupção; venal.» (Fernando Mendes 1904).
  [19] «La définition juridique de la *corruption* est nécessairement compliquée, puisqu'il s'agit de donner aux juges les moyens de qualifier avec précision l'achat désastreux des consciences. *Corruption* est encore lié dans nos esprits à *corrompre*... Le verbe *corrumpere* possède une forme ... *corruptum*: c'est cette forme qui donne le nom *corruptio*, de manière systématique. Si le latin était oublié, nous dirions *corrompement* ou *corrompage*... *Corrompre*, en latin c'est "casser complètement" – et dans *corrompre*, il y a *rompre* – c'est-à-dire "anéantir", puis "anéantir", puis "détériorer". En ancien français, on disait *corrompre une femme* pour "séduire, débaucher" et on pensait que l'on en rompait l'âme. Cet emploi moral (ou immoral) est plus ancien que l'usage matériel du verbe, qui correspond à "pourrir". Mais il s'agit toujours pour corrompre de faire passer de la pureté

Notamos inclusivamente a manutenção do valor do lexema nos últimos duzentos anos[20].

Os sinónimos apresentados nos dicionários por nós compulsados, para *corrupção*, são *peitar, subornar, depravar, perverter, viciar, comprar*, para o semema ['comprar a consciência'] e *adulterar, contaminar, estragar, decompor, apodrecer, gastar, alterar*, para o semema ['apodrecer']].

Em *aliciar* temos também dois sememas bem nítidos ['seduzir'] e ['subornar', 'peitar'][21]:

> «no exercício privado da medicina, à tarde, os clínicos podem receitar remédios para os quais receberam *aliciamento*, coisa que já não teriam direito de fazer caso, de manhã, numa urgência hospitalar, passem uma receita para o mesmo doente. Compreende-se, assim, que o Ministério Público reconhece a existência de *aliciamentos* e, além do mais que os considera legais e permitidos... No exercício de várias profissões ocorrem, sem dúvida, fenómenos de *aliciamento*» (Francisco José Viegas – Uma questão de ética geral, in: JN, 14.12.00)

à l'impureté. Le rapport entre putréfaction et corruption morale est parfaitement traduit par la langue familière, qui affirme d'un corrompu qu'il est un *pourri*, voire un *ripou*. D'ailleurs, au moyen âge, on disait élégamment d'une charogne que c'était une *corruption*.... Il faut bien admetre que la matiére vivante et la conscience humaine ont en commun cette faiblesse: elles sont *corruptibles*.» (Alain Rey 1996).

[20] A documentação mais elaborada de uma das realizações do lexema é a seguinte: «**CORROMPER** – I. Indica ação-processo. 1. Com sujeito **causativo** e com seu complemento expresso por nome **concreto não animado**, significa *tornar podre, estragar, decompor*: *A umidade corrompe a matéria orgânica; O calor corrompeu a carne*. 2. Com sujeito **agente / causativo** e com complemento, apagável, expresso por nome **humano**, significa: 2.1. *perverter, depravar, viciar: Era ele quem sustentava e corrompia os estudantes* (BB, 106); *Alguns ( ) acusaram-no de corromper a mocidade (HF, 28); a luxúria corrompe a criatura humana* (SE, 83); *O poder absoluto corrompe* (FSP – 2.8.55, 4). 2.2. *subornar, peitar, comprar: Alguns comerciantes corrompem os fiscais; O candidato habituou-se a corromper as autoridades para obter o que quer*. II. Indica processo, na forma pronominal: 1. Com sujeito **paciente expresso** por nome **concreto não--animado**, significa *apodrecer, adulterar-se, estragar-se: O sal preserva a carne de se corromper; A matéria orgânica se corromperá na umidade*. 2. Com sujeito **paciente** expresso por nome **humano**, significa *perverter-se, depravar-se: Os pais têm, às vezes, medo de arriscar que seus filhos se corrompam* (Lessa-O, 27)*; sua sábia simplicidade ( ) nunca se corrompe em vulgaridade* (Lima-O, 48)» (Francisco da Silva Borba – *Dicionário Gramatical de Verbos do Português Contemporâneo do Brasil*, SP: UNESP, 1990).

[21] Cfr. «aliciar (Do lat. *alliciare, por allicere) V. t. d. 1. Atrair a si; seduzir, atrair: Aliciou o amigo, fazendo-o ciente do segredo. ... 2. Peitar, subornar: Aliciou testemunhas para deporem a seu favor. 3. Atrair, angariar: ...» (Aurélio 1986).

Luvas, pelo que surge nos dicionários[22], tem (ou tinha) apenas um valor técnico, ao contrário do que acontece hoje, cujo o sentido é assim apresentado:

«luvas (De luva) s. f. pl. Recompensa que se dá como retribuição de serviço prestado, ou como incentivo» (Aurélio 1986).

O valor que integra o lexema *luvas* no campo lexical CORRUPÇÃO deduz-se claramente do seguinte extracto:

«Um ex-ministro e antigo "braço direito" do Presidente Jacques Chirac está preso em Paris por financiamento oculto do seu partido, o RPR. Três tesoureiros confessam que os respectivos partidos políticos partilharam as *"luvas"* das fraudes do RPR nos concursos para obras públicas.» «Interrogado durante 48 horas, o antigo agente secreto Roussin não proferiu uma única palavra. O seu silêncio é hoje a única protecção que resta a Chirac no imenso escândalo de *"luvas" de milhões de contos*, em que as acusações contra o antigo "maire" de Paris se tornam mais precisas.» (Ana Navarro Pedro, Público, 3.12.00, 21) «Falcone, actualmente preso em Paris, sobreviveu e prosperou neste ramo de negócio [venda de armas..] muito especial graças *"às 'luvas' que pagou* a toda a gente durante vários anos, beneficiando de impunidade total"» (Ana Navarro Pedro, Público, 10.10.01). «Sirven pagou salários falsos a pedido de altas individualidades, distribuiu *"luvas"*, corrompeu homens de Estado.» (Alfred Sirven.., Público, 23.1.01)

Poder-se-á dizer que nestes três lexemas – *corrupção, aliciamento, luvas* – estamos em presença de CORRUPÇÃO em que o ponto de partida é o de quem beneficia. Isto é, temos duas entidades: o CORRUPTOR e o CORROMPIDO, mas o trajecto começa no CORRUPTOR. O DINHEIRO – os fundos – constitui a entidade que faz o trajecto. Também *peculato* ('desvio de fundos públicos em benefício próprio') se insere nesta vertente de CORRUPÇÃO. Vejam-se a definição e as documentações seguintes:

«Peculato ...Delito que consiste en el hurto de caudales del erario,

---

[22] «luvas (De luva) s. f. pl. Recompensa que se dá como retribuição de serviço prestado, ou como incentivo. 2 Soma paga pelo inquilino ao senhorio na ocasião da assinatura do contrato de locação dum prédio, independentemente do aluguel mensal que terá de pagar: "Difícil já está sendo ... deixar o apartamento que ocupo, cujo dono, que me exigiu luvas para entrar, só falta exigir-me luvas para sair" (Fernando Sabino – Medo em Nova Iorque. A cidade vazia, p. 231) 3. Jur. Valor do aviamento que se cobra no ato da venda ou da transferência de estabelecimento comercial ou industrial.» (Aurélio 1986).

hecho por aquel [Aurélio (1986) chama-lhe: funcionário público] a quién está confiada su administración» (DLE)
«peculato (Do lat. peculatu, de pecu, 'gado'; em certa época, foi o gado a base da fortuna) S. m. Delito praticado pelo funcionário público que, tendo em razão do cargo, a posse de dinheiro, valor, ou qualquer outro móvel, público ou particular, deles se apropria ou os desvia, em proveito próprio ou alheio, ou que, embora não tenha posse desses bens, os subtrai ou concorre para que sejam subtraídos, usando das facilidades que seu cargo proporciona: "uma vez definitivamente rasgado o antigo véu de hipocrisia que, sob o nefando regímen extinto, encobria os pecculatos, os subornos, as depredações e as tranquibérnias do governo, a todos os contribuintes é hoje dado contemplar a ilibada e inconcussa pureza de cada um dos ministros" (Ramalho Ortigão, Últimas Farpas, pp. 75-76) (Aurélio1986)
«O erário público terá sido utilizado para pagar obras em residências do presidente da Câmara do Marco de Canavezes, Avelino Ferreira Torres, e até publicidade de um candidato à presidência do Governo de S. Tomé e Príncipe, de acordo com acusação do Ministério Público. O autarca do PP incorre, só pelo *crime de peculato*, numa pena de prisão que pode ir até oito anos. ... As amnistias e a carência de indícios sustentados levou à extinção do procedimento criminal de autos que passavam pela *corrupção passiva, falsificação de documentos e outras situações de peculato e peculato de uso.*» (Público, 22.11.2000, 6)

Se a CORRUPÇÃO tiver como ponto de partida quem concede os "favores" – o CORRUPTO – , esta área temática apresenta um lexema abrangente – *favoritismo* –, que, por sua vez compreenderá *clientelismo*, *nepotismo* e *compadrio*. Ou seja, *favoritismo* ('protecção com parcialidade a alguém')[23], *clientelismo* ('protecção com parcialidade a alguém que está próximo politicamente de quem protege')[24], *nepotismo* ('protecção injusta

---

[23] «**Favoritismo**, s. m. O mimo, favor, e protecção do poderoso para com o favorito. & O costume que tem os principes, e poderosos de abandonar os seus negocios entregando-os ao favorito. & Dominio, influencia dos favoritos. & Protecçâso escandalosa dos governos em favor de amigos e apaniguados em em offensa aos principios do direito, da justiça, da moralidade publica.» (Antonio de Moraes Silva 1891) «**Favoritismo** ... s. m. Preferencia dispensada a pessôa favorita. // auxilio arbitrario, desattendendo direitos adquiridos, protecção injusta; patronato» (Fernando Mendes 1904).

[24] Aurélio (1986) ignora clientelismo. «(del lat. Cliens, -entis) com. Persona que está bajo la protección o tutela de otra. // 2. Persona que utiliza con asiduidad los servicios de un profesional o empresa. Por ext. parroquiano, persona que acostumbra comprar en una misma tienda // Por ext., persona que compra en un establecimiento o utiliza sus

a familiares')[25] e *compadrio* ('protecção excessiva e injusta de amigos')[26]. Também *padrinho* (no sentido de 'benefício obtido por força da protecção') se insere neste domínio[27]. É frequente a ocorrência nos media de textos falando de *favoritismo*:

«Má semana para a República. (...). As dificuldades de aprovação do Orçamento são benignas, quando comparadas com as questões de moralidade pública surgidas a propósito de alegadas medidas de **favoritismo**, assim como as revelações de interesses pessoal e financeiro de membros do governo em empresas de capitais públicos em vias de privatização.... Podem os governantes fazer de conta, criticar a vulgaridade na televisão, inaugurar obras, ..., desprezar os que se inquietam e prometer cândida isenção: nada fará com que se dissolva o clima de *suspeição* criado. Há ou não *corrupção*? Há ou não *favoritismo*? Há ou não decisões que beneficiam uns em detrimento de outros? Há ou não relações especiais entre os políticos e agentes económicos? Há ou não vínculos entre dirigentes políticos, gestores de empresas públicas privatizáveis e empresas reprivatizadas? ...»
(António Barreto – Fumos, Público, 29.10.00)

de *clientelismo*:

«O cancro é uma doença terrível. (...). O *clientelismo* é como o cancro. Representa a desorganização, o mau funcionamento, o enfraquecimento progressivo das estruturas, finalmente o colapso, devido à

---

servicios (DLE). Clientela «(Del lat. Clientela) F. clientelismo // 2. Conjunto de los clientes de una persona o de un establecimiento» (DLE). Clientelismo «m. Protección, amparo con que los poderosos patrocinan a los que se acogen a ellos.» (DLE).

[25] «Nepotismo (De *nepote*) m. Desmedida preferencia que algnos dan a sus parientes para las concesiones o empleos públicos» (DLE) e «Nepote (Del it. *nepote*) m. Pariente y privado del papa» (DLE).

[26] «Compadrice s. f. compadrio» (Aurélio1986), «Compadrio S. m. 1. Condição de compadres; relações entre compadres; compaternidade, compadrado, compadresco. 2. Cordialidade, intimidade. 3. Proteção excessiva, ou injusta.» (Aurélio), Compadre «(Del lat. Compater, -tris) (DLE); Compadrear «(De compadre) intr. Hacer o tener amistad, generalmente con fines poco lícitos» (DLE); Cmpadreo « (De compadrear) m. Compadrage, unión de personas para ayudarse mutuamente. Suele tener valor desprctivo» (DLE), Compradraje «(De compadre) m. Unión o concierto de varias personas para alabarse o ayudarse mutuamente. U. en sent. Peyorativo» (DLE), Compadrazgo: «m. Conexión o afinidad que contrae con los padres de una criatura el padriño que la saca de la pila o asiste a la confirmación. // 2. Compadraje» (DLE).

[27] «Padriño Del lat. * patrinus, de pater, patris) ...... // 5. Fig. Influencias de que uno dispone por relaciones o maistades, para conseguir algo o desnvolverse en la vida» (DLE). Aurélio 1986 (apenas acrescenta: 'protector').

incompetência. Vem isto a propósito da demissão recente de um dirigente da área da saúde do Norte, que disse em voz alta, de forma natural, aquilo que muitos sabem e só dizem em voz baixa. ... Ao reconhecer em público que o *clientelismo* existe na área da saúde, prestou um importante serviço. ... É preciso dizer claramente que, se o *clientelismo* é condenável, na área da saúde ele pode tornar-se perigoso. No Portugal pós-revolução de Abril, a *vaga clientelar* na saúde iniciou-se logo no PREC, mas agravou-se de forma escandalosa e lamentável nos governos "laranja", prosseguindo com os ventos "rosa" da primeira equipa ministerial ...» (José Cotter – O cancro clientelar e a função presidencial, in: Público, 17.1.01)

de *padrinho*, com referência directa ou indirecta à Máfia e seus tentáculos:

«Prudentino é apontado na imprensa transalpina como um dos principais "*padrinhos*" do contrabando de cigarros...Do seu mandato de captura constavam ainda acusações de associação mafiosa e homicídios. ... O "cappo" acabaria por ser capturado pelas autoridades policiais..» (O encanto dos cigarros louros, Público, 31.12.00).
«Um desconhecido com o nome infeliz de Feliciano Barreiras teve a ideia de chamar a Jorge Sampaio a "*cabeça do polvo* socialista". .... E cabeça do polvo é a chefia máxima da Mafia, o capo di tutti capi, o patrão-mor, o assassino dos assassinos, o manda-chuva.» (Clara Ferreira Alves, Revista do Expresso, 1.12.2000). «Alguém do interior do PS serviu o '*polvo*' de bandeja. Se o caso da Fundação [para a Prevenção e Segurança] teve esta dimensão toda é porque foi alguém da família que, num acto de vingança, apresentou aquilo como se fosse uma coisa tenebrosa» (Armando Vara, Comércio do Porto, 25.1.01)

A CORRUPÇÃO partindo de quem beneficia / ou de outrem surge lexicalizada por *cunha* ('influência indevida exercida em favor de alguém (pelo próprio / por outrem')[28], ocorre normalmente enquadrada na

---

[28] «**cunha** (Do lat.cunea) 1. Peça de ferro ou de madeira, em forma de diedro sólido, bastante agudo, que se introduz em uma brecha para fender pedras, madeira, etc., para servir de calço e para firmar ou ajustar certas coisas. 2. ...» (Aurélio1986) **«cuña** (DE cuño) f. Pieza de madera o metal terminada en ángulo diedro muy agudo. Sirve para hender o dividir cuerpos sólidos, para ajustar, o apretar uno con otro, para calzarlos o para llenar alguna raja o hueco. // 2 Cualquier objeto que se emplea para estos mismos fines. // 3. Piedra de empedrar labrada en forma de pirámide truncada. // 4. Recipiente de poca altura y forma adecuada para recoger la orina y el excremento del enfermo que no puede abandonar el lecho. // 5. Fig. Palanca, influencia a favor de alguién. // ...» (DLE). «Palanca

expressão *meter (uma) cunha*. O disfarce da corrupção surge em *branqueamento*, integrado em *branqueamento de capitais / dinheiro* e relacionado com as expressões ocasionais – servindo-se do lexema "gate" tomado como elemento formativo – e com valor bem marcado como *Kremlingate e Angolagate*:

> «Mais revelações na venda de armas e *branqueamento de dinheiro* entre Paris e Luanda. Escândalo franco-angolano [título]. O escândalo envolve o filho de um ex-chefe de Estado, um antigo presidente do BERD [Banco Europeu para a Reconstrução e Desenvolvimento], um ex-ministro do Interior, o russo Gaidamak, agentes secretos quanto baste e mercadores de canhões. Todos aparecem em documentos ligados a uma fraude de *branqueamento de dinheiro* entre a França e Angola.... Alguns dos protagonistas do "*Kremlingate*" tinham responsabilidades no reescalonamento da dívida de Angola à Rússia» (Ana Navarro Pedro, Público, 9.12.2000, 20)
> «O filho de Miterrand, de 54 anos, clama inocência das suspeitas de envolvimento em *tráfico de armas* e *branqueamento de dinheiro* em negócios envolvendo a França, Angola e a Rússia no início dos anos 90» (Ana Navarro Pedro, in: Público, 10.10.01)
> «*Angolagate*. Jean-Christophe Miterrand, .. está a ser alvo de uma investigação a *tráfico de armas* com Angola e de *branqueamento de capitais* no início dos anos 90.» (Público, 23.1.01)

Outras expressão surgem com o mesmo valor, como *desvio de fundos:*

> «Ao que tudo indica, o ex-governador civil [do Algarve, Cabrita Neto] *desviou fundos* que justificou com subsídios inexistentes» (Público, 25.1.01)

Envolvido na CORRUPÇÃO estão, entre outras coisas, *dinheiro sujo*, *fundos*, *o tacho*, as *mordomias*[29], etc.:

> «... Roland Dumas ... está hoje, aos 78 anos, no banco dos réus por causa de sapatos mandados fazer à medida e pagos com o *dinheiro*

(del lat. p(h)alanga, y este del gr. Phalancz, garrote) Barra inflexible, recta, angular o curva, que se apoya y puede girar sobre un punto, y sirve para transmitir una fuerza. // 2. Pértiga o palo de que se sirven lod palanquines para llevar entre dos un grande peso. // 3. Fig. Valimiento, intercesión poderosa o influencia que se emplea para lograr algún fin. // ....» (DLE)

[29] «Mordomia: s. f. 1. Cargo ou ofício de mordomo (1), mordomado. 2. Bras. Vantagens tais como moradia, condução, criadagem, alimentação, etc., proporcionadas pelo empregador (privado ou público) certos executivos, e que lhes aumenta indirec-

"sujo" da sua amante.» (Roland Dumas "o sedutor", Público, 23.1.01)
A isto chama-se, simplesmente, *corrupção*. Um país em que o governo *corrompe* os "lobbies" que se lhe opõem e em que estão disponíveis para o negócio, é um país que perdeu a noção de vergonha. Vá, homenageiem lá os despedidos do MAI, façam-lhes jantares de desagravo, dêem-lhes condecorações, façam-nos comendadores e gestores de algum *"tacho"* público alternativo. Mas façam-no, ao menos, longe da vista e longe da náusea.» (Miguel de Sousa Tavares – Ninguém mais tem vergonha?, Público, 29.12.00, 9)
«Isto depois de se saber que a dita fundação está povoada de amigos e assessores.... A este Governo já não chegava multiplicar institutos autónomos e distribuir *mordomias*. Já não bastava ter colocado todos os *"boys"* que tinha à mão na administração pública. Ainda lhe faltava criar fundações, com gente de confiança ao comando, dinheiro do Estado nos cofres e missão mal definida. É a desvergonha total.» (José Manuel Fernandes, Editorial, Público, 2.12.2000)

Uma expressão que foi alavanca na argumentação eleitoral de António Guterres – *no jobs for boys* –, que se tornou depois arma de arremesso dos adversários contra Guterres e *boys* ficou com todo o valor da expressão, entra também no domínio semântico de CORRUPÇÃO, como substituto de *afilhado, amigos, assessores*, os beneficiários das mordomias:

«Guterres convidou [para o governo], sem quaisquer limitações, os seus amigos, aqueles em quem pessoalmente depositava confiança, cometendo a proeza inédita de ter metade do Governo formada por independentes. Quase só o padre Melícias ficou de fora. O aparelho do PS foi ignorado. O primeiro-ministro pôde afirmar, perante o escândalo geral – e como se arrependeria de ter pronunciado essa frase! –, que não haveria *"jobs for boys"*. ... Sem afrontar Mário Soares nem Jorge Sampaio, usando pezinhos de lã, António Guterres teve pretensão de fazer do PS um partido diferente: mais pragmático, menos marcado pela ideologia, mais aberto ao mercado, mais próximo do conceito cristão da solidariedade do que do princípio socialista da igualdade. ... Guterres tentou ... encontrar uma "terceira via" que permitisse actualizar o partido sem afrontar os "ortodoxos". O CERCO a Guterres significa, pois, que este projecto pode ter os dias contados.» (José António Saraiva, Expresso, 23.12.2000, pg. 3)

---

tamente os honorários ou salários sem aumento do imposto sobre renda. 3. Brs. Pop. Bem-estar, conforto; regalia» (Aurélio1986) [Executivo «(Do ingl. executive) S. m. Diretor ou alto funcionário que atua na área financeira, comercial, administrativa ou técnica de uma empresa» (Aurélio1986).

CORRUPÇÃO, CLIENTELISMO, CABRITISMO, BOY(SISMO)... 289

«Quando a cidade esperava que a constituição da empresa municipal de obras públicas servisse para minorar ou inverter a descoordenação, a falta de planeamento e os constantes atrasos que caracterizam as diversas obras no Porto, a referida empresa serve mais para a gestão socialista se preocupar em distribuir os habituais '*jobs*' pelos inúmeros '*boys*' que existem na Câmara Municipal do Porto", ataca Sérgio Vieira» (Empresas municipais só servem para dar "*jobs*" aos "*boys*", in: Público, 19.01.2001)[30]

«O poeta [Manuel Alegre] que toda a vida lutou pela liberdade, engrossou esta semana o coro dos "boys" socialistas de Coimbra para defender o indefensável. A liberdade de expressão e de crítica não pode ser sacrificada em nome de quaisquer teorias conspirativas..» (Público, 27.1.01)

Se *mordomias*, *tacho*, *dinheiro sujo*, surgem como os elementos que resultam da CORRUPÇÃO, *sistema*, *esquema*, *boysismo* lexicalizam o processo tornado ideologia ou o «meio caminho andado» para ter acesso ao produto da corrupção. Se *boysismo* tem um semema único, o "sistema político-partidário" que favorece os elementos do partido:

«O governador civil de Bragança e o director dos serviços de saúde do Porto demitiram-se em Dezembro por responderem a perguntas de jornalistas. Ao fazê-lo, revelaram como haviam exorbitado as funções de Estado ao serviço do "*boysismo*" e *tácticas partidárias*» (Eduardo Cintra Torres, Público, 26.12.2000, pg. 33)

já *sistema*[31] apresenta polissemias bem complicadas. Os sememas mais claros de *sistema* detectáveis na língua comum restringem-se ao

---

[30] «E, se dúvidas houvesse, elas estariam definitivamente dissipadas com o conhecimento de que a célebre fundação criada pelos "*boys*" do Ministério da Administração Interna, entre outras relevantes actividades da sua curta e dispendiosa existência, não dispensa de financiar um congresso da ASP – a associação sindical da Polícia que teoricamente se lhe opõe. Não é a primeira vez que vejo governos a financiar sindicatos, centrais sindicais, associações patronais ou movimentos ecologistas. A isto chama-se, simplesmente, corrupção. Um país em que o governo *corrompe* os "lobbies" que se lhe opõem e em que estão disponíveis para o negócio, é um país que perdeu a noção de vergonha. Vá, homenageiem lá os despedidos do MAI, façam-lhes jantares de desagravo, dêem-lhes condecorações, façam-nos comendadores e gestores de algum "*tacho*" público alternativo, Mas façam-no, ao menos, longe da vista e longe da náusea.» (Miguel de Sousa Tavares – Ninguém mais tem vergonha?, Público, 29.12.00, 9).

[31] O lexema *esquema* pode em certos usos enquadrar-se neste âmbito, mas parece ter um valor mais abrangente e apontar como "estereótipo" para 'processo simples, pouco claro mas livre de sobressaltos, para se atingir um fim':
«Os brasileiros são o melhor do Brasil. Gente boa e pacífica. Nada conflituosa,

seguinte: 'conjunto de regras, princípios relacionados entre si' e 'modo ou meio de fazer algo'[32]. O primeiro semema, que através do respectivo adjectivo situa o domínio em que se insere, detecta-se em:

> «O *sistema* está completamente podre. [título] Cirurgião Manuel Antunes lança livro polémico sobre situação e gestão do Serviço Nacional de saúde [subtítulo]. .... No nosso *sistema de saúde* a produtividade do trabalho dos médicos é na maior parte das circunstâncias baixíssima» (Público, 14.1.01)
> «Má semana para a República. Seria difícil inventar uma que causasse mais danos ao Governo, ao *sistema político* e ao país» (António Barreto – Fumos, Público, 29.10.00)

É o segundo semema que está mais presente na língua comum, e numa das suas subdivisões entra na área da CORRUPÇÃO. Os domínios onde essas ocorrências ocorrem são os da política e dos políticos, das várias manifestações sociais organizadas, onde se destaca o futebol:

> «Sabe-se que os custos enormes da política estão a *contaminar* o *sistema*, o financiamento dos partidos, o financiamento de candidaturas, que reina o império da *comissão* ou da *sobrefacturação* de obras e campanhas publicitárias, que se entra na política remediado e se sai com uma fortuna de 15 ou 20 milhões de contos mas se consegue chegar a lado nenhum. ... O problema está no excesso de ineficácia do *sistema* no seu todo, no excesso de convicção que reina na classe dominante de que a prisão, por atavismo histórico, se aplica às classes baixas e não às que decretam a cultura dominante. O problema está *no arquivamento do próprio sistema que está em curso.*» (Eduardo Dâmaso – Arquivar o sistema, Público, 13.01.01)
> «Do "cocktail" explosivo em que se transformaram as relações entre governantes e ex-governantes, onde já nada é passível de ser discutido com base na racionalidade, ..., retém-se uma frase deliciosa que produziu José Junqueiro quando acusou Manuel Maria Carrilho de *ter passado uns anos sentado "à mesa do Orçamento"*. Proveniente a

---

descontraída. Prefere o *"esquema"* ao enfrentamento, o ardil ao conflito (descendem dos portugueses...). À parte a miséria extrema que leva muitos ao roubo, dão até mostras de um civismo surpreendente em muitas coisas.» (Fernando Veludo – Rio de Janeiro, Fugas, Público, 30.12.00).

[32] *Sistema*, além dos sememas que apresentamos, abrange outros sememas diferenciados segundo os domínios de aplicação: *sistema solar*, *sistema respiratório*, *sistema de coordenadas*, *sistema linguístico*, etc. Veja-se uma definição dada por Humberto Eco: «Entende-se por sistema todas as possibilidades proporcionadas por uma dada língua natural» (Público, 27.1.01).

sentença de um distinto membro do *sistema*, neste momento ele próprio ocupando um cargo no Governo, o de secretário de estado da Administração Portuária explicasse até ao último pormenor o que significa estar *"sentado à mesa do Orçamento"*» (Ana Sá Lopes, Público, 23.12.2000, 6)

Os lexemas que ajudam a criar a coerência textual em relação a CORRUPÇÃO e à inserção de *sistema* nesse domínio situam-se na mesma área: *sobrefacturação, sentar-se à mesa do orçamento de Estado, comissões, contaminação*, etc. No domínio do futebol, dada a relevância que o fenómeno tem para a maior parte da comunidade, o desdobramento sémico do semema em questão não pode ser mais claro o seu lugar na área que vimos tratando:

«José Roquette, ..., definiu, anteontem à noite, ..., o *"sistema instalado no futebol português"*. A questão do *ressurgimento do sistema* foi colocada pelo actual presidente leonino, Dias da Cunha, no final do jogo com o Beira Mar... José Roquette surgiu a terreiro para dizer o que, no seu entender, significa sistema: *"É um conjunto de maus hábitos instalados que, quando repetidos muitos anos, tornam-se muito difíceis de erradicar e transformam-se em verdadeiras instituições"*. ... Roquette lembrou que, há cerca de dois anos, o Sporting entregou na Liga ... um projecto que visava a profissionalização dos árbitros. "Eram as linhas correctas para romper com os maus hábitos e desinstalar certas pessoas, pois o *sistema também tem rostos*» (A Bola, 17. 11. 00)

Como conclusão da análise sémica do campo lexical CORRUPÇÃO vamos tentar fazer uma análise em termos de traços opositivos os vários lexemas do campo:

Corrupção:

– compra /venda da consciência', 'putrefacção de matéria orgânica'

- "compra / venda da consciência":
    - da parte de quem corrompe:
        - "envolve dinheiro escondido[contas secretas]",
        - "pode envolver partilha de poder"
    - da parte de quem se corrompe:
        - "concessão indevida de benefícios pecuniários"
        - "partilha de poder" e/ou "acesso facilitado em concursos públicos"
        - "prejudica outrem [entidade pública ou privada]"

Favoritismo / favorecimento:
- "venda da consciência"
- "concessão indevida de favores / benefícios materiais ou profissionais"
- "da parte de quem beneficia não implica compra da consciência"
- "da parte de quem concede implica 'injustiça' para com outrem"
- "da parte de quem concede não implica qualquer ligação familiar ou ideológica ao beneficiado"

Clientelismo[33]
- "concessão indevida de favores / benefícios materiais ou profissionais"
- "da parte de quem beneficia não implica compra da consciência"
- "da parte de quem concede implica 'injustiça' para com outrem"
- "da parte de quem concede implica ligação ideológica ao beneficiado"

Compadrio: — —
- "venda da consciência"
- "concessão indevida de favores / benefícios materiais ou profissionais"
- "da parte de quem beneficia não implica compra da consciência"
- "da parte de quem concede implica 'injustiça' para com outrem"
- "da parte de quem concede implica ligação de proximidade social ao beneficiado"

Nepotismo:
- "venda da consciência"
- "concessão indevida de favores / benefícios materiais ou profissionais"
- "da parte de quem beneficia não implica compra da consciência"
- "da parte de quem concede implica 'injustiça' para com outrem"
- "da parte de quem concede implica ligação familiar ao beneficiado"

Boysismo:
- "venda da consciência"
- "concessão indevida de favores / benefícios profissionais"
- "da parte de quem beneficia não implica compra da consciência"

---

[33] *Clientelismo* distingue-se de *corporativismo*: pois o primeiro implica "ligação ideológica ou partidária" e o "benefício concedido" é injusto, o segundo implica uma ligação meramente profissional e não pressupõe necessariamente "injustiça" («Mau corporativismo é, sem dúvida, o sacrifício do interesse geral a interesses particulares, é a recusa em afastar do seio de uma instituição os que prevaricam gravemente, é a recusa à abertura da profissão .. a novos membros, é a manutenção secreta dos códigos, dos procedimentos e das regras ...» (José Miguel Júdice – Corporativismo: o bom e o mau, Público, 2.1.01).

- "da parte de quem concede implica 'injustiça' para com outrem"
- "da parte de quem concede implica ligação política partidária ao beneficiado"

Cabritismo:
- "venda da consciência"
- «ausência de corruptor»
- "aproveitamento indevido de benesses sociais e políticas"
- "proximidade do poder por parte de quem beneficia"
- "um dos nomes da corrupção em Moçambique"

Peculato:
- "venda da consciência"
- "ausência de corruptor"
- "aproveitamento indevido de dinheiros públicos"
- "proximidade do poder da parte de quem beneficia"

Luvas (pagamento de):
- "compra da consciência" ou "pagamento de serviços"
- "compra da consciência"
- "dinheiro oculto usado pelo CORRUPTOR para comprar o CORROMPIDO»
- «impedimento de transparência em actos públicos»
- "fuga à fiscalidade legal"

Cunha (meter uma):
- "compra da consciência"
- "influência exercida sobre quem tem poder de decidir"
- "uso de interposta pessoa influente"
- "envolvimento de injustiça para com outrem"

Aliciamento:
- "compra da consciência"
- "uso de dinheiro / promessas vantajosas"
- "obtenção de algo injusto em si mesmo"

Desvio de fundos:
- "venda da consciência"
- "uso de dinheiro pertencente a outrem (Estado / Empresa)"

Branqueamento (de dinheiro/ capitais):
- "venda / compra da consciência"
- "tentativa de legalizar bens ilicitamente obtidos[dinheiro sujo]"

Dinheiro sujo:
- "dinheiro obtido no tráfico de droga / venda de armas"
- "dinheiro obtido ilegalmente"

Tacho:
- "<u>fruto da compra / venda da consciência</u>"
- "emprego público com ordenado superior ao merecido obtido de forma clandestina e/ou algo escandalosa"

Mordomia:
- ["benefícios obtidos por força do dinheiro"]
- ou "benefícios indevidos obtidos pela proximidade do poder"
- "fruto da <u>venda da consciência</u>"

Tráfico de influências:
- "<u>compra e venda da consciência</u>"
- "troca ilícita de concessões"

Esquema:
- "processo simplificado de obter as coisas"
- "atalho para um alvo"
- "aproveitamento de meios simples para tornear as dificuldades"
- "aproveitamento de truques para tornar a verdade a nossa verdade"

Nacional porreirismo:
- "processo simplificado de obter as coisas"
- "deixar correr nacional"[34]

Sistema (fora de uso anafórico e com artigo definido):
- "<u>organização oculta</u>"
- "utilização de meios ilícitos para converter o estado de coisas em favor de alguém"
- "<u>compra de consciências</u>"

Boysismo:
- "<u>venda da consciência</u>"

---

[34] «O Estado não pode deixar de fiscalizar, *pilotar* e controlar a realidade desportiva portuguesa. É que um discurso que dê a sensação de *deixar andar*, de um possível *nacional porreirismo*, pode levar-nos a desconfianças quase gritantes» (Fernando Seara – O poder e o desporto, in A Bola, 2.2.01)[it. do autor]. Fala-se também do *cinzentismo* dos políticos, tratando-se também aqui do "deixa andar".

- "processo de premiar / reforçar o poder dentro do partido"
- "concessão de tachos / favores"

Angolagate/Kremlingate:
- "venda / compra da consciência"
- "utilização de dinheiro sujo para ganhar mais dinheiro"
- "processo clandestino de legalizar o ilegal"

Polvo:[35]
- "venda da consciência"
- "associação secreta"
- "envolvimento em negócios sujos"

2.2. *Os provérbios na CORRUPÇÃO*

Os provérbios são textos onde as crenças colectivas explicam e classificam, por meio de estratégias rítmicas – assonâncias, quiasmos, aliterações –, do recurso à metáfora e a reinterpretações semântico-pragmáticas, a natureza das coisas[36]. Trata-se de enunciados não episódicos, remetendo para um estado de coisas geral, habitual e corrente[37], onde a contingência, a factualidade estão excluídas[38]. Se podemos dizer que «quem anda á chuva molha-se», ou seja, quem anda na vida pública com muita visibilidade (sobretudo, política e desportiva), está sujeito a ódios de estimação. Eis os provérbios referentes ao domínio por nós tratado:

O *cabrito* come onde está amarrado
Em tempo, lugar e sazão, o dar é *corrupção*
Aqueles que se *vendem* não vale a pena *comprá*-los

---

[35] «Polícia Judiciária de Faro puxa tentáculos do "polvo" do roubo e de falsificação de viaturas... tem vindo a investigar os contornos de um "*polvo*" à portuguesa da DGV – que levou à identificação da meia centena de vítimas, agora acusadas pelo tribunal. Este caso não está apenas ligado à falsificação de cartas de condução, porque estende os seus *tentáculos* ao roubo, falsificação e importação ilegal de veículos» (Público, 2. 2. 01).

[36] «Tout comme les mythes, les proverbes sont des croyances collectives, et représentent un mode de connaissance subjectif – sans distance entre le sujet et l'objet – face à un mode de connaissance objective qui coexiste parallèlement au précédent. Il s'agit dans les deux cas de vérité éternelle, immédiate, et fondant souvent des pratiques exemplaires» (J.-Cl. Anscombre 2000: 26).

[37] Kuroda 1973: 88.

[38] Cfr. Kleiber 2000: 41.

Quem se pode *vender*, não deve ser *comprado*
Quem não tem *padrinho* morre pagão
Quem tem *padrinhos* não morre mouro
Quem tem *padrinhos*, não morre na cadeia
Honra sem honra é alcaide de aldeia e padrinho de boda
Por via do *compadre*, quer fazer a filha *madre*
Mordomia sem comedoria é coisa de pouca valia
A pior *cunha* é a do mesmo pau
Com *cunhas* se racham pedras
Não há melhor *cunha* do que a do mesmo pau
Se não fossem as *cunhas*, não se rachavam paus

Apenas o provérbio moçambicano «*o cabrito come onde está amarrado*» é que serve de base a uma das palavras base no domínio da CORRUPÇÃO: aliás foi este provérbio que desencadeou o tratamento deste tema[39]. Os demais provérbios enquadram-se também nessa área, mas de modo diferente. Vamos examinar provérbio por provérbio e ver o seu sentido. Todos os provérbios mencionados se enquadram na estrutura habitual dos textos deste género:

– todos eles apresentam uma estrutura bimembre
– as estruturas são as habituais:
  – se ... (então)...e ambas proposições na forma negativa
  [Se não fossem as *cunhas*, não se rachavam paus}
  – quem ...., (então) ....[uma forma proposicional negativa ou as duas]
Quem se pode *vender*, não deve ser *comprado*
Quem não tem *padrinho* morre pagão
Quem tem *padrinhos* não morre mouro
Quem tem *padrinhos*, não morre na cadeia

Verificamos que as duas estruturas (se .... então e quem ......, então) são convertíveis uma na outra sem alteração do conteúdo e da força argumentativa. As restantes realizações proverbiais:

Honra sem honra é alcaide de aldeia e padrinho de boda
Por via do *compadre*, quer fazer a filha madre

---

[39] Trata-se de um ditado/provérbio moçambicano – creio que originário de uma das línguas bantu do Norte –, em que a imagem do cabrito preso a uma árvore, come o que apanha nas imediações do tronco onde está ligado. Daí, o povo criou a imagem de o "político", a pessoa ligada ao "poder", comer tudo o que está à volta da árvore do poder. Em conjunto com Lourenço Lindonde (Nampula) estamos a estudar mais em pormenor este provérbio.

Mordomia sem comedoria é coisa de pouca valia
A pior *cunha* é a do mesmo pau
Com *cunhas* se racham pedras
O *cabrito* come onde está amarrado
Em tempo, lugar e sazão, o dar é *corrupção*
Aqueles que se *vendem* não vale a pena *comprá*-los

embora surjam na forma de enunciados genéricos correspondem, no seu todo, às formas anteriores e facilmente encontraremos formas de realização na forma argumentativa idêntica à das anteriores, tanto mais que um desses enunciados (*aqueles que se vendem não vale a pena comprá-los*) textualiza o mesmo conteúdo e com as mesmas unidades léxicas. Isto é, o traço "valor universal e não episódico" está presente e o valor de tópico argumentativo é evidente. O outro tópico (também) tido como essencial no texto proverbial – a metaforicidade – é clara, no caso de *cunha, cabrito, compadre, mordomia* e *padrinho*: pode haver uma leitura literal (composicional) e uma leitura metafórica (a proverbial). Nos restantes casos, o valor sentencial generalizante é igualmente suficiente para dar peso de "tópos" argumentativo. *Vender* e *comprar*, *cunha* e *padrinho*, *compadre* e *mordomia*, *dar* e *corrupção*, têm uma leitura figurada bem linear. Os provérbios têm tanto de verificação-descrição dos factos, como de norma de actuação em ordem à sobrevivência.

2.3. *Sensibilidade dos falantes relativamente ao léxico da CORRUPÇÃO*

Pedi a cerca de cem estudantes da Faculdade de Letras da Universidade do Porto (3º ano de Português / Inglês e Português / Alemão), – em 8/9.1.2001 – para produzirem, por escrito, dez frases usando os lexemas *corrupção, branqueamento, favoritismo, mordomia, padrinho, sistema, esquema, transparência, cunha, luvas, polvo*. Não dei qualquer informação sobre o significado ou sobre a finalidade, e a ordenação seria da sua responsabilidade (apenas pedi para numerar os enunciados pela ordem com que surgissem espontaneamente na sua mente). Expliquei apenas que, para cada palavra, tanto podiam apresentar exemplos do lexema na variante nome, verbo ou adjectivo, caso existissem na língua como tais. Forneci para cada lexema uma ficha onde cabiam os dez enunciados. Como verifiquei que as respostas eram coincidentes, tirei aleatoriamente, apenas textos de cinco estudantes inquiridos. Há entradas com as quais os estudantes não conseguiram fazer qualquer enunciado ou menos do que o número de enunciados pedidos. Pedi ainda para não assinarem, indicando apenas o nome de baptismo. Eis o resultado da análise das produções dos inquiridos. Em CORRUPÇÃO, vamos apenas salientar quem corrompe e quem é corrompido e verificar quais são os meios usados na **corrupção**.

Os CORRUPTORES são: equipa de futebol, capitalismo, tristeza, álcool, droga, políticos, pessoa humana (2), poder (2), governantes. Os CORRUPTOS/ CORROMPIDOS são: advogados (2), políticos (8), árbitro de futebol (2), futebol (como instituição, 2), classe médica, país (2), partidos políticos. Os MEIOS usados são: suborno, assédio (por parte das mulheres), poder (3). A CORRUPÇÃO é tida como vício, vírus, doença, corrosão interior, forma de poder, forma indigna (de obter o poder). O semema exterior ao nosso campo, isto é, a entidade que pode ser corrompida é exemplificada em factos (2).

A **mordomia** é caracterizada como 'privilégio', 'luxo' e, em qualquer dos casos, sem ligação com CORRUPÇÃO. **Padrinho / apadrinhar** surge, no domínio de CORRUPÇÃO ligada à máfia e ao provérbio "quem tem padrinhos não morre na cadeia". Por sua vez, **polvo,** ocorre também associado a "máfia" (2). **Favoritismo,** ocorre no semema desligado de CORRUPÇÃO e, na única vez em que se insere nesse domínio, inclui o mundo político. **Compadrio**, no único enunciado realizado , envolve apenas o mundo político. Em *luvas* ocorre apenas no sentido material ou no sentido com que surge no dicionário e sem ligação a CORRUPÇÃO. Por sua vez **cunha** está sempre presente em todos os enunciados no semema 'venda/compra da consciência'. Todos os estudantes seleccionados relacionam **boy** (na forma *no jobs for the boys*) com o sistema político e CORRUPÇÃO. **Esquema,** no semema enquadrável em CORRUPÇÃO, apenas ocorre uma vez. Em **sistema,** 85 estudantes – entre os 95 não seleccionados nesta amostra – fazem, referência ao futebol e mesmo a alguns dos seus (últimos) protagonistas. Em **transparência,** o semema mais comummente usado é aquele em que a água e vidro são os exemplares prototípicos (mais o primeiro do que o segundo) e o semema de valor "abstracto" (aplicado a alma) ocorre também e há uma ocorrência na área de experiência que vimos tratando: a CORRUPÇÃO. Já em **branqueamento,** há enunciados no seu semema 'tornar branco' (1) e no seu semema incluído em CORRUPÇÃO surgem "dinheiro" (3) e "síndroma dos Balcãs". Como CORRUPTORES ocorrem: gang, ladrões, empresa, NATO.

3. (Em jeito de) conclusão

Este domínio da língua (e do léxico) documenta bem o pressuposto de que as «metaphors are the very means by which we can understand abstract domains and extend our knowledge into new areas. Metaphor ... is a remarkable gift – a tool for understanding things in a way that is tied to our embodied, lived experience.» (Lakoff/Johnson 1999: 543).

Corrupção, ligada inicialmente a "putrefacção" passa depois a ser mais usada (ou quase só usada) em domínios em que o "apodrecimento" se situa no domínio abstracto – corromper os factos é raramente usado – com principal incidência na "compra / venda da consciência" (corrupção activa e corrupção passiva): longe vai o sentido de "romper" algo material. Com forte manipulação do metafórico aparece ainda *cunha* – *meter uma cunha* – , onde o valor inicial (o valor imagético) surge claro: 'levantar algo para sobressair', 'dar mais valor do que aquele que efectivamente se tem'. O mesmo se pode dizer de *branqueamento, desvio de fundos, tráfico de influências, luvas, padrinho*. Há palavras que mereciam mais atenção, como *porreirismo nacional*, *cinzentismo nacional*: mas surgem aqui apenas marginalmente. Por seu lado os provérbios – embora indiquem o modo mais fácil de 'subir na vida' (por exemplo, *quem tem padrinhos não morre na cadeia*) ou apontem para uma literalidade clara (*o cabrito come junto da árvore onde está amarrado, a melhor cunha é a do mesmo pau*), deixam antever por debaixo do literal a interpretação ligada à CORRUPÇÃO.

Por outro lado, a análise sémica permite chegar à medula do conteúdo das palavras. *Corromper pessoas* pode substituir *comprar* e *vender*: mas a sua peculiaridade é marcada. Por outro lados, as formas, as características, os actores de cada uma das propriedades envolvidas nas diferentes palavras são bem diferentes. Os dicionários do passado e os de hoje incidem no mesmo tópico, só que hoje, os políticos, os homens do futebol, juntam-se aos advogados no ponto de mira da CORRUPÇÃO.

Bibliografia (DICIONÁRIOS):

AULETE (F. J. Caldas Aulete) – *Diccionario Contemporaneo da Lingua Portugueza*, Lisboa: Livr. de A. M. Pereira, s. d. [1913].

AURÉLIO (*Novo Dicionário Aurélio da Língua Portuguesa*), 9.ª ed. Rio de Janeiro: Editora Nova Fronteira, 1986.

BENTO PEREIRA – *Prosodia in Vocabularium Bilingue, Latinum, et Lusitanum*, Eborae, 1772.

BLUTEAU, Rafael, reformado e acrescentado por Antonio de Moraes Silva – *Diccionario da Lingua Portugueza*, 2 vols., Lisboa, 1789.

BORBA, Francisco da Silva – *Dicionário Gramatical de Verbos do Português Contemporâneo do Brasil*, SP: UNESP, 1990.

DLE = *Dicionario General Ilustrado de la Lengua Española*, Prólogos de Don Ramón Menéndez Pidal y Don Samuel Gili Gaya, Barcelona: VOX, 1990 [foi o melhor dicionário para as definições que tanto são válidas para o espanhol como para o português].

MENDES, Fernando – *Diccionario da Lingua Portugueza*, Lisboa: João Romano Torres, 1904.

MORAES (Antonio de Moraes Silva)- *Diccionario da Lingua Portugueza*, Rio de Janeiro: Edit.- Empreza Litteraria Fluminense, 1889 (vol. I) e 1891(vol.II)

ROQUETTE, J. – I. – *Diccionario da Lingua Portugueza e Diccionario Poetico e de Epithetos*, Pariz, 1858.

REY, Alain – *Le réveille-mots. Une saison d' élection*, Paris: Ed. du Seuil, 1996.

Bibliografia (teórica):

ALMEIDA, Elisete e MAILLARD, Michel – *O Feminino nas Línguas, Culturas e Literaturas*, Centro METAGRAM, Madeira, 2000.

ANSCOMBRE, J.-Cl. 2000 – «Parole proverbiale et structures métriques», *Langages*, 139, 6-26.

DESPORTE, A. e MARTIN-BERTHET, F. – «Stéréotypes comparés: noms d'animaux en français et en espagnol», *Cahiers de Lexicologie*, 66, 1995: 115-135...

FISCHER, Gustave-Nicolas – *Les concepts fondamentaux en psychologie social*, Paris: Dunod, 1987.

KLEIBER, Georges – *La sémantique du prototype. Catégories et sens lexical*, Paris, PUF, 1990.

KLEIBER, G. 2000 – «Sur le sens dans les proverbes», *Langages*, 139, 39-58.

KURODA, S. Y. 1973 – «Le jugement catégorique et le jugement thétique: exemples tirés de la syntaxe japonaise», *Langages*, 30, pp. 81-110.

LAKOFF, G. e JOHNSON, M. – *Philosophy in the Flesh. The embodied Mind and its Challenge to western Thought*, N. Y.: Basic Books, 1999.

LEHMANN, Alise e MARTIN-BERTEHT, Françoise – *Introduction à la lexicologie. Sémantique et morphologie*, Paris, Dunod, 1998.

MARTIN, Robert – *Inférence, antonymie et paraphrase*, Paris: Klincksieck, 1976

MARTIN, Robert – *Pour une logique du sens*, Paris, PUF, 1983.

LIPPMANN, W. – *Public Opinion*, New York: Harcourt & Brace, 1922.

POTTIER, Bernard – «Sémantique et noémique», in: *Annuario de estudios filológicos*, Universidad de Extremadura, 1980.

PUTNAM, H. 1975a – "The meaning of meaning", in *Language, Mind, and Knowledge*, K. Gunderson and G. Maxwell (eds.), vol., Minneapolis: University of Minnesota Press (Repr. 1987, in *Mind, Language and Reality*,

Philosophocal Papers, vol. 2, 215-271, Cambridge: Cambridge University Press.
PUTNAM, H. – *Réprésentation et réalité*, Paris: Seuil, 1990.
PUTNAM, H. – *Le réalisme à visage humain*, Paris: Seuil, 1994.
RASTIER, F. – *Sémantique interprétative*, Paris: PUF, 1987.
VILELA, Mário – *Estudos de lexicologia*, Coimbra: Almedina, 1994.
VILELA, Mário – «O seguro morreu de velho: contributo para uma abordagem cognitiva», in *Actas do 1º Congresso Internacional de linguística Cognitiva*, Mário Vilela e Fátima Silva (eds.), Fac. de Letras da UP, 1999, 289--314.
VILELA, Mário – «Multiculturalidade e tradução no ensino de uma língua estrangeira», in: *VI Jornadas de Tradução. Tradução, discursos e saberes*, Porto: Isai, 2000: 59-70.
VILELA, Mário – «O ensino da língua (portuguesa) na encruzilhada das normas», in: *Revista do GELNE. Grupo de Estudos Lingüísticos do Nordeste*, Anno 1, n.º 2 (1999): 91-104.
VILELA, Mário – «Estereótipo e os estereótipos na língua portuguesa actual», in *Revista Galega de Filoloxía*, 1, 2000: 11-33.

O ENSINO DA LÍNGUA NA ENCRUZILHADA DAS NORMAS[1]

0. Vou construir as minhas reflexões[2] à volta de três afirmações produzidas em Julho – Agosto de 1998 na imprensa escrita brasileira. A primeira (**a**), colocada na boca do Presidente da Academia Brasileira de Letras («Isto é», n.º 1504, 29.07.98), Gustavo Niskier, a outra (**b**), colocada na boca de quem apresenta a palavra como algo que transcende a própria comunicação («Isto é», 1506, 12.08.98); a terceira, (**c**), formulada por um professor (Luiz Antônio Ferreira, in: «Educação», 62, Julho 1998) de língua portuguesa e bem mais abrangente e questionadora. As afirmações são as seguintes:

a) «Falar nossa língua corretamente é hoje um exercício patriótico»
b) «é com a palavra que a pessoa se coloca no mundo».
c) «O objectivo da escola é criar condições para a aprendizagem do português padrão, e como este – normalmente – não é aquele trazido pelos alunos, começam os conflitos. Na base do moderno raciocínio pedagógico ...é preciso ser poliglota em nossa própria língua. Assim o usuário precisa ser capaz de usar a língua com propriedade nas diversas situações de comunicação. À Escola, portanto, caberia a missão de propiciar o contacto do aluno com a maior variedade possível de situações de interação comunicativa, caberia ampliar a capacidade de análise e produção de textos ligados aos vários tipos de situação de enunciação... O perigo [do ensino da gramática] é, ampliar um preconceito antigo de que tudo o que foge ao padrão culto é "errado"»

---

[1] Este texto foi publicado em GELNE: Revista do Grupo de Estudos Lingüísticos do Nordeste, Ano 1, n.º 2 (1999).

[2] Muitas das informações aqui inseridas foram testadas, na parte brasileira, junto dos Mestrandos de "Linguística Portuguesa", na UFC, durante os Seminários que aí dirigi nos meses de Julho e Agosto de 1998. Aos meus Colegas da mesma Universidade agradeço a disponibilidade para contextualizar e explicitar muitas das expressões e construções tidas como próprias da "norma" brasileira.

Assim, temos, por um lado, a afirmação "patriótica" de que a "pátria da língua" se exercita e se pratica no "falar correctamente" e, por outro lado, a afirmação "humana" de que é apenas com a palavra que o homem se posiciona no mundo e se afirma como pessoa, finalmente, a afirmação pragmática de que é necessário encontrar a palavra certa para as diversas situações comunicativas. Isto é, o homem apenas se realiza por meio da língua, por meio da palavra, e essa língua, essa palavra deverão inscrever--se patrioticamente naquilo que é correcto. A última abordagem vai muito para além do correcto ou incorrecto, situa-se no "adequado", assinalando que o Ensino da Língua é um instrumento de integração do aluno na língua e no meio social através da interacção.

Há neste conjunto de posições dois aspectos essenciais: o primeiro aspecto é o que podemos designar como a **mapeação** da realidade através da língua, seja através do mapa lexical e do roteiro mental da nossa categorização da realidade, seja através da **carteação** dos figurinos configuradores dos nossos mitos colectivos. O segundo aspecto é já mais problemático e exige uma integração de dados bem mais complexos.

Não vou entrar em grandes discussões a respeito das distinções que Eugénio Coseriu introduziu na dicotomia "langue"-"parole" saussureana, com as distinções de tipo, sistema, norma e uso, nem nas distinções que a sociolinguística tem trazido ultimamente para o interior da linguística: apresentarei, sempre apoiado em dados autênticos, algumas reflexões à volta do tema da "norma e o ensino da língua".

1. **Mapeação da realidade por meio da língua**

1.1. *Mapeação lexical*

A nossa experiência "corporizada" do mundo torna significativa a estrutura conceptual, interferindo quer nas categorias básicas quer nos esquemas imagéticos de compreensão do mundo[3]. Em primeiro lugar, o homem ao colocar-se no mundo por meio da palavra, coloca o mundo "no seu canto" (PB)[4], no seu lugar, reduzindo-o a categorias por força da sua experiência perceptiva e motora, da sua experiência vivida corporal-

---

[3] Cfr. Lakoff 1887: 267.

[4] Usarei a sigla «PB» para indicar "Português do Brasil" a «PE» para indicar Português na variante europeia.

mente[5]. Com isto quero dizer que, ao ensinar-se a língua, deve prestar-se atenção em primeiro lugar aos roteiros mentais dos aprendentes. E esses roteiros mentais estão inscritos no interior das mesmas palavras. Estas têm vinculadas a si a sua própria explicação. Assim, não constitui um bom exemplo a ilustração de um verbo transitivo directo e indirecto feita, com base no verbo *dar*, no seguinte enunciado que a apresentadora do programa para a 7ª Serie (Brasil) forneceu num canal da TV (no dia 13.08.98):

O Ricardo dava trabalho aos professores.

em que o verbo «dar» não ocorre no seu valor típico (ou, se preferirmos, no seu uso «prototípico»[6]), que é, evidentemente, o de «transferência de posse», nem «trabalho» é o exemplo prototípico de objecto directo, o "objectum affectum / effectum" implicado no significado do verbo. Como não será um bom exemplo do predicativo de objecto directo o que surge no enunciado, apresentado no mesmo programa:

O Ricardo deixou a mãe triste.

em que «triste» tanto pode ter uma leitura de «atributo» como a leitura de predicativo em sentido estrito. Não bastará alinhar a exemplificação pela norma, como ainda ter em consideração os usos prototípicos das palavras que tipificam os nossos exemplos. Os verbos *dar*, *deixar*, etc., têm usos que são mais exemplares do que outros.

Todos temos a noção de que o mundo se encontra reduzido na língua a categorias e, se alguém quiser apresentar a categorização taxonómica do mundo[7], não vai exemplificar a categoria PÁSSARO, com *pardal*, *rola*, *melro*, no Brasil, em Moçambique, ou em Macau, ou com *sabiá*, *beija flor*, em Portugal; ou apresentar a lexicalização da categoria HERDADE com

---

[5] «simple structures that constantly recur in our everyday experience: CONTAINERS, PATHS, LINKS, FORCES, BALANCE, and in various orientations and relations: UP-DOWN, FRONT BACK, PARTWHOLE, CENTER-PERIPHERY, etc.« (Lakoff 1987: 267).

[6] Para a noção de protótipo cfr. T. Givón 1986, G. Kleiber 1990, E. Rosch 1973 e 1977, J. Taylor 1989.

[7] Devemos chamar a atenção para o facto de a categorização do mundo não ser propriamente uma simples categorização de coisas («...the large proportion of our categories are not categories of things, they are categories of abstract entities. We categorize events, actions, emotions, spatial relationships and abstract entities of an enormous range: governments, illness and entities in both scientific and folk theories, like electrons and colds. Any adequate account of human thought must provide an accurate theory for all our categories, both concrete and abstract» (Lakoff 1987: 6).

xácara, *sítio*, *granja* em Portugal, ou *quinta*, *quintinha*, *casa de campo* no Brasil; ou ainda a categoria ÁRVORE com *pau-brasil*, *coqueiro*, *mangueira*, em Portugal, ou *carvalho*, *castanheiro* no Brasil. E os exemplos poderiam estender-se indefinidamente.

E há mesmo coisas curiosas neste domínio: pode acontecer que a categoria representativa se situe no mesmo «denotatum», como é o caso de «cão», mas a palavra que instancia em primeiro lugar esse conceito é, em Portugal, *cão*, e no Brasil é *cachorro*, ou *pavimento* (de um edifício) no Brasil e *andar* em Portugal, o mesmo se dá em *parada*, *ponto* (PB) e *paragem* (PE). E os problemas não acabam aqui: possivelmente, *jegue* será o exemplo típico de animal de uma parte da população do Ceará, mas não terá esse estatuto, nem em relação ao Brasil, nem mesmo em relação a uma boa parte da população do Ceará.

De qualquer modo, a primeira norma a seguir é ter-se a noção de que os roteiros mentais dos aprendentes estão já moldados e modelados pela língua, língua tipificada num espaço e num tempo concretos. As palavras instanciam conceitos já inscritos na língua e os que mais facilmente se descodificam são os que se aproximam dos exemplares típicos. Mas as taxonomias não se situam apenas nos objectos da natureza, também nas coisas fabricadas pelo homem se verificam escolhas:

PE   PB
vai-e-vem (espacial): *ônibus espaciais*
tubo de escape: *escapamento*
troço de estrada: *trecho*
sumo: *suco*
passeio: *calçada*, *calçadão*
passadeira: *passagem pedestre*
tasca: *botequim*
prego: *churrasquinho* (de carne de vaca)
leitor de cassetes : *toca-fitas*
fato: *terno*
atendedor automático: *secretária electrónica*
bilhete (ter dois bilhetes): *ingresso* (ter dois ingressos)
bilhete de identidade: *carteira de identidade*
atacador: *cardaço*

A mapeação da realidade feita pela língua selecciona um ou outro aspecto: oculta determinados traços e salienta outros. Ao que em Portugal chamamos *carro descapotável*, chamam no Brasil *carro conversível*, a *direcção assistida* chamam *direcção hidráulica*, a *laço* chamam *gravata borboleta*, etc. Os aspectos categorizados pela língua têm alguma justificação: «descapotável» e «conversível» são características visíveis e são postas em saliência pela respectiva categorização, embora se silenciem outros traços na respectiva lexicalização.

Mas a mapeação feita pela língua não se situa apenas nas taxonomias. Vejamos alguns casos paradigmáticos:

PB   PE
lotado vs. *esgotado / cheio* (avião lotado / esgotado, cheio)
borrachudo / voador vs. *careca* (relativamente a "cheque")
varejo vs. *por atacado*, por *grosso* vs. *à peça*
escanteio – canto (futebol)
checagem – verificação / confirmação
um cara – um gajo
barganha («Veja», 02.09.98) *– discussão*
galera – malta
transar – fazer amor
emergentes – novos ricos
pedágio – portagem
maracutaia – falcatrua

e há uma soma de palavras próprias de cada uma das variantes. Da parte brasileira: *manjadíssimo* (*notícia manjadíssima*), *racha*, *comunicólogos*, *viúvas da seca*, *paquera*. Da variante europeia: *palmarés* [curriculum], *marisco*, *pelouro* (cada um dos ramos da administração pública), etc.

As preferências nunca são desmotivadas: optar por *demanda* em vez de *procura*, *revide* («muitos enxergaram nos comentários do presidente um revide às posições do seu antigo aliado [Chico Buarque]» («Veja», 5.8.98)), em vez de *remoque*, *nenén* em vez de *bebé*, *racha* («uma aglomeração de jovens enlouquecidos, que faziam uma *racha* na Avenida x...» («Veja», 5.8.98)) em vez de *corrida*; *fumaça* em vez de *fumarada*, *fumante* em vez de *fumador*; *maconha* em vez de *droga*; *comunicólogos* em vez *discutidores de banalidades* (na TV); *turma* em vez de *grupo / equipa* («a *turma* do presidente»); *manjadíssimo* em vez *badaladíssimo* («a causa do fim do namoro ...é *manjadíssimo*: a agenda carregada» («Veja», 5.8.98)); *seriado* em vez de *série* («Outro seriado que segue a mesma linha, Melrose Place, também vai ser exibido no TeleUno, de segunda a sexta-feira» («O Povo», Agosto de 1998)), *bula* (explicação acerca da composição e aplicação que acompanha qualquer remédio) e *literatura*, têm a sua razão de ser, seja ela de natureza histórica ou cultural.

Há por vezes palavras e expressões conhecidas nas duas línguas, mas a preferência vai por uma dada variante:

PE   PB
(em grandes) parangonas: manchete (de jornal)
morada, direcção: endereço
montra: vitrine
recado: mensagem (deixar recado/mensagem)
matrícula (do carro): placa
marcha atrás: marcha-a-ré
marçano: aprendiz
grelha da TV: programação
frincha: fresta
tomada: ficha
fiambre: presunto
feijão verde: vagem
fato macaco: macacão
factura: nota fiscal
estore: persiana
ementa: cardápio
ecrã: tela
esparregado: creme de legumes
cachopa: moça
cancro: câncer
gelado: sorvete
joaquinzinho: carapau pequeno
malta: turma
maquetagem: paginação (de jornal)
(lâmpada) fundida: queimada
jantarada: festança
mulher-a-dias: diarista
cimeira: reunião de cúpula
peão: pedestre
talho: açougue
receita (de um jogo): renda
rés-do-chão: andar térreo
pronto-a-vestir: roupa feita
reformado: aposentado
pensão de reforma: aposentadoria
carregar no/o botão: apertar (o botão)
capachinho: peruca
água fresca: água gelada
frescos: afrescos
utente: usuario

tareia: surra (PE, PB)
tacão: salto (PE, PB)
serviço à lista: serviço à la carte
salsicha: lingüiça
sapateira: carangueijo (PB e PE)
retrete: privada, banheiro, toalete
pequeno almoço: café da manhã

E há depois as palavras que já fazem parte das armadilhas da língua:

PE   PB
rapariga: moça
bicha: fila
pega: prostituta
camisa: camiseta
cuecas: calcinhas
calções: bermudas
penca: nariz grande, narigudo

ou os vulgaríssimos:

PE   PB
tomates: colhões
cu: bunda
rabiosque: nádega
rabo: bunda
pila: pinto
tesão: ponta

É evidente que há criações em que as normas se encontram, tais como, *mãe de aluguel* (*mãe de aluguer:* PE), *cópias de genes* (*clonagem*), ou empréstimos semânticos comuns, embora com frequências diferentes:

evidência: «A primeira evidência dessa mudança é o aumento das instituições independentes para o bem alheio.» («Veja», 05.08.98); «Infelizmente, surgem evidências de que esse modelo virtuoso está longe de obter resultados tão promissores...» («Folha de São Paulo», 23.08.98).

Os brasileirismos ou portuguesismos semânticos estão igualmente a infiltrar-se na língua portuguesa, nos vários espaços da lusofonia. O brasileirismo do verbo *arrumar*: «Você não bebe, não joga e não fuma? Já é tempo de você arrumar um vício» (Anúncio, in: «Veja», 02.09.98), brasileirismo no sentido de «procurar», ou os portuguesismos nos verbos *arrancar* no sentido de «começar», *grilar* («o carro grilou» : *bater pinos* no PB), *magoar* no sentido de «contundir», etc.

Não esqueçamos os conhecidíssimos brasileirismos *fofoca* ('«intriga») e *fofocar* (coscuvilhar) – que já fazem parte da língua portuguesa seja qual for a variante –, *viadagem* («maricas»), *frescos* (maricas), *legal*, *cafona* (piroso), ou os lusismos *cheché* («gagá»), *chalado* («maluco»), *chavalo*, *aldrabão* («vigarista»), *giro* («legal»), *bestial* («excelente»), *porreiro* («genial»), *pastora* («estúpido»), *taralhoco* («doido»), *baril* («legal»), *bué / buereré* («muito bom»: africanismo), *piropo* («galanteio»), *sarilho* («confusão»), *paneleiro* («bicha»), *puto* («menino», «adolescente»), *pildra / choldra* («prisão»), *pega* («prostituta»), *quadro* («executivo»), *piada* («anedota»), *batota* («trapaça»), *engatar* («tentar conquistar uma moça») e *engatatão* ("play-boy" incorrigível).

Criações muito próprias do PB são também aquelas em que há a justaposição de elementos vernáculos com elementos estranhos ou adopção nua e crua da palavra importada, como acontece em *socialite* («A aprovação é da socialite carioca...», «Veja», 05.09.98), *hora de rush*: hora de ponta, *durex*: fita-cola, *office boy*: paquete, *dublar*: dobrar (um personagem), *milk-shake*: batido, *camelódromo*, etc.

A língua está lexicalmente "mapeada" de determinado modo e é esse "jeito" que o professor e a gramática devem propor como norma. A palavra explica-se a ela mesma, desde que a circunstância e o modo que circundam a palavra se correspondam.

1.2. *Mapeação da realidade por meio de processos formativos*

A formação de palavras[8], além de revelar as preferências dos actuais falantes, mostra ainda como a língua instancia os conceitos ligados aos nossos tiques, aos nossos estereótipos, aos "topói" que, como lugares comuns da nossa categorização do mundo, denunciam os mitos, os medos e as esperanças que nos envolvem. As designações nas normas dentro de uma mesma língua desviam-se frequentemente. Por exemplo, os *pensos* (*adesivos*) do PE surgem no PB como *band-aids*, ou os "momentos livres, de lazer", ao fim do dia de trabalho, são designados no PB como *happy--hours*, e o PE não tem qualquer expressão para os designar. Ao lado dos processos lexicais já tidos como tradicionais e ligados a preferencias de

---

[8] Para uma visão geral da "formação de palavras", cfr. M. Vilela 1994.

normas do Português do Brasil, ou do Português Europeu, há opções formativas muito próprias, tais como:

- *canadense, israelense* (PB) – *canadiano* e *israelita* (PE)
- *olhada* («dar uma olhada», PB) – *olhadela* («dar uma olhadela», PE)
- *virada* («na virada do século», PB), *viragem* («viragem do século», PE)
- *camioneiro / caminhoneiro, sanfoneiro, fichário, orçamentário*[9] (PB) – *camionista, ficheiro, orçamental* (PE)
- *litorâneo* («faixa / zona litorânea», PB) – *litoral* (PE), mas *neutral* (PB): *neutro* (PE)
- *natalino* («festas natalinas», PB) – *natalício* («festas natalícias», PE).

E termos como *agropecuaristas, supermercadista, manobrista* (vs. *arrumadores*) são ainda exemplo de preferências do PB por certos afixos e que, portanto, constituem a sua norma.

As possibilidades que a língua disponibiliza são aproveitadas de modo diferenciado, contribuindo assim para uma norma com marcas próprias: ocorrem, no PB, os afixos *–agem* (*vendagem, checagem* «uma vez por ano os pilotos brasileiros fazem um voo de checagem acompanhados de um supervisor...» («Veja», 05.08.98)) e, nas duas normas, ocorre *clonagem* (*clones, clonar*). Por exemplo; o afixo *-mento* surge em casos onde são outras as opções no PE: *devotamento, xingamento* (xingar), *experimentos* (os experimentos realizados) (PB), mas indústria do *entretenimento* (PB a PE); *faturamento* (PB) vs *facturação* (PE), *gerenciamento* (escolar) (PB) vs. *gestão* (PE), etc.

Temos, por outro lado, no PB, opções bem nítidas na selecção de um afixo como processo de negação do conteúdo sémico do lexema primário – DES (aliás, também presente no Português Africano):

despreparo: «*o* despreparo da polícia» («Isto é», 1506, 12.08.98)
despreparar. «a Escola esta despreparada para trabalhar a leitura em sala de aula» («Educação», n° 207, Julho de 1998)
desinstitucionalizar: «A linguagem da imprensa escrita acompanha a lógica da televisão, que a dramatúrgica, conflitante, *desinstitucionalizadora*» («Isto é», 1506, 12.08.98)
destratar alguém: «tratar mal»
descasar, descasados, descasamento («os descasamentos da classe

---

[9] «Sem equilíbrio *orçamentário*, fim de gastos «eleitoreiros», ..., eleições sem voto de cabresto, não chegaremos àquele estágio alcançado pelos países mais avançados ...» («Jornal de Comércio», 21.08.98).

média ...»), *despretensão, descreditar* (uma Universidade), *despoupança*, etc.
mas existe *decolagem (decolar* PB) ao lado de *descolagem* (PE).

O PB mostra ainda uma alta frequência de criações denominais ou deadjectivais em -AR e, consequentemente, de todos os possíveis derivados:

«*maneirar* nos cremes e frituras» («usar com parcimónia») (Jornais do Brasil)
revidar: «ela xingou-me e eu revidei» («Isto é», 1506, 12.08.98)
*checar: «S*abemos que esta [«Isto é»] é uma revista séria, justamente por isso causou-nos estranheza o fato de não se procurar sequer checar uma informação antes de publicá-la» («Isto é», 1506, 12.08.98)
clonar (PB e PE)
plugar: casa plugada («casa inteligente», ligada à Internet)
favelização das metrópoles
reprisar: «ele não gosta de reprisar a generosidade» («Veja», 05.08.98)
conflitar / conflitantes («*O* poder do tempo e do homem, embora conflitantes, se equivalem» («Veja», 05.08.98). «A linguagem da imprensa escrita acompanha a lógica da televisão, que é dramatúrgica, *conflitante,* desinstitucionalizadora» («Isto é», 1506, 12.08.98))
coletar: «coletadores de plantas / de dados»
mapear: «mapear a filantropia no mundo» («Veja», 05.08.98)
inocentar. inocentar uma pessoa
acessar: «*a*cessar dados financeiros de empresas» («Veja», 02.09.98)
clicar: «clicar O. K. no computador» («Veja», 02.09.98)
embasar: «busca-se hoje fazer uma revisão dos conceitos da velha filosofia liberal dos séculos XVII-XVIII e das práticas decorrentes desses princípios que *embasaram* a Revolução Industrial» («Jornal do Comércio», 21.08.98)
alavancar a economia
terceirização: «resultou na terceirização de muitos funcionários» («Isto é», 1506, 12.08.98).

A escolha de certos afixos como marcadores da pejoração ou majoração mostra também determinadas afirmações da norma, como:

-ISMO:
governismo das Tves («favorecimento descarado»)
empreguismo: «Horácio Macedo ... praticou o mais desbragado *empreguismo* na instituição. Contratou 5.000 novos funcionários, que engordaram seu colégio eleitoral e atravancaram para sempre o orçamento da UFRJ» («Veja» , 05.08.98)

assembleísmo: «É claro que você não pode implantar no país um *assembleísmo,* não há como promover reuniões para 5 milhões de pessoas» («Veja», 12.08.98)
achismo: «É preciso adquirir autonomia [na leitura], sem cair no *achismo*» («Educação, 207 Julho de 1998)
modismo: «Opções e debates políticos no Brasil ainda costumam revestir-se de características de modo e *modismo*. É como naquele velho dito popular: ouve-se tocar o sino, mas não se sabe onde fica a torre» («Jornal do Comércio» , 21.08.98)
estrelismo: termo da "mídia" / dos "media"

-ÍCIO:
empregatício: vinculo *empregatício*

- EIRO:
«Sem equilíbrio orçamentário, fim de gastos *eleitoreiros*, ..., eleições sem voto de cabresto, não chegaremos àquele estágio alcançado pelos países mais avançados ...» («Jornal de Comércio», 21.08.98)

-ÃO
O *charmosão, o mineirão, o estadão, o calçadão, o garotão* («Garotão nota 10. Medalha de ouro na Olimpíada Internacional de Matemática»), *bolão* (Os argentinos estão batendo um bolão no cinema), *calçadão, mercadão, brasileirão* (futebol da 1.ª divisão), o *provão* (prova pública abrangendo todo o ensino médio), etc.

É evidente que a tecnologia de mãos dadas com as nossas esperanças e os nossos medos nos obriga à recuperação de processos já bem antigos:

nanotecnologia (técnica da miniaturização),
bedeteca, brinquedoteca («Veja», 02.09.98),
gamemaniacos («As novidades sobre o lançamento estão na revista SuperGamePower de Agosto, que vem com um adesivo que é cara aos *gamemaniacos*» («O Povo», Agosto de 1998),
aidsteria, aidetico (PE: seropositivo),
codinome (a defesa da privacidade, com um nome de código: «O nova-iorquino Mark Abene é um nome praticamente desconhecido na Internet. Phiber Optik, seu *codinome*, contudo, tornou-se uma legenda na rede mundial de computadores» («Veja», 02.09.98) e «Uma múmia infantil, com boneca construída em marfim, já ganhou o *codinome* de "Barbie" da antigüidade» («Veja», 05.09.98), etc.

O processo formativo representa um dos meios privilegiados de "formatar" na língua a realidade, os conceitos e categorias que vamos construindo acerca do mundo. E a gramática não pode ignorar esses processos, não deve ignorar as escolhas que determinada variante do português faz ou deixa de fazer.

1.3. *Mapeação da realidade por meio de colocações e fraseologias*

Como todos sabemos, as línguas estão sobrecarregadas do que designamos, genericamente, por fraseologias. O nome mais comummente usado para enfocar estes produtos lexicalizados é o de expressões idiomáticas. As palavras individuais, ao integrarem estas expressões, perdem a transparência e tornam-se opacas. O significado global não é o resultado composicional das palavras individuais que integram o conjunto. Incluo também aqui, além das autenticas expressões idiomáticas, as chamadas "colocações". Trata-se de um conjunto de factos que não pode ser ignorado pela gramática no ensino da língua, pois a norma reflecte-se de modo bem patente nesse género de factos de língua. Reporto-me a expressões da norma brasileira como:

pedir as contas a alguém: "despedir-se" (emprego) («ela pediu as contas.» (Aragão/ /Soares, E. 3))
dar as contas a alguém: despedir alguém (no emprego)
estou voando: «não perceber nada do que se esta a falar»
(é um) point: (é o) máximo.

Certas expressões mostram percursos mentais evidentes e que, por vezes, são diferenciados de língua para língua:

PE   PB
estar ao corrente de: estar sabendo
em directo: ao vivo (transmissão na TV)
em diferido: videoteipe (TV)
do pé para a mão: de um momento para outro
estar a brocha, estar à rasca: estar aflito
fazer o manguito: dar uma banana
fazer farinha com alguém: abusar de alguém
fazer óó: fazer nanã
estou-me nas tintas para: estou-me cagando e andando
terminar em aguas de bacalhau: dar em nada
ele teve a lata de ..:ter a cara de pau de ...
a paginas tantas / às tantas: a dada altura
vir abaixo, avariar: quebrar (motor, rádio, etc.)

Não vou insistir em que o fundo imagético de expressões cimo "estar ao corrente de", "fazer o manguito", "dar uma banana", "ter lata" sejam reveladores de caminhos mentais claramente diferenciados e portanto autónomos.

Também nas expressões feitas há um uso (ou abuso) diferenciado. Por exemplo, a expressão *por minha conta e risco* está a ser utilizada no Brasil em contextos distantes do uso normal no da variante europeia: ocorre a sequência «este sentido está por conta do texto» (Ingedore Vilaça Koch, no Congresso do GELNE, Fortaleza, 1998), com o valor de «esta interpretação do texto é autêntica / permitida».

Na impossibilidade de percorrermos toda a fraseologia do português europeu e do português do Brasil, vamos apenas ver, a título de amostragem, algumas expressões construídas à volta de certas palavras:

dar:
«Os jovens *davam cavalo-de-pau* e passavam raspando pessoas» («Veja», 05.08.98):
«fazer derrapagens com o carro, fazer um pião»
dar o golpe do baú: «casar por interesse» (PB)
dar-lhe na veneta / na telha (PB e PE)
dar-lhe duro (PE e PB)
não dá para inventar («como está o negócio, não dá para inventar») (PB)
dar plantão em: «as empregadas dão plantão na casa de madame» («Veja», 12.08.98)
«*mas aí nem deu*» (Aragão / Soares, E. 3) (= «dar certo»)
«*deram uma facada nele*» (Aragão/Soares, E. 11) ou «aí meteram facada nele» (Aragão./ Soares, E. 11)
«*sem dar uma palavra com ninguém*» (Aragão/Soares, E. 3)
«*dar uma folheada*» («Educação», 207, Julho de 1998) (PB)
dar uma apitadela (PE): fazer um telefonema
dar o badagaio a alguém (PE): ter um troço (PB)
dar sangue (PE): *doar sangue* (PB)

levar:
levar o fora (PE) / *levar um fora* (PB)
«*levei um corte na praia*» (Aragão / Soares, E. 10)
«*levei uma queda*» (Aragão / Soares, E. 9)

bancar:
«Não ter condições de *bancar* a prova, *bancar* a faculdade» (='pagar') (PB)
«ele bancou o otário...» (Aragão / Soares. E 10) (=«fazer-se passar por»)

e há depois uma série de verbos que apontam para complementos muito específicos, tais como:

surtir: surtir efeito (colocação específica) (PB e PE)
curtir: «já a querer curtir a vida» (Aragão / Soares, E. 3) (PB)
ganhar nenén: «quando eu ia ganhar nenén»(Aragão / Soares, E. 3) (PB)
tomar: «Leila Guimarães tomou um susto ao ser chamada aos bastidores pelo sistema de alto-falante» («Veja», 12.08.98) (PB)
fazer: «vamos fazer uma vaquinha» (Aragão / Soares, E 10) (também PE)

Também muitos nomes são ponto de atracção de colocações muito próprias, como:

bola:
pisar na bola («dar barraca, armar barraco») (PB)
o *bate-bola* entre duas pessoas («discussão») (PB)
«não bater bem da bola» (PB e PE)
«estar com a bola toda» («Isto é» , 22.07.98)
carne:
estar por cima da carne seca: «estar bem na vida» (PB)
barraco:
armar / fazer o barraco: «fazer uma confusão» (PE: *dar barraca*)
sítio / canto:
colocar no sitio certo (PE) vs. colocar no canto certo (PB)
quadro / quadra:
«Nas vésperas do leilão, contudo, o quadro começou a mudar» («Veja», 12.08.98)
«Ele pertence ao quadro da empresa»
«Ele entrou no quadro muito cedo»
«Ele entrou na quadra no segundo tempo» (PB) (equipa, PE)
«Na segunda quadra, volte à direita« (PB) (quarteirão, PE)
papo:
«ele tem um papo legal»
«os bons do papo» (= «capacidade de criar bordões / slogans») («Veja», 12.08.98)
bater um papo (Aragão / Soares, E. 3)

Uma série de termos como *maracutaia* (ocorreram *maracutaias*: negócios "enrolados", feitos às escondidas), *caixinha* («gorgeta»), *manobrista* («arrumadores»), *paquera, paquerar / azarar* («flirt», «flirtar»), que indicam alguns dos nossos "tópoi" actuais e são diferentes nas respectivas normas. Há outros termos que põem em relevo determinadas marcas do nosso tempo em relação a outros tempos, com os mesmos ou diferentes termos, como é a discussão à volta das designações *babá / / criada / empregada / trabalhadores domésticos / clones de escravas / / secretárias do lar / diarista*:

«Muita gente ainda está acostumada a ver as empregadas como clones de escravas», «Tudo está mudando, deixam de ser criadas para se transformar em trabalhadoras» («Veja», 12.08.98)

«Empregada doméstica desde os 11 anos, Teresinha ganhou fama recente, quando seu patrão desde 1978, o presidente Fernando Henrique Cardoso, usou o exemplo de "secretária doméstica", como muitas preferem ser chamadas» («Veja», 12.08.98)

«Gastar dinheiro com a *diarista*»

Nota-se na norma brasileira, por um lado, a conservação de certos segmentos de língua que já não ocorrem no PE, como, por exemplo, a expressão «trecho em obras» usada no PB para indicar um espaço de uma rua em reparação, por outro lado, há o recuo no uso de certas expressões com o verbo "suporte" em favor do verbo simples, como, por exemplo, *ajoelhar* substitui por completo *pôr-se de joelhos,* a expressão mais frequente no PE.

No domino das expressões idiomáticas, fraseologias, colocações, há ainda que referir a importância dos "tópoi", os provérbios, os lugares do poial argumentativo. Passar por alto este domino da língua é ignorar algo de muito importante no nosso linguajar quotidiano. Se na fala quotidiana encontramos usos desse fundo cultural e linguístico, também nos "mídia" / / "media" encontramos exemplos de uso de ditos populares como apoio e ilustração das afirmações mais diversas:

«Opções e debates políticos no Brasil ainda costumam revestir-se de características de modo e modismo. É como naquele velho dito popular: *ouve-se tocar o sino, mas não se sabe onde fica a torre»* («Jornal do Comércio», 21.08.98)

«fora maior o dia e maior seria a romaria» (PE).

É evidente que não vamos incluir aqui o mundo das anedotas que os brasileiros arrolam à volta do "portuga" ou das que os portugueses criam em redor dos seus "brasucas": estes pormenores estarão para além de qualquer norma.

1.4. *Mapeação da realidade por meio de metáforas*

Nos manuais de gramática não se tem dado o lugar devido a um dos fenómenos marcantes nas línguas naturais: a presença do que é designado genericamente como a linguagem figurada[10]. Vamos apenas registar algumas das ocorrências nos produtos linguísticos detectados em textos actuais de grande circulação, ou no "corpus" oral do Ceará, ou de algumas revistas brasileiras do mês de Julho / Agosto de 98. As metáforas tomam como veículo um determinado roteiro imagético, em que a (nova) configuração linguística acolhe e recolhe iluminações novas, salientando determinados pontos e ocultando outros[11]. Assim, os abstractos tornam-se concretos, entidades manipuláveis e visíveis – as chamadas metáforas ontológicas -, sujeitas a guerras e a violências, entidades inseridas dentro de um "contentor", com um "dentro" e um "fora", colocadas no espaço, com um lado superior e um lado inferior, etc.

Neste tratamento faremos o seguinte percurso: áreas em que se situam as metáforas, como o "corpo / organismo humano", a "casa", a "guerra / violência", o "desporto", ou as chamadas metáforas do "contentor", as metáforas "ontológicas" propriamente ditas e as "espaciais"[12]. Trata-se de metáforas[13] detectáveis na leitura de revistas e jornais, na observação de "noticiários" de televisão e que, como falante vindo de uma outra norma, me chamaram de imediato a atenção.

---

[10] É volumosa, actualmente, a bibliografia sobre a "linguagem figurada". Apenas indico alguns autores que me tem servido de apoio nos últimos tratamentos deste tema: C. Cacciari / Glucksberg 1994, R. Gibbs 1994, T. Givón 1986, J. Hintikka 1994, G. Lakoff / / M. Johnson 1980, E. Pontes 1990, M. Vilela 1996.

[11] É a dinâmica da sociedade que força a língua a expandir-se, a "figurar-se" («Extensions of prototype occur for the same reasons that they do with lexical items: because of our proclivity for interpreting the new or less familiar with reference to what is already well estabished; and from the pressure of adapting a limited inventory of conventional units to the unending ever-varyin parade of situations requiring linguistic expressions» (R. Langacker 1991: 295).

[12] Para a definição de metáfora do "contentor", metáfora "ontológica", "espacial", cfr. Lakoff / Johnson 1980.

[13] Embora tenhamos presente que metáfora a metonímia são fenómenos diferentes – a transferência [mapping] metafórica envolve dois domínios, o domínio origem e o domínio alvo, apoiando-se o processo de substituição numa relação de similaridade parcial, a transferência metonímica labora dentro do mesmo domínio através da relação de contiguidade (a relação de "estar por") – procedemos aqui como se a "figuração" se processasse por força da metáfora em sentido amplo, abrangendo portanto as duas estratégias (cfr. Lakoff 1987: 288).

Metáforas em que o veículo é o **corpo / organismo humano / animal**[14]:
cara: «ele quer alterar a cara do seu governo fazendo uma mudança ministerial» («Isto é», 1506, 12.08.98)
cotovelo: «Tem alguma coisa para **a dor de cotovelo**?» («Isto é», 1506, 12.08.98)
mão: «Não abrir mão de suas reivindicações...» («Veja», 12.08.98)
boca: «ela mastiga muito a matéria prá gente entender» (Aragão / / Soares, E. 12)
sofrer: «Esse dinheiro nunca ... sofre aumentos» (Aragão / Soares, E. 3)
engordar: «Horácio Macedo... praticou o mais desbragado empreguismo na instituição. Contratou 5.000 novos funcionários, que engordaram seu colégio eleitoral e atravancaram para sempre o orçamento da UFRJ.» («Veja», 05.08.98)
pular: «o número de incêndios pulou para um número muito elevado»
clone: «Anthony Garotinho é clone do Brizola» («Isto é», 1506, 12.08.97)
vacas magras: os tempos são de vacas magras
meter pé: «aí ele [ladrão] metia pé na carreira...» (Aragão / Soares, E. 9)
vivo: dinheiro vivo («Além de dinheiro vivo, há outras maneiras de levar valores para o exterior» («Veja», 02.09.98))
aquecer: «A estratégia do turismo de eventos para aquecer o ano inteiro» («Inside», Junho 98)
salto: «o país acabou de dar um salto para trás»

a casa:
porta dos fundos: resta-lhe entrar porta dos fundos (=«por vias travessas», «porta do cavalo»)
lavagem de roupa suja: «nesta lavagem de roupa suja entre comerciantes ...»
espinafrar. «ela foi espinafrada pela crítica» («Veja», 05.08.98)
varrer para baixo do tapete: «as decisões varridas para baixo do tapete podem custar caro...» (« Isto é», 1506, 12.08.98)

---

[14] Chamamos a atenção para o facto de o corpo humano e as experiências que nele se situam ou dele derivam determinarem os sistemas conceptuais, o pensamento e, portanto, a categorização linguística («Thought is embodied, that is, the structures used to put together our conceptual systems grow out of bodily experience and make sense in terms of it; moreover, the core of our conceptual systems is directly grounded in perception, body movement and experience of a physical and social character» (Lakoff 1987: xiv).

a guerra / violência:
minar a confiança
guerra contra a balança (para emagrecer)
detonar: «isso detonou a crise» («Veja», 05.08.98). «Moscou detona uma nova crise mundial com calote de 32 biliões de dólares» («Veja», 02.09.98)
conflito: conflitantes («O poder do tempo e do homem, embora conflitantes, se equivalem» («Veja», 05.08.98)

o desporto / código de condução
pisar na bola: «ele admite que pisou na bola» (fez besteira) («Tribuna da Bahia», 25.08.98)
pesos pesados: «Fernando Henrique ouviu os pesos pesados da economia, tomou-lhes o pulso» («Veja», 12.08.98)
garfar: «*garfar* o futebol cearense» (Aragão / Soares, E. 10) («prejudicar», «roubar»)
viver na contramão: «No mundo muçulmano, onde a regra é impor às mulheres severos códigos de conduta, a Turquia vive na contramão.» («Veja», 05.08.98)
de vento em popa: «As exportações de carros vão de vento em popa...» («Veja», 12.08.98)
barqueiro/pastor: «De pastores passaremos a barqueiros... O professor barqueiro ajuda na travessia, orienta nesse dilúvio de informações, no mar do conhecimento. Na companhia de seus alunos, vai questionar com quantos gigabytes se faz uma jangada, um barco que veleje nesse informar, como canta Gilberto Gil, na música *Pela Internet*» («Educação», n° 207, Julho de 1998)

São muito frequentes as metáforas conhecidas como a metáfora do "contentor", as metáforas ontológicas, as espaciais, etc. Assim, e apenas apresentamos alguns exemplos da metáfora do **contentor**[15] e em que essa metáfora é levada a expansões recuperando constantemente o "veículo":

pacote / embrulho / embrulhada: «*O* ministro Pedro Marlan... disse... que... virá um novo *pacote fiscal*. Não deu detalhes – se seria um simples *embrulho,* um *pacotinho,* ou um *pacotaço*» («Tribuna da Bahia», 25.08.98) «Quando *vi a embrulhada* em que se meteu o Presidente dos Estados Unidos...» («Jornal do Comércio», 21.08.98)
sair dos seus cuidados / sair pela tangente: «Não foi à toa, portanto, que o presidente Fernando Henrique Cardoso saiu dos seus cuidados

---

[15] A base experiencial para a metáfora do "contentor" e o próprio corpo humano em se baseia a fronteira para estabelecer um "dentro" e um "fora" (cfr. M. Johnson 1987 e M. Vilela 1996: 317-356).

para desmentir o seu auxiliar» («Tribuna da Bahia», 25.08.98).
«Assediadíssimo, especialmente pela clientela feminina, ele sai pela
tangente: "Digo que tenho namorada a tenho mais uma amiga"»
(«Isto é», 1506, 12.08.98)
sair de: «Afinal de contas, saímos de uma inflação...» («Veja»,
12.08.98)
desengavetar: «desengavetar um velho projecto» («Isto é», 1506,
12.08.98)
emergente: os países emergentes, os emergentes, a classe emergente
caixa aberta / caixa fechada: «*O* computador é uma caixa aberta,
enquanto a TV é uma caixa fechada» («Inside», Junho 1998)
dentro do figurino: «a campanha [eleitoral no Brasil] vai começar
como sempre; quer tudo como manda o figurino»

metáforas «**ontológicas**»[16]:
passo: «*segurar o passo*» (Aragão / Soares, E. 10)
barra: «ela tá *enfrentando essa barra*» (Aragão / Soares, E. 9)
ouvir todos os lados da questão / do problema
fila: «aquele povo querendo *cortar a fila*» («furar»: Aragão / Soares,
E. 3)
salário: «*... se congelar salário...*» (Aragão / Soares, E. 12)
projecto: «desengavetar um velho projeto» («Isto é», 1506, 12.08.98)
máquina: «ele quer modernizar a máquina governamental» («Isto é»,
1506, 12.08.98)
script: «Ele seguia um *script pré-determinado,* repetitivo e obsessivo.
Via uma morena, de cabelo encaracolado, matava» («Isto é», 1506,
12.08.98) (A propósito do maníaco do parque)
matéria: «Ele [jornalista], ..., partiu para *fazer uma matéria* para o
Globo Repórter» («Veja», 12.08.98)
líquido: «a sua reeleição é tida como líquida» («Isto é», 1506,
12.08.98)
preta: «a coisa tá preta» [situação política] (Jornais)
desfrutar: «Pode-se desfrutar desde os quadros até...» («Isto é», 1506,
12.08.98)
enxuto: empresa enxuta, pessoa enxuta («As abordagens sobre a
reforma do Estado, estado enxuto ou saturado de gordura, ...» («Jornal
do Comércio», 21.08.98)
fundo: «os *fundos* de pensão»
esborrachar-se: «a notícia esborrachou-se contra a inverdade»
[Jornais]

---

[16] A função da metáfora ontológica é a de se fazer compreender as experiências abstractas em termos de objectos e substâncias, tomando-as deste modo tangíveis e manipuláveis.

manjadíssima: «a causa do fim do namoro ...é manjadíssimo: a agenda carregada» («Veja», 5.8.98)
varejo: «compras por atacado ou por varejo»
passado: «Não tenho medo do futuro: o que eu quero é cancelar o passado» (TV)
filantropia: «mapear a filantropia no mundo» («Veja», 05.08.98)
«*doença-arrastão*»: «indústria do entretenimento» («Veja», 05.08.98)
economia: «*alavancar* a economia»
pastorar: «estar pastorando o carro» («vigiar»)
mercado verde: «Por enquanto o Ibope está avaliando o mercado – que ainda está verde, diz Montenegro» («Inside», Junho 1998)
record: «quebrar o record» / «estar quebrado» («estar liso»)
sair da inflação: «Afinal de contas, saímos de uma inflação ...» («Veja», 12.08.98)

metáforas **«espaciais»**:
azeitar estratégia: «a bem *azeitada* estratégia de marketing» [campanha eleitoral de FHC] («Veja», 05.08.95)
trilhas sonoras
cobrir: «um valor que deveria cobrir os custos da publicação»
margem: «superar por larga margem os números previstos»
baixaria: « A baixaria coloca em xeque um empresário ..» («Isto é», 1506, 12.08.98)
colateral: efeitos colaterais
mergulhar: «ele vai mergulhar nas raízes brasileiras» («Isto é», 1506, 12.08.98
flagrar: «o satélite flagrou num só dia um grande número de incêndios» («Veja», 05.08.98)
sem fundo: cheques sem fundo (PB e PE), *borrachudo*, *voador*, *careca*
plugada: casa plugada (casa inteligente, ligada à Internet)
longe de mim pensar que ...: «Brasil muito além da notícia» («Inside», Junho 1998)
rezoneamento: «metade dos eleitores ignora o rezoneamento» («A Tarde», 24.08.98)
enxuto / gordo: «As abordagens sobre a reforma do Estado, estado enxuto ou saturado de gordura, ...» («Jornal do Comércio», 21.08.98)
embasar: «busca-se hoje fazer uma revisão dos conceitos da velha filosofia liberal dos séculos XVII-XVIII e das práticas decorrentes desses princípios que embasaram a Revolução Industrial» («Jornal do Comércio», 21.08.98)
(voto de) cabresto: «Sem equilíbrio orçamentário, fim de gastos "eleitoreiros", ..., eleições sem voto de cabresto, não chegaremos

àquele estágio alcançado pelos países mais avançados ...» («Jornal de Comércio» , 21.08.98)
«*viúvas da seca*»: as mulheres que ficavam com os filhos, os maridos partiam para as metrópoles

Uma vez que uma boa parte da literatura (escrita e oral) consumida no nosso dia a dia é constituída por esta "linguagem figurada", não será de pedir à gramática que deixe de remeter para as "literaturas" o ensino e a explicação deste género de linguagem? E a "norma" situa-se também neste domínio: cada variante selecciona os seus veículos, tem as suas "figuras", os seus roteiros, os seus figurinos para a construção dos seus percursos imagéticos.

2. Elementos de fonética, morfologia e sintaxe

Vamos tentar encontrar alguns traços da norma brasileira – ou ausência de norma – relativamente à forma de adopção de estrangeirismos e a adaptação fonético-gráfica e morfológica da língua. Referiremos ainda alguns elementos divergentes na flexão e mesmo na sintaxe.

2.1. *Estrangeirismos*

A adopção pura e simples de termos estrangeiros, sobretudo americanismos, é um dos traços marcantes da norma brasileira, aliás também presente no PE, mas muito menos saliente. Eis alguns exemplos do PB:

delivery: «Negócios com *delivery* [entrega] crescem em SP»
software [programa], *upgrade* [expansão], *e-mail* [correio electrónico], *delete / deletar*, *plug / plugar* [ligar], *call center, meeting, sales manager* [gerente de vendas], *workshop* [seminário], *briefing* [resumo], *board* [conselho empresarial], *budget* [orçamento], *chairman* [presidente de uma empresa], *cash flow* [fluxo de caixa], *checkout* [conferência final], *personal trainers, showroom, car wash* (espaço para lavar carro), *baby house* (berçário), *double safe* (entrada com dois protões), *grill area* (churrasqueira), *kids place* (parque infantil), *playground* (área de recreio), *studio* (quarto reversível), *utility space* (espaço multiuso), *casual Friday* (moda da sexta-feira desengravatada: informal), *happy-hours*, «*bug* do milénio» («Veja», 02.09.98).
Há expressões mais amplas que atingem de algum modo a sintaxe: ser

in, farei o meu melhor (= I'll do my best), *fiz o meu melhor* (= I've done my best)[17].

Há assim grande disponibilidade para aceitar palavras estranhas, como (uma) *homepage*, (as) *webcams* (câmaras de vídeo digital que transmitem imagens pela Internet), ou combinações novas, segundo modelos também novos, ou segundo modelos já consagrados, como *gamemaníaco, camelódromo, sambódromo*, etc..

2.2. *Grafia de estrangeirismos*

Se por um lado há, no PB, a adopção do termo estrangeiro e a sua adaptação à grafia da língua portuguesa, como:

esnobe, estandes, estoque, estressante, boate, toalete, suvenir, comitê, turnê, maiô (e o *maiôzinho*), *drinque, contêineres* («o porto de Bremerhaven, na Alemanha, movimenta uma quantidade de contêineres superior a todos os portos brasileiros juntos») («Folha de São Paulo» 28.08.98), *caubói, Vietnã, Amsterdã, sutiã, flerte, flertar, blefe, blefar* («Você acha que é blefe, num é?», «querer blefar» (Aragão / Soares, E.10), *avionês* («aviation lingo»), *plugar* (casa plugada), *brecar e breque* (travar e travão),

por outro lado, há a conservação da grafia e da fonética original:

trade («A aposta unânime do trade parece ser mesmo no turismo de ventos» («Inside», Junho 98), *marketing, shows, megashow, garçon, garçonette, country,* (físico de) *skatista, happy-hours, gamemaníaco, band-aid.*

Há ainda mestiçagens: mantêm-se certos traços do estrangeirismo e marcas do português, como acontece em *marketeiro* («o marketeiro da campanha eleitoral»), etc.

Tanto a norma europeia como a brasileira tem critérios díspares na grafia e na fonética, quer atendo-nos aos termos nas duas variantes, quer comparando os termos dentro de cada variante, qualquer escrevente ou aprendente da língua tem muita dificuldade em saber qual é a norma. Uma vez que apresentei exemplos da norma gráfica e fonética do PB, será que existe alguma norma visível? Como será possível ensinar a grafia, numa gramática, com esta disparidade de critérios?

---

[17] Alguns destes exemplos foram extraídos de: «Educação», 207, Julho de 1998.

2.3. Outras divergências entre as normas

A divergência das diversas normas pode situar-se em vários domínios. Por exemplo, na escolha das variantes lexicais possíveis[18]:

triglicérides-triglicerídeos, planejar-planear, aterrissar-aterrar, decolar-descolar, conexão-ligação, ônibus-autocarro, gol-golo, gramado-relva, zagueiro-defesa, goleiro-guarda-redes, escanteiro-canto, parada/ponto-paragem, etc.

Essas divergências podem ainda situar-se em certos pontos muito específicos, como a pluralização:

– «entrar pela porta dos fundos», «resta-lhe entrar pela porta dos fundos» (PB)
– «ao fim das contas» (PB)
– «ser chamado às pressas», «O Telemar, ..., foi formado às pressas, a partir de um grupo de empresas ...» («Veja», 12.08.98).

No género / número:

mídia: «César Maia ganhou destaque na *mídia* como prefeito do Rio por causa de atitudes extravagantes» (« Isto é», 1506, 12.08.98), com valor singular e plural, ao contrário do que acontece no PE («os mass-media / os media»)
videocassete: «o videocassete» («Veja», 02.09.98)
disquete: «o disquete»

Verificam-se ainda algumas divergências na escolha do modelo flexional: as preferencias do PE, nos verbos em -IAR, vão pela realização em *-eio*, no PB, pela realização em *-io*:

– negoceio, negoceiam, premeio, premeiam (PE)
– negocio, negociam, premio, premiam (PB)

Nos verbos em -UAR as divergências são mais fundas:

– adéquo, adéquam, averíguo, averíguam (PB) e
– adequo, adequam, averiguo, averiguam (PE).

Uma nota saliente no PB é a supressão e aligeiramento de muitas expressões:

– supressão de preposição: «você torce Ceará»: (Aragão / Soares, E. 10), puxar a mãe / o pai («ela puxou a minha mãe» (Socorro, E. 3),

---

[18] A ordem é: PB – PE.

«assistir aula» (Aragão / Soares, E. 27), agradar / desagradar alguém / os fregueses
– supressão do artigo: «toda hora você vai inventar uma razão para...», «toda hora você vai inventar razões para...»; puxar a mãe / o pai («ela puxou a minha mãe» (Aragão / Soares. E. 3)
– supressão de outros elementos:
«Até [há] pouco tempo atrás os homens deixavam a encomenda de cosméticos a cargo da companheira ..» («Veja», 12.08.98),
«a notícia repercutiu no mundo inteiro» [repercutiu-se],
galera [galeria], negada (Ceará [negrada])
– supressão sistemática de elementos (ao telefone)[19]: «*Quem deseja?*» (= Quem deseja falar com ela / ele?), «*Quem gostaria?*» (= Quem gostaria de falar com ele / com ela?») (Cfr. «Veja» , 02.09.98, pg. 154)
– supressão de sílabas: «Curso de *quadrinhos*. Se você é da turma que curte *quadrinhos*, se ligue nessa: o Graphite, estúdio de quadrinhos genuinamente cearense, inicia amanhã, dia 17, curso sobre o assunto», («O Povo, 16.08.98), «*filme pornô*», «*xérox*» (= xerocópia).

2.4. *Concentração dos verbos genéricos no Português do Brasil*

Os verbos genéricos como *ter, haver, fazer, pôr*, e os verbos genéricos de cariz popular, como *botar, pegar*, no seu uso quotidiano, aproximam-se semicamente entre si, podendo substituir-se sem mais aquelas. O verbo *ter* e *fazer* ocupam assim o espaço de *haver*. Vejamos apenas o caso de **ter**:

«tem gente que quer ter um carro importado»
«Tem esportes, tem cinema, tem jornalismo, tem documentários, tem per-view, tem mais na outra página, tem diversão, tem variedade, tem inteligência, tem o que ninguém mais tem: tem a qualidade Globosat. Só os canais Globosat têm o que os Canais Globosat têm. E quem não tem, tem que ter» (Publicidade a Globosat)
«aqui no colégio tem a merenda do governo? tem não, de primeiro tinha» (Aragão / Soares, 17)
«Sempre não tem festa não, lá na sua igreja? – Tem festa quando é dia de aniversário» (Aragão / Soares 96, 19)
«A Iraci tem uma mão para máquina» (Aragão / Soares, 1996, 3)
«ter grana»
etc.

---

[19] No PE também se verificam fenómenos semelhante, contudo, a redução obedece a um critério diferente, como, ao telefone: «tálá?», «toussim?» / «tóssim?».

O verbo *fazer* recobre muitos dos usos de «haver»:

«faz menos de um século que as pessoas começaram a tirar o pé do chão para voar em aviões... («Veja», 05.08.98)

Os verbos *pegar, botar, virar* alargam o âmbito de seu uso, ocupando o espaço de outros verbos mesmo na norma culta:

pegar:
pegar dois meses de suspensão (PB, «apanhar»)
«eu peguei os quatro anos» (Aragão / Soares, E. 12)
«(o pé) pegou cinco pontos» (Aragão / Soares, E. 10)
pegar no carro (PB e PE)
o carro não pegou (PB e PE)
pegar passageiros: «Taxistas autônomos são impedidos de pegar passageiros que desembarquem [em Brasília] dos aviões» («Veja», 12.08.98)
botar:
botar remédio na comida («pôr, colocar»)
botar dentadura
bota aqui a tua mão
«botar defeito» (Aragão / Soares, E. 10)[20]
virar:
«vira-te!» , «ele que se vire!» («que se arranje», «que resolva o problema») (PB)
«ele virou artista», «isso virou realidade» (tornar-se) (PB)
virada: «Com menos de dois meses para provocar uma *virada* na campanha presidencial, o candidato do PT fala do governo FHC e do país» («Veja», 12.08.98) («mudança total»)
vencer de virada: «Vitória vence de virada o América e pega Juventude» («Correio da Bahia», 24.08.98)

2.5. Mudanças de «regências»

Estão a definir-se algumas divergências na regência verbal, adjectival e nominal. Não vou alargar-me nas exemplificações, mas apenas ilustrar essa divergência:

– *contribuir com / contribuir para* («directores de estatais costumavam pedir aos fornecedores que contribuíssem com os candidatos oficiais» («Veja», 05.08.98)

---

[20] Em Trás-os-Montes usa-se de modo habitual, na linguagem popular, *botar* no sentido de «pôr», «colocar».

- *assistir / assistir a*: «Tu não assiste nada na televisão» (Aragão / / Soares, E. 33)
- *agradar/agradar a*: agradar / desagradar alguém; agradar os fregueses
- *namorar / namorar com*: «ela namorou com ele mais ou menos.» (Aragão / Soares, E. 3)
- *brincar a / brincar de*:
  «Em o *Brasil encantado de Monteiro Lobato*, as crianças vão poder brincar de jogos de fundo de quintal, no Sítio do Pica-Pau Amarelo.» («Correio da Bahia», 24.08.98), «brincar de bola» (Aragão / Soares, E. 19)
- *solidário (para) com / solidários a*: «os religiosos... são solidários aos sem-terra e sem-teto.» («Folha de São Paulo», 23.08.89)
- *a / em*: televisão em preto-e-branco (PB), televisão a preto a branco (PE)
- *de / precisar de* («Tem aniversario, tem bodas, tem formatura, tem promoção na empresa. Se você precisa presentear alguém, o melhor é um Tissot») (Anúncio, in: «Veja», 02.09.98)

2.6. Nova forma de passiva

Começa a desenhar-se no PB a ocorrência de passivas feitas à imagem do inglês. Este facto encontra-se também no Português Africano: neste último caso, as explicações apontam tanto para a influência do inglês como para influências bantu. Apenas um exemplo:

> «Os bancos jogam duro com os clientes. Seis meses após cancelar cheque roubado durante assalto no Rio, um cliente foi comunicado que, para renovar o cancelamento, teria que pagar R#5.» («Correio da Bahia», 24.08.98)

Creio que está a surgir também no uso do PE o mesmo fenómeno, se bem que com menor incidência. É frequente ouvir em pessoas cultas – ou que tem obrigação de o ser – frases como:

> «este problema foi respondido prontamente»

em que tanto pode haver uma influência estranha à língua, como pode existir uma analogia com *interrogar*:

> «ele foi interrogado (naquele preciso momento)» .

2.7. *Pronomes*

2.7.1. *Colocação dos pronomes átonos*

São conhecidas as divergências nas duas normas no que concerne à colocação dos pronomes átonos. Apesar de fenómeno repetido, não deixa de ser um facto. Apenas alguns exemplos:

«– Me fala do jogo de ontem» (Aragão / Soares, 1996)
«Consta que vai-se instalar em ...» (Aragão / Soares, 1996)
«o petista não consegue se mostrar ao eleitor como alternativa confiável de poder» («Época», 03.08.98)
«nós vamos conversar um pouquinho sobre tudo que você... tudo que você quiser me contar» (Aragão / Soares, E. 15)

Não deixa de ser curioso o facto de, possivelmente, haver outras divergências na colocação. Encontramos a designação cristalizada «Oriente Médio». Será apenas um facto ocasional, ou um indício?

2.7.2. *Pronomes usados como complementos*

O pronome pessoal na função de objecto directo tem tendência para ser realizado na forma sujeito:

«ele quer ver eu em casa» (Aragão / Soares, E. 21)
«a mãe botava eu na cama» (Aragão / Soares, E. 21)
«aí eu fui lá no meu pai chamar ele...chamei ele...» (Aragão / Soares, E. 21)
«eu nunca vi ela não» (Aragão / Soares, E. 28)
«eu chamo ela de tia» (Aragão / Soares, E. 31)

Trata-se de exemplos do corpus oral de Fortaleza, mas não deixa de ser também um sintoma: mesmo a nível de «media», há exemplos frequentes, pelo menos nos jornais publicados em Fortaleza. No pronome pessoal, usado como complemento indirecto, temos de fazer algumas distinções:

– «há uma tendência da fala de Fortaleza para utilização de pronomes tónicos em detrimento dos átonos. É raro encontrarmos formas como *trouxe-me, dou-lhes*, etc. Comummente as formas empregadas são *trouxe para mim, dou para (pra) vocês*.» (Pereira Lima / / Gadelha,1998)

– «Em *dei-lhe um presente* a forma recorrente é *dei um presente para / p'ra ela*, mas quando a referência pronominal é a primeira ou segunda pessoas do singular, há uma tendência para a utilização do pronome *me* em posição proclítica. Assim teríamos *Ele me deu um presente* com maior recorrência do que *Ele deu um presente para mim*. Como já apontamos, o mesmo fenômeno ocorre com a segunda pessoa *tu*, sendo o pronome *tu* intercambiável com a forma *você*. Na realidade, dificilmente um falante em situação informal de interação e até mesmo formal utilizaria a forma *para ti*. Na maioria das vezes, é a forma *para você* que permuta com *te*.» (Pereira Lima / Gadelha, 1996)

– «Outra realização importante é a da forma para *gente*. Em:

Ele deu-*nos* um presente
Ele *nos* deu um presente
Ele deu um presente *pra nós*
Ele deu um presente *para / pra gente*
é a ultima realização, a mais recorrente em nossa fala» (Pereira Lima / / Gadelha, 1996).

Perguntamo-nos se se trata de fenómeno localizado ou generalizado? Não será a norma do PB?

2.8. *Enfatização*

Quer o PE, quer o PB, usam, sem grande parcimónia, os processos disponíveis da língua para enfatizar, reforçar determinados conteúdos. Também nesse domínio suponho ter encontrado processos próprios do PB. Eis alguns desses processos:

– diminutivo que é comum às duas variantes, mas mais insistente no PB:
«Pode contar como é que foi a *festa todinha*» (Aragão / Soares, E. 17)
«Aí merendava... o *mês todinho*» (Aragão / Soares, E. 17)
«passava o *dia todinho* no ônibus» (Aragão / Soares, E. 21)
– negação dupla[21]:
«eu *num tenho nem que contar*, porque... lá é muito bom» (Aragão / / Soares, E. 27)

---

[21] No falar de Trás-os-Montes ouve-se ainda uma dupla negação, mas esta de carácter nitidamente arcaico:
– Queres ir comigo?
– Não num quero.

«eu num vou não» (Aragão /Soares, E. 30)
«Nessa hora, o público *não quer nem* saber das subtilezas do estilo ou das filigranas do regulamento» («Viaje bem», revista de bordo da VASP, n° 16, 1998)
«*Não é preciso nem dizer* que a maior parte dos acidentes acontece nesta modalidade» («Viaje bem», revista de bordo da VASP, n° 16, 1998)
– reflexivização:
«engraçar-se com alguém / alguma coisa»
– expressões lexicalizadas:
«*a coisa tá preta*»
na hora: «Um morreu na hora, o outro, no hospital» («Veja», 12.08.98)
estar jeca: «o mundo está muito jeca» («Isto é», 1506, 12.08.98)
pisar na bola: «ele admite que pisou na bola» (fez besteira)
etc.

3. Expressões coloquiais do discurso quotidiano

As gramáticas da língua têm-se retardado a incluir nas suas páginas factos que estão já a ser estudados há algum tempo[22]. Reporto-me a elementos como partículas modais, partículas conversacionais, marcas discursivas, conectores discursivos, etc. É bem verdade que estes elementos pressupõem um enquadramento teórico que envolve pragmática, análise do discurso, linguística de texto. E este enquadramento necessita de um espaço que não é redutível a um manual de gramática. Mas a própria "gramática da palavra" não deverá incluir já estes elementos? E que estes elementos são muito frequentes em todos os textos, escritos ou orais, extensos ou de pequeno porte. Vejamos alguns desses elementos e o seu alcance para o conhecimento / aprendizagem da norma.

As gramáticas tradicionais incluíram muitas das expressões em questão, ou nas interjeições, ou nas chamadas partículas de realce. Mas ao lado de expressões mais ou menos transparentes, que serão perfeitamente enquadráveis numa conversação normal, como:

– não faz mal, não tem mal, não faz nada

---

[22] Luiz Antônio Marcuschi – aliás, o primeiro linguista da área lusófona a interessar-se por estes fenómenos – fez um levantamento crítico do que está subjacente ao conceito de "língua oral" nos manuais escolares de 1° e 2° níveis (1997).

mas há outras expressões – que são exemplo de partículas conversacionais – encontráveis na despedida numa conversa, como:

– «vou chegar», «estou chegando», «fui», equivalente (no PB) a «ciao», «tchau»

ou expressões equivalentes às interjeições tradicionais, para mostrar admiração, espanto, distanciamento, etc., como:

Viche!, Viche Maria!, Afe / Afe Maria! (PB)

expressões de interpelação, mostrando concordância, discordância, admiração, dúvida, etc., como:

– «né?», «n'era?», «viu?» , «isso!», «sabe?»
– «olha só!», «tadinho!»
– «sei não», «é não», «não enche o saco sua nega» («Isto é», 1506, 12.08.98),
– bom!, bem! repare! ora bem! veja bem! repare
– «faz favor!», «pois não?»
– «percebes?» , «pronto!», «e pronto»
– «se calhar», «pode ser» (= «talvez»)
– «ena!», «puxa!», «do caraças!» , «chiça!l»
– etc.

e expressões que aparecem colocadas na gramática, ou no lugar errado, como «daí», «então», ou no lugar devido, mas em agrupamentos que nada explicam, como «pois!», «depois», «em seguida», «absolutamente», etc. Finalmente, há elementos que categorialmente se situam num dado lugar da grelha, mas que exercem funções muito diferentes, como:

Ele vem *sempre* atrasado
Ele *sempre* me saiu um marau!

Onde situar na gramática tais expressões? Ignorá-las? Ao dizermos – *Bom! – Ora bem!*, os lexemas não se reportam à «bondade» ou ao «bem» presentes nos respectivos lexemas, etc. Colocá-las como interjeições?

A «gramática da palavra» tem de encontrar um lugar para estas expressões. Apresentei expressões, umas pertencentes à norma do PE, outras à norma do PB, mas todas essas expressões são correntes. E se há factos da língua que estejam dependurados na norma, estas expressões estão bem dependentes da norma.

4. Conclusão: o que ensinar?

4.1. Ensinar a língua é ensinar o modo como a língua categoriza o mundo extralinguístico, é reduzir a realidade a categorias de conceitos. E o princípio mais elementar manda que nos sirvamos dos figurinos, dos "scripts" que os falantes têm ao seu dispor: coisas e relações entre as coisas. As palavras têm atrás delas os instrumentos que as explicam: elas guiam-nos no percurso através das errâncias do seu significado. Coisas e conteúdos interagem, desde que as coisas sejam usadas através das palavras adequadas. Cada palavra tem um uso típico, mais saliente e outros usos mais genéricos ou mais específicos. Integrar a palavra no seu uso mais saliente é assim o primeiro caminho.

4.2. A língua dispõe de modelos de formação verbal: a preferência por afixos, por neologismos lexicais, por empréstimos semânticos, por palavras importadas de outras línguas. Ensinar a língua é colocar o aluno perante esses roteiros mentais e materiais. Os modelos mentais de representação tanto se situam na imitação como na criação. Enfrentar a realidade através da língua é o primeiro passo para ter acesso à língua e à realidade.

4.3. A linguagem é fruto de convenções e uma das convenções mais salientes é o que designamos como "figuração" ou linguagem figurada. Esta vertente da língua não é apenas uma criação de poetas: faz parte da própria língua. No ensino, nos manuais, não se reconhece esse papel da "metáfora" na instauração da língua. Não ensinamos esse modo novo e original de categorizar o mundo, que aliás atravessa todo o discurso quotidiano, seja ele oral ou escrito.

4.4. O universo do que designávamos como "partículas", hoje desdobrado em partículas modais, partículas conversacionais, conectores discursivos e textuais, anáforas associativas, etc., é outro dos tópicos impostos pela língua. Logo na "gramática da palavra" há que dar lugar a esses elementos mínimos, mas que dão sabor ao nosso discurso quotidiano.

4.5. Finalmente, língua escrita, língua oral, não estão tão distantes como pensávamos há alguns anos antes: há apenas recorrências mais frequentes de um ou outro elemento na língua oral, mas a estrutura essencial mantém-se. Haverá razões de fundo para a gramática, os manuais se aterem apenas ao padrão "standard" ignorando completamente os outros padrões?

Nos exemplos que apresentei servi-me tanto de um corpus oral como de corpus escrito: a diferença não é assim tão grande. A noção de "correcto" e "incorrecto" tem de ser novamente aferida: o "uso" também tem o seu peso na definição da norma.

Bibliografia:

ARAGÃO, Maria do Socorro Silva / SOARES, Maria Elias (orgs.) 1996 – *A Linguagem Falada em Fortaleza. Diálogos entre informantes a documentadores,* Fortaleza: Mestrado em Lingüística a Ensino da Língua Portuguesa.

CACCIARI, Cristina / GLUCKSBERG, Sam 1994 – «Understanding figurative language, in: Morton Ann Gernsbacher (org.) – *Handbook of psycholinguistics,* San Diego: Academic Press, 447-477.

DAMÁSIO, António R. 1995 – *O erro de Descartes. Emoção, razão a cérebro humano,* Mem Martins: Europa América.

GIBBS, Raymond 1994 – «Figurative thought and figurative language», in: M. A. Gernsbacher (org.) – Op. Cit, 441-445.

GIVÓN, Talmy 1986 – «Prototypes between Plato and Wittgenstein», in: Craig (org.) – *Noun, Classes and Categorization,* Amsterdam: John Benjamins, 78-102.

GONÇALVES, José Milton 1995 – T*ira-teimas de Português,* 2.ª ed., Rio de Janeiro: Forense.

HINTIKKA, Jaakko 1994 – *Aspects of metaphor,* Boston: Kluwer Academic Press Publishers.

JOHNSON, Mark 1987 – The *body in the mind. The bodily basis of meaning. Imagination and Reason,* Chicago: The Univ. Chicago Press.

KLEIBER, Georges 1990 – *La sémantique du prototype: catégories et sens lexical,* Paris: PUF.

LAKOFF, Georges 1987 – *Women, fire, and dangerous things. What categories reveal about the mind,* Chicago: The Univ. of Chicago Press.

LAKOFF, Georges / THOMPSON, H. 1977 – «Linguistic Gestalts», in: *Chicago Linguistic Society,* 13, 236-287.

LAKOFF, Georges / JOHNSON, Mark 1980 – *Metaphors we live by,* Chicago: The Univ. of Chicago Press.

LAKOFF, Georges / NORWIG, Peter 1987 – «Taking: a study in lexical network theory», in: *Proceedings of the thirteenth annual meeting of the Berkeley Linguistic Society,* 196-206.

NOGUEIRA Duarte, Sérgio 1998 – *Língua viva. Uma análise simples e bem--humorada da linguagem do brasileiro,* Rio de Janeiro: Rocco.

LANGACKER, Ronald W. 1991 – *Foundations of cognitive grammar: descriptive application*, vol.II, Stanford: Stanford Univ. Press.

MARCUSCHI, Luiz Antônio 1997 – «Concepção de língua falada nos manuais de português de 1° e 2° graus: uma visão crítica», in: *Trab. Ling. Aplic.*, Campinas, 30, 39-79.

PEREIRA Lima, Ana Maria / GADELHA, Cibele 1998 – A*nálise das categorias de complemento indirecto em uma amostra da linguagem falada em Fortaleza*, Trabalho apresentado no Mestrado "Linguística Portuguesa", Fortaleza.

PONTES, Eunice 1990 – *A metáfora*, Campinas: Unicamp.

PRATA, Mário 1993 – *Dicionário de português. Schifaizfavoire*, 17.ª ed., SP: Globo.

ROSCH, Eleanor 1973 – «On internal structure of perceptual and semantic categories», in: Moore, T. (org.) – *Cognitive development and the acquisition of language*, New York: Academic Press, 111-144.

ROSCH, Eleanor 1977 – «Human categorization», in: Warren, N. (org.) -*Studies in cross-cultural psychology, vol.1*, New York, Academic Press. 1-49.

TALMY, Leonard 1988 – «Force dynamics in language and cognition», in: *Cognitive Science*, 12, 49-100.

TAYLOR, John 1989 – *Linguistic categorization. Prototypes in linguistic theory*, Oxford: Clarendon Press.

VILELA, Mário 1994 – *Estudos de lexicologia do português*, Coimbra: Almedina.

VILELA, Mário 1995 – *Léxico e Gramática*, Coimbra: Almedina.

VILELA, Mário 1996 – «A metáfora na instauração da linguagem: teoria e aplicação», in: *Revista da Faculdade de Letras da Universidade do Porto: Línguas e Literaturas Modernas*, 13, 317-356.

VILELA, Mário 1997 – «Do campo lexical à explicação cognitiva: risco e perigo», in: *Diacrítica*, 11, 639-666.

DICIONÁRIO E ENSINO DA LÍNGUA MATERNA: LÉXICO E TEXTO[1]

0. O dicionário da língua e os dicionários da língua

0.1. Antes de mais devemos fazer a distinção entre "dicionário de uma língua" e os "dicionários" dessa mesma língua: estes últimos compreendem todos os dicionários existentes que procuram inventariar e explicar as palavras individuais do dicionário da língua. O **dicionário de uma língua** é constituído pelo somatório das palavras em que uma dada comunidade linguística armazena o seu saber linguístico, ou, o conjunto das palavras em que uma comunidade linguística, historicamente constituída, organiza o seu conhecimento acerca do mundo. Os **dicionários de uma língua** são os registos "suportados" em qualquer meio, como suporte papel, suporte informático ou electrónico, que têm a pretensão de fazer o levantamento desse dicionário da língua, com a respectiva explicação individualizada de cada uma das unidades inventariadas. Assim, temos um só dicionário da língua portuguesa e múltiplos dicionários da língua portuguesa.

0.2. É o dicionário da língua portuguesa, o dicionário partilhado pelos falantes que nos permite, por um lado, interpretar textos, compreender os nossos interlocutores, adivinhar, intuir, ler, o que está por detrás das sequências de palavras, activar as implicações, as pressuposições escondidas no fluxo comunicativo discursivo ou textual; por outro lado, esse dicionário permite-nos produzir textos, textualizar os nossos conceitos, tornar acessíveis a leitura dos nossos pensamentos e sentimentos, dar força às nossas vontades e desejos, corporizar os nossos temores e esperanças.

---

[1] Este pequeno estudo foi publicado pela primeira vez em Revista Portuguesa de Humanidades, vol. II, 1/2, 1998.

0.3. Vamos tentar mostrar como é que o nosso dicionário comum, o nosso saber linguístico partilhado, que é necessariamente um saber acerca do mundo, os saberes "enciclopédicos", as nossas convenções instaladas no dicionário da língua, nos permitem ler textos e lê-los por dentro. Vamos, a partir de um texto real, tentar definir e mostrar como o dicionário da língua portuguesa, servindo-nos eventualmente de um dicionário em suporte papel, constrói e descontrói um texto.

1. Um "texto" como ponto de partida

«Os Açores são bonitos e verdadeiros como uma redacção da 4.ª classe. No fim de semana, em Angra do Heroismo, uns bandidos roubaram uma ouriversaria. Foram perseguidos por um grupo de vigilância local – a que apressadamente há quem chame milícia – e recolheram-se numa casa abandonada. Os cidadãos cercaram a casa e chamaram a polícia. A polícia veio e ali ficou durante quinze horas, à espera de um mandato de captura. Os meliantes escapuliram-se. E foram para uma paragem de autocarros próxima, onde, durante horas, se puseram à coca do cerco que a polícia putativamente lhes fazia. Um popular topou-os e avisou a polícia. A polícia prendeu-os. Os bandidos ainda tinham nas mãos o saco com o produto do roubo. Fim da extraordinária e exemplar história.
E açoriana história, acrescento. Recapitulemos. Os ladrões cumpriram a sua vocação roubando – mas roubaram suavemente, como as vacas pastam na Terceira. A população soube ser cívica, organizando-se na perseguição, como quem recolhe as doações para as festas do Espírito Santo. Cívicos, disse eu e bem, porque, tendo cercado os bandidos, entregaram a função de prender a quem de direito, a PSP. Esta decidiu agir também açorianamente, dentro das normas, e esperou por mandato judicial. Entretanto, foi como nós queremos que sejam os polícias – sobretudo, não perfeitas – e deixou fugir os bandidos. Estes foram como também queremos que sejam os bandidos – bananas – e ficaram por ali, curiosos. Era não contar com o que são os açorianos, atentos. Um cidadão denunciou-os e eles foram apanhados. O pormenor de terem ainda o saco do roubo nas mãos só vem dar razão à frase final desta crónica: eu gosto muito dos Açores.»
Humores de Ferreira Fernandes – «Felizmente há as adjacências: Benditos», in: *Visão*, 11 de Dezembro de 1997.

Antes de entrarmos na descodificação do texto, temos apenas de situar esta pequena narrativa e seu comentário no espaço da Revista

"Visão". A a secção em que a narrativa se situa representa uma apreciação amarga da propaganda das eleições autárquicas – que se realizavam daí a dois dias – e este pequeno texto é o primeiro dos comentários à vida nacional. Todos os restantes textos desta página são dedicados exclusivamente a uma leitura negativa dos "falares" e dos "projectos" dos candidatos a autarcas. Daí, o título: «Felizmente há as adjacências: benditos». Sabemos que as "adjacências" são uma referência à antiga designação geográfica (Ilhas Adjacentes) e o advérbio "felizmente" representa desde logo uma janela de esperança na negrura do panorama político nacional (continental e insular).

Iremos falar das personagens do texto – as entidades nomeadas que balizam e constroem a trama textual – e das suas qualidades, das suas actividades e modos de agir e de ser. Isto é, os nomes próprios, os nomes comuns – os substantivos –, os adjectivos, os advérbios e os verbos levar-nos-ão à leitura do texto: são as entidades nomeadas (os nomes), com as suas qualidades (os adjectivos), as suas actividades (os verbos), os seus modos de ser e estar (advérbios), a ligação entre as entidades, as actividades (as palavras de relação) que instalam um texto feito de palavras e conteúdo. As relações gramaticais e lexicais entre as diferentes categorias de pessoas servirão de suporte à interpretação das relações entre as entidades reais aí representadas. Há enquadramentos e cenários onde se projectam as actividades das entidades principais, como os Açores, mais propriamente a Terceira, uma ouriversaria, uma casa abandonada, as festas do Espírito Santo.

2. Personagens do texto, suas qualidades, actividades e maneiras de agir e de ser

As entidades do pequeno texto não são numerosas e, como convém numa "redação da 4ª classe", são recorrentes, linearizados discursivamente, através das disponibilidades lexicais da língua: como são o uso de sinónimos, de repetições, de hipónimos e hiperónimos, termos ordenados e superordenados. Os meios sintácticos, como a anáfora, a elipse, os enlaces conectivos, as partículas conversacionais interligam as relações lexicalizadas entre as entidades. As **entidades principais** são:

Os Açores,
Os bandidos,
A polícia,
Os cidadãos.

As entidades menores são:

A *ouriversaria*,
A *casa abandonada*,
O *saco do roubo*.

Como **enquadramento deste cenário** temos, no domínio espacial:

Os Açores
  As *vacas da Terceira*,
  As *festas do Espírito Santo*.

no domínio da perspectivação

A redação da quarta classe.

Os *Açores* representam assim o grande **cenário** onde se passam as "cenas", o "script" do assalto e da perseguição aos assaltantes. E, a nível do dicionário, temos um nome próprio, aliás, um hiperónimo, depois repercutido por outros nomes próprios seus hipónimos: *Angra* e *Terceira*. Há ainda outras caracterizações do cenário "açores": feitas por meio de grupos nominais relativos a essas ilhas:

as festas do Espírito Santo

por meio de adjectivos

bonitos e verdadeiros (como uma redacção da 4.ª classe).

E afinal todas as entidades essenciais do texto apresentam na sua acção e modo de ser algo que tem a ver com "os açores".

A função textual desses nomes próprios é a de contribuir para a coesão do texto ao ajudar a criar o cenário para a *açoriana história*. A coerência continua a construir-se com a outra entidade interventora na trama: *a população*. Esta entidade é introduzida como

grupo de vigilânica local,

e depois reformulada por

milícia,

retomada por

populares, cidadãos, um cidadão, um popular

e caracterizada pelos adjectivos

cívica, cívicos, atentos.

Por outro lado, são apresentadas as actividades próprias deste participantes, por meio dos verbos:

perseguir, cercar, chamar a polícia, avisar a polícia, topar, organizar-se e denunciar.

Os *bandidos* são a outra entidade nomeada: aliás é esta a designação mais repetida, embora seja retomada pelos sinónimos

meliantes e *ladrões*

Os adjectivos caracterizadores desta entidade não deixam de apresentar algumas incompatibilidades:

curiosos e *bananas.*

A sua actividade vai desde *roubar, ser perseguido, recolher-se (em), escapulir-se, pôr-se à coca de, ficar para ali, fugir*, até *ser apanhado*. O seu modo de agir não deixa, contudo, de ser *(roubar) suavemente.*

Por seu lado a *polícia* surge ainda como *polícias* e *PSP* e caracterizada como *não perfeitos* e tendo como actividades

vir, ficar ali à espera, esperar por mandato judicial, prender, deixar fugir, capturar, agir açorianamente.

3. Cena do "roubo" e "captura dos bandidos"

As personagens menores, que caracterizam também "os açores", *a ouriversaria, as vacas da Terceira, uma casa abandonada* e *a redação da 4ª classe* constituem a "circunstância", 'o que está á volta da acção das personagens. Nesta circunstância, situam-se os conceitos de "cena", "cenário", "script", "modelo mental", "esquema", etc. Deixando de lado alguns pormenores caracterizadores destes termos e tomando-os como sinónimos, podemos considerar a "cena" do "roubo" e a "captura dos meliantes" como a espinha dorsal do texto. Verbos, nomes, adjectivos, advérbios lexicalizam o conteúdo da cena.

A concepção do texto como «uma redacção da 4.ª classe» marcam o "script", o guião do texto: simplicidade lexical, recurso à língua popular, frases sequencializadas na ordem normal, sem topicalizações especiais. Aparentemente não se exige muito à cooperação do leitor: as inferências que apontam para o conhecimento enciclopédico, as implicaturas, etc., são evidentes.

Por outro lado, a alternância artigo definido/artigo indefinido é feita de acordo com a norma mais estrita: o artigo indefinido introduz as entidades, o artigo definido que continua a acção com essas entidades anteriormente introduzidas (a introdução de uma entidade é feita por «uns bandidos roubaram», e depois são apenas mencionados por «os bandidos», «os meliantes», pois já são conhecidos do leitor); a ligação entre os vários subtemas do texto são ligados pelos conectores normais ("e": «E açoriana história acrescento», "entretanto", etc.). As frases limitam-se aos elementos essenciais: frases curtas e separadas pela pausa normal. Tudo obedece ao "script" de «redacção da 4.ª classe»: simplicidade de meios e de processos.

Poderíamos, dentro da "cena" do roubo e da captura, enquadrar as actividades das entidades através dos verbos, como, por exemplo, *os ladrões roubaram, foram perseguidos, recolheram-se numa casa abandonada, foram cercados, escapuliram-se, foram presos*, etc. Mas não é nossa intenção fixarmo-nos apenas na "desconstrução" do texto, na sua construção e desconstrução fílmica. Pretedemos dar a ideia de como o dicionário pode servir à explicação de textos e possibilitar o salto para o conhecimento sistemático e, por conseguinte, mais aprofundado da língua.

4. O dicionário na leitura do texto

4.1. *O dicionário da língua no texto*

Se a sequência de nomes próprios propicia a coerência dos textos, se o elenco dos nomes nomeadores das entidades participantes na cena são limitados e recorrentes, se as actividades atribuídas aos actantes são restritas, convergindo tudo para a economia do texto, próprio de redação de 4.ª classe, o texto é também simples e linear porque há o recurso aos **sinónimos**, quer nos verbos, quer nos substantivos.

Assim, temos nos verbos:

escapulir-se vs. fugir,
recolher-se vs. esconder-se,
pôr-se à coca vs. estar atento,
topar vs. descobrir,
apanhar vs. prender,
avisar vs. denunciar

nos substantivos:

bandidos vs ladrões vs. meliantes,
grupo de vigilância local vs milícia,

*população vs cidadãos vs um popular,
milícia vs. grupo de vigilância popular*

ou recurso (menos abundante) aos **antónimos**, nos verbos:

*perseguir vs. apanhar,
perseguir vs prender*

A antonímia joga-se também em pares como *polícias* e *ladrões*, *grupo de vigilância popular* e *bandidos*. As **(in)compatibilidades** semânticas surgem ainda em sequências como:

*roubar suavemente,
bandidos curiosos e bananas,
polícias não perfeitos*
«(Os açorianos actuam) *açorianamente*»
«*os Açores são bonitos e verdadeiros*»,
«(os cidadãos dos Açores são) *cívicos*»

A língua de uma comunidade linguística é, em qualquer momento da sua história, um conjunto de variedades a vários níveis, quer a nível espacial, quer a nível social, quer a nível estilístico. O texto apresenta, no que costuma designar-se por **níveis de língua**, variedades a nível diastrático. Temos assim

*pôr-se à coca vs estar atento
escapulir-se vs fugir
topar vs. descobrir*

É um dado conhecido que um dos pontos em que a língua é mais fecunda, **formativamente**, é a dos advérbios em *–mente*. E, ao lado de *felizmente, apressadamente* e *putativamente*, temos *açorianamente*. A nomeação de pessoas e coisas, de processos e eventos, tanto se faz por meio de palavras isoladas, como por meio de expressões mais complexas (**lexias** ou **locuções**), como é o caso de:

*mandato de captura, mandato judicial,
grupo de vigilância local,
pôr-se à coca, ficar à espera de,*
etc.

Ainda, a nível de dicionário da língua, ocorre um adjectivo semi-substantivado, *bananas*, que nos põe perante um processo, já bem sedimentado na língua, que é o facto de um adjectivo substantivado, na sua forma plural, normalmente com sentido pejorativo e apontando para defeitos humanos no aspecto físico, psicológico ou mesmo ético. Mas a palavra ponto de partida é, por via de regra, feminina. A forma plural desse adjectivo substantivado admite o uso dos determinantes na forma feminina ou masculina singular:

> Ele é um bananas / merdas / merdinhas / um coninhas / um fodinhas/ um meias palavras / um meia lecas /
> etc.

4.2. Um "dicionário da língua" no ensino do dicionário da língua

Se o texto deve ser o ponto de partida para aprofundar o conhecimento da língua, ainda aqui o **dicionário da língua** pode servir de referência. E para se entrar no dicionário da língua temos às mãos **os dicionários da língua**. Vamos utilizar o "Aurélio" (*Novo Dicionário Aurélio da Língua Portuguesa*, 9.ª ed., RJ: Edit. Nova Fronteira, 1986). Vimos que havia sinónimos e antónimos, quer na categoria dos verbos, quer na categoria dos substantivos e expressões nominais. Comecemos pelos nomes.

Uma das entidades nomeadas é, aliás impropriamente, segundo o autor, a chamada **milícia**: que é assim definida:

> «S. f. 1. Vida ou disciplina militar. 2. Força militar de um país.
> 3. Qualquer corporação sujeita a organização e discplina militares.
> 4. Congregação ou agrupamento militante. ..». Encontramos o painel das acepções possíveis, inclusive aquela com que o termo ocorre no texto (3. ou 4.).

É possível reflectirmos sobre a "extensão" do significado da palavra, a partir da acepção indicada em (1.) para os outros "sentidos". Já uma outra entidade, a que é designada por *bandidos*, *meliantes* e *ladrões*, presta-se a reflexões mais enriquecedoras. O Aurélio apresenta as seguintes definições:

> **meliante**: «S. 1. Malandro, vadio, vagabundo... 2. Velhaco, patife, biltre ... »
> **bandido**: «s. m. 1. Salteador, malfeitor, facínora, bandoleiro. 2. Pessoa sem carácter, biltre ..»
> **ladrão**: «Adj. 1. Que furta, ladro. 2. s. m. Aquele que furta ou rouba; gatuno, ladro, larápio, rato, amigo do alheio....»
> **larápio**: vde *ladrão*

Sem ser totalmente perfeita, quer na distinção dos significados de cada uma das palavras relativamente aos das palavras consideradas como sinónimos, quer nos vários sentidos de cada um das palavras, parece ser suficiente a distinção apresentada. *Ladrão* é o termo mais abrangente, *bandido, meliante* e os respectivos sinónimos, como *vagabundo, malandro, vadio* (relativamente a *meliante*), *salteador, malfeitor, facínora* e *bandoleiro* (relativamente a *bandido*), *ladro, gatuno, larápio, amigo do alheio* (relativamente a *ladrão*), recobrem um leque bem amplo de especificações que são previsíveis em *ladrão* e que por isso mesmo estão disponíveis para contextualmente serem actualizados por essa palavra e que são realizadas especificamente por cada uma das restantes palavras que figuram nas definições do Aurélio. Mas depois da análise dos termos *ladrão, meliante* e *bandido* nos dicionários, ficam-nos ainda dúvidas acerca dos traços sémicos que distinguem verdadeiramente as três palavras. É a altura de o professor de português colocar o seu saber como falante ao serviço do texto e da língua:

ladrão: "o que rouba"
bandido: "o que rouba" + "o que é malfeitor"
meliante: "o que rouba" + "o que é vadio/vagabundo"

Passemos à análise dos verbos *fugir* e *escapulir-se, pôr-se à coca, avisar* e *denunciar, prender* e *agarrar, perseguir* e *agarrar*.

fugir: «v. intr. 1 Desviar-se, ou retirar-se apressadamente, para escapar a alguém ou a algum perigo; pôr-se em fuga, ...2. Retirar-se em debandada... Sin ...*cair fora, dar aos calcanhares, dar às de vila-diogo, dar o fora, escapulir-se*, ..., *mandar-se, pisgar-se, raspar-se*, ... 3. Ir-se afastando, ir-se perdendo de vista ..4. Passar rapidamente ......»
escapulir-se: «V. intr 1 Fugir, escapar (de prisão, do poder de alguém, etc.) 2. V. fugir 1 e 2 ...»

Os dois verbos situam-se nos chamados verbos de movimento, implicando um "movimento para fora de um dado espaço", mas em que *escapulir-se* explicita um traço sémico apenas implícito em *fugir*: "fugir de modo subtil e escondidamente". Já a sequência **pôr-se à coca** fica sem explicação no dicionário (apenas apresenta a definição de:

à coca «à espreita, de atalaia» e de
cocar «V tr dir 1. Estar ou ficar à coca de, à espreita de; observar, espiar, espionar ...».

A definição correcta será algo como:

– "observar" + "de modo escondido e com muito cuidado" + "nível popular"

Em

avisar: («V tr dir 1. Dar aviso a; fazer saber a, anunciar a ...» e
denunciar «V tr dir Fazer ou dar denúnica de; acusar, delatar ... 2. Dar a conhecer, revela, divulgar... 3. .»

aponta-se para um traço comum ("fazer saber"), mas há uma diferença na finalidade de "fazer saber". Em *avisar* acentua-se, como finalidade, "colocar em alerta, alertar, para se evitar determinadas consequências", já em *denunciar* se acentua como finalidade o facto de o "fazer saber" conter uma "denúncia de alguém ou de algo que poderia ficar sempre na sombra".

Em

roubar («V tr dir 1. Jur. Subtrair (coisa alheia móvel) para si ou para outrem, mediante grave ameaça ou violência à pessoa...2. Furtar, ...» poder-se-ia caminhar para

temos equivalentes em outros níveis de língua, que vão desde:

furtar (="roubar de modo furtivo, escondido"),
surripiar (="roubar coisa leve de modo subtil") e
desviar (="roubar coisa leve de modo subtil" + "termo menos ofensivo")

até aos termos populares:

passar ao esquerdo, chamar-lhe seu, etc.

O dicionário tem dificuldade em fazer a distinção entre *prender* e *agarrar*:

prender: « V tr dir 1. Tornar unido (o que estava separado); ligar, atar... 2. Obstar, embaraçar, estorvar ... 4. Privar da liberdade, capturar, encarcerar ...» e
agarrar: «V tr dir 1. Prender com garra, garrear...2. Pegar em ... 3. Prender, segurar com força ...4. Capturar, aprisionar ...».

Os valores prototípicos ("tornar unido o que estava separado": *prender* e prender com garra": *agarrar*) não nos levam a conclusão alguma. Isto é, o contexto imediato dos verbos é que monossemiza os lexemas e nos aponta para o seu conteúdo concreto e preciso.

5. Conclusão: o dicionário da língua e os dicionários da língua

5.1. A língua coloca ao dispor dos falantes um dicionário que é ao mesmo tempo complexo e simples, diassistemático e sistemático, polissémico e não-ambíguo. O falante pode, com esse dicionário, construir textos, fabricar discursos, exprimir os meandros do pensamento e sentimento, esmiuçar os matizes da realidade. Assim,

- o polícia pode *prender* mesmo sem *agarrar*, pode *agarrar* mesmo sem *prender*;
- o ladrão pode *fugir* sem ser *escapulindo-se*, pode *escapulir-se* sem *fugir*;
- o ladrão *põe-se á coca espiando* e pode *espiar sem se pôr á coca*;
- o *ladrão* pode ser ou não ser *bandido*, ser ou não ser *meliante* e vice-versa;
- um cidadão pode *avisar* sem *denunciar*, mas não pode *denunciar* sem deixar de *avisar*,
- o cidadão pode *topar* alguma coisa ou alguém sem *encontrar* e vice-versa;
- o grupo de vigilância local pode *perseguir* sem conseguir *apanhar*, mas não pode *apanhar*, neste contexto, sem *perseguir*.

A proximidade de conteúdos dos lexemas não cria problemas no texto: o contexto imediato ou mediato descontrói as ambiguidades, construindo a univocidade do texto.

5.2. A outra conclusão é mais negativa: mesmo o nosso melhor dicionário da língua portuguesa – o Aurélio – não consegue pôr-nos na mão um instrumento fiel e claro para surpreender o dicionário da língua. As definições, as acepções, os sinónimos, etc., arrastam-se e apenas o sentido crítico do leitor ou do escrevente podem deslindar as ambiguidades e desnatar o gorgulho arregimentado pelos dicionaristas. O poderio do dicionário da língua, que vai desde o termo popular (*pôr-se à coca* em vez de *espiar*, e *escapulir-se, dar o fora, cair fora*, em vez de *fugir*) até à distinção precisa entre *grupo de vigilância local* e *milícia* não é contemplado nos nossos dicionários.

Mas é esse trabalho que o professor de português tem pela frente: ensinar a ler os textos com o auxílio do dicionário da língua interiorizado na comunidade linguística de que fazemos parte e utilizando eventualmente qualquer dicionário da língua existente.

5.3. O texto – melhor diria, o contexto – serve de filtro às palavras, pondo-lhes um limite ao seu significado. As palavras da língua transportam com elas o seu significado, é-lhes inerente, mas esse significado recebe um instrução no texto, impondo-lhes um dado valor e não outro (aquilo a que os lógicos chamam designação rígida). *Milícia*, como vimos, significa "grupo de vigilância local" e não o valor de "corporação militar", *prender* significa "aprisionar" e não "unir o que estava antes desunido", *bandido* é, no texto, apenas "ladrão" e não "malfeitor", pois eles até «roubam suavemente».

A TRADUÇÃO COMO MEDIADORA DOS ESTEREÓTIPOS

0. A competência em tradução

0.1. *Competência pluricultural em tradução*

Conceitos tidos como seguros há algum tempo vão sendo questionados e reformulados: tenha-se em conta a noção de competência comunicativa. Esta competência era representada como uma competência de comunicação homogénea, completa, equilibrada, estabilizada, em que a aprendizagem de uma língua estrangeira se vinha juntar à competência pré-existente. A necessidade de uma competência mais plural, ou melhor dito, plurilingue e pluricultural, vem perturbar essa concepção primeira: agora postula-se uma competência parcial, heterogénea, desiquilibrada, mas importante, porque integrativa. Compreensão de textos escritos, de textos especializados, numa língua estrangeira. Substituiu-se a concepção monolingue por uma concepção plurilingue no contexto escolar. Também a concepção de competência em tradução terá evoluído? A competência traductológica foi alterada? Tratando-se necessariamente de uma competência plurilingue, perguntamo-nos em que medida não se trata de uma competência essencialmente pluricultural? É este o ponto central da minha exposição.

Se no ensino e na aprendizagem os aspectos culturais das línguas tem vindo a merecer uma atenção redobrada, tendo-se em consideração que os aspectos culturais se apresentam como uma componente fundamental no processo educativo e como uma dimensão essencial na aquisição de um novo meio de comunicação, não se dará o caso de o mesmo se ter de dar no ensino e na prática da traductologia? Tanto no ensino da tradução como no ensino das línguas, o problema está em encontrar uma harmonização entre os universais pragmáticos e a especificidade de cada comunidade. A cultura é heterogénea e mutante e não é muito viável a produção de uma gramática cultural: melhor dito, não conheço manuais culturais.

Não podendo e não querendo ir muito longe na problematização do facto "cultura" implicado na tradução, sirvo-me de alguns produtos – na minha opinião, os mais genuínos – da cultura: os estereótipos.

0.2. *O estereótipo dos estereótipos*

O estereótipo faz parte de nós e da nossa vida. Difícil é imaginar-nos sem hábitos, sem rotinas[1], sem espaços conhecidos, sem convenções sociais, sem convenções linguísticas e ritualizadas. Grande parte da nossa vida é passada no meio de rotinas e realizada por meio de rotinas. Saudações, expressões de agradecimento, desculpas, fórmulas de cortesia, comportamentos e atitudes congeladas em frases feitas, os clichés "passe-partout", fórmulas argumentativas ou proverbiais, modismos ou fraseologias, constituem o pano de fundo dos nossos discursos quotidianos. As situações mudam, mas as rotinas mantêm-se. Não irei alargar-me muito sobre a noção de estereótipo. Passarei de imediato à sua aplicação.

O estereótipo dos estereótipos era, por volta dos anos 60, um conjunto de representações fixas desde sempre construídas à volta de um dado tipo nacional, feito de produtos, comportamentos e atitudes típicas, que eram obstáculos à reflexão didáctica no ensino de línguas estrangeiras e na compreensão da cultura autêntica dos povos. Em primeiro lugar houve que **erradicar** estereótipos do género de «les portugais sont toujours gais», «le français de béret et de baguette», que «Deus é brasileiro», as especificidades do género de termos intrauzíveis, do tipo "saudade", "morrinha", "gemütlich", "Sehensucht", etc. Tais estereótipos impedem a compreensão da cultura dos povos. Depois, nos anos 70, nasceu a ideia de explorar os estereótipos: publicidades, desenhos cómicos e satíricos, guias turísticos, livros de história, as histórias cómicas (étnicas) aparecendo como suportes que apenas permitiram ver a superfície de um povo: houve necessidade de, mostrando o fundo, rectificando estereótipos, clarificando conotações e convivências, trazer leituras cruzadas do que determina as comunidades, como parte de representações culturais, das ideologias espontâneas que alimentam uma comunidade. Imagens colectivas são transmitidas de geração em geração: a imagem do 25 de Abril, do Salazarismo, do Cavaquismo, do Guterrismo, do Jardinismo, etc. Seja como for, estes preconceitos podem ajudar a compreender a cultura de um povo.

---

[1] «[estas rotinas são] tools which individuals employ in order to relate to others in an accepted way» (Coulmas 1981: 2).

Mas as abordagens comunicativas dos anos 60 e 80 cruzam-se com releituras da estereotipia. A referência às concepções dos saberes empíricos desenvolvidos pela corrente da etnometodologia ou pelos especialistas da inteligência artificial, ainda que episódica, mobiliza noções como *script, scenario* e *schema*. Não se trata agora de juízos avaliativos comuns ou de atributos estandardizados aplicados a pessoas ou práticas. Trata-se antes de categorizações semânticas e de representações cognitivas de objectos e de acções: categorias e representações convencional e culturalmente marcadas, mesmo se a um certo nível de generalização, elas estão ligadas a constantes universais do mundo, do homem e da sua interacção.

Neste contexto, surge a teoria do protótipo, o exemplar representativo de uma classe, e as classes definidas como conjuntos de traços comuns pertinentes existentes em graus de proximidade em grupos de indivíduos, onde os limites são imprecisos, criando-se a ideia de um centro e de periferias. Foi nesta perspectiva, que surgiram os **estereótipos culturais**, agora repensados não como parasitas ou disfarces da ideologia mas como pertencentes a um conjunto de representações cognitivas necessárias e como meios para um armazenamento económico da informação com vista à actuação no mundo empírico e no ambiente social. O problema passou a ser , não a eliminação dos estereótipos nem a de os considerar como simples sintomas significativos para o estudo de uma sociedade, mas ver neles esquemas organizadores prototipizados que, embora possam ser adequados ou inadequados, mal delimitados ou demasiado "restritivos", mas que têm algo de incontornável, se se quiser ter em conta a cultura de um povo. Não haverá um "português" típico, um "madeirense" ou "açoreano" típicos, mas há sim um tipo que representa um determinado grupo de compatriotas ou concidadãos.

Estas categorizações, mesmo não congeladas e mais dinâmicas que os estereótipos antigos, provêm da experiência efectiva do contacto com os nativos, representam esquematizações e imagens pré-construídas, preconceitos relativos a uma cultura estrangeira. Eliminar ou corrigir estereótipos não é fácil: pode-se fazer o caminho inverso, a partir deles caminhar para uma construção mais universal. A ideia de um "intelectual", de óculos, distraído, tropeçando em tudo e em todos, o portuguesinho de garrafão e com um embrulho de sardinhas ou com um tarro de iscas de bacalhau, ou o que está por detrás de expressões como "despedirse a la francesa" (cast.), "to take (the) French leave" (ingl.), "filer à l' anglaise" (fr.), passaram à história, mas dão-nos informações acerca de dados culturais do passado. O refinamento dos conhecimentos e das categorizações de ordem cultural podem fazer progredir o conhecimento linguístico, fazer interagir a competência cultural e a competência linguística.

0.3. O estereótipo visto através da língua

Os "estereótipos" veiculados por factos linguísticos estão sobretudo em determinadas palavras, cuja referenciação se encontra nomeada numa longa lista de designações como ditos, expressões, expressões fixas, expressões idiomáticas, frases, modismos, giros, fórmulas, fórmulas proverbiais, fórmulas comunicativas, idiomatismos, idiotismos, locuções, modos de dizer, frases feitas, refrães, adágios, provérbios, aforismos, colocações, expressões pluriverbais / ritualizadas / habitualizadas, unidades léxicas pluriverbais, unidades fraseológicas / fraseologias. É neste domínio que iremos ver como a tradução pode(rá) ter sucesso. Ou será que são traduzíveis? Aqui, a tradução será traduzir línguas ou traduzir culturas?

1. A tradução ou as equivalências a nível de "língua"

A tradução "ideal" será (seria) a que reproduz na língua de chegada todo o "pensado" na língua de partida. A tradução é uma linguística das línguas, da sua comparatividade, da sua confrontação, contrastividade. Todos sabemos, quer os tradutores, quer os bilingues, que a tradução não é apenas a substituição de formas e a manutenção do conteúdo. As correspondências não conduzem a equivalências totais mesmo se tivermos em conta apenas o nível do conteúdo. Partindo do menos complicado, há distinções sinalizadas numa língua que podem não estar presentes lexicalmente noutras línguas. Como se pode ver por:

saber / conhecer (ptg.) vs. to know (ingl.)
nadar / flutuar (ptg.) vs. schwimmen (al.)
escada[2] (ptg.) vs. Treppe / Leiter (al.)
flor (ptg.) vs. Blume-Blüte (al.))

ou as já referidas palavras intraduzíveis como *saudade, morrinha* (ptg. e gal.*), gemütlich, Leistung, Sehnsucht, gönnen* (al.), *mignon* (fr.).

---

[2] Embora em certas regiões do interior norte de Portugal se distinga entre *escada* (Treppe) e *escaleira* (Leiter).

Para nos atermos apenas num domínio específico, seleccionamos a designação dos nomes de agente[3], cuja frase prototípica é:

– «que faz + verbo/ nome»

e os afixos que realizam este conteúdo são tipicamente:

– para o fr.: *eur/ -teur*: sculpter – sculpteur, conduire-conducteur
– para o ptg. e esp.: *dor / -tor* esculpir: escultor, correr-corredor, conducir-conductor, conduzir-conductor

As equivalências são o caso normal, mas há desvios frequentes:

– balayeur (fr.) / barrendero (cast.) / varredor (ptg.)
– footballeur (fr.) vs. futbolista (cast.) / futebolista (ptg.)
– voyageur (fr.) /viajante (ptg.) vs. viajante e viagero (esp.)
– danseur (fr.) / dançarino (ptg.)
– professeur / professor (*aquele que professa?)
– bebedor (aquele que bebe vinho /* água)

e há ainda vários buracos negros lexicais a perturbar a regra:

– fazedor e factor
– cantor / cantora / cantadeira (ptg.) e chanteur/chanteuse/cantatrice (fr.)
– buveur (fr.) / bebedor, *comedor (ptg.)
– un gros mangeur (fr.) / comilão (ptg.)
– un voyant (fr.) / vidente (ptg.) (o que vê além do normal) vs mirón (cast.) e mirone (ptg.) (o que é curioso),
– chorão e *chorador

Mesmo nas terminologias onde seria de esperar alguma hrmonização (no mundo "global), como, por exemplo, para designar "escada articulada e móvel destinada a transportar, nas estações de metro ou no interior dos grandes complexos", temos:

– escada rolante (ptg.) — escalera mecánica (cast.) – escalator (fr.) – scala mobile (it.)[4]

---

[3] Para uma explicação mais circunstanciada deste domínio da língua vide Anscombre 2001.

[4] Mas há muitos outros factos na língua que constituem autênticos escolhos para o aprendente de tradutor. Por exemplo, *nato* e *nativo*, *né* e *natif*, distintos visíveis em:

linguista nato e habitante nato, um condutor nato / nativo, un dirigente nato / nativo?

Nas chamadas fórmulas comunicativas, os conteúdos equivalem-se, mas as fórmulas são formalmente bem diversificadas, como:

guten Morgen (al.)

em que a tradução seria *boa manhã*, mas nas línguas românicas dizemos: não,

*boa manhã, *bon matin, *buon mattino, *buena mañana, mas:
bom dia, bonjour, buon giorno (ptg., fr. e it.)

que equivaleriam a: *Guten Tag*. Neste caso, trata-se não de conteúdos mas de textos, de fórmulas. Os conteúdos que estão para além das línguas. Por ex., comparemos:

Kein Eingang (al.) (estampado num placard)

e não se traduz por

*aucune entrée, *nenhuma entrada, *nessuna entrata,

mas respectivamente por:

entrada proibida / défense d'entrer / proibito / vietato entrare (ptg., fr. e it.)

ou a combinação normal de dois adjectivos apresenta-se com divergente ordenação:

schwarzweiss, noir et blanc, a preto e branco (al., fr. e ptg.) vs. bianco e nero, blanco y negro (it. e esp.).

Ou ainda as chamadas "injunções estereotipadas", autênticas unidades textuais, em que a equivalência é apenas visível a nível pragmático:

– cuidado con el perro / cuidado com o cão vs. chien méchant (ptg. e fr.)
– consumir preferentemente antes de..../ à consommer avant... / best before ...vs. mindestens haltbar bis ...('pode conservar-se pelo menos até...') (ptg., fr., ingl. e al.).

Isto é, vemos que os produtos da cultura mais genuínos não se equivalem de modo claro: há que traduzir a especificidade de cada cultura e/ou língua.

2. A estereotipia nas fraseologias e fórmulas proverbiais

2.1. *A estereotipia nas fraseologias*

Um dos domínios onde a estereotipia mais se apresenta é o das expressões idiomáticas ou fraseologias. Para não me alargar em considerações acerca da caracterização deste tipo de expressões, sintetizo as múltiplas definições de fraseologia numa fórmula mais ou menos aceite por todos:

> a fraseologia é, em sentido estrito, o sintagma fixo e estável quanto aos seus elementos, em que, pelo menos, um deles – em relação aos demais (ou, pelo menos, em relação a um) – é membro de um paradigma rigorosamente restrito e fechado (sendo sempre em relação á forma, e ainda, frequentemente, também em relação à sua semântica).

Para podermos tratar com alguma profundidade, vamos ater-nos ao domínio das posturas ou movimentos do corpo na comunicação verbal[5]: a mímica facial e corporal como chave para ler o interior do homem. O interior do homem, os seus sentimentos são traduzidos em grande medida por meios não verbais. Se analisarmos um intercâmbio entre falantes, facilmente veremos a percentagem de informação vazada em meios não verbais. O suporte verbal centra-se nas fraseologias de tipo somático, comportamento cinésico não verbal, os chamados somatismos cinésicos ou cinegramas[6]. A expressão dos movimentos corporais pode ser expresso por lexemas livres do português e do alemão: *grunzen / grunhir*, *kriechen / arrastar-se*, *weinen / chorar*, *sorrir-rir / lächeln-lachen*. Nestes casos, trata-se de designações de movimentos corporais elementares. Quando se pretende ir mais além, isto é, indicar intensificação, caracterização mais pormenorizada, socorremo-nos de fraseologismos somáticos do género de:

> den Mund aufsperren (al.) / ficar de boca aberta (espanto, admiração)(ptg.)

Os fraseologismos que reflectem um acto comunicativo não verbal podem ser condicionados (os convencionais) e naturais. Os convencionais apoiam-se essencialmente na cultura da comunidade. Por exemplo, em:

> *jmdm. an die Nieren gehen* (comover a alguém: lit.. dar a alguém dor de rins)

---

[5] Apoio-me em Carmen Mellado Blanco 2000.
[6] «[Kinnegramme ist] sprachliche Repräsentation aussersprachlichen (kommunikativen) Verhaltens» (Burger et al. 1982: 56).

o valor idiomático é determinado pela concepção medieval de que o rim era o centro das mudanças de ânimo e do impulso sexual. Por isso, os adúlteros eram castigados com a pena da extracção dos rins[7]. Os movimentos cinésicos veiculados por fraseologismos exprimem sentimentos profundos e intensos:

- die Hände über dem Kopf zusammenschlagen – llvarse las manos a la cabeza / levar as mãos ás cabeça (al., cast. e ptg)
- die Stirn runzeln – fruncir el ceño – franzir o sobrolho (a qualquer coisa) (al., cast. e ptg.)

O homem aprende primeiro a usar o corpo para se exprimir e só depois vai além do corpo. As designações em que o corpo serve de suporte à caracterização do comportamento e do modo de ser, são inúmeras no português (como em qualquer língua)):

ser uns mãos largas
ser um unhas de fome
ter as costas largas
ter mais olhos do que barriga
não caber em si de contente
(adj. caracterizador) dos quatro costados
por um pelo (que não consegui algo)
não ver um palmo à frente do nariz
não ter dois dedos de testa
estar a dois passos daqui

Nos chamados cinegramas ou somatismos, teremos de distinguir os somatismos cinésiscos e os pseudocinésicos: os cinésicos são o valor literal (dos componentes da fraseologias) e o pseudocinésico é o significado simbólico ou fraseológico (com a respectiva transformação semântica). Estes dois valores estão normalmente integrados (a designada homonímia integrada)[8]. Quando o valor cinésico se sobrepõe, adquirindo mesmo um valor ritualizado, fossilizado, trata-se dos autênticos pseudocinésicos.

Como acontece com todas as fraseologias, há elementos únicos, arcaicos, que só aparece nos fraseologismos, ou há incompatibilidades semânticas nítidas como:

torcer o nariz a alguma coisa (ptg.)

---

[7] Cfr. Mellado Blanco 2000: 391, n. 4.

[8] «Im Normalfall hat das kinegramm eine kinetische (=erste) und eine symbolische (=zweite) Bedeutung. Beide Bedeutungen verweisen auf Realitäten: die erste auf eine physische, die zweite auf eine sozio-kulturelle bzw. Psysische» (Burger et al. 1982. 59).

den Kopf unter dem Arm tragen (al.) (literalmente, 'levar a cabeça debaixo do braço' e o sentido é: 'estar muito doente')

ou alude-se a crenças já ultrapassadas, como em:

entrar com o pé direito (ptg.)
mit dem linken Bein/Fuss zuerst aufgestanden sein ('levantar-se com a perna/o pé direito') (al.)

O uso do conjuntivo (em al.) e do imperfeito / condicional (em ptg.) mostra como se tem apenas como imaginável o valor da realidade nomeada:

dafür würde ich die Hand ins Feuer legen (al.)
por ele / por isso punha/ poria eu as mãos no fogo (ptg.)

O valor pseudocinésico destes fraseologismos vê-se pelo recurso ao reino animal, não accessíverl aos humanos:

mit eingezogenen Schwanz absiehen / ir com o rabo entre as pernas (al. e ptg.)
die Ohrem spitzen / aguçar / apurar os ouvidos
jmdm. Hörner aufsetzen / pôr os cornos a alguém (al. e ptg.)

O sentido pseudocinésico desvenda-se pelo facto de se exigir determinado traço[9] ao actante, caso se altere desactiva-se a leitura simbólica:

meter o nariz onde não se é chamado / neste assunto / neste problema,
mas não em: *meter o nariz na cozinha / na comida.*

Por outro lado, nos fraseologismos que não os cinésicos, a transformação é sobretudo metafórica, ao passo que nos cinésicos é por metonímia: dois campos temáticos próximos. Por exemplo:

Jmdm. ins Gesicht sagen / decirle algo a alg. a la cara
Dizer algo a alguém cara a cara / na cara

Mas nos pseudicinésicos, em que o valor literal desapareceu, o que prevalece é a metáfora. Vejamos os casos de:

ficar a chupar nos dedos / sich die Finger nach etwas lecken,
tomar alguém nos braços / jmdn auf den Armen nehmen 'burlar' (em al.) e (em ptg.) 'ajudar'

---

[9] No exemplo dado o núcleo nominal do complemento preposicional terá de apresentar o traço [+abstr.].

Antes de se passar às possibilidades de equivalência, temos de distinguir as polissemias. Por exemplo, em fechar os olhos[10] temos vários valores

- (normalmente com negação) 'dormir'): não consegui *fechar os olhos* toda a noite
- 'morrer': só no dia em que os pais *fecham os olhos*, é que os filhos começam a sentir a sua falta
- 'deitar-se a fazer algo sem medir as consequências': ao saber do incêndio na fábrica, o patrão *fechou os olhos* e precipita-se para o meio do fogo para salvar o que era possível

As equivalências podem ser:
- plenas: no fraseológico e no literal, no componente formal e pragmático:
  - die Achsel / mit den Achseln zucken – encolher os ombros (al. e ptg.)
  - sich die Händen reiben – esfregar as mãos (de contente) (al. e ptg.)
  - jmdm den Mund / das Maul stopfen – calar a boca a alguém (subornando-o) (al. e ptg.)
  - jmdm die Hände schmieren – untar as mãos a alguém (subornar) (al. e ptg.)

- diferença na valência:
  - die Hände in Unschuld waschen – lavar daí as mãos (ptg. e al.)
- diferença na composição léxica (embora se mantenha o valor)
  - kein Auge zutun / zumachen– não pegar olho (al. e ptg.)
  - keine Hand rühren – não mexer um dedo (al. e ptg.)
  - jmdn auf Händen tragen – trazer alguém nas palmas das mãos (al. e ptg.)

Nos exemplos referidos encontramos o recurso aos mesmos pontos do corpo: *mãos, dedo, cara*. O que prova que se trata de uma convencionalização muito diminuta. Há diferenças mais profundas nestas fórmulas. Assim, pode diferir o significado literal e haver apenas equivalência cinésica:

- im handumdrehen ('num volver de mão') (al.) =»
- num abrir e fechar de olhos (ptg.)
- in den Bart brummen ('grunhir na barba') (al.)=»
- falar entre dentes (ptg.)

Deve observar-se que o contexto cultural europeu, a mesma referência greco-latina, a influência judeo-árabe, as mesmas superstições, fizeram

---

[10] Penadés Martinez 1999: 40.

com que o recurso aos mesmos tópicos e aos mesmos motivos facilitem a comparação e a respectiva tradução.

Nos clichés[11], na escolha de protótipos para caracterização de propriedades humanas, nem todas as línguas seleccionam os mesmos referentes e as mesmas propriedades dos referentes. Se por força da mesma origem, há coincidências, como, por exemplo, em:

> tener vista de lince / ter vista de lince / avoir des yeux de linx (influência greco-latina)[12] (fr., ptg. e cast.)

na maior parte dos casos, a escolha feita pelas línguas nas propriedades do referente é imprevisível, podendo haver divergências e convergências:

> tener las malas pulgas ('ter mau carácter') (cast.)
> burro que nem uma porta (ptg.)
> souple comme une anguille (fr.)
> fome de cão (ptg.)
> ser um burro de carga (ptg.)
> ser fino como um alho vs rusé comme un canard (ptg. e fr.)
> il y a anguille sous roche / anda mouro na costa / gato escondido com rabo de fora (fr. e ptg.)
> cada macaco no seu galho (e chacun son métier et les vaches seront bien gardés) (ptg. e fr.)
> teimoso como um burro e têtu comme un âne /une bourique (ptg. e fr.)
> ser una víbora (ptg.) – être une vipère/ langue de vipère (fr.)/ língua viperina (ptg.) / lengua de víbora (cast.)
> être comme un poisson dans l'eau / estar como o peixe na água (fr. e ptg.)
> há muitas maneiras de matar pulgas e hay muchas maneras de matar pulgas (ptg. e cast.)
> mettre la charrue devant les boeufs e pôr o carro à frente dos bois (fr. e ptg.)

---

[11] Cfr. Ortiz de Urbina 2000.

[12] Aliás, são muitos os exemplos em que as convergências são previstas, ou pela natureza do referente ou pela origem comum das línguas e das culturas. Por exemplo,
> cem por cento
> dar um volta de cento e oitenta graus
> estar no sétimo céu / estar en el séptimo cielo (ptg. e cast.)
> ser a oitava maravilha do mundo
> meterse en camisa de once varas (cast.)
> ser um zero à esquerda: ser un cero a la izquierda (ptg. e cast.)
> pregonar / gritar a los cuatro vientos (cast.)
> tener siete vidas como los gatos (cast.)

Pretendo sobretudo salientar que traduzir é comparar, traduzir culturas e não apenas substituir palavras e construções. Para finalizar este tópico, interrogo-me como seria difícil traduzir expressões do género de "andar de dares e tomares com alguém" presente no seguinte texto:

> «Apesar de adorarem anedotas...., de não desperdiçarem um boato por mais desrazoado que seja..., apesar de até colocarem um olhar guloso quando alguém lhes conta que "A que vivia com B está agora de amores com C que por sua vez já *teve dares e tomares com a irmã de A*...", apesar de tudo isto, os portugueses não penalizam os titulares dos cargos públicos por factos da vida privada» (Helena Matos, Público, 2002-04-06)[itál. meu]

2.2. *A estereotipia nas fórmulas proverbiais*[13]

Os provérbios e as fórmulas proverbiais representam, na língua portuguesa, uma larga fatia da estereotipia suportada pela língua. São muitas as convergências na maior parte das línguas, dado que o ponto de partida, na sua grande maioria, é o homem, a sua experiência, o esforço para regularizar as irregularidade da natureza e domesticar as forças dos elementos e mergulhar de modo airoso nas nebulosas do futuro. Por outro lado, há a confluência de tradições que mergulham muitas vezes em passados comuns. Contudo, as divergências são igualmente frequentes. A tradução da cultura neste domínio oferece algumas dificuldades.

Os "encontros" das línguas são frequentes, em domínios como aquele em que os animais (sobretudo os) domésticos servem de ponto de partida:

(i) A cheval donné on ne regarde pas les dents (fr.)
To look at a gift horse in the mouth (ingl.)
A cavalo dado não se olha ao dente (ptg.)
(ii) To kill the goose that lays the golden eggs (ingl.)
Matar a galinha dos ovos de ouro[14] (ptg.)
(iii) La nuit tous les chats sont gris (fr.)
De noche, todos los gatos son pardos (cast.)
De noite todos os gatos são pardos (ptg.)
(iv) Aunque vestido de lana, no soy borrego (cast.)

---

[13] Em Sevilla Muñoz 2000 encontramos reflexões interessantes neste domínio.
[14] O ponto de partida, nesta área, é normalmente a fonte clássica, neste caso as fábulas de Esopo.

Por andar vestido de lã não sou filho de nenhuma ovelha[15] (ptg.)

Outro tópico é o das ocupações diárias e comuns:

(i) Matar dois coelhos de uma cajadada (ptg.)
Matar dos pájaros de un tiro (cast.)
(ii) Faire venir l'eau à son moulin (fr.)
Llevar el agua a su molino (cast.)
Levar a água ao seu moinho (ptg.)
(iii) Arrimar el ascua a sua sardina (cast.)
Chegar a brasa à sua sardinha (ptg.)

a que o francês dá uma outra formulação:

Tirer la couverture à soi

Já em: A bon chat bon rat (fr.)

corresponde noutras línguas:
Cada um tem o que merece

Há temas que são mote geral para todas as línguas, como é o do jogo das aparências, da mentira e da verdade. Neste domínio há um painel enorme de fórmulas:

– De noche a la vela, la burra parece doncella (cast.)
– Vistan un palo, y parecerá algo (cast.)
– Il ne faut pas juger les gens sur l'apparence (fr.)
– No se puede juzgar por las apariencias (cast.)
– L'apparence est souvent trompeuse (fr.)
– Las apariencias engañan (cast.)
– Una buena capa todo tapa (cast.)
– Debajo del sayal hay al (cast.)
– Debajo del buen sayo, está el hombre malo (cast.)
– Bajo una mala capa se esconde el buen caballero (cast.)
– L' air ne fait pas la chanson (fr.)
– El hábito no hace al monje (cast.)
– La robe ne fait pas le médecin (fr.)
– O hábito não faz o monge (ptg.)

---

[15] Deve observar-se que nem todas as línguas se servem das mesmas propriedades de seres ou objectos:

Quand le chat n' est pas là les souris dansent (fr.)
Patrão fora, dia santo na loja (ptg.)

Pode resumir este tema:

– Nem tudo o que brilha é ouro (ptg.)
– Tout ce qui reluit / brille n'est pas (d')or (fr.)

Há outras formas que se situam no mesmo domínio

– Il n'est pire eau que l'eau qui dort (fr.)
– Del agua mansa líbreme Dios, que de la brava me guardaré yo (cast.)
– En río manso, no metas tu manos (cast.)
– Le singe est toujours singe, fut-il déguisé en prince (fr.)

Nestes casos só temos de procurar se as equivalências compreendem a forma e o conteúdo, ou se apenas se situam a nível pragmático-contextual. São exemplos deste último aspecto, as formulações que andam atrás da rima e do rtimo. Assim, dentro do que podemos sintetizar em "depressa e bem há pouco quem", encontramos, nomeações de lugares[16]:

– Zamóra no se ganó en una hora
– No se hizo Alicante en uno solo instante (cast.)
– Roma e Pavia não se fizeram num só dia (ptg.)

Ou a rima justifica ainda o recurso a nomes diversos, para indicar que "quem está ausente não conta"

– Quien va a Sevilla pierde la silla (cast.)
– Qui va à la chasse perd sa place (fr.)
– Quem vai ao mar perde o seu lugar (ptg.)

ou fórmulas de louvor (ou o seu reverso) de lugares:

– Quien no conoce Sevilla no conoce maravilla y quien no ha visto Granada no ha visto nada y quien no ha visto Barcelona, no ha visto cosa bona (cast.)
– Quem não viu Lisboa nunca viu coisa boa (ptg.)
– Quem foi a Cascais jurou para nunca mais (ptg.)
– P'ra cá / lá do Marão mandam os que cá / lá estão (ptg.)

Em coisas, por vezes, muito evidentes, há desfasamentos formais importantes, como acontece em:

– Tal pai, tal filho (ptg.)
– Tel père, tel fils (fr.) e
– De tal palo, tal astilla (cast.)

---

[16] Para uma exposição mas pormenorizada sobre o tema vide Ortiz de Urbina 2000.

Os modelos são os considerados clássicos, onde se verifica apenas a adaptação à cor local, como se vê por:

Meter Madrid en Carabanchel (cast.)
Meter o Rocio na betesga (ptg.)

Por exemplo, o uso dos numerais[17] nestas fórmulas proverbiais mostra como o espírio humano se repete:

Uma imagem vale mais do que mil palavras (ptg.)
Una imagen vale más do que mil palabras (cast.)
Não há duas sem três (ptg.)
No hay dos sin tres (cast.)
Quatro olhos vêem melhor do que dois (ptg.)
Quatro ojos ven mejor que dos (cast.)
Dizer duas coisas (ptg.) e decir dos cosas (cast.)

Mas mesmo aqui há expressões em portugtuês onde a equivalência não é facilmente encontrável, como, por exemplo, em:

Às três é de vez
Ficar num oito
Estar entre as dez e as onze
Dar no vinte

As equivalências são muitas vezes apenas aparentes. Se compararmos os dois ditados (ingl. e ptg.):

«Por morrer uma andorinha não acaba a Primavera» e
«A swallow does not make a Summer».

veremos que, apesar da semelhança lexical e formal, as diferenças são mais do que muitas. A forma portuguesa é pessimista, bem portuguesa e a inglesa, mesmo negando, é bem mais optimista[18].

3. A tradução da estereotipia no discurso

3.1. *A tradução da estereotipia no discurso jornalístico*

Vejamos o seguinte texto, atinente ao momento de elaboração do actual Governo:

«Cães, gatos e seres humanos [título]. Os ditados populares, no bom

---
[17] Apoio-me em García-Page Sánchez 2000.

senso que normalmente traduzem, podem ser tão pertinentes quanto cruéis. O que Marcelo Rebelo de Sousa escolheu para ilustrar as dificuldades de Durão Barroso na composição do seu Governo foi-o particularmente. Na crónica do último domingo na TVI, o ex-líder do PSD foi lapidar: "O povo diz que quando não se tem cão para caçar, caça-se com gato. Eu acho que o Dr. Durão Barroso vai ter que fazer isso: onde não for possível caçar com cão – isto é com aqueles nomes mais especulados – caça com gato. E se o gato caçar, e for tão ou mais activo, dinâmico e energético, serve para o efeito." Nesta parábola política, Dias Loureiro, Miguel Cadilhe, António Borges, Proença de Carvalho e Ernâni Lopes faziam a figura de caçadores mais desejados, porém ausentes, e os gatos não eram directamente nomeados. Mesmo assim, Marcelo lá acabou por aludir, de passagem, aos nomes de carlos Tavares e Manuela Ferreira Leite.....Assim ... Ferreira Leite lançava o aviso de que não estaria disposta a ser tratada abaixo de cão. E quando.. se conheceu o nome do novo ministro das Fianças de Durão ... ficou a saber-se que também nesta história havia, afinal, um gato escondido com o rabo de fora» (Manuel Agostinho de Magalhães, Expresso, 29.3.02)

Isto é, há um provérbio, a sua desconstrução e nova reconstrução. Quando se começou a verificar (ou prever) que o Governo de Durão Barroso não ia contar com grandes nomes, surgiram comentários do mais variado género. Marcelo Rebelo de Sousa formulou o seu pensamento através de:

Quem não pode caçar com gato, caça com rato

em que a implicatura convencional é fácil de decifrar, mas a implicatura conversacional envolve menos animais e sobretudo pessoas. Imaginemos a tradução de um texto destes[19]. Há exemplos constantes de confusão entre a implicatura convencional e a conversacional e a incapacidade (ou ignorância) levam a frquentes aplicações menos adequadas, como acontece na tradução de "you've never seen her before", por "você nunca a viu antes"?[20]

---

[18] Cfr. Miguel Esteves Cardoso 2001: 380-384.

[19] A propósito da tradução de uma letra de Pedro Ayres Magalhães para inglês afirma: «Quero aqui mostrar um pequeno exemplo deste problema, para que se faça ideia da dificuldade e da ingratidão que se colam ao acto de transpor palavras portuguesas para inglês. Só os maiores poetas, como Fernando Pessoa e João Miguel Fernandes Jorge, têm grandeza lírica e declarativa que cheguem para sobreviver às traduções – por muito más que sejam, e são.» (Id., Ibid.«Traduzir Pedro Ayres Magalhães», pp: 380-384).

[20] Como se deduz do seguinte texto: «"Você nunca a viu antes mas ela salvou alguém hoje". O "slogan" aparece em cartazes publicitários, a acompanhar uma foto pouco

3.2. A tradução da estereotipia em textos literários

Os grandes princípios da tradução foram já formulados por S. Jerónimo, por Lutero e por Luís Vives[21], em que se pode estabelecer uma escala que vai da tradução como simples transposição até à concepção da tradução como arte, com total liberdade, dois pólos evidentemente indefinidos e problemáticos. Tendo em mente os princípios gerais e não querendo prolongar muito a exposição e tomando como ponto de partida traduções recentes, colocamos a pergunta: em que medida se poderão traduzir as expressões idiomáticas, a estereotipia, num texto literário? Considerando o Ulisses de Joyce como paradigmático, permitam que dê a opinião de um dos "fazedores de opinião" do nosso meio cultural, a propósito da tradução de Antônio Houaiss (Lisboa, Difel, 1983, 552 pp.)[22], em que um dos pontos visados é o das expressões idiomáticas, que diz o seguinte:

> «*Ulisses* não é, num sentido estrito, traduzível. A obra gira sobre caseiras dobradiças linguísticas anglo-irlandesas, lubrificadas pelo grande individualismo de Joyce. O que é «incompreensível» num contexto determinado tem, mesmo assim, um sentido oculto; quando

---

nítida de uma rapariga numa escada mecânica, com uma gabardina que deixa ver por baixo uma "t-shirt" com algo que sugere o símbolo da Supermulher: é uma campanha para estimular as dádivas de sangue e a ideia não é má mas_ "você nunca a viu antes"? A expressão parece uma tradução literal do inglês "you've never seen her before", cuja tradução comum devia ser um simples "você não a conhece". Seria aceitável "Você nunca ouviu falar dela", mas "Você nunca viu antes" mostra à transparência a expressão inglesa que inspirou a frase – seja ela ou não uma tradução» «A solução não se encontra na imposição de uma norma, mas na produção de mais imaginário, de mais ideias, de mais imagens, na criação de mais língua dentro da nossa língua» «É evidente que outra das razões para a inútil importação de certas expressões é a pura ignorância da língua» (José Vítor Malheiros – O inglês à transparência, in: Público, 2002. 1. 29).

[21] Eugenio Coseriu («Falsche und richtige Fragestellungen in der Übersetzungstheorie», in: Wilss, Wolfram (ed.) – Übersetzungswissenschaft, Darmstadt: WB, 1981: 27--47) chama a atenção para os princípios gerais da fiabilidade e fidelidade da tradução já formulados em S. Jerónimo (De optimo genere interpretandi, na carta Ad Pammachium: para quem a tradução deveria ser «sensum exprimere de sensu» e apenas na Sagrada escritura «ubi et verborum ordo mysterium est» e por isso deveria traduzir-se «verbum e verbo») e em Lutero (1530) (Sendbrief vom Dolmetschen, que repetia o mersmo princípio, só acrescentava a necessidade de adaptação aos destinatários) e para. (1533) Luis Vives (De ratione dicendi) (que distibguia três variedades de tradução: I) o sensus no texto, ii) a tradução em que se atendia à expressão (phrasis et dictio) e iii) e aquele em que tinha de se atender ao sentido (sensus) e à expressão (et res et verba).

[22] Miguel Esteves Cardoso 2001: 372-379.

o exercício da tradução o transporta para outro contexto, toda essa massa de referências que nascem tanto da erudição universal como do dia a dia específico de uma cultura (expressões idiomáticas, o enorme universo dos conhecimentos triviais e locais), toda essa riqueza se perde e transforma – eis a pior consequência – num sem-sentido absoluto. A especificidade de Joyce – o mesmo é dizer, do seu estilo – atinge um cume nos seus neologismos e nos seus jogos de palavras. São jogos de sentido que se podem brincar só dentro de uma determinada língua – conjunto de regras que permitem, por sua vez, um conjunto de batotas – e que deixam de ter graça quando são jogados noutras línguas. (pg. 372) .... Ulisses é um livro dificílimo de ler, e a dificuldade dele é precisamente um dos seus encantos. Para lê-lo – é escusado estar com histórias ou populismos – é necessário privar de perto com toda uma série de conhecimentos que só excepcionalmente é possível adquirir quando se pertence a outra língua e a outra cultura. (pg. 373)»

A propósito da tradução de algumas obras de Shakespeare feitas por especialistas da Universidade do Porto, dois importantes homens de teatro e da cultura do nosso meio afirmam o seguinte[23]:

«[nesta tradução] sabemos o que é em verso ou em prosa, há de facto uma prosódia, uma cadência que, uma vez "apanhados", nos ajuda a ler e a ouvir e só às vezes soa mais laboriosa e obriga o texto a ser menos bom...Mas mais que isto me desagrada a tentativa de aproximar do nosso tempo (do nossso público?) pelo léxico e pela utilização de construções de uso coloquial contemporâneo o que não pode deixar de ser e de sentir um texto antigo... Esse é talvez para mim o principal incómodo do texto desta tradução. Quero sentir que estes textos são antigos e poder pensar por que nos interessam ainda, por que estão ainda perto de nós. Quero-os distantes para saber por que deles me vou aproximar.»[24]

e ainda[25]

«[esta tradução} é séria, escolhe quase sempre pela clareza, justifica as muitas opções que se colocam, é obra trabalhosa e cuidada. Mas quase sempre as soluções encontradas são explicativas, rodeiam o

---

[23] Este primeiro texto reporta-se à tradução de «António e Cleópatra» de William Shakespeare feita por Rui Carvalho Homem, Porto: Campo das Letras, 213 págs., 2001
[24] Este texto é assinado por Luís Miguel Cintra in: Público, 12.01.2001.
[25] Este segundo texto é escrito a propósito da tradução «A Tempestade» de William Shakespeare feita por Fátima Vieira, Porto: Campo das Letras, 136 págs., 2001 e é assinado por Jorge Silva Melo, in: Público, 12.01.2001.

texto, esclarecem-nos evitando os escolhos da linguagem, evitando a poesia. Obra didáctica, esquece-se que o enigma pertence à descoberta da vida. E que a língua de Shakespeare não é apenas o inglês: é língua trabalhada por poeta, pelo tempo e por actores. ... Lembro-me disto ao ler esta tradução que reduz as fantásticas hipóteses do maneirismo shakespeariano a uma possível língua portuguesa para estudantes. Nunca senti aqui a violentação da imagem até aos limites da língua, a brusca alternância de metáforas e invenções, o florescer da retórica no verso. Não passeia, no português desta tradutora, a sombra ondulante da língua de Camões. O português para o qual é aqui traduzido Shakespeare é linear, é correcto, às vezes laborioso, muitas vezes pesadão, mas acima de tudo não tem jogo, não brinca, não arrisca, não escorre nem brilha. O verso é pobre quase sempre encalhado entre acentos puxados pelos cabelos.... O que esta tradução ... faz é tentar explicar o texto de Shakespeare. E vale o tempo que valer uma explicação, uns quantos anos lectivos...»

Mas onde se sente mais ainda que a tradução é essencialmente um acto de tradução de culturas (em sentido estrito) é na convivência do dia a dia entre comunidades compostas por indivíduos provenientes de culturas distantes e onde ainda não se deu a osmose. O exemplo é retirado do desencontro da relação entre duas culturas no México – a maia e a europeia – encarnadas em duas mulheres, sogra e nora ou avó e mãe. A tradução é a transposição, não de um texto para outro, mas de um universo para outro:

«... a avó utilizava o maia para comunicar com o neto, fazendo com que, desde muito cedo, Júbilo se convertesse no primeiro neto bilingue de Dona Itzel. E, por isso mesmo, desde os cinco anos de idade, o miúdo encarregou-se de oferecer os seus serviços como intérprete da família. Coisa bastante complicada para uma criança pequena obrigada a distinguir que o mar a que se referia Dona Jesusa era o que estava diante da casa e onde toda a família tomava banho, mas que, pelo contrário, o mar de que falava Dona Itzel quando mencionava a palavra *K'ak'nab* não fazia alusão apenas ao mar, mas à «senhora do mar», uma das fases da Lua, relacionada com as massas de água e que na língua maia se designava com o mesmo vocábulo. De modo que Júbilo, no momento de traduzir, tinha de levar em conta não apenas estas subtilezas, mas a inflexão de voz, a tensão das cordas vocais, as expressões da cara e os movimentos da boca da mãe e da avó. Era um trabalho difícil mas que Júbilo efectuava com muito gosto, embora não o fizesse, claro, literalmente. Quando traduzia, acrescentava sempre uma ou duas palvras amáveis que suavizavam o relacionamento entre ambas. Com o tempo, esta travessura fez com que as duas mulheres se relacionassem cada vez melhor, até chegarem a gostar uma da outra. A experiência fê-lo descobrir o grande poder das palavras na aproximação ou no afastamento das pessoas e ensinou-lhe que o mais importante não era o idioma utilizado mas a intenção presente naquilo que se comunica.»[26]

O conhecimento da língua pode ser suficiente para traduzir, mas só o conhecimento da cultura pode conduzir a uma tradução com determinado destino: tradução feita com objectivos precisos, mesmo traindo o texto.

4. Conclusão

Nas línguas, a nível de sistema, há convergências e divergências, como vimos em *conhecer / saber* (ptg.), *savoir / connaître* (fr.) e *to know* (ingl.); a nível de fórmulas típicas (estereotípicas) ou sequências fixas (séquences figées) do género de *Kein Eingang* (al.) em que as fórmulas equivalentes, por via de regra, se distanciam (neste caso, é *entrada proibida* (ptg.), *vietato entrare* (it.) e *défense d' entrer* (fr.). Se nestes casos, um bom dicionário pode solucionar, já nas estereotipias mais marcadas, como fraseologias (expressões idiomáticas) e fórmulas proverbiais, a tradução (ou procura de equivalências) é mais complicada. As divergências podem ir da diferente ordenação dos elementos (*sûr et certain* e *certo e seguro*: fr. e ptg.) a um distanciamento formal quase total e com equivalência apenas pragmática (*quien va a Sevillha pierde la silla* (cast.), *quem vai ao mar perde o lugar* (ptg.) e *qui va à la chasse perd la place* (fr.) ou contar *com o ovo no cu da galinha* (ptg.) ou *il ne faut pas vendre la peau de l'ours avant de le prendre* (fr.) e até haver uma equivalência formal e pragmática (*apporter de l'eau à son moulin* (fr.) e *levar a água ao seu moinho* (ptg.). O fundo greco-latino serve de suporte a muitas equivalências.

Mas no discurso (quer se trate de textos literários ou não) há que prestar atenção às implicaturas, distinguindo o convencional e o conversacional: o valor das expressões a nível de língua e o seu valor em determinado contexto muito preciso. Isto é, distinguir entre a fórmula como construção e a sua descontrução e subsequente reconstrução.

---

[26] Laura Esquível – Tão veloz como o desejo, Porto: Asa, 2001, pg. 11 [Trad. do espanhol (do México), por Helena Pitta. Ed. original: Tan veloz como el deseo, 2000).

Bibliografia (citada):

ANSCOMBRE, Jean-Claude 2001 – «A propos des mécanismes sémantiques de formation de certains noms d'agent en français et en espagnol», in: *Langages*, n.º 143: 28-48.
BURGER, H. 1973 – *Idiomatik des Deutschen*, Tübingen: Niemeyer
BURGER, H. / Buhofer, A. / Sialm, A. 1982 – *Handbuch der Phraseologie*, Berlin: de Gruyter.
COSERIU, Eugenio1981 – «Falsche und richtige Fragestellungen in der Übersetzungenstheorie», in: Wilss, Wolfram (ed.) – *Übersetzungswissenschaft*, Darmstadt: WB: 27-47.
COSTE, D. / Zarate, G. 1997 – *Compétence plurilingue et pluriculturelle: vers un cadre européen de référence pour l'apprentissage des langues: études préparatoires*, Strasbourg: Conseil de l'Europe.
COSTE, Daniel 1999 – «Stéréotypes, prototypes et dimensions culturelles de l' aprentissage des langues», in: Krechel, Hans-Ludwig / Marx, Diemo / / Messner, Franz-Josph (eds.) – *Kognition und neue Praxis im Französischunterricht*, Tübingen: Gunter Narr Verlag, 111-123.
COULMAS, F. 1981 – «Introduction: Conversational Routine», in: F. Coulmas 1981 (ed.) – *Conversational Routine. Explorations in Standardized Communication Situations and Prepattened Speech*, The Hague: Mouton, 1-17.
DABÈNE, L. 1994 – *Repères sociolinguistiques pour l'enseignement des langues. Les situations plurilingues*, Paris: Hachette (Coll. Références).
DABÈNE, L 1997 – *Apprentissage des langues et citoyenneté européenne*, Strasbourg, Conseil de l'Europe.
ESTEVES CARDOSO, Miguel 2001 – *Explicações de Português*, Lisboa: Assírio e Alvim.
ESQUÍVEL, Laura – *Tão veloz como o desejo*, Porto: Asa, 2001, pg. 11 [Trad. do espanhol (do México), por Helena Pitta. Ed. original: Tan veloz como el deseo, 2000).
GARCÍA-PAGE SÁNCHEZ, Mario 2000 – «El numeral en las expresiones fijas», in: Pastor , 197-212.
MARGARITO, M. 1997 – "Stéréotypes et alentours" in: *Etudes de Linguistique Appliquée*, 107.
ORTIZ DE URBINA, Jesus Cantera 2000 – «Locuciones, giros y modismos del español y en francés», in: Pastor 2000: 431-454.
MELLADO BLANCO, Carmen 2000 – «Formas estereotipadas de realización no verbal en alemán y español: los cinegramas desde un enfoque contrastivo-histórico», in: Pastor 2000: 389-410.
PASTOR, Gloria Corpas (ed.) 2000 – *Las lenguas de Europa: Estudios de fraseología, fraseografía y tradución*, Albolote (Granada): Editorial Comares (=Interlingua, 12).

PENADÉS MARTINEZ, Inmaculada 1999 – *La ensenanza de las unidades fraseológicas*, Madrid: Arco Libros.

SHAKESPEARE, William 2001 – Medida por Medida, trad. de Manuel Gomes da Torre, Campos das Letras, 155 pgs.

SHAKESPEARE, William – *António e Cleópatra*, trad. de Rui Carvalho Homem, Porto: Campo das Letras, 213 págs.

SHAKESPEARE, William 2001 – *A Tempestade*, trad. de Fátima Vieira, Porto: Campo das Letras, 136 págs.

SEVILLA MUÑOZ, Julia 2000 – «Consideraciones sobre la búsqueda de correspondencias paremiológicas (francês-español)», in: Pastor 2000: 411-429.

A TRADUÇÃO DA MULTICULTURALIDADE[1]

1. Identidade e alteridade, cultura e língua

1.1. A identidade dos indivíduos e a identidade das comunidades situam-se em caminhos convergentes: tanto o indivíduo como a comunidade têm um espaço e um tempo a situá-los num "algures" histórico. Os estatutos simbólicos que modelam a colectividade e o indivíduo são estatutos essencialmente colectivos. Os indivíduos aprendem-nos em função de uma ordem colectiva. O indivíduo incorpora esses estatutos assumindo-os, mesmo quando os rejeita. Mas os símbolos colectivos continuam a ser (re)criados, modelados, modificados, influenciados pela organização e pelo discurso social. Este discurso, ao mesmo tempo que veicula os símbolos, remodela-os. Mas tanto na comunidade como no indivíduo há uma dupla vertente: identidade e alteridade. É-se aquilo que se é por força da distinção do que é o "outro". Mas entre o que se é e o que não se é, há diferenças e semelhanças. São as semelhanças e as diferenças que constituem o pilar da existência tanto das colectividades como dos indivíduos. Se não se é semelhante a qualquer coisa, não se é nada, e se se for apenas semelhança, também não se tem existência própria.

A identidade individual e a identidade colectiva jogam-se assim nos mesmos parâmetros: identidade como representação de si mesma e alteridade em relação a outras entidades. A identidade colectiva é a matriz de todas as entidades: da etnia, da religião, da língua, do mercado, da interacção, etc.

1.2. A sociologia[2] ensina-nos que os factos sociais são fenómenos supra-individuais, que os valores são algo pré-estabelecido, que os mode-

---

[1] A primeira versão deste trabalho foi publicada in: «Tradução, Discursos e Saberes», Porto: ISAI, 2000.
[2] Chame-se-lhe sociologia fenomenológica, etnometodologia ou análise de modelos (= frame analysis).

los de comportamento, à face dos quais os indivíduos são mensurados e julgados, existem simultaneamente dentro e fora dos indivíduos. Mas um dos valores primordiais das colectividades é aquilo que designamos por cultura. A cultura é o conjunto de instituições e padrões de comportamentos que nos são mais ou menos impostos, mas é também um conjunto de atitudes relativamente a essas instituições e padrões que nos permite avaliar os padrões e comportamentos alheios.

É a cultura que define um povo. Mas o que é a cultura? A cultura abrange factores como os conhecimentos, os costumes, as actividades, as atitudes, a organização social e política, as regras e os comportamentos, as crenças e os valores. A cultura dissolve-se na história do povo que a cria e identificá-la, caracterizá-la é tarefa difícil. Mas, poder-se-á perguntar, cultura de quem? De um grupo? De uma região? De uma família? Qualquer indivíduo é no fundo multicultural: pertence a uma série de redes culturais que se encavalitam em redes mais extensas. Haverá alguém monocultural?

A linguagem é a realidade suprema da interacção social entre os indivíduos: é o dado cultural mais relevante. E a realidade linguística mais fundamental é a conversação, o diálogo e o princípio da cooperação (Grice), a negociação activada pela conversa entre os indivíduos. O diálogo entre os indivíduos institui e instala a vida social. E que é que está por detrás dos esquemas dos diálogos linguísticos, dos comportamentos linguísticos, determinando-os?

1.3. A língua é uma criação colectiva: é um produto e um veículo da cultura de um povo. A língua representa de um modo original – própria de cada povo – a realidade do mundo e possibilita a transmissão dessa representação. A língua é a mediadora entre a identidade de uma cultura e a sua alteridade. Pela sua própria natureza a língua é idêntica a todas as línguas e é diferente de todas as outras línguas.

Mas, por ser diferente, constituirá a língua um ecrã que se possa tornar transparente, um instrumento cuja função seja apenas a de exprimir um sentido? Ou antes, criará a língua uma parte do sentido, imprimindo, pelas suas categorias, pelo seu dinamismo, uma orientação ao pensamento dos que a falam? Ou existirão as ideias, os conceitos antes de existir a língua? Será o objecto da comunicação exterior à língua? Será possível a comunicação apesar da existência das línguas particulares?

1.4. Se não é plausível a existência de bi- ou triculturalidades, poder-se-á perguntar se existirá o bi- ou trilinguismo? O bilinguismo será o domínio perfeito de duas línguas: é bilingue aquele que é capaz de ser monolingue em duas línguas? Ou o bilingue é aquele que tem capacidade para produzir enunciados significativos em duas línguas? Ou será multilingue aquele que tem competência linguística (ler, escrever, falar, escutar) em várias línguas? Parece-me que é multilingue aquele que se serve de duas ou mais línguas (ou dialectos) na vida de todos os dias. O que tem competência oral e escrita.

2. Os marcadores típicos de uma cultura e de uma língua

Os marcadores típicos (prototípicos) de uma cultura tanto podem ser objectos como ideias ou conceitos. Os factos linguísticos – a língua como instituição e como actividade – tem um lugar privilegiado na caracterização e definição dessa cultura. A língua é a memória de muitos dos caminhos (ou descaminhos) da vida cultural de uma colectividade. A história de um povo está gravada na memória da língua. Povos e raças, guerras e inventos, grandezas e degradações de um povo, tudo se aninha necessariamente na língua. Se quisermos encontrar a memória genuína de um povo só podemos procurá-la na língua. Por exemplo, as normas morais e éticas, as normas de comportamento, as rotinas de representação e de vivências espelham-se nos seus provérbios, na suas expressões idiomáticas, nas suas anedotas, nos seus jeitos de categorizar o mundo; nos seus tipos individualizados, nos seus alentejanos, nos seus saloios, nos seus ratinhos, nos seus galegos, etc. Será possivel traduzir estas idiossincracias das línguas?

2.1. *Provérbios*[3]

Os provérbios têm tanto de idiossincrático e de singular como de universal: se representam, por um lado, a tipicidade humana, representam, por outro lado, a tipicidade de cada povo. São formados ao longo de muitos séculos, dotados do valor de axiomas com autoridade institucional, exprimindo uma moral sem grandes heroicidades (avessos aos D. Quixotes), defensores da lei da sobrevivência (à Sancho Pança), remetendo a sua autoria para passados distantes – «já dizia a minha avó», «como diz o

---

[3] Para um estudo mais pormenorizado sobre os provérbios vide Lopes 1992.

povo», «lá dizia o outro», etc. – envolvidos em assonâncias com sabor arcaico.

Os provérbios se, por um lado, se encobrem na universalidade coeva do próprio homem, por outro lado, pelas assonâncias, pelos ritmos, pelo balancear da sua sintaxe, adequam-se às experiências linguísticas e culturais de cada língua. Se os valores inscritos em provérbios como

> Cem amigos é pouco, um inimigo é muito
> Mais vale um pássaro na mão do que dois a voar
> Quem vai ao mar perde o seu lugar
> O prometido é devido

exprimem indubitavelmente valores universais e compreensíveis e com uma tradução mais ou menos fácil, os caminhos da expressão desses valores podem apontar para uma rotina diferente. Vejamos como se exprimem alguns destes valores noutras línguas:

> Meglio un uovo oggi che una gallina domani (it.)
> Quien se fue a Sevilla, perdió la silla (esp.)
> Chi va a Roma perde la poltrona (it.)
> Qui va à la chasse, perd sa place (fr.)
> Chose promise, chose due (fr.)
> Versprochen ist versprochen (al.)

Há valores universais e evidentes, como se vê por:

> São precisos dois para se dançar um tango
> Um dia não são dias
> Um dia vale por dois para quem diz "já" e não "depois"
> Duas pedras duras não fazem farinha
> Homem prevenido vale por dois
> Dois olhos vêem mais do que um só
> Perdido por cinco perdido por dez

Mas a rima, o conhecimento enciclopédico, o contexto de cada língua espelha-se nesses provérbios e traduzí-los será tão difícil como recuperar um passado próprio de cada vivência nacional. Vejam-se casos como:

> De noite todos os gatos são pardos[4]
> Quem tem cem e deve cem, nada tem

---

[4] Eis um texto que corre nos manuais de língua portuguesa, mostrando como se liga a "autoridade" aos provérbios:

« – De noite – sentenciava um Velho Provérbio – todos os gatos são pardos.
– Mas eu sou negro – disse um gato negro atravessando a rua.

Um avarento por causa de um perde um cento
Três foi a conta que Deus fez
Segredo de três o Diabo o fez
Em Abril águas mil, canta o carro e o carril
Uma água de Maio e três de Abril valem por mil

Os mesmos valores, o mesmo ritmo, a valorização das assonâncias e das rimas e dos conteúdos envolvidos são tranportados por rotinas diferentes. As marcas arcaicas – *pardo*, *carril*, os calendários das chuvas e das colheitas, etc. – indiciam os caminhos individualizados das línguas. Tudo isto terá tradução no sentido pleno da palavra? E como ensinar o interior da língua neste domínio?

2.2. *Expressões idiomáticas*

As expressões idiomáticas são como o sangue do organismo chamado "língua". Formam-se espontaneamente, a princípio, com valor literal, para depois se libertarem da "letra" e se tornarem "metáforas", "metonímias" lexicalizadas e gramaticalizadas. São valores universais, apontando para fundos bíblicos, valorizando símbolos, determinados números e rotinas de categorização:

Faca de dois gumes
Servir dois amos/ dois senhores
Ter duas caras
Ter sete fôlegos
Estar no sétimo céu
Fechado a sete chaves
Ser sete cães a um osso
Pintar o sete (Eles ontem pintaram o sete no estádio)

Mas as expressões idomáticas e o mecanismo da categorização da realidade, as metáfora e as metonímias, são próprias de cada povo. Eis expressão para as quais não encontrei equivalentes em dicionários bilingues:

O diabo a quatro
(Alguém) ficar num oito
Nem oito nem oitenta
Às três pancadas (fazer o bolo –)
Às duas por três
Não há duas sem três

Regressar à estaca zero
Não dizer nem uma nem duas
Não valer um chavo
Os três da vida airada
Às três por quatro
Comer por quatro
Andar a nove
Ser cheio de nove horas
Ser dez reis de gente
Fazer trinta por uma linha
Aquilo foi um trinta-e-um
Trinta e um de boca

Apenas usei expressões idiomáticas com base em números, que em princípio são comuns a todos os povos. Mas não consegui tradução correcta para estas expressões.

No domínio do "idiomático" poderíamos fazer ainda referência às chamadas "colocações", as combinações de palavras privilegiadas (ou mesmo obrigatórias) próprias de cada língua, do género de:

Carro rápido / comida rápida / auto-estrada rápida

Para apenas dar um exemplo, embora o inglês tenha a palavra equivalente ao português rigoroso e francês rigoureux – rigorous –, não há sempre correspondência nas combinações:

Inverno *rigoroso* / hiver *rigoureux* / *harsch* ou *hard* winter

2.3. *As anedotas*[5]

O riso, o humor, a ironia são universais humanos. As anedotas constituem uma das expressões desse humor, da necessidade de rirmos de tudo e de nós mesmos. E o riso é uma actividade colectiva: para que haja riso exige-se cumplicidade e cooperação entre os actantes. Mas a anedota é sempre uma violência: uma violência à língua, uma violência às expectativas dos interlocutores, uma violação ao referente. É uma violência

---

– É impossível: os Velhos Provérbios têm sempre razão.
– De qualquer maneira, eu sou negro – repetiu o gato.
Assombrado e aflito, o Velho Provérbio caiu do telhado e partiu uma perna.»
[5] Mouta (1996) tem um interessante trabalho sobre o tema "humor". Sirvo-me de alguns dos seus exemplos.

mesmo em relação ao próprio criador do riso: nós só rimos quando os outros riem. É uma violência, porque há uma luta entre dois sentidos: a contradição entre o sentido aparente e o sentido manifestado. A derrapagem do sentido e do referente ilude o acesso ao referente: e a anedota só se cumpre quando se deslaçar a derrapagem. A língua, na anedota, tornou--se opaca: tem apenas valor no cosmos criado pelo narrador. Por outro lado, o objecto das anedotas são sempre os (supostamente) mais fracos, tipos criados por cada cultura: os diminuídos físicos, os marginais, os judeus, os negros, os galegos, os alentejanos, os saloios, os tripeiros, os estrangeiros, os poderosos, as instituições, a sexualidade e a própria linguagem. Tipos e pessoas, instituições e grupos, a majoração e a pejoração, são criações de cada colectividade.

Por outro lado, se a língua é essencialmente regularidade, também é desvio e fuga ao regular: e aqui situa-se também o elemento cómico da anedota. O jogo das palavras e de palavras, a alusão, a insinuação, o implícito; os subentendidos, os pressupostos; tudo o que é sempre dependente não apenas da língua, mas também (e sobretudo) do contexto enunciativo, constitui o pano de fundo do humor. Todos os saberes, desde o saber enciclopédico, ao linguístico e accional, estão aqui em jogo. É que apenas ao final da anedota se desdobra a chave do sentido.

Como será possível traduzir anedotas como:

«Conta-se que um jovem, apresentado num salão parisiense como sendo parente de Rousseau, tinha uma agilidade mental pouco ágil. A anfitriã volta-se para o cavalheiro que o tinha apresentado e disse:
« Vous m'avez fait connaître un jeune homme roux et sot mais pas un Rousseau»

Napoleão teria dito um dia a uma dama com quem tinha dançado:

« – Tutti gli italiani danzano si male?
Ao que a dama retorquiu:
« – Non tutti, ma buona parte»

Após a última grande guerra – por volta dos anos 50 –, um casal alemão passava férias em Cannes e sabendo da malquerença relativamente aos alemães, fazim-se passar por ingleses. E num bar encomendam bebidas:

«Waiter, please, two martinis.
– Yes. Dry », pergunta o "garçon"
– « Nein, zwei», intervieram.

– Sabes por que é que as galinhas chocam?
– Porque não têm travões

A fragmentação das palavras só se produz numa língua, o que depois se torna de difícil tradução:

> «Diz-se que numa das deslocações do Cardeal Cerejeira a Roma, para um conclave, Américo Tomás se foi despedir dele ao aeroporto e, no momento do desembarque, teria dito:
> « – Adeus insigne viajante!»
> Ao que o cardeal teria respondido:
> « – Adeus, insigne ... ficante!»

Ou, num hospital, num serviço de urgência, há dois indivíduos que entram. E o médico aborda um deles perguntando:

> « – O senhor é o dador de sangue?
> – Não, eu sou o da dor de barriga»

No psiquiatra:

> – Você foi soldado?
> – Não senhor. Eu sou feito de uma só peça.

3. Rotinas de (re)criação: polissemia[6]

A maior parte das palavras de uma língua são polissémicas. Há produções sistemáticas de polissemias em todas as línguas. Mas as rotinas de criação dessas polissemias nem sempre coincidem nas diferentes línguas.

A dificuldade de tradução dessas rotinas vai de par com a compreensão da língua a aprender: a compreensão dos mecanismos de categorização e recategorização é o melhor caminho para se ter acesso à totalidade duma língua. O facto de haver mecanismos idênticos e mecanismos diferentes dificulta a aprendizagem: estudar caso a caso? Não poderá haver generalizações? Desçamos aos exemplos concretos.

Consideremos a chamada transferência metonímica de sentido formadora de redes lexicais polissémicas, que consiste no facto de o nome de um "lugar" poder ser usado para fazer referências às pessoas que aí vivem, ou o nome de uma "publicação" poder fazer referência ao seu editor, como acontece em:

> Braga votou Mesquita Machado nas últimas eleições
> O Público opõe-se ao branqueamento das dívidas da UGT

---

[6] Todo o n.º 113 (1997) da «Langue Française» é dedicado a reflexões sobre a polissemia nominal. Alguns dos meus exemplos são daí retirados.

Um outro *locus* de trasnferência polissémica dá-se em que o nome de um animal tanto pode designar uma sua parte como a sua totalidade:

> John was eating rabbit (ingl.)
> Jean mangeait du *lapin* (fr.)
> Giovanni stava mangiando coniglio / carne di coniglio (it.)
> O João estava a comer coelho / carne de coelho
> Djon na cume ba carne de lebri (crioulo da Guiné-Bissau)
> Juan estaba comiendo conejo (esp.)

em que não se come o "coelho" todo: olhos, pele, ossos, mas apenas a "carne de". Mas o mesmo significante pode apontar para uma outra parte do coelho:

> Recuso-me a usar / vestir pele de coelho
> * Recuso-me a usar/vestir coelho
> Ni cana bisti Kasaku di peli di lebri (crioulo da Guiné-Bissau)
> I refuse to wear rabbit
> Je refuse de porter du lapin
> Mi rifiuto di portare lapin / pelle di coniglio (it.)

Não há total convergência nas línguas: o português não acompanha e mesmo o italiano serve-se de um termo importado. Mas as divergências podem ir mais longe. Consideremos o acesso ao referente 'chave' e à sua categorização nas línguas:

> O João traz a chave para abrir o carro
> Jean amène la clé por ouvrir la voiture (fr.)
> John is bringing the key to unlock the car (ingl.)

As transferências polissémicas de uma língua podem verificar-se ou não nas outras línguas:

> A piano has 88 keys (ingl.)
> Um piano tem 88 teclas
> Un piano a 88 touches (fr.)

> The musician is playing in the wrong key (ingl.)
> La musicienne s'est trompé de clé (fr.)
> A pianista enganou-se na clave

> Nous avons trouvé la clé du mystère (fr.)
> We have found the key to the mystery (ingl.)
> Encontrámos a chave do mistério

E na informática, embora se trate de um domínio totalmente marcado pelo inglês, as designações nem sempre se acompanham: keyboard / / clavier / teclado.

Mas a própria língua não é coerente na criação das polissemias: as analogias falham. E o enciclopédico e o linguístico nem sempre seguem os mesmo caminhos. As normas sociais e as normas linguísticas não se acompanham. Em

> My religion forbids me to eat or wear rabbit (= carne e pele)
> Ma réligion m'interdit de manger ou de porter du lapin
> A minha religião proibe-me de comer carne de coelho e de usar pele de coelho

estamos perante cenários diferentes: "comer" e "vestir". Em português temos de indicar todo o cenário, ao passo que as outras duas línguas permitem a condensação dos dois cenários. Mas o conhecimento enciclopédico pode ainda complicar a compreensão do linguístico. Em

> Portugal importa coelhos da Holanda

denotamos "todo o coelho", mas em

> Hoje em dia o coelho é muito caro (= a carne? a pele?)
> Hoje em dia o vison é muito caro (= apenas a pele)

há apenas ambiguidade no primeiro caso. As falhas na analogia vão mais longe. Comparemos os seguintes enunciados:

> O peixe é um alimento saudável
> * O animal/* mamífero é um alimento saudável

e num restaurante ouvimos:
– Quer carne ou peixe?
e não:
– *Quer mamífero ou peixe?

O "peixe", que também é "carne", é uma designação genérica, como seria "animal", "mamífero".

4. Comparações[7] e intensificações "congeladas"

Outro traço característico de cada língua encontra-se nos processos de exprimir a intensificação, a valorização, no aspecto positivo ou nega-

---

[7] Para um tratamento de "expressões adverbiais" vide Ranchod / De Gioia 1996. Alguns dos exemplos são daí extraídos.

tivo, que é o recurso às chamadas expressões adverbiais equivalentes a advérbios normais. Vou mencionar apenas dois tipos de expressões bem características nesse domínio: comparações "congeladas" e expressões adverbiais intensificadoras. Para além da força intensificadora, há ainda o "nível" de língua aí realizado. Vejamos as correspondências e divergências entre línguas muito próximas, quanto à origem e quanto à estrutura:

O João fuma como uma chaminé (como um comboio: Moçambique)
Giovanni fuma come un turco / una ciminiera (it.)
John smokes like a chimney (ingl.)
Juan fuma como un carretero (esp.)

Eva é surda como uma porta
Eva è sorda come una campana (it.)
Eva is deaf as a post / a wall (ingl.)
Eva é surda como una tapia (esp.)

O Max dorme como uma pedra
Max dorme come un ghiron (it.)
Max dorme como un tronco (esp.)
Max sleeps like a log (ingl.)

Max beve come una spugna (it.)
Max bebe como uma esponja
Max drinks like a fish (ingl.)

O Max arrumou as suas coisas à trouxe-mouxe (= desordenadamente)
Max ha conservato le sue cose alla rinfusa / a casaccio (= disordinadamente)
Max kept his things higglyled-piggledy (= confusedly)

Max fu accolto a braccia aperta
O Max foi recebido de braços abertos (= calorosamente)
Maz wellcomed with open arms (= gladly)

Max ha finito il suo lavoro in quatro e quatro otto (= rapidamente)
O Max fez o seu trabalho em três tempos
Max finished his job as quick as lightning (= quickly)

5. Conclusão

5.1. O estudo atento do contraste linguístico e do contacto de línguas, a atenção dada à prática conversacional interlinguística e intercultural, trouxeram uma alteração no paradigma da perspectivação da tradução e do ensino das línguas[8]. O estudo do contacto de línguas força-nos a considerar não apenas os efeitos de empréstimos e mútuas influências linguísticas no sistema das línguas, mas a prestar sobretudo atenção aos próprios falantes bilingues, que são afinal o *locus* do contacto linguístico e para quem as relações contrastivas entre a língua materna e a língua de contacto são cruciais. Os indivíduos implicados neste domínio e na mudança de paradigma são os próprios aprendentes da língua estrangeira, os tradutores, os fazedores de dicionários bilingues, os linguistas especialistas da tipologia das línguas. Trata-se no fundo de fazer a aproximação entre aqueles que estão em contacto por meio da sua actividade interlinguística natural e aqueles que põem em contacto as línguas por força das suas actividade profissionais, sejam elas científicas ou não.

A realidade linguística é diassistemática e multicultural, e também os actos comunicativos se realizam nesse mundo diassistemático e multicultural. O conhecimento interlinguístico natural terá de ser entendido como a projecção amplificada do componente contrastivo contido no conhecimento linguístico geral. Não há diferença entre o conhecimento intralinguístico e interlinguístico. As línguas não funcionam como entidades abstractas, mas funcionam na consciência dos indivíduos que as põem em contacto. E isso no tempo da globalização dos meios de comunicação, que transferem tudo, desde ideias a bens, desde mercadorias a valores, desde coisas a pessoas e palavras. Se a globalização dos problemas e dos eventos exige a aprendizagem de línguas, a sua tradução é um meio de aproximação entre línguas. Mas tudo começa na comunicação intercultural e interaccional, nas estratégias comunicativas.

Todos temos um certo inatismo para a tradução, um pré-programa que nos leva espontaneamente a traduzir para outrem. A tradução natural que todos fazemos ao conversar com outrem acompanha-nos, sobretudo se se trata de uma conversa exolinguística.

A linguística contrastiva evoluiu do estudo contrastivo do sistema linguístico para o estudo dos processos ou actividades contrastivas: isto é, passou-se de um estudo directo de cada um dos sistemas para a consideração do contraste linguístico como uma teoria da mediação interlinguística. Deixou-se o estudo das estruturas, ou a análise de erros, e passou-se para o estudo das equivalências semânticas (= função representativa) e

---

[8] Para um estudo mais abrangente da "linguística do contraste e tradução" vide: Carlos Hernández-Sacristán 1994.

depois para as equivalências situacionais (= equivalências comunicativas) e, finalmente, para o estudo das diferentes categorizações do mundo segundo as línguas.
   O que é que o homem pode fazer (ou faz) com a linguagem? Os agradecimentos e as desculpas podem ter valores diferentes nas várias línguas e culturas. Uma cena interactiva de gratidão numa língua pode transformar-se noutra língua numa cena interactiva de pedido de desculpa. A oferta de presentes pode ter valor diferente numa cultura ocidental e na cultura que tem como suporte a língua japonesa, por exemplo. Temos de distinguir entre o linguisticamente errado e socialmente incorrecto. A correcção pragmática não é a correcção linguística.

   5.2. Afinal, a tradução insere-se nos processos normais de uso e aprendizagem da língua. Os falantes de uma língua praticam diariamente uma "espécie de tradução" na conversação diária, quando tentam explicar coisas por meio da língua. Mas no convívio interlinguístico encontramos as fases de pré-tradução, quando a criança envolvida num mundo interlinguístico associa palavras alternativas numa accção comunicativa para fazer referência a um objecto. Normalmente, nesta fase, a tradução envolve apenas palavras. Depois vem a fase da auto-tradução, que se verifica quando a criança traduz já palavras e frases num acto comunicativo. Na terceira fase, já se trata de verdadeira tradução, que se dá quando a criança bilingue serve de intérprete entre duas pessoas monolingues, mas em línguas diferentes. A última fase será a de hetero-tradução, que se verifica quando o falante se transforma num tradutor profissional.
   O tradutor é primariamente um mediador num processo comunicativo e apenas secundariamente um "reprodutor" de qualquer conteúdo original. Se ele se enganar, apenas nesse caso, é primariamente reprodutor de sentido literal.

   5.3. A língua não é apenas o conhecimento de um conjunto específico de plavras e de estruturas, mas também e ainda o conhecimento que nos permite transformar estes termos e estruturas num instrumento de interacção com o mundo, instrumento que existe primordialmente para o homem actuar sobre o homem e sobre a realidade social. O homem passa vida em sociedade: conversa, dialoga, manda, dá ordens, intromete-se na vida de todos. Hoje, perante a mundialização da vida, o homem actual também tem de conversar com pessoas de outras línguas e culturas. A conversa entre um falante de uma língua e outro falante com outra língua materna tornou-se frequente. O êxito de uma tal conversa depende do conhecimento da língua do interlocutor com a outra língua materna. E aqui dá-se a redução de palavras e construções, simplifica-se a sintaxe e aumenta-se o paralinguístico. A negociação entre os falantes vai-se desenhando no decurso da conversa: nas alternâncias de vez. Há adaptações. Cria-se um espaço de formulação. Pode mesmo a dado momento deixar de haver tradução. Os papéis do tradutor e do interlocutor podem alternar-se. A interacção comunicativa vai socorrer-se das expressões modais, das pressuposições, dos verbos mais directamente afectados pela ilocução, dos processos deícticos, das fórmulas correntes de controle comunicativo. As intertextualidades – ou referências a outros textos – verificam-se também na tradução conversacional e oral, como acontece nos textos escritos.

5.4. A tradução não é apenas um acto cognitivo-interpretativo: existe num dado contexto, num dado momento social. Pressupõe uma ideologia. Pretende-se com ela atingir dados objectivos: não há apenas o prazer de traduzir. Vejamos a história das traduções: ocidentalizámos o mundo por onde passámos por meio de textos. Fizemos passar a nossa visão do mundo através dos nossos textos. Procurámos preservar a nossa cultura. Os descobridores quiseram que o *tertium comparationis* se esvaísse desfazendo culturas e criando uma certa monocultura na multiculturalidade.

Bibliografia:

HERNÁNDEZ-SACRISTÁN, Carlos – *Aspects of Linguistic Contrast and Translation: The Natural Perspective*, Frankfurt am Main...: Lang, 1994 (European university studies: Series 21, Linguistik, vol. 149).
Langue Française n.º 113, 1997 (Todo o é dedicado a reflexões sobre a polissemia nominal).
LOPES, Ana Cristina Macário – *Texto Proverbial Português. Elementos para uma análise semântica e pragmática*, Dissertação de Doutoramento, Coimbra: 1992.
Tradução, Discursos e Saberes, Porto: ISAI, 2000 (Actas das VI Jornadas de Tradução subordinadas ao tema Tradução, Discursos e Saberes, realizadas no dia 7 de Maio de 1999).
MOUTA, Margarida Amélia de Sá Vieira – *Linguagem, transgressão e disfuncionalidade. Uma abordagem enunciativo-pragmática do humor na comunicação verbal*, Diss. de Mestrado, Porto, 1996.
RANCHOD, E. Marques / De Gioia, M. – «Comparative romance syntax. Frozen adverbs in Italian and Portuguese», in: *Linguisticae Investigationes*, XX (1996), 33-86.

ABSTRACTS

I. Semântica do lugar comum [The Semantics of "Commonplace"]

The terms which occupy the conceptual space of the lexeme / lexie *lugar comum* [*commonplace*], such as *estereótipo* [*stereotype*], *cliché*, *chavão* [truism], *protótipo* [*prototype*], *chapa quatro* [*platitude*], *'nariz de cera' [meaningless lead*[1]*; redundancy]*, among others, after presenting dictionary definitions, are included in the general theory called "cognitive linguistics". At the basis of most of the terms studied we have a physical object, with clear material boundaries: *chave* [*key*], *estereótipo* [*stereotype*], *cliché*, *lugar comum* [*commonplace*], and even *protótipo* [*prototype*]. They are based on a concrete, embodied object upon which metaphorical or metonymical extensions and expansions of these terms are then constructed.

On the other hand, the common denominator – the mechanism which underlies all these concepts – shared by lugar comum [*commonplace*], *estereótipo* [*stereotype*], *cliché*, *chavão* [*truism*] is the "repetition" factor. The positive and negative value attributed the feature of "repetition", on a scale from depreciation to appreciation, distinguishes the various terms. In *commonplace*, there is a certain depreciation due to excessive use and exploitation; in *cliché*, usage is emphasized, that is, emptiness of content also due to excessive use; in *estereótipo* [*stereotype*], frozen representation of the referent is emphasized, again due to the force of use, and *chavão* [*truism*], *chapa quarto* [*platitude*], *nariz de cera*, etc, apart from the features present in *cliché* (emptiness, psittacism, content sclerosis), contain a depreciative value.

---

[1] 'Nariz de cera' in journalistic language means that a piece of news has a vague, unnecessary introduction.

Apart from this, *lugar comum* [commonplace],*estereótipo* [stereotype], *cliché* have roots steeped in the domain of discourse analysis, of pragmatics, of the experiential or experienced, while *protótipo* [*prototype*] is normally included in lexical study and is merely referential. The notion of "prototype" comes from cognitive psychology and has given rise to theoretical and experimental research into modelling categorizations of the real through language; stereotype, retrieved by social psychology, is used in discourse analysis to explain the "effects of meaning". Prototype is situated in the *langue*, stereotype in the *parole*. Their separation may seem unwarranted, as basically the same ingredients are involved in these two concepts: perception of the world, knowledge acquired by experience, the social and communicative context, interactional dialectics, intentionality. Any one of them seeks to give an idea of the mode in which Man selects certain significant features of reality to represent and establish the categories of their designation in the language: designations and categories inferred from use and to be made use of.

II. Limites e "performances" da semântica cognitive [Limits and "performance" of cognitive semantics]

The example "pé" [foot] leads us to three conclusions:

in the first place, in terms of the designated, we need the notion of prototypicality, in order to place contiguity relationships between concepts corresponding to distinct categories, but which belong to the same conceptual frame;

next, this frame exists regardless of the lexical solutions offered by different languages (*pied, pé, Fussende*);

in the third place, the conceptual frame is a *gestalt* capable of background-figure effects, which explain the metonymies: as long as the frame contains PERSON LYING IN HIS BED, the background PART OPPOSITE TO THE HEAD OF THE BED acquires background status, it is possible to conceive the metonymy: *pé da cama* [foot *of the bed*].

The same happens for a MEASURE frame, in which PÉ / FOOT = figure > background and UNIT OF MEASURMENT = background > figure, which leads us to the metonymy *pé* / *foot* «unit of measurement». The treatment of the metaphor will be identical in essence, with the difference that relationships of similarity must be considered, and not relationships of contiguity. In the prototypical case (that is, of a person standing[2]), *pé* [*foot*] is seen as the lower part of the human body, which serves as its support. Thus, speakers are invited to project the concept PÉ / FOOT onto two concepts, regarded as similar: on the one hand, onto the LOWER PART of an object (animated), on the other, onto PART of an inanimate object) SERVING AS A SUPPORT.

A semasiological and onomasiological points of view are fundamental in an analysis of this type.

III. A metáfora na instauração da linguagem: teoria e prática [The metaphor in the institution of language: theory and practice]

This work involves three major aspects: «return to the conception of the Aristotelian metaphor» (1.), «the metaphor in cognitive theory» (2.) and «the metaphor in the domain of "economy"» (3.).

In the aspect «return to the Aristotelian metaphor» (1.), we will seek to reposition the concept of metaphor in the theory of "transference", and go beyond that which was held to be merely lexical. That is, we follow the consideration of the "new North American criticism" and of "Russian formalism" on distancing relative to the concept of metaphor as described in the *Rhetoric* (1.1.). Next, we will outline the general principles of the "structuralist paradigm" (= semiotics of the metaphor) through a new reading of Roman Jakobson's "axis theory" (1.2.). This first part ends with considerations on the "hermeneutic paradigm" of the metaphor (1.3).

The second part – «the metaphor in cognitive theory» (2.) – tackles one of this paper's main points: the consideration of the metaphor as the creating force of language in general, and not only as a mere deviation from poetic language. The metaphor is interpreted as a structured, generalized element of language (2.1.), and is confronted in its relationship with metonymy (2.2.) and with "counter-metaphors" (2.3.). Furthermore, an attempt is also made to substantiate metaphorical conceptualization (2.4.).

In the third part – «the metaphor in the domain of "economy"» – the guiding principles of the conception of the metaphor are applied, taking into consideration the language of the "media" (3.1.), especially, the language in the specific domain of the "economy" (3.2), namely, "ontologi-

---

[2] In Portuguese, the same term, *pé* = *foot* is used in the expression meaning *standing* = *de pé.*

cal metaphors" and "structural and structuring metaphors". Finally, the language of the "economy" and "common" language are compared (3.3.).

In the conclusion, we seek to ascribe «each to his own»: what is due to cognitive theory in the new interpretation of the metaphor, and that which should be attributed the paradigms of «new criticism», «semiotics» and hermeneutics.

IV. Ter metáforas à flor da pele ou outra forma de ter nervos [Metaphors that get under your skin or another way to be annoyed]

There are countless expressions of "emotion" that are based on the human body (vehicle). The vocabulary of the body serves to conceptually and linguistically restructure other domains. Our daily experience, our actions, the manipulation of the objects around us, group dynamics, rituality, ethnicity, socializing with people and things, are the first domains to be detected and represented and, as such, they then serve as a starting point for our understanding and reading of the world. Our reaction to the world before us, our struggle to live, the search for the "daily bread", the need for complementarity between people, Nature's resistance to our actions, the deceptions life never ceases to offer us, are the first domains to be conceptualized and structured linguistically. And our body, our first shield and weapon, instrument and its sheath, dwelling and company, are always on hand to support our representation of the world and lexicalized categorization.

The explanation provided by cognitive linguistics and structural linguistics are not contradictory: they complete one another. One perspective analyzes systematic linguistic knowledge that is already lexicalized – the structuralist; the other describes the way in which language conceptualizes, categorizes and restructures – the cognitivist perspective.

V. A metáfora ou a força categorizadora da língua [The metaphor or the categorizing force of language]

The basis for reflection described here is that semantics is only limited by our capacity to signify and to know, which is much broader than our physical capacity to produce sounds. On the other hand, semantic change not only takes place in transferring from... to..., or in adding or losing a feature: we have to consider this as a group: the fact is that Man groups (transfers from one domain to another). For example, the link of *branco / cândido* [*white / candid*] with "honesty" should not be seen in this domain alone, but in Man's general comprehension of honesty with the domain of colour, which is neither objective, nor explicable only through features.

The journey from "physically seeing" to "intellectual perception" is because the (organ of) sight perceives more prominent aspects at a distance, and is regarded as a more powerful capacity than the others. Capacities, or *ouvir / escutar* [*hearing / listening*] deviate from the physical to the moral ('obey, carry out orders': *bem te avisei, mas tu não me ouviste* [*I warned you clearly, but you didn't listen to me*]): the fact is that hearing does not work at a distance (at least, not at such a long distance as sight) and is more closely linked to proximity, to subjectivity, *conhecer* [Port. – to be acquainted with] is 'to be born with' (still clear in Fr. *connaître* and L. *cognoscere*), *entender* [Port.- to understand] (is *intus legere*), *compreender* [Port. – to comprehend] is 'to secure physically' (also Fr. *saîsir*), *saber* [Port. – to know] is related to 'sabor' (L. *Sapere*), etc.

There is obviously a constant thread linking the body and sensations, on the one hand, and the physical actions and sensations stimulated in the body, on the other. The metaphor as a conceptual source is fundamental in explaining semantic analysis, whether synchronic or diachronic.

VI. Do "campo lexical" à explicação cognitiva: RISCO e PERIGO [From "lexical field" to cognitive explanation: RISK and DANGER]

Our starting point is the notion that men describe the world in terms of paradigmatic prototypes, forming categories in terms of family resemblances. Such proposals have come to resurrect ancient rhetoric; and here the metaphor plays a crucial role. Metaphors, considered internally, work as cognitive processes, producing new outlooks or configurations and hypotheses with respect to reality and, considered externally, they operate as mediators between the human spirit and culture. They change the common language and the ways in which we see the world. Metaphors rely as much on analogies as they do on disanalogies: they express and suggest.

In effect, the analogy between *risco* e *perigo* [*risk* and *danger*] means that, by bringing two referents that are quite far apart closer together, a new image is conveyed to the trope. But the disanalogy also aggravates the distance, the breach: *risk*, in the sense of feature, is also conveying, seeming to ascribe *perigo* /*danger* the value of "line": *danger* is immediate, whereas *risco* / *risk* is simply "risk of arriving at danger/ at the "the line". This is how metaphors, by juxtaposing referents, produce the cognitive function; they bring the known to the unknown, stopping language from stagnating. Getting rid of semes, eliminating semic features, transforming certain significant features, thus they enrich the semantic memory of a linguistic community's long-term memory.

VII. As expressões idiomáticas na língua e no discurso [Idiomatic expression in language and in discourse]

As a subject within linguistics, phraseology embraces a range of forms characterized by fixidity, polylexicality, idiomacity, phraseologization or lexicalization, and covers a range of expressions that span typical *frasema* (or phraseologism) to more extensive forms; the equivalent of phrases or sentences (and perhaps, of small texts: proverbs). The typical *frasema* has a scale that ranges from what all the component elements of the expression lose in terms of their autonomy and content in favour of the merger (in which expressions contain elements that are only found in the *frasema*: *nem chus nem bus* [Port. – not to utter a word], *nem funfas nem funetas* [Port. – *idem*), and is extended to the *frasema* in which the elements have an external usage (other than the idiomatic expression) and an internal usage (within the idiomatic expression).

Meanwhile, fixidity is (almost) always relative: it may be appropriate to the context and to the co-text (flexion, structural variation, etc.), and, furthermore, it may be capable of integration in the text / discourse by virtue of the fixidity memorized within the linguistic community. Demotivation and remotivation are thus possible, and, through their communicative potential, may give rise to disclosure (via implication, assumption and inference) of the speaker's attitude. The model which incorporates phraseology enables the speaker / writer to say a great deal more than that which the words say and in his turn, the hearer / reader understands much more than that which phonic materiality states.

In an actual author, we see the importance of phraseologies to the construction of a text: the *narizes de cera* [meaningless leads], the mental routines, the stereotypes of the author (and the linguistic community to which he/she belongs) are easily detected. In this case, it is in fact the easiest way to perceive the author's attitude in relation to life unawares. Phraseology is the normal mode of being in relation to language and the world.

VIII. Estereótipo e estereótipos na língua portuguesa actual [Stereotype and stereotypes in the Portuguese language of today]

After trying to define "estereótipo" / "stereotype" from different perspectives, the concept is framed according to the way it is understood in the so-called French school. Next, some expressions such as the *"locus"* typical of the *"narizes de cera"* of today are surveyed via Portuguese. We begin with the use of the word 'stereotype' itself (as it is found in the media) so that we can then question proverbs as a homogeneous class, as a collective understanding, as a denomination and as the starting point for discursive advantage (deproverbialization). We shall then move on to idiomatic expressions as exceptional vehicles for freezing understandings and higher topics concerning our vices and virtues.

IX. O "seguro" morreu de velho e Dona Prudência foi-lhe ao enterro: contributo para uma abordagem cognitiva [Better safe than sorry and Discretion is the better part of valour: a contribution to a cognitive approach]

Seeking help among typical examples constructed on the basis of ***seguro*** (Eng. – ***safe/secure/insured***), as an intransitive word (*algo / / alguém está seguro, algo está no seguro = someone/something is secure, something is safe*), as a word in a transitive relation (*alguém está seguro de si, seguro contra todos os riscos = someone is secure in him/herself, insured against all risks* [fully comprehensive insurance]), appealing to certain mental models as representatives of stereotypes, ideas, sub-models, outstanding examples in this domain, we shall try to answer the reading of proverbial formulas. The idea of *secure* will be placed in **scripts** (Schank/Abelson1977) so that an approximation of appropriate scenarios can be made. These scripts could be close to our everyday experience: indeed, who has never been insecure in their life, because of health, life being in danger, or any other kind of risk? The scenarios of "safe/secure/insured" are easily embodiable and recognizable. There are insurance covers (*o seguro cobre uns riscos e exclui outros* = insurance covers some risks and not others), there are *caminhos seguros, carros seguros, tempo seguro, chave segura, pessoas seguras* [= *safe routes, safe cars, safe bets, secure key, safe people*].

We can see at once that each word is a complex source of knowledge in the language domain and in the domain of the real world, and the comprehension of language results from the coordination of interchange between words. This process is like that of actors, "experts", capable of determining their own behaviour in a linguistic and conceptual context (Anscombe 1995). Words like *seguro, risco, perigo, sinistro, acidente, desastre, catástrofe* [= *safe/secure/insured, risk, danger, damage, accident, disaster, catastrophe*], *etc*. belong in the same scenario.

We are looking at strong metaphors, already present in the etymology of the word 'secure': SINE CURA, "without care", "free of worry".

X. Corrupção, clientelismo, cabritismo, boy(sismo) ou alguns dos estereótipos do nosso tempo [=Corruption, clientelism, sensualism, boyism and other stereotypes of our times]

The domain of language (and of the lexicon) – *corrupção* / **corruption** – clearly documents the presupposition that «metaphors are the very means by which we can understand abstract domains and extend our knowledge into new areas. Metaphor ... is a remarkable gift – a tool for understanding things in a way that is tied to our embodied, lived experience.» (Lakoff/Johnson 1999: 543). The term *corruption*, initially linked to "putrefaction" came to be used more often (or virtually only used) in domains in which "decay" is located in the abstract – we hardly ever hear 'corrupting the facts' – occurring mainly in the "buying / selling of conscience" (active corruption and passive corruption): far from the meaning of "to rupture" (Port. *romper*) something material. With considerable metaphorical manipulation, we have expressions like *to pull strings* [Port. *ainda cunha – meter uma cunha* – literally, *to coin* and *to place a wedge or lever*] – where the initial value (the imagery value) is quite clear: 'raise something to make it stand out', 'give more value to something that already has it'. The same may be said of *branqueamento, desvio de fundos, tráfico de influências, luvas* e *padrinho* [= *laundering, siphoning funds, peddling influence, back-hander, godfather*]. Some words deserve a closer look, like *national laid-backness* [Port. – *porreirismo nacional*], *national insipidness* [Port. – *cinzentismo nacional,* literally, *greyness*], but they are only on the fringes here. For their part, proverbs – even though they show the easiest way to 'get on in life' (for example, [Port.] *quem tem padrinhos não morre na cadeia* – literally, *if you've got a godfather you won't die in prison* [having friends in high places], or are clearly literal [Port.] *o cabrito come junto da árvore onde está amarrado, a melhor cunha é a do mesmo pau* – literally, *goats eat near the tree they're tied to; the best lever comes from the same stick*), leave the interpretation linked to CORRUPTION to be found beneath the literal meaning.

On the other hand, semic analysis leads us to the pith of the content of words. *Corrupting people* can replace *buying* and *selling*: but their singularity is marked. Elsewhere, however, the forms, features, and actors of each of the properties involved in the different words are quite different. Dictionaries in the past and those of today focus on the same topic, it is just that today, the politicians, the men in the world of football are lined up with lawyers in the sights of CORRUPTION.

XI. O ensino da língua na encruzilhada das normas [The teaching of language at the crossroads of norms]

To teach language is to teach how language categorizes the extralinguistic world; it is to reduce reality to categories of concepts. And the most elementary principle orders us to serve as the characters, as the scripts that the speakers have at their disposal: things and relations between things. Words bring in their wake the tools that explain them: they guide us along the way, through the ambiguities of their meaning. Things and contents interact, as long as the things are utilized by means of appropriate words. Each word has a standard usage, more obvious, and other, more generic or specific usages. Integrating a word in its more obvious usage is thus the first route.

Language has models of verbal formation: preferred affixes, lexical neologisms, semantic borrowings, words imported from other languages. To teach a language is to place the student before these mental and material itineraries. The mental models of representation are located in imitation and in creation alike.

Language is the fruit of conventions and one of the most prominent conventions is what we call "figuration", or figurative language. This aspect of language is not merely the creation of poets: it is part of language itself. In teaching, in textbooks, this role of the "metaphor" is not recognized in the founding of a language. We do not teach this new and original way of categorizing the world, which, moreover, runs through all of everyday discourse, both written and spoken.

The universe that we used to refer to as "particles", today fragmented into modal particles, conversational particles, discursive and textual connectors, associative anaphoras, etc., is another topic imposed by language. Thus, in the "grammar of the word" a place has to be made for these elements, which, though minimal, nevertheless add a flavour to our daily discourse.

Finally, written language, spoken language, are not as far apart as we used to think a few years ago: it is just that recourse is made more often to one element or another in spoken language, but the essential structure remains the same. Are there basic reasons for grammar and textbooks to simply rely on the "standard" form, completely disregarding other forms?

In the examples I have given, I have made as much use of the spoken corpus as the written corpus: the difference is not really so great. The notion of "correct" and "incorrect" have to be re-examined: "usage" also has some bearing on the definition of the norm.

XII: Dicionário e ensino da língua materna: léxico e texto [The dictionary and teaching the mother tongue: lexicon and text]

Language has provided speakers with a dictionary which is at the same time complicated and simple, diasystematic and systematic, polysemic and non-ambiguous. The speaker can, with this dictionary, construct texts, compose discourses, express the meanders of thought and feeling, scrutinize the nuances of reality. If we take a concrete text, we can see that:

- the police can *prender* / arrest without *agarrar* / seizing, they can *agarrar* / seize without *prender* / arresting;
- um ladrão / a thief can *fugir* / flee without *escapulir-se* / getting away, he can *escapulir-se* / get away without *fugir* / fleeing;
- a thief can *põe-se à coca espiando* / be on guard keeping a look

out and he can be *espiar sem se pôr à coca / keeping a look out* without *being on guard*;
- um *ladrão /* a *thief* may or may not be a *bandido / gangster*, he may or may not be a *meliante / rogue* and vice-versa;
- a citizen may *denunciar / denounce* without *avisar / accusing*, but he cannot *avisar / accuse* unless he [que ele] *denuncie / / denounces*,
- a citizen can *topar / find* something or someone without *encontrar / meeting* them and vice-versa;
- the neighbourhood watch can *perseguir / pursue* without *apanhar / catching*, but, in this context, it cannot *apanhar catch* without *perseguir / pursuing*.

The proximity of the content of the lexemes causes no problems in the text: the immediate or surrounding context deconstructs the ambiguities, constructing the unequivocalness of the text.

XIII: A tradução como mediadora dos estereótipos [Translation as a mediator of stereotypes]

In languages, there are convergences, at the level of system, and divergences, as we can see, at the level of words, in *conhecer / saber* (Port.), *savoir / connaître* (Fr.) and *to know* (Eng.); at the level of typical formulas (stereotypes) or fixed series (séquences figées) of the *Kein Eingang* (Ger.) type, in which equivalent formulas are, as a rule, quite distinct (in this case, *entrada proibida* (Port.), *entry forbidden* (Eng.), *vietato entrare* (It.) and *défense d' entrer* (Fr.)). If, in these cases, a good dictionary can help, then in the more obvious stereotypes, like phraseologies (idiomatic expressions) and proverbial formulas, the translation (or search for equivalents) is more complicated. Divergence may range from the different ordering of the elements (*sûr et certain* and *certo e seguro*: Fr. and Port.; *a sure thing* (Eng.)), to a formal, almost total, distancing and only pragmatic equivalence: *quien va a Sevillha pierde la silla* (Cast.), *quem vai ao mar perde o lugar* (Port.) and *qui va à la chasse perd la place* (Fr.) or *contar com o ovo no cu da galinha* (Port.) or *il ne faut pas vendre la peau de l'ours avant de le prendre* (Fr.). There may even be a formal and pragmatic equivalence (*apporter de l'eau à son moulin* (Fr.) and *levar a água ao seu moinho* (Port.). The Greek-Latin background sustains many equivalences.

But in discourse (whether literary texts are involved or not) care must be paid to the implicatures, separating the conventional and the conversational: the value of expressions at the level of language and their value in a very precise, determined context. That is, distinguishing between the formula as construction and its deconstruction and subsequent reconstruction.

XIV: A tradução da multiculturalidade [«The translation of multiculturality»]

Let us try and show that translation belongs to the normal processes of language usage and learning. Speakers of a language practice a "kind of translation" every day, in their normal conversations, when they try to explain things through the medium of language. The translator is primarily a mediator in a communicative process, and only secondarily a "reproducer" of any original content. Language is not merely the knowledge of a specific set of words and structures, but it is also the knowledge that enables us to transform these terms and structures into an instrument for interacting with the world; an instrument that exists fundamentally for Man to function with Man and with social reality. Man spends his life in society: he converses, speaks, directs, gives orders, he interferes in the lives of others. Communicative interaction will help itself to the modal expressions, presuppositions, verbs most directly affected by illocution, the deictical processes, the current formulas of communicative control. The intertextualities – or references to other texts, frozen texts – are also observed in spoken and conversational translation, just as happens with written texts. It was to this "other text" – the intertextual one, the text more implied than explained – that we have tried to appeal and that we have tried, albeit fragmentarily, to describe.

ÍNDICE DE AUTORES

ABELSON, R. P. – 24
AGUILAR AMAT – 170
ALAIN REY – 282
ALMEIDA – 72
ALONSO RAMOS – 170, 190
ALVIM – 208
AMOSSY, R. – 26, 28, 30
ANSCOMBRE, J. C. – 295, 353
ARNAUD – 236
ASSÍRIO – 208
ATKINS – 146
AURÉLIO – 149, 281, 282, 283, 284, 285, 286, 288
BARRETO – 89, 93, 100
BARSALOU – 106
BECHSTEIN – 127
BENTO PEREIRA – 280
BERTHET – 275, 279
BLACK – 65, 66, 69, 163
BLANK – 106, 120
BLUMENBERG – 68, 69,
BLUTEAU, RAFAEL – 280
BOAVENTURA, SOUSA SANTOS, – 36
BRASSART, D. G. – 21
BUARQUE – 245, 246
BURGER – 355, 356
BURQUE – 246
CACCIARI, C. – 318
CALDAS AULETE – 150, 281
CAPELO – 233

CAREL – 229
CARRILHO, MANUEL MARIA – 36
CARVALHO – 82
CARVALHO HOMEM, RUI DE – 366
CARVALHO, MÁRIO DE – 182
CHANK, R. S. – 24
CHAROLLES, M. – 39
CHETOUANI, LAMRIA – 36
CHOMSKY – 140, 144
CINTRA, LUÍS MIGUEL – 366
CORMAC – 164, 165
COSERIU – 67, 106, 140, 169, 194, 365
COULMAS – 350
CROFT – 109
CRUSE – 142
CUARÓN – 120
D. SPERBER – 225
D'ANDRADE – 110
DANEŠ – 170
DAVIDSON – 144
DE GIOIA – 380
DESPORTE, A. – 279
DIAS – 176, 190, 192
DUBOIS – 67
DUCROT – 229
DUFAYS, J. I. – 30
E. PONTES – 318
EIKMEYER, H. J. – 28
ELISETE ALMEIDA – 273
ERNANI – 89

ESQUÍVEL, LAURA – 368
ESTEVES CARDOSO, MIGUEL – 208, 364, 365
ETTINGER – 193
FARIA – 110
FÁTIMA OLIVEIRA – 181
FÁTIMA VIEIRA – 366
FERNANDES JORGE, JOÃO MIGUEL – 364
FERREIRO – 128
FILLMORE – 43, 146
FISCHER – 278
FLEISCHER – 195
FODOR – 108
G. HELBIG – 140
GALATANU, OLGA – 224, 225
GARCÍA-PAGE SÁNCHEZ – 363
GARZA – 120
GECKELER – 140
GEERAERTS – 43, 52
GIVÓN, T. – 305, 318
GLÄSER – 170
GLUCKSBERG – 318
GOLDBERG – 141
GOMES DA TORRE, MANUEL – 25
GOOSENS – 109
GOUVARD – 232
GRÉCIANO – 169, 170, 202, 203
GREIMAS, A. J. – 34, 67
GRÉSILLON – 236
GRICE – 202, 206
GRUNING – 236
GUEDES PINTO, MARIA ALEXANDRA DE ARAÚJO – 33
GURILLO – 196
HABERNAS, JÜRGEN – 20
HAVERKAMP – 63, 70
HELENA PITTA – 368
HENLE – 66, 73
HERCULANO DE CARVALHO – 128
HERNANDEZ-SACRISTÁN, CARLOS – 382
HINTIKKA, J. – 318

HUMBOLDT – 140
HUNDT, Christine – 34
HUTCHINS – 170
JACKENDOFF –266
JACKENFOFF – 108
JAKOBSON – 67, 69
JOHN AGLIONBY – 279
JOHNSON – 72, 73, 74, 75, 77, 78, 79, 81, 83, 84, 106, 108, 109, 131, 318, 320
JÚDICE, JOSÉ MIGUEL – 292
KERBRAT – 120
KITTAY – 164
KLEIBER – 24, 38, 230, 231, 232, 234, 236, 295, 305
KÖVECSES – 109
KRUPENSKI, MARIA INÁCIA – 111
KURODA – 295
LACAN – 67
LAIRD – 106
LAKOFF – 24, 25, 43, 56, 69, 72, 73, 74, 75, 77, 78, 79, 81, 83, 84, 108, 109, 110, 131, 266, 304, 305, 318, 319
LAMPREIA, LUÍS FILIPE – 29
LANGACKER – 24, 43, 71, 112, 165, 266, 268, 318
LEHRER – 140
LESSA – 282
LIEB – 69
LIMA – 282
LIMA, ROSA PEDROSO DE –19
LINDONDE, LOURENÇO – 296
LIPPMANN – 277
LOPES – 96, 373
LOPES, Oscar – 19
LOURENÇO FRANÇA, VITOR HUGO – 249
LUIS VIVES – 365
LUTERO – 365
LYONS – 78, 140
MACÁRIO LOPES, ANA CRISTINA – 34

Magalhães, Pedro Ayres – 214, 364
Maillard, Michel – 273
Maingueneau – 236
Malheiros, José Vítor – 365
Marcuschi, Luiz Antônio – 331
Marques, Luís – 29
Martin – 275, 276, 279
Martín Morillas – 114
Martinez, Penadés – 358
Mcluhan, M. – 30
Melchuk – 190, 191, 192
Mellado Blanco, Carmen – 355, 356
Mendes, Fernando – 281, 284
Mendes, Helena Margarida – 181
Mendoza, Ruiz de – 109
Michaëlis de Vasconcelos, Carolina – 127, 128, 136
Michaux – 235
Miller – 106
Minsky, M. – 24
Moeschler – 224
Moliner – 150
Mónica, Filomena – 38
Moon – 236
Moos, Peter I. von – 20
Moraes Silva, António de – 281, 284
Morais – 258
Moura, Pacheco de – 25
Mouta – 376
Muñoz – 360
Neubert, A. – 199
Nunes – 116
Orecchioni – 120
Óscar da Silva – 127
Pascoal – 63
Pastor – 171, 187
Paulo Portas – 275
Pérez Rull – 114
Pessoa, Fernando – 364
Pimenta – 87

Pina Moura – 183
Pinto Correia, Clara – 178
Pinto de Lima, José – 43, 47
Pires – 107
Plantin, Christian – 36
Pontes – 63
Porzing – 140
Pottier – 140, 276
Prado Coelho, Eduardo – 178
Preto – 89, 93, 100
Putnam – 24, 224, 225
R. Gibbs – 318
Ranchod – 380
Rastier – 276
Rastier, F. – 25, 67
Rebelo de Sousa, Marcelo – 275
Reboul – 224
Rey-Debove – 194
Ribeiro de Mello, Fernando – 35
Richards – 63, 65
Ricouer – 64, 69
Rieser, H. – 28
Roquette J.-I. – 281
Rosch – 305
Rosch, Eleanor – 22, 43
Rumelhart, D. – 24
Ruwet – 67
Sabino, Fernando – 283
Sacks – 102
Salgueiro – 183
Sanromán – 188
Sanromán, Iriarte – 190, 192
Santana Lopes – 275
Santos – 116
Santos Silva – 233
Saraiva, José António – 197
Saturnino – 87
Schemann – 176, 190, 192
Schmidt – 111
Seara, Fernando – 294
Searle – 110

Sepúlveda, Torcato – 37
Shakespeare, William – 366
Silva – 43, 71, 249
Silva Lopes – 95, 99
Silva Melo, Jorge – 366
Silva, Vicente Jorge – 183
Simón – 231, 233
Soares da Silva – 43
Sommers – 170
Sontag – 245
Sousa Tavares, Miguel de – 289
Steinway – 127
Taylor J. – 305
Thun – 169
Todorov – 67
Touratier, J.-M. – 28

Tournier, Maurice – 36
Trier – 140
Turner – 108, 109
Urbina, Ortiz de – 359, 362
Veludo, Fernando – 290
Viana da Mota – 127
Vieira, Rocha – 197
Vilela – 142, 146, 206, 249, 276, 279, 310, 318, 320
Weinrich – 68, 163
Weisgerber – 140
Wierzbicka – 106
Wotjak, B. – 171, 199
Wotjak, G. – 140
Wright, Wheel – 66
Zuluaga – 195, 196

ÍNDICE

Palavras introdutórias 7

I. Semântica do "lugar comum" 19

1. Lugar comum 20
2. Protótipo 21
   2.1. Protótipo na psicologia 22
   2.2. Protótipo na linguística 23
   2.3. Protótipo como organizador do conhecimento 25
   2.4. Protótipo na língua comum 26
3. Estereótipo 26
   3.1. Estereótipo e protótipo 28
   3.2. Estereótipos nos "media": exemplificação 28
4. Cliché, chavão, chapa 30
5. Slogan 32
6. Provérbio, ditado, fraseologia 34
7. Mitos, paradigma, referências, sistema 35
8. Conclusão 37
Bibliografia 39

II. Limites e "performances" da semântica cognitiva 43

1. Premissas semióticas da semântica lexical 44
   1.1. Polissemia do termo prototipicalidade 45
   1.2. Semântica do significado e semântica do designado 46
2. Reducionismo semiótico relativo ao significado 52

3. Noção de protótipo com base semasiológica 53
4. Noção de protótipo com base onomasiológica 56
5. Em jeito de conclusão 58
Bibliografia 60

III. A metáfora na instauração da linguagem: teoria e prática 63

1. Retorno à concepção da metáfora aristotélica 63
   1.1. Distanciação relativamente à "metáfora" perspectivada pela "retórica": "a nova crítica" 64
   1.2. O paradigma estruturalista: semiótica da metáfora 66
   1.3. O paradigma hermenêutico ou hermenêutica da metáfora 68
2. Metáfora na "teoria cognitiva" 70
   2.1. Definição do conceito de "metáfora" 71
      2.1.1. Metáforas estruturadas 73
      2.1.2. Metáforas orientacionais 75
      2.1.3. Metáforas ontológicas 77
   2.2. Metáfora e metonímia 80
   2.3. Metáforas e contra-metáforas 81
   2.4. Fundamentação da conceptualização metafórica 84
3. A metáfora no domínio da economia 85
   3.1. A metáfora na linguagem dos "media" 85
   3.2. A metáfora na linguagem da economia 87
      3.2.1. Metáforas ontológicas: abstracto -» concreto 88
      3.2.2. Metáforas estruturais: a economia é a guerra mais ou menos aberta 90
      3.2.3. A economia é uma viagem acidentada 92
      3.2.4. A economia é um organismo 93
      3.2.5. A economia é um espaço 95
      3.2.6. A economia é uma doença 96
      3.2.7. A economia é uma corrida 96
      3.2.8. A economia é um corpo 97
      3.2.9. A economia é uma máquina / uma construção 98
      3.2.10. Inflação 99
   3.3. A linguagem da economia e a língua comum 101
4. Conclusão 101
Bibliografia 103

IV. Ter metáforas à flor da pele ou outra forma de ter nervos 105

1. Saber enciclopédico, protótipo e "frames" ou os caminhos da semântica cognitiva 107
1.1. Pradigma cognitivista experiencial 107
1.2. Paradigma cognitivo-cultural ou a experiência vivida dos falantes 110

2. A linguagem das emoções 113

3. Análise semémica 119
3.1. O saber lexical de uma língua particular 120

4. Conclusão 122

Bibliografia 123

V. A metáfora ou a força categorizadora da língua 127

1. Linguagem e conhecimento 128
2. A metáfora como criadora de regularidades 129
3. A metáfora como transferência entre domínios 132
4. Metáforas e núcleos metafóricos 134
5. Conclusão 136
Bibliografia 137

VI. Do "campo lexical" à explicação cognitiva: RISCO e PERIGO 139

0. Introdução 139

1. Semântica de RISCO / PERIGO e termos afins 146
   1.0. "Campo lexical" e "frame" 146
   1.1. "Risco" e "perigo" 147
   1.2. O "frame" cognitivo e semântico *de risco* e *perigo* 152
   1.3. Categorias cognitivas de *risco* e *perigo* 154

2. "Risco" como verbo: "arriscar(-se a)" 159
   2.1. Participantes na "cena" aberta por *arriscar(-se)* 159
   2.2. Polissemia do verbo **arriscar(-se)** 161
   2.3. Polissemia e variantes de sentido 162

3. "Risco" como metáfora e sua explicação pela teoria dos campos lexicais   163

4. Conclusão 165
Bibliografia 166

VII. As expressões idiomáticas na língua e no discurso 169

0. Nomes e conceitos 169
1. Fraseologias e fraseologismos / frasemas 170
2. Estabilidade, variabilidade, modificação dos fraseologismos 174
   2.1. A variabilidade prevista na norma da língua 174
      2.1.1. A variabilidade através de variantes estruturais 174
      2.1.2. Variabilidade como efeito ecóico 179
      2.1.3. Fala variabilidade ou variação de valência / regência ... 180
      2.1.4. Variabilidade diatópica 181
   2.2. Classificação dos fraseologismo quanto à variabilidade 181
      2.2.1. Classificação dos fraseologismos quanto à fixidez 182
      2.2.2. Classificação estrutural e semântica dos fraseologismos 184
      2.2.3. As fronteiras entre fraseologismos e composição livre: ou os mecanismos formais de identificação 186
3. Idiomaticidade como traço prototípico das expressões diomáticas 189
4. Fraseologização, desmotivação e remotivação 194
   4.1. Fraseologização como lexicalização 194
   4.2. A idiomaticidade e a desmotivação / remotivação dos fraseologismos 196
5. Desconstrução / remotivação das fraseologias no texto 198
   5.1. Fixação e desfixação 198
      5.1.1. Desfixação por adaptação ao "cotexto" (contexto imediato) ... 199
      5.1.2. Desfixação por adaptação ao discurso 200
   5.2. As "implicaturas" na desmotivação e remotivação dos fraseologismos 202
      5.2.1. Desmotivação e remotivação no uso das expressões idiomáticas 202
      5.2.2. A implicatura como explicação da desmotivação e remotivação 206
   5.3. Expressões idiomáticas na construção de um texto: «Explicações de Português» 208
      5.3.1. Estereótipos de nomeação 208
      5.3.2. Fórmulas fraseológicas 211

       5.3.3. Sentenças 213
       5.3.4. Frasemas propriamente ditos 215
             5.3.4.1. Frasemas em sentido estrito 215
             5.3.4.2. Quase-frasemas 217
       5.3.5. Solidariedades lexicais e semi-frasemas 218
6. Conclusão 219
Bibliografia 220

VIII. Estereótipo e os estereótipos na língua portuguesa actual 223

0. Um pouco de história do estereótipo 223
       0.1. Estereótipo e sua significação social 224
       0.2. O uso de estereótipo e termos afins na língua quotidiana 226
1. Estereótipo e o provérbio 229
       1.1. Encadeamentos linguísticos do provérbio 229
       1.2. Os provérbios como classe homogénea 231
       1.3. Juízo individual e juízo colectivo no provérbio 232
       1.4. Provérbio como denominação 234
       1.5. Desproverbialização e usos dos provérbios 236
       1.6. Outros aspectos do uso de provérbios 238
2. Fraseologias e estereótipos 240
3. O estereótipo nas simples palavras 244
       3.1. As nossas grandezas e as nossas fraquezas através do léxico 245
       3.2. Os nossos pequenos "vícios" 247
Bibliografia 248

IX. O seguro morreu de velho e Dona Prudência foi-lhe ao enterro: contributo para uma abordagem cognitiva 249

0. Breves apontamentos sobre a "linguística cognitiva" 249
1. Definição de seguro por meio de "aproximações semânticas" 251
       1.1. Definição por meio de "predicados" 251
       1.2. Definição por interrogação das metáforas / metonímias activadas . 254
       1.3. Definição por protótipos / estereótipos / topoi 256
2. O mundo projectado de "seguro" 266

3. *Seguro* como categoria lexical e categoria imagética 269
   3.1. *Seguro*: nome ou adjectivo? 269
   3.2. *Seguro* vs. *sustentado* 270

4. Conclusão 271

Bibliografia 271

X. Corrupção, clientelismo, cabritismo, boy(sismo) ou alguns dos estereótipos do nosso tempo 273

0. Apresentação do tema 273

1. O léxico e o estudo do léxico 274
   1.1. A análise sémica 275
   1.2. Teoria do protótipo e estereótipo 277

2. Domínio de experiência CORRUPÇÃO 279
   2.1. Contibuto para a análise sémica 279
   2.2. Os provérbios na CORRUPÇÃO 295
   2.3. Sensibilidade dos falantes relativamente ao léxico da CORRUPÇÃO 297

3. (Em jeito de) conclusão 299

Bibliografia (dicionários) 299
Bibliografia (teórica) 300

XI. O Ensino da língua na encruzilhada das normas 303

0. Introdução 303

1. Mapeação da realidade por meio da língua 304
   1.1. Mapeação lexical 304
   1.2. Mapeação da realidade por meio de processos formativos 310
   1.3. Mapeação por meio de colocações e fraseologias 314
   1.4. Mapeação da realidade por meio de metáforas 318

2. Elementos de fonética, morfologia e sintaxe 323
   2.1. Estrangeirismos 323
   2.2. Grafia de estrangeirismos 324
   2.3. Outras divergências entre as normas 325
   2.4. Concentração dos verbos genéricos no Português do Brasil 326
   2.5. Mudanças de "regências" 327

2.6. Nova forma de passiva 328
2.7. Pronomes 329
    2.7.1. Colocação dos pronomes átonos 329
    2.7.2. Pronomes usados como complementos 329
2.8. Enfatização 330
3. Expressões coloquiais do discurso quotidiano 331
4. Conclusão: o que ensinar? 333
Bibliografia 334

XII. Dicionário e ensino da língua materna: léxico e texto 337

0. O dicionário da língua e os dicionários da língua 337
1. Um "texto" como ponto de partida 338
2. Personagens do texto, suas qualidades e maneiras de agir e de ser 339
3. Cena do "roubo" e "captura dos bandidos" 341
4. O dicionário na leitura do texto 342
    4.1. O dicionário da língua no texto 342
    4.2. Um "dicionário da língua" no ensino do dicionário da língua 344
5. Conclusão: o dicionário da língua e os dicionários da língua 347

XIII. A tradução como mediadora dos estereótipos 349

0. A competência em tradução 349
    0.1. A competência pluricultural em tradução 349
    0.2. O estereótipo dos estereótipos 350
    0.3. O estereótipo visto através da língua 352
1. A tradução ou as equivalências a nível de "língua" 352
2. A estereotipia nas fraseologias e fórmulas proverbiais 355
    2.1. A estereotipia nas fraseologias 355
    2.2. A estereotipia nas fórmulas verbais 360
3. A tradução da estereotipia no discurso 363
    3.1. A tradução da estereotipia no discurso jornalístico 363
    3.2. A tradução da estereotipia em textos literários 365

4. Conclusão 368
Bibliografia 369

XIV. A tradução da multiculturalidade 371

1. Identidade e alteridade, cultura e língua 371
2. Os marcadores típicos de uma cultura e de uma língua 373
   2.1. Provérbios 373
   2.2. Expressões idiomáticas 375
   2.3. As anedotas 376
3. Rotinas de (re)criação: polissemia 378
4. Comparações e intensificações "congeladas" 380
5. Conclusão 381

Bibliografia 384

Abstracts (resumos) 385

Índice de autores 397

Índice Geral 401